变与革

另一扇窗看中国 经济

**Reform and
Innovation**

A Media Perspective into China's Economy

谢登科 著

中国人民大学出版社
·北京·

无论来自哪里，无论视角多么主观，你都无法回避这样一个事实：在向着现代化的奔跑中，中国正日益呈现出迥异于"西方规则"的发展模式，而且，这一模式正在被越来越广泛、越来越诚恳地认可和借鉴。观察中国样本，解读中国秘诀，已成为全球经济界的一个显学课题。

——作者的话

打开这扇窗， 洞察趋势烛照未来

厉以宁

恩格斯说，在科学上，一切定义都只有微小的价值。

从这个意义上来说，定义新闻记者其实也不会有太大的价值，尤其是在互联网和自媒体滥觞、热点和焦点瞬息迭代的当下，记者的职业价值还有几何？这已经越来越成为困扰当今许多媒体人的"心头之问"。

但总有一些记者、总有一些报道，不仅创造了其当时的时代高度，而且能存留在人们的记忆里。有些作品今天读来，犹自散发出新鲜的气息，甚至让人掩卷而思。归根到底，是这些作品中有"趋势"。

摆在我面前的谢登科新著《变与革——另一扇窗看中国经济》，其中无论是直面波谲云诡的股市风云、脱胎换骨的金融变革，还是把脉国际金融危机下的中国经济、发展关键时期的战略方位，抑或是揭示腐败大案的强烈警示、发展理念的深度嬗变，都抓住了经济生活、经济现象的"牛鼻子"，获得了一个个凌空望远的视点，洞察经济活动和社会生活的本源、本质和因果联系，从而使报道显得更深刻、更有说服力、更有预见性，更能使人们耳目一新。

我一向认为，新闻报道贵在把握时代脉搏、难在预判发展趋势。从事经济报道的记者，更应该运用经济观察家的眼光和思维方式，考察经济活动和经济大势，深入浅出地揭示经济事实背后活生生的经济规律和经济原理，从而使经济新闻更好地发挥社会启蒙和社会设计的作用。

当代中国正在迥异于西方路标的现代化道路上阔步前行，正在破解没有经验可循的超大规模发展的世界性难题，正在奋力推动全球化走出"以西方为中心"的旧轨道。我们可以自豪地说，这正是过去几百年里建立起来的资本主义文明经验体系无法解释的独特发展现象。

中国经验超越了西方知识体系的认知和反应能力，中国发展也必然在回应重大现实问题中推动重大理论创新。可以说，这是经济报道的好时代，更是经济记者集体经历的大挑战。

伟大的时代必然催生伟大的变革，伟大的变革更加需要深刻的洞察。作为经济学界的一员，我很感谢作者提供的这扇窗。我也期待更多的人打开这扇窗，一起发现趋势，共同把脉趋势，迎接我们这个民族更加灿烂的未来。

2017 年 2 月 22 日

（作者为北京大学博士生导师，著名经济学家）

风景别致的一扇窗

何　平

　　时下，"中国故事"或曰"中国奇迹"是出现频率最高的词汇。而中国奇迹最为耀眼的亮点当属中国经济奇迹。

　　那么，经济——这个抽象的概念到底意味着什么？

　　对普通民众来说，最直接的莫过于不断鼓起的钱袋子，接踵而至的是越来越多的人有了自己的房子、车子等祖祖辈辈未曾想到的财富，由此告别贫困、走向富裕；

　　对中国而言，比日益增长的财富积累更为重要的，是找到了打开通向民族复兴之门的钥匙，开启了前所未有的历史性跨越；

　　在世界看来，全球的经济版图正由于中国的迅速崛起而被重新绘制，古老的东方大国正以巨人的姿态大步迈向国际舞台中央。

　　而这一切的发生，不过是近二三十年的事情。

　　评价这一历史性巨变，不妨借用马克思在《共产党宣言》中曾经的概括："比过去一切世代创造的全部生产力还要多，还要大。"从这个意义上说，与其把这段文字看作是对一百多年前某个特定时期的历史描述，毋宁看作是当今中国发展进步的时代写照。

　　谢登科曾为我在新华社的同事，长期从事经济报道，是业内颇有影响的财经记者。在本书中，他力求通过回眸风云激荡的中国经济改革发展历程，以记者的视角为观察中国经济开启一扇窗。翻阅他的这些书稿，其中有些作品曾经过我手编辑审发，颇有一些熟悉感、亲切感，同时也通过重温这些中国经济改革发展的点点滴滴获得了一些新的思考与感悟。

我一向以为，时间本身并无意义，意义在于历史的赋予。

无论把近二三十年的中国之变放在五千年历史长河，还是置于人类社会发展的历史长卷中加以审视，都不难掂出它的分量。

它给了我们一个重要启示：漫长的历史岁月中，只有那些深刻影响着发展进程的重要节点才具有决定性意义。

"历史从哪里开始，思想的进程也应当从哪里开始。"如果探寻中国经济奇迹背后的逻辑起点，毫无疑问，是经过几十年艰辛求索发现的一个伟大的公式：社会主义＋市场经济。

发现这一公式的意义绝不亚于阿基米德的发现。尽管这样的对比并不一定恰当。这位古希腊科学家试图"撬动整个地球"的豪言壮语，更多的只是理论上的浪漫想象，而对当代中国而言，社会主义市场经济则是扭转乾坤的伟大创举与生动实践，是撬动历史进步的有力杠杆。

这一发现的意义在于，匡正并发展了以往有关经济社会发展的某些经验、模式、理论，使人们对生产力与生产关系、发展目标与发展阶段、有形之手与无形之手、资源配置与财富分配、公平与效率等相互关系的认识，有了一个全新的观察视角，也使得一些长期争论不休的问题迎刃而解。

这是中国特色社会主义一次"移步而不换形"的精彩转身，其深远影响将随着时间的推移而不断显现。

对此，出于价值评判，国外有些人可能并不认同。但如果基于事实判断，谁又能予以否认？

"历史是最好的教科书。"遗憾的是，有的人对历史往往会"选择性遗忘"。

于是，忠实记录历史、时常回望历史、永远铭记历史，更有其特殊意义。

新闻是历史的草稿。虽可能比较粗浅，也不可能穷尽一切，但只要记录真实、客观、富有见地，既能反映历史事件原貌，又能揭示时代发展趋势，就是有价值、有意义的，也就值得回顾、重温，进而从中获得启迪与警示。

或许，这正是谢登科编辑出版此书的目的与意义。在20多年的新闻生涯中，他采写的《关于中国股市的通信》《艰辛的奋起——中国自主品牌警示录》《假典型巨额亏空的背后——郑百文跌落发出的警示》等产生过较大影响的报道，既为当代留下了珍贵的历史记录，也为后人研究分析中国经济改革发展历程提供了难得的样本。

如果说，当代中国经济发展是一幅风光无限的历史画卷，那么，改革开放无疑是最鲜明的底色，而社会主义市场经济则无疑是最为浓重的一笔。

站在新的起点上，以习近平同志为核心的党中央带领亿万人民不忘初心、继续前进，以如椽巨笔描画着决胜全面建成小康社会的壮丽蓝图，新的更精彩的画卷正在不断绘就，中华民族伟大复兴的中国梦指日可期。

对于经济问题，我知之有限。勉为其难写下一些由本书而引发的零碎感想，不知可否权当为序？

何平

2017 年 2 月

（作者为新华通讯社总编辑、党组副书记）

关于谢登科——

谢登科，1993 年 7 月入职新华通讯社，2000 年任新华通讯社郑州记者站站长，2003 年 10 月任新华通讯社国内部记者、中央新闻采访中心主任记者、高级记者，是有关部门备案的新华社常委记者。因报道成绩显著曾先后两次受到新华社总编室通报表彰。

谢登科长期主笔中国财经金融领域权威新闻发布和宏观解读。他以高度的政治责任感、坚定的新闻职业操守和出色的新闻发现力、研判力、执行力投身新闻事业，采写的"郑百文事件"等报道被业界视作经典案例。因在财经证券领域报道的卓越影响力，谢登科连续两年被评为"中国金融新闻年度人物"。

2007 年 3 月，谢登科受新华社党组选派担任新华社扶贫工作队队长，赴贵州省挂职扶贫，先后担任中共思南县委副书记、铜仁地区行署专员助理。因成绩突出被荣记二等功一次。

2008 年 3 月，谢登科任新华社中央新闻采访中心经济采访室副主任，承担中央重要时政新闻报道。他以全球视野敏锐洞察，以全局高度深邃思考，以使命担当尽心履职，多次出色完成重大报道任务。

2011 年 9 月，谢登科受组织委派挂职担任贵阳市人民政府副市长、党组成员。他以清新的风格、清正的作风广受好评。

2013 年 10 月至 2016 年 6 月，谢登科担任贵州日报社（报业集团）党委委员、副总编辑。采写和策划的系列报道多次被中宣部阅评推介或被评为中国新闻奖。

经国家外专局批准，谢登科曾于 2014 年至 2015 年赴新加坡南洋理工大学公共管理研究生院"公共管理与领导力提升"专业研修。

2016 年 7 月至 2016 年 12 月，谢登科任中央网络安全和信息化领导小组办公室（国家互联网信息办公室）网络综合协调管理与执法督查局副局长。

2016 年 12 月至今，任中央网络安全和信息化领导小组办公室（国家互联网信息办公室）网络新闻信息传播局副局长。

点评专家介绍

 **张连起** 全国政协委员，经济学博士，教授级高级会计师，瑞华会计师事务所管理合伙人并兼任中国财政部首届会计标准战略委员会委员、内部控制委员会委员、企业会计准则咨询委员会委员。

 **董少鹏** 《证券日报》常务副总编辑，中国证监会专家顾问，中国证券业协会咨询委员，新供给经济学五十人论坛成员。

 **周鸿铎** 中国传媒大学传媒经济研究所所长、网络经济研究所所长，兼任第七届世界传媒经济学术会议学术指导、中国传媒大学广播电视研究中心研究员。

目 录

02 / 金融变革

03 把脉中国经济

04 成长的烦恼——改革沉浮录

05 / 凝聚时代最大公约数——评论"点睛"

06 激情燃烧的岁月——贵州样本

前　言

　　中国国家主席习近平在 G20 杭州峰会上向世界宣告：今天的中国，已经站在新的历史起点上。

　　站在新起点上回眸，情节跌宕起伏。改革开放以来的中国，用令人惊叹的决心和勇气，向世界交出一份靓丽的答卷。本书聚焦这份答卷背后一个个鲜活的中国故事，回味改革的突破与沉浮、开放的冲击与惊喜、危机的考验与警示，以及转型的跨越与艰辛，为观察中国经济开启另一扇窗。

　　站在新起点上回眸，历史折射未来。通过一位从业 20 年的知名财经记者的笔触，本书着力审视风云激荡的中国改革发展历程，生动记录中国经济成长进步中的"喜怒哀乐"，为您揭秘中国资本市场改革发展进程中一幕幕扣人心弦的篇章。专业深度、新闻表达，是其最鲜明的特点。

　　站在新起点上回眸，新闻穿越时空。新闻是有生命的，有价值的新闻是能穿越时空的。本书延请著名经济学家和新闻专家进行点评，赋予作品崭新的时代内涵和阅读价值；作者职业生涯中的部分采访札记，翔实记录了新闻背后鲜为人知的故事，对于多维度地洞察中国经济变迁、研习新闻写作等极具参考和借鉴意义。

　　谨以此著向改革开放的中国致敬！

　　谨以此著向中国改革开放的所有参与者和支持者致敬！

01/ 股市风云

　　熔断机制导致股市剧烈波动、"欣泰电气"欺诈发行被强制退市、万科控制权之争、深港通开通……

　　瞬息万变的中国资本市场，不断演绎令人眼花缭乱的景象；未来的日子，不知道它还能演绎出多少"神奇"的故事？

　　跌宕起伏，风云变幻——这是中国股市诞生以来留给人们的常态印象。

　　毋庸讳言，与发达国家比，中国股市依然年轻。以A股为标志的中国资本市场在迅速消化吸收全球先进制度、先进经验的同时，因配套政策、管理能力、企业发展水平、投资理念等多种因素影响，诸多问题的解决不可能一蹴而就——

　　多层次资本市场仍在路上。目前中国资本市场主要还是A股。如果说，A股市场可较好地满足蓝筹公司的融资需求，那么，对众多中小企业和创新型企业而言，想得到"心想事成"的融资支持很多时候还只是一个遥不可及的梦想，而它们却是中国经济转型升级的重要力量。

　　发行制度改革步履蹒跚。我国目前实行严格的核准制，企业上市过程非常缓慢，许多企业排队两三年层层审核，才有可能在A股市场得到首次融资，既增加了企业的融资成本，也造成了上市资源的稀缺，并导致炒作借壳等一系列问题。

更令人忧虑的是，在一个市场发展迅速、形势瞬息万变的时代里，违法违规事件花样翻新、屡禁不止。从监管层面看，市场操纵、老鼠仓、财务造假等违法违规行为的主体还不能得到及时有效的打击；从中小投资者权益保护看，很多上市公司的治理制度还形同虚设，董事会、监事会、股东大会等不能有效制衡，导致部分股东明目张胆地减持套利、再融资套利等。

不管在哪个市场里，只有严厉打击损害投资者权益的违法违规行为，这个市场才有可能获得健康的发展。

今天，中国资本市场仍然热切呼唤有力、有效的监管。要加强对违法违规事件的惩处力度，提高违法违规成本；要及时完善法律法规，尽可能填补制度漏洞；要建立相应的投资者保险基金，通过专业团队认定损失、实施补偿等。唯其如此，中国股市才能重拾信心、聚拢人气，真正发展成与大国经济相得益彰、多方共赢的良性市场。

而这些，正是贯穿"股市风云"的精髓所在！

在谢登科的记者生涯中，有关中国股市的报道堪称其职业"标签"。他对"郑百文事件"的报道是新华社和主流媒体正面介入上市公司报道的"开篇之作"和"冒险性"尝试，被列入中国股市发展大事记。他勇闯禁区、敢踏雷区，揭秘"春都之死""民生证券危机"等一个个股市案例；他立意高远，视角独特，善于在股市波动等关键时刻一次次发出《关于中国股市的通信》的理性呼吁。他的笔下有中国股市激流勇进的波澜壮阔，更有中国股市革故鼎新的风雨砥砺。面对今天中国股市的跌宕起伏和爱恨交织，我们仿佛听到十几年前谢登科笔端疾呼的持续回响——

第一章　揭开中国上市公司的神秘面纱

　　谢登科的财经记者生涯，要从其标志性的代表作"郑百文事件"报道说起。

　　郑百文，全称郑州百文股份有限公司，前身为郑州市百货文化用品公司，1989年在合并郑州市百货公司和郑州市钟表文化用品公司的基础上，并在向社会公开发行股票的基础上成立郑州市百货文化用品股份有限公司。1992年6月增资扩股后更名为郑州百文股份有限公司。1996年4月，经证监会批准，在上海证券交易所上市，成为郑州市第一家上市企业。1997年的年报显示其主营规模和资产收益率在沪深两市的所有商业公司中均名列第一。

　　1998年、1999年郑百文每股分别亏损2.54元、4.844元，创下了当时的最高纪录。2000年3月3日中国信达资产管理公司向郑州市法院提出"郑百文"破产的申请，这是中国证券市场首例上市公司破产申请，此时信达名下ST郑百文所欠债务本息共计213 021万元。究竟是什么原因使曾经的"绩优股"一落千丈？

　　时任新华社记者的谢登科历时八个多月缜密调查，独家推出《假典型巨额亏空的背后——郑百文跌落发出的警示》，揭露了郑百文公司有效资产不足6亿元、亏损超过15亿元、拖欠银行债务高达25亿元的背后是虚假陈述的欺诈行为。该文成为中国新闻界对上市公司这一"神秘禁区"虚假陈述行为的最早揭露，由此引发了这座"人工大厦"的一连串坍塌事件。这篇新闻在引发各界对"郑百文事件"、上市公司退市机制广泛关注和深入讨论的同时，从完善体制机制、防控风险和维护投资者尤其是中小投资者合法权益等方面为发展中的中国证券市场敲响警钟、发出警示。这篇作品以其轰动性影响入选当年"中国证券市场十大新闻"。

郑百文报道之前，由于涉及公众利益，对上市公司的报道一度被视为媒体"雷区""禁区"。谢登科对"郑百文事件"的突破，开启了中国主流媒体证券报道的新时代，被清华大学新闻传播学院等多所院校作为经典作品研读。

新华社总编辑何平说："在我们的经济报道中，长期以来对证券股票等金融领域新闻资源却没有很好地去关注，去涉足，去开发，使经济报道很不完整，有很大缺失。缺就缺在没有把握住市场经济的关键环节……可以说，我社新时期财经报道真正有大的突破，还是2000年'新华视点'关于郑百文的报道，从那以后这方面的报道才逐渐开始进入常态。所以，我社财经报道的转折点应该从郑百文报道算起。"

此后，洛阳春都等曾经名噪一时的"问题公司"相继进入谢登科的视野，成为他深入剖析的经典案例。"这是一个悲剧，也是一个笑话。如果我们的企业都是这个水平，怎么应对WTO的挑战？请查明事实，总结教训，公之于众……"时任国务院总理朱镕基针对春都发出的这段震撼业界的质问，从一个侧面印证了谢登科关于上市公司报道的巨大意义和深远影响。

→ 郑百文专题

2000 年 5 月作者在郑百文家电分公司一仓库采访

2000 年 10 月 30 日（新华视点）

假典型巨额亏空的背后
——郑百文跌落发出的警示

新华社郑州 10 月 30 日电　郑州百文股份有限公司（简称"郑百文"）去年以来濒临关门歇业，有效资产不足 6 亿元，而亏损超过 15 亿元，拖欠银行债务高达 25 亿元。目前企业生死两难，2 000 多名员工生活难以为继。

一个昨天还号称"全国商业批发行业龙头老大""国企改革一面红旗"的先进典型，为什么这么快就跌落到了穷途末路的境地？

一边是越吹越大的数字，一边是越戴越多的桂冠；红极一时的背后掩藏着弄虚作假、胡作非为

郑百文的前身是一个国有百货文化用品批发站。

1996 年 4 月，经中国证监会批准，郑百文成为郑州市的第一家上市企业和河南省首家商业股票上市公司。郑百文称：1986—1996 年的 10 年间，其销售收入增长 45 倍，利润增长 36 倍；1996 年实现销售收入 41 亿元，全员劳动生产率 470 万元，这些数字当时均名列全国同行业前茅。按照郑百文公布的数字，1997 年其主营规模和资产收益率等指标在深沪上市的所有商业公司中均排序第一，进入了国内上市企业 100 强。

一时间，郑百文声名大噪，成为当地企业界耀眼的改革新星和率先建立现代企业制度的典型。各级领导频频造访，各种荣誉纷至沓来。1997 年 7 月，郑州市委、市政府召开全市大会，把郑百文树为全市国有企业改革的一面红旗。河南省有关部门把它定为全省商业企业学习的榜样。同年 10 月，郑百文经验被大张旗鼓地推向全国。公司领导也相继获得全国"五一"劳动奖章、全国劳动模范、全国优秀企业家等一系列殊荣。

然而，衰败似乎就发生在一夜之间。在被推举为改革典型的第二年，郑百文即在中国股市创下每股净亏 2.54 元的最高纪录，而上一年它还宣称每股赢利 0.448 元。1999 年，郑百文一年亏掉 9.8 亿元，再创沪深股市亏损之最。

郑百文的大起大落，引起从当地决策层到社会的一片哗然。

"郑百文其实根本不具备上市资格，为了达到上市募集资金的目的，公司硬是把亏损做成赢利报上去，最后蒙混过关。"郑百文一位财务经理回忆说，为了上市，公司几度组建专门的做假账班子，把各种指标准备得一应俱全。

郑百文变亏为"赢"的常用招数是，让厂家以欠商品返利的形式向郑百文打欠条，然后以应收款的名目做成赢利入账。为防止法律纠纷，外加一个补充说明——所打欠条只供郑百文做账，不作还款依据。1998 年，企业已举步维艰。年终出财务报表时，公司领导聚首深圳商讨对策，决策者的意见仍然是"要赢利"。但窟窿已经包不住了，一番争论之后，郑百文首次公布了重大亏损的实情。

郑百文利用上市后经营自主权扩大带来的方便，使其更多、更严重的违背经济规律甚至违法乱纪行为大行其道。

据了解，郑百文上市募集的资金数以亿计地被公司领导以投资、合作为名拆借、挪用出去，总计10多家公司拆借的近2亿元资金不仅至今有去无归，还使郑百文陷入了一桩又一桩追款讨债的官司中。

由于郑百文的账目极为混乱，真实性和完整性不能保证，1998和1999年度，郑州华为会计师事务所和北京天健会计师事务所连续两年拒绝为其年报出具审计意见。

一边是冠冕堂皇的理论，一边是移花接木的骗局；唬人一时的"郑百文经验"把银行牢牢套住

导致郑百文迅速膨胀的直接因素是郑百文家电公司曾与四川长虹和原中国建设银行郑州分行之间建立的一种三角信用关系，即曾被各方广为赞扬、被誉为"郑百文经验精华"的"工、贸、银"资金运营模式，其基本内容是：郑百文购进长虹产品，不须支付现金，而是由原建行郑州分行对四川长虹开具6个月的承兑汇票，将郑百文所欠货款直接付给长虹，郑百文在售出长虹产品后再还款给建行。

郑百文领导为这种三角合作的关系赋予了高深的内涵，说商业银行的信誉、生产商的信誉和销售商的信誉加在一起，就是中国市场经济的基本框架。郑州建行更认为，依靠银行承兑这种先进的信用工具，支持企业扩大票据融资，是很有意义的探索。

在有关各方的一片喝彩声中，这种模式1996年起步后业务量一路攀升，1997年，建行为郑百文开具承兑总额突破50亿元，郑百文一举买断长虹两条生产线的经营权。这种模式

后被推广到郑百文与其他厂家的业务中。

三角关系建立后，家电公司立即成为郑百文下属各专业分公司中的"大哥大"和业务量增长的主体。迄今为止，郑百文拖欠银行债务的90％以上仍然在家电公司。

原建行郑州分行和郑百文领导坚持认为，这是一种适应大生产、大市场、大流通要求，对工、贸、银三方都有利的合作模式，既能使工业企业增加销售，又能降低商业单位的经营成本，还可以促进银行存款的增长，可谓"一石三鸟"。

然而事实很快表明，在现阶段市场信誉普遍较低的背景下，这种彼此之间没有任何制约关系的银企合作，很容易成为空手道，最终的风险都转嫁给了银行。一方面，银行无法保证郑百文能按承兑的期限把货卖完；另一方面，即使按时卖完货，郑百文也把货款大量挪作他用。

1998年春节刚过，建设银行郑州分行就发现开给郑百文的承兑汇票出现回收难，此后的半年间，累计垫款486笔，垫款金额17.24亿元。

中国人民银行调查发现，原建行郑州分行与郑百文签订的所有承兑协议，不但没有任何保证金，而且申请人和担保人都是郑百文，担保形同虚设。总额达100多亿元的银行资金，就这样被源源不断地套出。

一边是越铺越大的摊子，一边是越堆越高的债务；高速膨胀下的失控加速了郑百文神话的破灭

由于有银行作后盾，郑百文从1996年起着手建立全国性的营销网络，在没有一份可行性论证报告的情况下，大规模投入资金上亿元，建起了40多个分公司，最后把1998年的配股资金1.26亿元也提前花完。遍布全国各大中心城市的一幢幢楼房和一台台汽车，形成了大量的资金沉淀，使企业积重难返。

公司规定，凡完成销售额 1 亿元者，可享受集团公司副总待遇，自行购进小汽车一部。仅仅一年间，郑百文的销售额便从 20 亿元一路飙升到 70 多亿元；与此同时，仅购置交通工具的费用就高达 1 000 多万元。为完成指标，各分公司不惜采用购销价格倒挂的办法，商品大量高进低出，形成恶性循环。

急速、盲目的扩张直接导致公司总部对外地分支机构的监管乏力，郑百文遍及全国的分支机构如同一盘散沙。

这些分支机构饥不择食地招聘各类人员达上千人，却从没有进行过一次上岗培训和考核，导致员工鱼龙混杂，良莠不齐，有的人进来的目的就是趁乱挖企业的墙角。

1998 年下半年起，郑百文设在全国各地的几十家分公司在弹尽粮绝之后相继关门歇业。数以亿计的货款要么直接装进了个人的腰包，要么成为无法回收的呆坏账，郑百文至今还有 4 亿多元的账款没有收回。但与企业严重资不抵债形成鲜明对比的是，郑百文养肥了一批腰缠百万甚至千万元的富翁。任职几年，郑百文某分公司的一名经理便拥有了价值上百万元的宝马轿车和北京罗马花园 300 多万元的豪宅。

记者造访郑百文时曾向公司领导提出，请他们算一算，看看 20 多亿的银行垫款都亏在了哪里，花在了哪里，竟然无人能算得清楚。

一边要重组再生，一边要破产清算；
资不抵债的郑百文生死两难

按《公司法》规定，企业不能清偿债务就应该破产。可郑百文却至今没有进入破产程序。1999 年 12 月，在有关方面的斡旋下，郑百文欠建设银行的 20 多亿元债务被转移到中国信达资产管理公司。

作为专门为清理不良资产而设立的资产管理公司，信达对接收的债权，既可进行资产重组，也可申请破产清算。资产重组是指通过剥离不良资产，引进优质资产使企业起死回生。

信达方面要求，郑百文资产重组的前提条件是必须保证信达的资产回收数额不低于 6 亿元，即最大股东郑州市政府要拿出 6 亿元可变现良性资产注入郑百文。按照这一比例，信达公司的资产回收率只有 28.2%。而郑州市政府认为，郑百文资不抵债完全是企业行为，银行的资产风险理应由银行自己承担。

由于最大股东未能在信达规定的期限内拿出被认可的重组资产，今年 3 月 3 日，信达公司一纸诉状把郑百文告向法院，申请郑百文破产还债，成为目前我国四家金融资产管理公司中的首例破产申请。后来人们发现，法院根本就没有受理。据了解，郑州市中级法院在接到信达的破产申请后，第一个反应是，上市公司申请破产在全国尚属首例，非同小可。另外，从手续上讲，信达提供的材料也不完备，暂不能受理郑百文破产案。

目前，有关各方又在就新的资产重组方案进行秘密磋商。

一些经济专家认为，目前的中国股市已给人造成印象，企业一上市就是"能上不能下"的终身制。这是导致我国上市公司亏损面逐渐扩大的一个重要原因。要使上市公司真正实现机制转变，就必须尽快改变这种只进不出的形式。

河南一位教授则指出，一些领导总是乐于树典型，给企业披上浓厚的政治色彩，作为炫耀政绩的资本，最后企业垮了，谁也不负责任，这应是郑百文的更大悲剧。

由此看来，郑百文是破产还是重组倒在其次，规范破产机制，强化风险意识，切实保护投资者利益，才是更为重要和紧迫的话题。

🎤 董少鹏点评

　　时隔多年，重新审视"郑百文现象"，我们会有一些新的感悟，但关键点是公司治理这道"门槛"或"屏障"。上市公司出现的各类经营失败或违法违规行为，固然与地方政府乱施政、乱作为有关，但我们更应该检讨公司治理体系。当然，地方政府作为影响公司治理的重要外部因素，也因体制改革不到位"内化"于公司治理。

　　谢登科的这篇报道比较全面地揭示了公司内部与外部存在的冲突因素，剖析了体制缺陷，通过讲述这个失败公司的故事，对诸多体制性因素进行反思，也激发了深化资本市场改革的动力，影响深远。

"郑百文"，早已消失在历史厚重的尘埃里

各界评说"郑百文现象"

新华社郑州 11 月 5 日电 剖析郑百文从辉煌一时到濒临破产过程的"新华视点"报道《假典型巨额亏空的背后——郑百文跌落发出的警示》播发后，引起各界强烈反响，有关部门和专家学者纷纷就"郑百文现象"发表看法，一些媒体开辟专栏，针对报道揭示的问题展开深入讨论。

投资者的理性思考

上海市一位读者说："靠做假账上市的企业绝不只是郑百文一家，郑百文的败露说明，靠弄虚作假可以蒙混一时，但出事是早晚的。"这位读者指出，许多上市公司之所以敢明目张胆地搞"第一年赢利、第二年亏损、第三年垃圾"的制假行为，政企不分是一个重要原因。

北京一位读者在电话中说："在郑百文事件中，中介机构的不负责任和严重失职，也是对投资者利益的损害，这将使人们对中介机构的信誉产生疑虑。"

审计署驻郑州特派员办事处审计处长郑为民认为，郑百文事件的形成与银行的支持密不可分，建设银行与郑百文之间的承兑协议暴露了银行管理上的不规范行为。他说，申请人和担保人都是郑百文自己，这种严重违背规定的行为绝非偶然，应引起有关方面高度重视。

郑百文的跌落，带给投资者更多的是警示。一些郑百文的股东在惋惜之余多了几分理性。一位读者说："对各类企业的排名，什么十强、百强，要多留个心眼，多分析基本面，多学点经济常识，研究一下企业究竟是靠什么让业绩在短时间内迅速增长了几倍甚至几十倍。"

有专家认为，"郑百文现象"的披露，将会加速上市公司优劣分化、个股行情强弱分化的进程，推动我国股市走向价值回归的正常道路。

企业泡沫教训深刻

中共河南省委咨询组经济组副组长、河南省经济学会会长杨承训说，"郑百文现象"带给我们一个新概念，就是不但要防止金融界的泡沫经济，还要防止企业的泡沫现象。

从亚细亚的崩溃，到郑百文的跌落，都是人为制造的典型的企业泡沫现象，它用表面的繁荣给人一种虚假误导，从而带来投资行为的严重失真，最后坑国家、坑银行、坑群众。

杨承训指出，郑百文的教训说明，改革一定要求真务实，不要一味地追求形式。现在不少地方说是建立现代企业制度，实际就是换个牌子，经营、管理等内部机制换汤不换药。

河南财经学院教授认为，郑百文的悲剧不是单一因素造成的，除了企业自身的问题外，各项改革和约束机制不到位带来的非法制化外部环境，是重要的客观因素。"橘生淮南为橘，橘生淮北则为枳"，在一个非法制化的环境中，投机、不守法经营成为企业普遍看好的一种经济、实惠的生存之路。新华社记者的报道抓住了郑百文"假"的要害，因为"假"带给我们的教训实在太多了，经济发展到今天，假的东西还是大量存在，究其原因，就是有人需要它，"假"可以为他们带来很多既得利益。不彻底根治假的东西，我们的经济发展就没有希望。

他说，对地方党委、政府而言，当务之急是要实事求是地面对和接受这个现实。一些地方现在一看自己树起来的红旗要倒就害怕，害怕面子上尴尬，害怕政绩被打折扣，一味地保护，保壳保牌，什么都保，甚至不惜原则地帮助企业作掩护，这是企业泡沫赖以生存的温床。

郑州市国有资产管理局一位负责人指出，企业上了市到底靠谁来监管？按照规定，地方政府包括国有资产管理部门均不得干预企业的经营管理，企业一切行为均由董事会自主决策，外部只有证券监督机构才能监管，而面对越来越庞大的上市企业群体，其监管明显乏力，上市公司实际上处于一个监管上的真空。

法律界人士提出严肃查处巨额亏空背后的问题

《上海证券报》的一些法律专家说，应彻底查清郑百文巨额亏空背后的一系列违法违纪问题，严肃追究相关人员的法律责任。吕红兵律师指出，按《刑法》和《证券法》有关规定，企业虚报赢利应追究公司及其管理层虚假陈述、伪装上市的责任。严义明律师则提出，公司发起人、董事和有关中介机构都应该承担责任，不仅应受到证券监管部门的行政处罚，还应该承担相应的民事和刑事责任。注册会计师李德渊说，做利润、欺骗公众的上市公司并非郑百文一家，若不严格依法追究，后患无穷。

郑州大学法学院教授刘德法指出，郑百文内部决策随意、管理混乱造成恶果，这种严重不负责的行为和内部一些人中饱私囊、损公肥私的问题，应该尽快查处。

法律专家们还呼吁完善民事赔偿制度。宋一欣、宣伟华等专家建议，加快建立"中小股东集体诉讼登记制度"和"股东代表诉讼制度"，使维护投资者权益落到实处。

法律界人士强调，唯有有法必依、严格执法，才能真正保护投资者利益，营造一个健康发展的市场环境。

上市公司岂能有生无死

北京、河南等地的一些经济界专家提出，有关部门应以郑百文的暴露为契机，尽快健全和完善我国股份制和证券、金融、资本市场，搞一次假典型的大普查，让郑百文这样的假典型早日还其本来面目。

中国社科院财经研究所副主任王国刚认为，企业有生无死，在任何市场经济国家都是不可想象的。要使上市公司真正实现机制转换，切实从股东的利益出发考虑企业的发展，就必须尽快改变这种只进不出的状况，必须有上市企业破产。

我国证券监督部门有关人士审慎表示，如果通过一些优惠政策的运用使郑百文避免破产，会出现一种误导，越是差的企业，越会受到照顾，从这个意义讲，郑百文的下市更能起到警示作用。

受中国信达公司授权委托处置郑百文债务的北京中和应泰公司总经理金立佐认为，上市公司破产与否是一种市场行为，不应由政府或证券监督部门决定。如何妥善处理郑百文问题，不仅关系一个上市公司的命运，更可以显示监管部门遵循市场化原则的态度和与国际通行做法接轨的行动。他希望能在破产和传统意义的资产重组之间为郑百文找到一条切实可行的和解、重整之路，既要体现出股票投资的风险，又要最大限度地保护股东利益；既使债权人的资产尽可能回收，还要体现出各方利益的得失，有利于证券市场的完善。

郑百文原始股票存根

国家有关部门开始调查郑百文巨额亏空问题

新华社郑州 11 月 12 日电　新华社 10 月 30 日播发的《假典型巨额亏空的背后——郑百文跌落发出的警示》，受到国务院领导及有关部门的高度关注。

近日，由国家有关部门组成的调查组已陆续抵达郑州。调查组将按照国务院领导同志的指示精神，在河南省、郑州市有关部门的配合下，对郑百文巨额亏空问题展开彻底调查。

首都专家学者研讨"郑百文现象"

新华社郑州 11 月 13 日电 中国经济体制改革研究会今天邀请首都部分经济界、法律界专家，就"郑百文现象"进行专题研讨。专家们希望有关方面能通过对郑百文问题的处置，为今后解决同类企业问题探索一条有效的途径。

与会专家学者对新华社播发的《假典型巨额亏空的背后——郑百文跌落发出的警示》一文给予充分肯定，认为对郑百文内幕的揭露，深刻总结了当前在上市公司监管、银行资金风险防范、企业内部管理等方面的教训，对建立现代企业制度、规范我国证券市场意义重大。

国务院发展研究中心社会发展研究部部长丁宁宁说，郑百文的问题近期在决策层和社会上反响很大，有关方面都在反思和总结教训，但其出路没有现成的模式可以借鉴。从这个意义上讲，处置郑百文问题，为解决国企现存的一些弊端和规范我国证券市场提供了一个机会。

中国经济体制改革研究会秘书长石小敏认为，郑百文的内幕被捅破了，可以将坏事变成好事，深入讨论和解决好郑百文的个案，对整个公司治理原则的推进意义重大。

中国对外经济贸易大学法学院副院长、法学博士焦津洪提出，郑百文问题引发了人们对证券市场功能的再认识和深刻反思，除了企业的个性问题外，郑百文的跌落还有一些社会共性原因，因此，在解决郑百文的出路上，要尽量以最低的社会成本达到最佳的社会效果和最大的警示作用。

北京大学、中央财经大学金融与证券研究中心特约研究员许美征说，遵循市场原则处置好郑百文的巨额亏空，不仅关系到郑百文这个企业自身的命运，还可以为今后处置不良资产提供借鉴。

世界银行驻中国代表处张春霖博士认为，对造成郑百文后果责任的追究要和解决郑百文出路的工作区分开来。处置郑百文既要体现出风险原则，又要最大限度地照顾到债权人、投资者等各方利益，这是与国际惯例接轨的探索。

原郑百文公司总部

郑百文资产重组方案获董事会通过
山东三联集团将进入郑百文

新华社郑州 11 月 30 日电 记者从郑州市有关方面获悉，郑州百文股份有限公司今天召开第四次董事会第十一次会议，讨论通过了决定郑百文前途命运的资产重组方案。按照这一方案，山东三联集团将作为战略投资人进入郑百文。

据了解，郑百文的这一资产重组方案此前已经中国证监会和郑百文最大债权人中国信达资产管理公司的批准。

10 月 30 日，新华社"新华视点"专栏播发的《假典型巨额亏空的背后——郑百文跌落发出的警示》，引起国家有关部门的高度重视。据了解，在进行资产重组的同时，有关部门对郑百文巨额亏空及涉及违法乱纪问题的调查仍在继续进行中。

今天上午在郑州河南宾馆召开的郑百文董事会会议讨论了郑百文破产和重组这两种可能性方案。尽管从公司财务状况看，郑百文已具备申请破产的条件，但考虑到目前资产重组方案已经取得重大进展，为维护有关各方利益，与会董事举手表决，否决了公司破产的方案。此后，由最大股东郑州市人民政府和最大债权人中国信达资产管理公司反复协商确定的郑百文资产重组方案被提交董事会讨论，最后获得通过。郑百文最大股东和最大债权人的授权代表列席了今天的董事会。

郑百文资产重组方案的基本内容是：鉴于郑百文已严重资不抵债，郑百文将其现有全部资产、债务和业务、人员从上市公司退出，转入母公司进行整顿调整；山东省政府重点培植的八大骨干企业集团之一的山东三联集团，以其下属的全资企业三联商社的部分优质资产和主要零售业务注入郑百文，以 3 亿元的价格购买郑百文所欠中国信达公司的部分债务约 15 亿元，实现借壳上市，中国证监会为其资产重组增发一定数量的新股；三联集团公司向中国信达公司购买上述债权后将被全部豁免，在三联集团豁免债权的同时，郑州市人民政府等郑百文全体股东，包括非流通股和流通股股东所持股份的约 50％过户给三联集团，不同意过户的股东所持股份由公司按照股东大会确定的公平价格收回；最大债权人中国信达公司出售给三联集团后的余下部分债务，由郑百文母公司承担，并由郑州市政府提供债权人认可的有效担保。

董事会同时决定，2000 年 12 月 31 日，郑百文将在郑百文公司总部召开本年度第二次股东大会，审议公司资产、债务重组原则的议案，决定郑百文今后的存续和发展问题。

信达公司等各方面解释郑百文重组方案

新华社北京 12 月 2 日电 中国信达资产管理公司等有关方面负责人今天在京表示，目前各方对郑百文达成的资产重组方案是基于我国证券市场的现状而进行的探索性选择，它从一定程度上体现出了证券市场的退出机制和投资风险，也最大限度地保护了有关各方的利益。但目前董事会通过的重组方案最终能否实施，还要由以后的股东大会表决通过。

中国信达资产管理公司今天下午主持召开了本次新闻发布会，信达公司、郑州市人民政府、山东三联集团等有关方面负责人就各界广泛关注的郑百文重组等问题回答了记者的提问。

10 月 30 日，新华社"新华视点"专栏播发的《假典型巨额亏空的背后——郑百文跌落发出的警示》，全面披露了郑百文巨额亏空的内幕，引起有关部门高度重视，在社会上产生了强烈反响。

中国信达资产管理公司股权管理部主任高冠江说，经过艰苦努力，目前有关各方已就郑百文的重组达成了重组方案。信达公司认为，以山东三联集团作为战略投资者进入郑百文为主要内容的重组方案，在体现出投资风险的同时，也最大限度地保护了包括债权人、中小股东等在内的有关各方的利益，这是基于我国证券市场现状而作出的一种探索性选择。按照这一方案，信达公司可以收回 6 亿元的资产，占郑百文拖欠不良资产总额的 28.9%。这一结果实现了资产回收的最大化。

郑州市人民政府副秘书长周斌在回答记者提问时指出，郑百文的重组实际上是债权人和债务人最后达成一种和解。在郑百文进行资产重组的同时，国家有关部门仍在对郑百文巨额亏空和涉及违法违纪的问题进行调查。郑州市政府已派出工作组对调查进行有力配合，一旦发现违法违纪问题，一定会严肃处理。

中国信达资产管理公司处置郑百文不良资产的授权代表金立佐说，郑百文重组方案的一大创新是体现出了投资风险和证券市场的退出机制，债权人、股东在经济利益上都有不同程度的损失，按照方案，郑百文的不良资产也将从证券市场退出，这是郑百文重组方案不同于以前的最大特点。他介绍说，在郑百文重组的过程中，一直体现了自愿的原则，充分体现出市场行为。目前董事会通过的重组方案最终能否实施，还要由以后的股东大会表决。

山东三联集团董事长张继升说，三联之所以拿出较大的资金成本进入郑百文，实现借壳上市，除了企业自身发展的要求外，与直接上市相比，还可以大大缩短上市周期。

郑百文中小投资者在第一次临时股东大会上发言

中国证监会负责人就郑百文资产重组一事答记者问

新华社北京 12 月 5 日电 中国证监会有关负责人今天就郑百文资产重组一事接受记者采访时表示，郑百文资产重组方案由公司董事会、债权人与股东进行协商，在符合法律法规的情况下，由当事人按照法定程序作出决定。中国证监会履行《证券法》和《公司法》赋予的监管职责，维护证券市场秩序，保护广大股东尤其是中小股东的合法权益。

这位负责人说，中国证监会对企业申报的资产重组方案实行备案制。他强调，目前郑百文的重组方案尚未经过股东大会通过，中国证监会也没有接到公司增发新股的申请。郑百文重组后如果申请增发新股，应当符合中国证监会《上市公司向社会公开募集股份暂行办法》和《关于规范上市公司重大购买或出售资产行为的通知》等有关规定。

在谈及中国证监会如何对郑百文的资产重组行为进行监管时，这位负责人表示，随着《证券法》的实施，中国证监会对股票发行上市由审批制转为核准制。随着这一重大转变，我们对公司上市后的监管也逐步减少审批环节，把上市公司监管的重心逐步从行政审批过渡到强制披露信息，即要求上市公司和其他有关方面依法做好持续信息披露。就郑百文的资产重组而言，中国证监会要求公司充分披露重组方案及存在的风险，并要求董事会以对全体股东特别是中小股东负责的态度聘请独立的中介机构对资产重组的公允性发表意见，使股东在掌握充分信息的情况下，通过股东大会作出决定。中国证监会不代替有关方面作出决定。

这位负责人说，郑百文的重组提案，是公司董事会与其债权人、大股东等方面共同协商的结果，能否实施，关键要看股东大会批准还是否决该方案。根据《公司法》《证券法》和相关法规关于股东权益的规定，广大中小股东将依法行使法律赋予的权利，参与决策过程。

这位负责人强调，关于郑百文在发行和上市后是否存在证券违法行为，中国证监会正在组织力量进行调查。调查结束后，中国证监会将以事实为根据、以法律为准绳作出相应结论。如果发现违反《证券法》等法律法规的行为，中国证监会在其职权范围内，对违法人员进行处理，并向社会公布有关结果。如果发现应由其他部门处理的违法行为，证监会将移交有关部门处理。最近一些报道中提及郑百文公司经营中是否存在重大民事责任和刑事犯罪行为的问题，这一问题超出了中国证监会的职权范围，应由有关部门调查处理。对郑百文是否有违法行为进行调查应该与公司的资产重组分别对待。接受郑百文进行资产重组的备案材料不意味着监管部门对违法当事人的责任不予追究。

在回答有关"自从郑百文事件发生以来，社会舆论强烈呼吁建立上市公司的退出机制，在这方面证监会有哪些考虑"的提问时，这位负责人说，上市公司不能搞"终身制"。公司有必须退市情况的，中国证监会将依法对其作出退市决定。只有这样，证券市场才能够做到优胜劣汰。根据《公司法》《证券法》的规定，中国证监会有权对长期亏损的企业作出退市决定，但具体办法尚待细化。在作出上市公司退市决定的过程中，证券监管部门必须充分考虑公司股东特别是中小股东的利益，处理好上市公司股东与整个市场发展之间的平衡关系。根据法律规定，公司破产由人民法院依法作出裁定。公司宣告破产的情况下，公司股票必然摘牌。

这位负责人强调指出，股市有风险。中国证监会的重要职责之一，是保护投资者特别是中小投资者的合法权益，主要体现为保证他们公平地享有对公司信息的知情权，使投资者在充分知情的情况下，作出投资决策和行使股东权利，但这并不等于保证股东只赚不赔。对连续亏损的公司股票冠以"ST""PT"的本意，就是向广大投资者提示投资风险。希望广大投资者尤其是中小投资者要充分考虑到自己的风险承受能力，对上市公司进行认真分析，谨慎进行投资决策。

2000 年 12 月 31 日

郑百文重组原则框架议案获股东大会通过

郑百文原董事长李福乾（左）与重组方山东三联集团董事长张继升在临时股东大会上发言

新华社郑州 12 月 31 日电　今天上午召开的郑州百文股份有限公司（集团）2000 年第二次临时股东大会审议并表决通过了郑百文进行资产和债务重组的原则框架议案。

据介绍，按照有关程序，关于郑百文重组的具体细节和有关协议，还有待下一次召开的董事会和股东大会分别审议表决，其中仍不排除被否决的可能性。

2000 年 10 月 30 日，新华社"新华视点"专栏播发的《假典型巨额亏空的背后——郑百文跌落发出的警示》，在证券市场和社会各界引起巨大反响，引发了各方对我国上市公司退市机制的极大关注，"郑百文事件"被评为 2000 年度中国证券市场十大新闻之一。目前，在有关各方对郑百文积极进行资产和债务重组的同时，国家有关部门按照国务院领导同志的批示对郑百文巨额亏空等问题展开的调查正在继续进行中。

今天在郑百文公司总部召开的临时股东大会，到会股东及代表 118 人，代表股权约 8 084 万股，占郑百文总股本的约 40.92％。在郑百文董事长的主持下，与会股东按照议程对郑百文董事会公布的重组原则议案进行了审议和表决，最后收回合法表决票 104 张，代表股权 6 200 多万股。按照同股同权的原则，经统计，有超过三分之二的股东同意郑百文进行重组。郑州市公证处应邀对今天临时股东大会的表决过程和结果进行了现场公证。

郑百文的最大股东郑州市人民政府、最大债权人中国信达资产管理公司和山东三联集团等有关方面人士和授权代表列席了今天的股东大会。

·郑百文资产和债务重组议案的基本内容是：郑百文现有的全部资产、债务、人员和业务全部从上市公司退出，转入母公司进行整顿调整；山东三联集团以 3 亿元的价格购买中国信达公司对郑百文的部分债权约 15 亿元，并向郑百文注入部分优质资产和业务后实现借壳上市；三联集团公司向信达公司购买上述债权后将全部豁免；在三联集团豁免债权的同时，郑百文的全体股东，包括非流通股和流通股股东将所持股份的约 50％过户给三联集团，不同意过户的股东所持股份由公司按照下一次股东大会确定的公平价格收回。在今天的股东大会上，中国信达、山东三联等有关方面负责人分别就部分股东对这一重组议案提出的疑问进行了解释和说明，其中包括该重组议案所涉及的法律依据问题、如何保护中小股东和债权人的利益等。

郑百文董事会在重组议案中宣布，中国信达资产管理公司已经和郑百文签署协议，从今天股东大会通过重组议案之时起，信达公司立即豁免对郑百文的债权 1.5 亿元。在此基础上，郑百文向有关部门申请其流通股复牌交易。

涉嫌提供虚假财会报告罪
郑百文董事长李福乾被追究刑事责任

新华社郑州 3 月 28 日电　近日召开的河南省第九届人大常委会第二十七次会议作出决定：郑百文股份有限公司（集团）（以下简称"郑百文公司"）原董事长、法人代表李福乾因涉嫌提供虚假财会报告罪，罢免其第九届全国人大代表资格。同时，司法机关将对其依法予以追诉。此前，郑百文公司其他涉嫌犯罪的相关责任人已分别被司法机关依法追究刑事责任。

记者从有关部门获悉：郑百文公司巨额亏空及造假事件 2000 年 10 月经新华社披露后，中国证监会立即组织力量展开调查。经中国证监会查明，郑百文公司上市前采取虚提返利、少计费用、费用跨期入账等手段，虚增利润 1 908 万元，并据此制作了虚假上市申报材料；上市后三年采取虚提返利、费用挂账、无依据冲减成本及费用、费用跨期入账等手段，累计虚增利润 14 390 万元。该公司还存在股本金不实、上市公告书有重大遗漏、年报信息披露有虚假记载、陈述有误导性或重大遗漏等问题。同时，证监会还发现原郑州会计师事务所签字注册会计师违反有关法律法规，为郑百文公司出具了严重失实的审计报告。

2001 年 9 月 27 日，中国证监会根据有关证券法规对郑百文公司及有关中介机构违反证券法规的行为作出行政处罚；对涉嫌犯罪的主要责任人员，中国证监会依法移送公安机关追究其刑事责任。

据介绍，郑州市公安局于 2001 年 9 月对郑百文公司涉嫌提供虚假财会报告罪立案侦查，现已查明：1997 年底，郑百文公司各分公司把 1997 年的报表报到集团公司财务处，财务处主任都群福把公司 1997 年报表显示严重亏损的情况报告给董事长李福乾。李当面指使都群福必须完成 1997 年董事会下达的指标，为 1998 年公司配股做好准备，报表退回去重新做。

为此，李福乾还专门召集分公司会议，会上李福乾要求各分公司必须完成 1997 年董事会下达的利润指标，呆账不能显示出来，预提返利全部入账，并要公司财务处主任都群福督办。

会后，都群福按照李福乾的指示，让财务处会计周宏庆把 1997 年的报表退回家电分公司，家电分公司主管会计魏慧芳按照财务处的要求让家电各部再作虚假报表，与董事会下达的指标一致，同时向家电公司的财务经理杨东汇报。

杨东认为这样下去公司会亏空更大，就会同副经理焦建伟、王昌兰给董事会写了一份报告，交给了总经理卢一德，卢于 1998 年 2 月初同都群福一块到深圳去给董事长李福乾汇报。李不听汇报，指示公司财务报表必须与董事会下达的利润指标一致。按照董事长李福乾的要求，家电公司重新做报表，造成郑百文公司财会报告虚假。

现已查实，郑百文公司家电分公司 1997 年底第一次上报的财务报表中显示当年亏损 15 429.9 万元，重新制作的财务报表显示赢利 9 369 万元。郑百文公司依据重新制作的财务报表向社会公开披露。

郑百文公司的行为已触犯了我国《刑法》第一百六十一条之规定，涉嫌提供虚假财会报告罪，李福乾作为公司的董事长、法人代表，负有直接责任，应当依法予以追诉。

河南省人大常委会主任会议审议认为，李福乾已经丧失了担任全国人大代表的条件，应当罢免其第九届全国人大代表资格，按照有关程序，遂提请省九届人大常委会第二十七次会议审议决定。

涉嫌提供虚假财会报告的郑百文原董事长被提起公诉

郑百文原董事长在庭审现场

新华社郑州 8 月 6 日电 郑州百文股份有限公司（以下简称"郑百文公司"）提供虚假财会报告一案由郑州市公安局侦查终结，经郑州市人民检察院审查，郑百文公司原董事长李福乾等 3 名犯罪嫌疑人日前被依法提起公诉。

郑州市人民检察院指控：1997 年底，郑百文公司在实际经营亏损的情况下，采取虚提返利、费用跨期入账等手段编制虚假财务报表，虚增利润 8 658 多万元，并在郑百文公司1997 年上市公司年报中向社会公众披露赢利 8 563 多万元，从而使郑百文公司在 1998 年 7 月顺利通过了配股方案，并筹集配股资金 1.553 3 亿元。因上述作假手段以及公司经营管理不善等原因，郑百文公司 1998 年出现巨额亏损，使股东权益包括配股资金当年即损失 98.79％。

被告人李福乾作为郑百文公司董事长、法人代表，在听取总经理卢一德、财务处主任都群福汇报公司 1997 年度经营亏损，并看到 1997 年底第一次汇总的财务报表也显示亏损的情况下，仍然召集会议，指示财务部门和家电分公司完成郑百文公司年初下达的"双八"目标，即销售额达到 80 亿元、赢利达到 8 000 万元。

被告人都群福作为财务主管人员将各分公司所报当年的财务报表全部退回作二次处理，并明确提出要求不准显示亏损，二次报表出来后显示完成利润目标。为顺利通过审计，总经理卢一德又代表郑百文公司与四川长虹集团签订两份返利协议。

公安机关查明：在郑百文公司 1997 年报表显示严重亏损的情况下，董事长李福乾依然指使财务人员制造虚假报表，完成董事会下达的利润指标，呆账不能显示出来，预提返利全部入账。按照李福乾的要求，家电分公司重新制作报表，造成郑百文公司财会报告虚假。

现已查实，郑百文公司家电分公司 1997 年年底第一次上报的财务报表中显示当年亏损 1.542 99 亿元，重新制作的财务报表显示赢利 9 369 万元。郑百文公司依据重新制作的财务报表向社会公开披露，其行为已触犯了刑法，涉嫌提供虚假财会报告罪。

检察机关审查认为：李福乾、卢一德、都群福在任职期间，向股东和社会公众提供虚假的财务会计报告，严重损害股东和其他人利益，并造成严重后果，已构成提供虚假财会报告罪。李福乾作为公司董事长、法人代表，在共同犯罪中起主要领导作用，系主犯；卢一德、都群福为辅助领导完成任务参与犯罪，系从犯，应当依法予以追诉。

郑百文公司巨额亏空及造假事件于 2000 年 10 月披露后，中国证监会立即组织力量展开调查。2001 年 9 月 27 日，中国证监会根据有关证券法规，对郑百文公司及有关中介机构违反证券法规的行为作出行政处罚；对涉嫌犯罪的主要责任人员，依法移送公安机关追究其刑事责任。郑百文公司法人代表李福乾是第九届全国人大代表，2002 年 3 月，按照有关法律规定，河南省九届人大常委会第二十七次会议按照法定程序罢免李福乾的第九届全国人大代表资格。

郑百文原董事长犯提供虚假财会报告罪被判刑

新华社郑州 11 月 14 日电 因提供虚假财会报告罪，郑州百文股份有限公司原董事长、法人代表李福乾日前被郑州市中级人民法院一审判处有期徒刑三年，缓刑五年，并处罚金人民币五万元；原郑百文总经理卢一德、财务处主任都群福一审分别被判处有期徒刑二年，缓刑三年，并处罚金人民币三万元。

经法院审理查明：被告人李福乾作为郑百文董事长、法人代表，在听取总经理卢一德、财务处主任都群福汇报公司1997 年度经营亏损，并看到 1997 年底第一次汇总的财务报表也显示亏损的情况下，仍指示财务部门和家电分公司要在1997 年度会计报表中显示完成年初下达的赢利目标。被告人卢一德签发了一个紧急通知，要求家电分公司财务部门把实际上未到位的 1997 年度供方返利"以预提形式在 1997 年度会计报表中反映"。被告人都群福指示总公司财务人员将各分公司所报当年的财务报表全部退回作二次处理，并明确要求不准显示亏损。

按照三被告人的要求，家电分公司等部门财务人员在重新编制财务报表时，采取虚提返利以及将 1997 年财务费用推迟到 1998 年列账的手段，虚增利润 8 658.99 万元。1998 年 3月 10 日，郑州会计师事务所为郑百文出具了无保留意见的审计报告，3 月 11 日，李福乾签发了《郑州百文股份有限公司（集团）1997 年度报告》向社会公告，向公众披露赢利8 563.76 万元，从而使郑百文在 1998 年 7 月实现了配股方案。

因上述作假手段，以及经营不善等原因，郑百文 1998 年出现 50 241.46 万元的巨额亏损，使股东权益包括配股资金当年即损失 98.79%。

郑州市中级人民法院认为：郑百文编制并向股东和社会

公众提供虚假的财务会计报告，严重损害了广大股东利益，其行为已构成提供虚假财会报告罪。被告人李福乾、卢一德、都群福均系郑百文提供虚假财会报告的直接负责的主管人员，均应对郑百文所犯的提供虚假财会报告罪承担刑事责任，三被告人的行为均已构成提供虚假财会报告罪。

另据了解，郑百文造假及巨额亏空事件 2000 年 10 月披露后，中国证监会根据有关证券法规对郑百文及有关中介机构违反证券法规的行为作出行政处罚；对涉嫌犯罪的主要责任人员，依法移送公安机关追究其刑事责任。2002 年 8 月，郑州市人民检察院依法对郑百文涉嫌提供虚假财会报告案提起公诉。

🎙 董少鹏点评

谢登科对"郑百文事件"的持续追踪，既是经济报道，也具有社会政治报道的一些特点，不仅揭示了与此相关的上市公司治理、中小投资者权益保护、退市制度等资本市场建设的难点、盲点问题，而且恰当地释放出惩罚犯罪、维护稳定等社会治理理念。一个国家的治理状况如何，往往与舆论的波动有特定的呼应关系，股市重大问题的报道也是如此。从这个意义上讲，关于"郑百文事件"的这组报道至今言犹在耳，触目惊心，有力地发挥了推动公司治理和司法审判进步的积极作用。

2000 年 12 月 28 日

"郑百文事件"入选《中国证券报》2000年中国证券市场十大新闻

一、"两会"期间朱镕基总理首次在中外记者招待会上公开评价证券市场。朱镕基总理回答《中国证券报》记者提问时指出，股票市场非常重要，对国企改革具有非常重大的意义；我国证券市场发展很快，成绩很大，但很不规范，还要做大量工作；希望海内外专家都能来帮助我们规范和发展证券市场。

二、沪深股市涨幅居全球之首。今年沪深综指双双迭创新高，最高涨幅均在五成以上。与此同时，我国证券市场规模进一步壮大。两市上市公司突破一千家；全年融资总额首次突破一千亿元；总市值占我国 GDP 总值的比重首次达到 50% 以上，流通市值占 GDP 比重也已达 17%；投资者开户数达 5 600 多万。

三、周小川出任中国证监会主席，提出证券市场发展新思路。改革股票发行制度、超常规发展机构投资者、推动网上交易、转变监管机构职能、保护投资者利益。我国证券市场在市场化、规范化道路上迈出新步伐。

四、股票抵押融资获准。2 月 13 日，中国人民银行、中国证监会联合发布《证券公司股票质押贷款管理办法》，允许符合条件的证券公司以自营股票和证券投资基金券作质押向商业银行借款。3 月 3 日，湘财证券与建行率先签署股票质押贷款主办行协议，同时签订首笔股票质押贷款承诺书。

五、转配股上市。3 月 14 日，中国证监会决定，转配股从 4 月开始，用 24 个月左右的时间逐步安排上市流通。截至 12 月 25 日，已上市部分占转配股总量的 82%。转配股上市使解决历史遗留问题有了突破，也表明市场的承受能力增强。

六、创业板提上日程，市场各方积极筹备。10 月 9 日，深交所宣布，创业板技术准备基本就绪；10 月 18 日，创业板市场规则（修订意见稿）正式上网披露。

七、上市公司控股权以及控制权的争夺愈演愈烈。引人关注的有金路集团、胜利股份、四砂股份、中联建设等。

八、上市公司与大股东间的关联交易花样翻新，品牌转让接二连三。其中，粤宏远、夏新电子等公司的有关品牌转让事件引起舆论普遍关注。沪深证交所出台意见，规范有关品牌转让的信息披露行为。

九、发展证券投资基金的步伐加快。老基金规范改造取得进展，证券投资基金队伍壮大，开放式基金呼之欲出。同时，基金的功能和行为规范问题受到各方关注。

十、郑百文事件。郑百文巨额亏损广受关注，各大媒体刊载新华社记者谢登科的文章《假典型巨额亏空的背后——郑百文跌落发出的警示》之后，更是引发各方对退市机制等有关问题的讨论。国家有关部门组成的调查组抵达郑州，对郑百文巨亏问题展开调查。12月1日，郑百文重组方案出台，12月5日，中国证监会有关负责人就郑百文重组发表谈话。

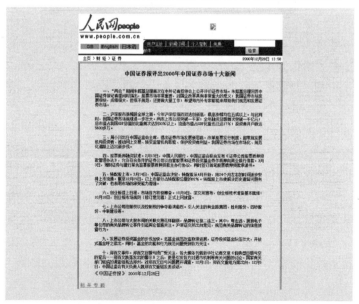

"郑百文事件"入选《中国证券报》2000年中国证券市场十大新闻

🎙 董少鹏点评

　　谢登科对郑百文的报道入选《中国证券报》2000年中国证券市场十大新闻，证明了郑百文事件在资本市场无疑具有样本价值。他紧紧抓住这一事件，围绕事件的方方面面一路追踪，立体采写，字里行间传递出市场发展和社会治理的积极信号，比当时的一些"谴责性报道"胜出一筹。"郑百文事件"入选《中国证券报》当年度中国证券市场十大新闻，从一个侧面佐证了谢登科这组系列报道引发的社会效果。

🎙 采访札记

郑百文黑幕是如何揭开的——与新华社记者谢登科对话
（作者郑晓舟，原载 2000 年 12 月 17 日《上海证券报》）

2000 年 12 月 17 日《上海证券报》一版导读

　　10 月 30 日，新华社播发了记者谢登科写的《假典型巨额亏空的背后——郑百文跌落发出的警示》一文，舆论哗然。

新华社为何要与郑百文"过不去"？这篇稿子的背后还有怎样的故事？11月27日，本报记者专程赶到郑州，与谢登科进行了一次面对面的交谈。

记者：郑百文当年被树为典型的时候，你参与报道了吗？

谢：1996、1997年的时候，郑百文正火，它的"银行、生产商、销售商"的三角信誉关系被认为是大市场、大流通、大生产条件下的成功企业运作模式。但接触下来，我对这个模式不甚理解。对于弄不明白的事情，我想还是不报道为好。当然，不是说我就预见到了今天会发生这些情况。

记者：你第一次发现郑百文的问题是什么时候？

谢：郑百文1998年中期的业绩与上一年有很大落差。1998年底，我开始对郑百文的事情进行研究。我到了这家公司，从不同角度与公司领导和作为大股东的市政府有关人员进行交流。他们认为，郑百文业绩下滑的主要原因是宏观环境恶化。在一开始的时候，我也认同这种观点，也为这一企业探索的新事物由于外部因素而夭折感到惋惜。

记者：什么事使你改变了这个想法？

谢：是和郑百文公司一个财务人员谈话。那位同志无意中透露："郑百文压根儿就不是一个先进的典型，而是有关部门，包括银行，硬竖了一个梯子让我们往上爬。"事实上，当年郑州市政府召开学习郑百文大会的时候，郑百文除了介绍经验的外，去的人很少。用他们的话说，是不好意思，于心不忍。该同志还透露，做"大"和虚假的财务报表掩盖了郑百文一开始就具有的问题。

跟他们交谈后，我意识到郑百文可能从一开始就是假典型。若真的如此，那么靠造假蒙混上市和受外部环境影响而导致的企业业绩下降，从性质上讲是完全不同的。作为一个记者，当我得知这些黑幕后，可能心如止水吗？

记者：你是从哪里着手进行采访的？

谢：这类采访，企业不可能主动配合，而且对郑百文的问题，也没有任何现成的文字资料可以参考。所以一开始的时候，我就通过朋友的引荐，接触了郑百文的一些员工，从多方面一点一滴向他们了解情况。这样持续了半年多，外围的情况基本摸清了，但是离核心问题还很遥远。

记者： 从 1998 年底到今年 10 月 30 日正式发稿的这段时间，有人劝阻你停止采访或者不发稿么？

谢： 没有不透风的墙。我跟郑百文一些员工接触的事情很快在郑州传开了，包括郑百文公司、建设银行在内的有关人员认为，新华社记者这么做好像是揭露问题来的，就通过有关领导出面跟我打招呼，希望了解我采访的意图，或者就此结束采访。于是，我只好跟他们解释说，我采访的目的是希望能查找一下郑百文陷入困境的症结，一起寻找郑百文的出路。其实，我当时采访的目的确实包含这些，而且我在写报道的时候，始终坚持一条：我是研究企业状况，不是针对某些人或者想把企业整垮。这一点，得到了部分领导的认同。

此外，我周围的亲朋好友也希望我不要写郑百文。因为他们有些在建行上班，有些在郑百文工作，无论出于对我的担心，还是出于对他们切身利益的考虑，他们都希望我停止采访。

记者： 是什么因素让你坚持下来？

谢： 当时，那些压力的确让我感到进退两难。但我稍有犹豫，那些暗中接受我采访的，有正义感的人的慷慨陈词便会在我脑海中回荡。同时，分社领导也一直鼓励我和敦促我。我觉得要做一名称职的新闻记者，就必须挣脱朋友和亲情的枷锁。

于是，我背起手提电脑，住进了省委大院里的招待所，关掉了手机、呼机，开始写稿子。在一周时间里，我断绝与外界一切联系，吃住全在招待所。在心无旁骛的境地里，我终于完成了这篇稿子。这时，我才有一种如释重负的轻松。

记者： 你与公司领导正面接触过么？

谢： 我与公司董事长李福乾、总经理卢一德都有过接触，采访过不少企业高级管理人员，和郑百文下属多家分公司的财务人员都碰过头。李董事长是全国人大代表，比较善于沟通，原来我曾经对他做过访谈，而且应该说，谈的气氛还不错，感性认识也很好。

这里要交代一下背景：1997 年郑百文被树为典型，名噪一时，但 1998 年即全线下挫，郑百文每股亏损 2.54 元。较之上一年，反差之大令人瞠目结舌。这时候，公司领导面临很大压力，因为包括省、市有关部门领导在内的很多人都不明白，郑百文为何如此不经风雨，到底是原来就有问题没暴露，还是后来被一些"败家子"给搞垮了？我与他们的谈话就是在这个背景下进行的。因为他们也有话要说。

记者： 在你的报道中，引用了大量关于郑百文账目上的数据，这些数据是从哪里来的？

谢： 有从企业来的，也有从有关部门得到的，还有别人主动提供给我的。当然，提供者有他的用意。

要写成这么一篇报道，我需要大量第一手的，特别是企业如何弄虚作假的翔实材料，而且要经得起历史和法律的检验。这项工作困难重重，一来我不可能去查账，二来公司的财务报告因完整性、真实性不能得到保证，已经连续两年被会计师事务所拒绝发表意见。所以我只能走"曲线救国"的路子。

从 1997 年下半年开始，建行就压缩对郑百文的承兑票据，到 1998 年 2 月份全面停止。中国人民银行总行的有关调查发现，建行郑州分行给郑百文开具承兑票据时缺乏必要的手续，如申请人和借款人同为郑百文。为此，建行郑州分行的一些相关当事人受到了处分，但他们想不通：当初郑百文与建行的银企合作模式是受到各方赞赏的，如今却让他们背黑锅。究竟是这个银企合作的模式错了，还是郑百文本身存在很多问题？我带着这些疑问和这部分同志的意见找到了有关领导。公司贷款和承兑时的违规行为以及郑百文财务状况的数据了解大多来自于这些渠道。

记者：你觉得这近两年的采访过程中，最大的困难在哪里？

谢：为郑百文的事情我前前后后的采访有上百次，接触了100多个人，笔记本都用了6本多，但也没有说哪一次采访提供了特别丰富的素材。稿子的完成完全是诸多素材的积累、综合和反复论证。

对企业的采访，如果是正面报道，企业都会大力配合，负面报道也通常会由有关部门出面或出具调查材料。这回采访郑百文的事情不仅处处碰壁，没有现成的书面材料可以依赖，还要雾里看花，明辨各方说法和素材。假如没有大量有正义感的人的支持，郑百文的内幕就不可能浮出水面，我的稿子也不可能出炉。

记者：郑百文成为舆论焦点后，你有压力么？

谢：有一点。郑州市有些领导认为我的稿子影响本地形象。我的回答是：大家都要尊重事实。客观报道是新闻记者的天职。我们的目的是要通过郑百文这个事例，总结经验教训，这不仅对郑百文本身，对其他企业探索改革的路子也是有好处的。我们不是从其他私利目的出发，那不符合新华社记者的职业道德，河南省和郑州市的大部分领导也认同我的做法和想法，但也有个别人在我以后的采访中采取了回避的态度，试图对我其他工作的开展造成一定的阻力。

此外，我的稿子中也提到一部分人，有些原来还很熟悉，得罪自然也在所难免。

记者：稿子发表后，郑百文对你是什么态度？

谢：至少没有被列为"不受欢迎的人"。我工作上的一个宗旨是，力求与被批评者也能成为朋友。公司董事长和总经理我都认识，无冤无仇，无爱无恨。我认为我的稿子是客观的，完全没有掺杂个人的偏见或者代表某个人的利益。

记者：稿子出来后，有郑百文公司的人找过你么？

谢：有。还有部分郑百文的职工来反映公司内部可能更为严重的问题。我感觉到了他们对于新闻工作者的高度信任，也感到了自己肩负的神圣使命。前不久，中国证监会发出通知，要求企业在上市前要到当地媒体进行公告，加大信息披露力度，我想也是为了加强舆论和社会监督的力度。

记者：公司领导目前的状况你清楚吗？

谢：据我了解，公司董事长李福乾因健康原因在医院接受治疗，这期间也参与企业工作。卢一德的情况不十分清楚，听公司说他在处理债务。

记者：听说，9月28日你发的内参有万把字，但公开发表的稿子只有3 000字，为什么有这么大的区别？

谢：内参上可以畅所欲言，而通稿上则删除了有可能涉及司法程序的事件、容易引起争议的具体事件和财务数据，所以只有3 000多字了。

另外，新华社要求抓作风，改文风，其中改文风的一个重点就是刹长风，要求用最简短的语言表达最深刻的主题。

记者：外面现在对郑百文的议论很多，你自己怎么看郑百文的问题？

谢：我始终认为郑百文的问题带有一定普遍性，反映了中国发展起步之初一些不规范、不成熟、不理性的现象，这也是我国证券市场成长中的烦恼。

当然，从郑百文的个案看，企业命运尚无定论，有关问题正在调查。郑百文的问题放到大背景下，这对其他企业是有警示作用的。正如我在稿子中提到的，如何规范证券市场的破产机制，强化风险，保护投资者利益，才是更为重要和紧迫的话题。

记者：郑百文的股价从1997年的20多元到现在的五六元，很多投资者为之损失惨重。你个人有没有买过郑百文的股票？

谢：我不炒股，所以也从来没有买过郑百文的股票。

2001年10月，作者在洛阳春都公司生猪饲养农户家中采访

2001年11月4日 （新华视点）

春都何以跌入困境？

新华社郑州11月4日电 河南洛阳春都集团公司曾引领中国火腿肠产业从无到有，市场占有率最高达70％以上，资产达29亿元。然而，仅仅经历几年短暂的辉煌，这家明星企业便倏然跌入低谷。如今春都上百条生产线全线告停，企业亏损高达6.7亿元，并且欠下13亿元的巨额债务。昔日车水马龙、门庭若市的场面，成了春都人美好的追忆。

企业盲目扩张 政府职能错位

春都集团的前身是洛阳肉联厂，主要从事生猪收购和屠宰。在企业负责人高凤来的果断决策下，1987年8月，中国第一根被命名为"春都"的火腿肠在这里诞生，并迅速受到市场青睐，销售额从最初的 2 亿多元猛增到 20 多亿元，年创利润 2 亿多元。春都狂飙突进带动了整个火腿肠产业在国内迅速崛起，并迅速形成了强大的产业群体优势。

也许成功来得太容易，春都的经营者头脑开始膨胀发热，当地领导也要求春都尽快"做大做强"，起了推波助澜的作用。于是洛阳当地制革厂、饮料厂、药厂、木材厂等一大堆负债累累、与肉食加工不相干的亏损企业被一股脑归于春都名下。

20 世纪 90 年代，热火朝天的春都火腿生产车间

1988 年以来，春都集团先后兼并了洛阳食品公司等企业 11 家，全资收购郑州群康制药厂等 6 家，与此同时，先后对河南思达科技集团等 24 家企业进行参股或控股，使集团员工从 1 000 来人很快突破 1 万人。在金融机构的鼎力支持下，数亿元资金像撒胡椒面儿一样被春都撒向这些企业。

通过几年的扩张，春都资产平均每年以近 6 倍的速度递增，由 1987 年的 3 950 万元迅速膨胀到 29.69 亿元。然而，扩张不但没有为春都带来多少收益，还使企业背上了沉重的包袱。由于战线过长，春都兼并和收购的 17 家企业中，半数以上亏损，近半数关门停产；对 20 多家企业参股和控股的巨大投资也有去无回。

经营管理简单粗放　"算命大师"充当"智囊"

春都发家于火腿肠，但在多元化战略下，这一看家本领却被忽视。在人才、技术、设备上有着明显优势，对企业至关重要的屠宰工序，却被春都淘汰给了原料供应商们，主营业务大幅萎缩。为在价格竞争中取胜，春都竟然通过降低产品质量来降低生产成本，含肉量一度从 85％降到 15％，以至于春都职工把自己生产的火腿肠戏称为"面棍"。春都很快为此付出了惨重代价，销量直线下滑，市场占有率从最高时的 70％狂跌到不足 10％。

春都巨大的资金黑洞和摆谱充阔更让人吃惊。公司斥资 3 000 万元在远离生产区的市区收购了旋宫大厦酒店，用作办公场所，还为各科室和中层以上干部分别配备了专车。春都与新西兰一家公司搞旅游项目合作，一张白条掷出 7 万美元，结果项目没搞成，钱也没了踪影。投资外地一家药厂的 200 多万元资金，对方没忘记，春都的账上却找不到记载。

春都经营者曾强烈意识到人才的重要，并一度向社会发出呼唤："只要是大学生，不管学什么的，统统要！"一些被春都事业吸引的大学生纷纷前来投奔，大学生、研究生一度达到 2 000 多人。但是，这些研究生、大学生进厂后大多和临时工一样被分配到车间拉板车、干粗活，杀猪卖肉。

尤其荒唐的是，为了弥补经营管理能力上的缺陷，春都的决策者竟在一些顾问的介绍下，从全国各地物色了一批"算命大师"作为智囊团，为其"出谋划策"，指点迷津。据介绍，在春都集团，大到人事任免、投资决策，小到领导出

01
股市风云

045

差的方向、办公室门的朝向，都会让"大师"们看看吉凶。一位"算命大师"到春都厂区转了一圈后说，春都一个大门容易堵塞财路，要再建一个。厂里马上新建大门，仅每年多支付门卫的开支就是几十万元。还有一位"大师"为了让春都支持自己在某地的生意，竟然用"国家要迁都"之类的谎言迷惑春都领导。1997年，春都滑坡的势头显露后，全体中层以上干部甚至被安排集体听大师们讲"意念"。

"改制"花样翻新　"投资饥渴"难填

春都从定向募集资金搞股份制改造到进行中外合资，从组建企业集团到构建母子公司体制，从资产重组到选择集团公司部分资产重组上市，都一一作了尝试，却依然没能阻止其走入困境的步伐。

洛阳市经贸委一位领导一语中的：春都乱投资、乱扩张，花样翻新的改制说到底是为了满足其"投资饥渴症"。

据测算，春都近年来通过各种途径融资高达20多亿元，仅在当地5家国有商业银行的贷款就在10亿元以上。

1993年8月，春都在原洛阳肉联厂的基础上进行股份制改造，组建春都集团股份有限公司，向社会432家股东定向募集法人股1亿股，募集资金近2亿元。春都把这笔钱用来搞多元化发展，先是投资1 000多万元对8家企业进行参股经营，后又投资1.5亿元对16家企业进行控股经营。结果改制改成了一个个累赘，春都与这次发展的大好良机失之交臂。

1994年9月，春都与美国宝星投资公司等5家外商合资，吸引外资折合人民币2.9亿元。但合资后外方发现春都的问题，于1997年寻找理由提出撤资。按照协议，本息加上红利，春都一次损失1亿多元。

1996年，春都在原来股份制的基础上进行新的改制和资产重组。从股份公司中分离了国有独资的春都有限责任公司作为母公司，再分离成立了14个子公司。

疲于改制占用了大量人力物力，遍地开花的技改、新上项目不是停滞，就是夭折。从"七五"到"九五"，春都技改投资高达7.28亿元，基本没有收益。

1998年12月，已是亏损累累的春都集团决定选择集团公司部分资产重组上市，募集资金4.24亿元。大股东春都集团和上市公司春都食品股份有限公司实际上是一套人马、两块牌子，人员、资产、财务根本没有分开。上市后的第三个月，春都集团就从上市公司抽走募集资金1.9亿元用于偿还其他债务，此后又陆续"有偿占用"上市公司数笔资金，合计高达3.3亿元，占上市公司募集资金总数的80％，从而造成上市公司对公众承诺的10大投资项目成为一纸空谈。

2000年5月，中国证监会郑州特派办向春都食品股份有限公司提出整改要求，限其在2000年底解决大股东资金占用问题，同时向有关领导机构通报了春都股份有限公司在机制转换、募集资金使用、资产质量、重大信息披露等方面存在的问题。此时的春都已经跌入了困境之中。

春都由盛而衰的教训，令人沉痛，发人深省。

春都与中国火腿肠产业

新华社郑州 11 月 4 日电 洛阳春都集团有限责任公司的前身是 1958 年成立的河南洛阳市冷冻厂，当时国家投资 200 万元，职工不足百人。1968 年，洛阳地区食品公司与洛阳市冷冻厂合并，成立了洛阳食品购销站，1979 年 2 月更名为洛阳肉联厂。1985 年，国家放开生猪经营，肉联企业被推向市场。结果，全国 1 500 多家国有肉联企业中很快有 90％以上滑入亏损困境，洛阳肉联厂也不例外。

在国家对肉联企业经营提出"大变小、生变熟、粗变细、废变宝"的四个转变后，洛阳肉联厂于 1986 年引进了火腿肠生产大国日本的一台火腿肠灌装机，投资上马火腿肠生产项目。1987 年 8 月，中国第一根被命名为"春都"的火腿肠在河南洛阳诞生，并迅速在市场走红。

"春都"的成功，首先得益于对国内肉制品市场的深入分析和技术工艺的刻苦攻关："春都"火腿肠将国外的先进经验与中国的现实国情及中国人的饮食习惯有机融合在一起，创出了"85％的精瘦肉加常温条件下三个月以上的保质期"这一富有独创性的中国式火腿肠产品质量标准。

市场的青睐使洛阳肉联厂成为河南和中国肉联行业走向辉煌的金色起跑线。"春都"火腿肠的生产能力在短短几年间猛增了 100 倍，生产线由 7 条、20 条、40 条直至 109 条，生产规模由年产不足万吨扩大到 20 万吨，却依然无法满足市场的需求。看准了这一神奇多米诺效应的郑州肉联厂、漯河肉联厂等河南肉联企业乘势而上，相继推出了"郑荣""双汇"等火腿肠新品牌。由于有先行一步的洛阳肉联厂为榜样和参照系，它们起步不久便以事半功倍的后发优势和声势浩大的广告宣传，与春都形成了相互竞争、共同发展、瓜分全国火腿肠市场的态势。骤然形成的强大产业群体优势，为河南省带来了巨大的经济效益。80年代还为本地生猪销路发愁的河南人，随着火腿肠的崛起，仅每年从四川就"吃进"生猪近900万头，占四川年出栏总数的九分之一，其中仅春都一家每年就能消化生猪600万头。小小的火腿肠，使河南由生猪调出大省转而成为全国最大的生猪调入大省。这一经济奇迹震动了国内食品行业。

1992年，以洛阳肉联厂为核心，以"春都"牌火腿肠为龙头产品组建的洛阳春都食品集团宣告成立，后逐步改造为春都集团有限责任公司。1999年3月，春都集团独家发起成立的"洛阳春都食品股份有限公司"在深圳证券交易所挂牌上市。作为中国最大的火腿肠生产基地，春都集团曾先后被确定为河南省50家重点企业、全国120家大型企业集团试点单位和全国520家大型重点工业企业，并被评为"全国食品行业质量效益型先进企业""中国行业百强企业"等先进单位。"春都"火腿肠多次被评为"全国名牌产品"和"著名商标"，并一度成为中国火腿肠的代名词。

"春都""双汇"和"郑荣"三大品牌之间的竞争，实际上构成了中国火腿肠市场竞争的主旋律。如今，"春都""郑荣"已经双双从中国火腿肠市场淡出，后来居上的"双汇"则接替"春都"坐上了龙头老大的交椅，并以60%以上的市场占有率控制着当前火腿肠市场的大局。

昔日"火腿双雄"，如何再创辉煌？

🎤 董少鹏点评

洛阳春都集团有限责任公司的败局，印证了公司治理中的"不怕小，就怕大"定理。很多企业在规模适中时，经营管理井井有条，风险控制得也很好。而当"财力过剩"时，过度、过滥地实施所谓兼并收购，没有将相关资产进行产业链、产业集群式整合，而只是把土豆装进麻袋里而已，风险随之而来。特别是，盲目加粗放的扩张，必然招致财务管理混乱、经营思想混乱。春都一步步走向财务悬崖，风险大爆发，本质上是"不断扩大的管理线"远远超越了"治理能力"的结果。

🎤 周鸿铎点评

"郑百文""春都"这两个在中国证券市场的第一个黄金期名噪一时的上市国企，从上市到崩塌都仅用了不到十年的时间。读完谢登科的两篇报道，深切地感悟出"盲目"之痛。政府为了政绩盲目地干预，企业为了迎合各方要求盲目地管理，资本为了逐利盲目地介入，核心业务为了满足资本市场对股市的需求盲目地变更，传播媒介为了树标杆求效益盲目地吹捧……所有这些共同酿成了"郑百文""春都"相继崩塌的催化剂。十多年过去了，反观当下的中国证券市场，这些问题如何了呢？解决了吗？答案在每位读者的心中。

谢登科的报道为"揭开中国上市公司的神秘面纱"迈出了勇敢的一步，但令人遗憾的是，时过境迁，"面纱"依旧。

中国证券市场的发展变革，需要更多的像"郑百文"报道、"春都"报道这样文锋犀利、不留情面的文章，需要更多客观的、多维的、深度的、详尽的报道让大众了解"面纱"下的真相。

的确，市场敏感、利益关联、主观立场、专业储备等多方面的原因，限制了新闻工作者对证券市场报道的深度、精准度。在这个领域，好记者、好文章更是乏善可陈，无疑，"郑百文""春都"这样的市场坏典型为证券报道树立的却是让人叫好的好典型。

🎙 采访札记

从"春都之死"和"郑百文风波"调研看经济报道创新
（原载 2002 年 1 月 28 日第 4 期《新闻业务周刊》）

（一）

继报道"郑百文冲击波"之后，我又于去年 8 月参加新华社国内部组织的调研小分队，对我国证券市场和上市公司的问题进行调研，重点负责对中小投资者和上市公司进行报道。通过深入实际，潜心调研，笔者敏锐地捕捉住明星企业洛阳春都集团公司由盛而衰这一重大典型事件，采写出《洛阳春都是怎样走向困境的》和《频频改制为何不能挽救春都》一组两篇内参稿件，以大量生动、鲜活的第一手素材对春都的成败得失及个中教训进行了深刻剖析。

稿件 10 月 4 日刊出后，引起中央领导同志的高度关注，国务院总理朱镕基和副总理李岚清、吴邦国、温家宝分别阅批。朱镕基总理在批示中指出："这是一个悲剧，也是一个笑话。如果我们的国有企业都是这个水平，怎么应对 WTO 的挑战？请查明事实，总结教训，公之于众。河南还有一个双汇，是否也是这个样子？"内参报道发挥了高质量的决策参考作用。由国家经贸委和中国证监会等部门组成的国务院调查组会同河南省政府对洛阳春都的情况进行深入调查后认为，新华社的内参报道内容属实，意义重大，并要求认真总结春都的惨痛教训，加强对国有企业的监管。社领导要求认真研究批示精神，研究如何"总结教训，公之于众"。

根据国务院领导同志指示精神改写的公开报道《春都何以跌入困境》，经新华社领导精编并送国务院政研室和中国证监会主要领导审定后，由"新华视点"专栏配"新闻背景"播发。春都的报道被媒体和国内各大网站广泛采用后在社会上引起强烈反响，经济界、证券界反响如潮，中央电视台等许多媒体纷纷跟踪报道。

（二）

洛阳春都集团股份有限公司以一根"会跳舞的火腿肠"一夜之间红遍全国，但却在挂牌上市后不久出现巨额亏损，以至于主业关门停产，企业负债累累。春都的昙花一现引起社会众说纷纭。我们在以往素材和知识积累的基础上，凭着强烈的新闻敏感意识到，解剖"春都之死"不仅具有重大的新闻价值，而且在证券市场和企业界具有代表性和普遍意义。

为了争取报道的主动权，我们没有简单地依靠别人提供的材料，而是通过积极主动、艰苦细致的调查采访，发掘事物最本质的东西。我们到洛阳市采访时，当地政府从维护地方整体形象出发对外界封锁春都的消息，春都公司本身也正在与其他企业洽谈上市公司的重组事宜，从企业领导到当地主管部门，没人愿意与记者见面，纷纷用"在外地出差""正准备开会""实在抽不开身"等借口回避。在这种情况下，我们不得不迂回"作战"，即通过先采访与春都有信贷关系的工商银行等债权人打开缺口，然后通过私人关系介绍，与企业领导成员个别接触。有的人对接受新华社记者采访十分敏感，我们就采取个别聊天的方式与其沟通交流，掌握了大量第一手素材。

在稿件的写作上，我们摒弃停留在简单地揭露黑幕层面上，而是努力从研究经济现象和经济问题的角度出发，着重挖掘春都衰败的典型意义和普遍意义，努力用生动的事实打动读者，使稿件做到了可读性和新闻厚度的有机统一。

社总编室在对春都报道的通报表扬中指出，只要真正深入实际，深入基层，善于捕捉和挖掘生动典型，就能写出对中央有重要决策参考价值的高质量的内参作品。这是总社对我们的肯定和鼓励，也是我们最强烈的感受。

（三）

近年来，我国股市强烈动荡，大案频发。由郑百文引发的冲击波和"春都之死"就是两个典型例子。怎样捕捉到和采写出这类典型报道呢？

首先，要转变思想观念。长期以来，我们习惯于单纯从生产、流通等传统经济工作的环节从事经济报道，事实证明，这已经远远不能适应日新月异的经济发展新形势的需要。新华社的报道，尤其是内参报道越来越需要有血有肉、有声有色以及有较强说服力、感染力和社会影响力的经济报道。类似洛阳春都和郑百文这样的报道就是适应这一形势要求的产物。

从世界经济形势看，随着我国加入WTO，世界贸易的游戏规则不仅将影响我们的经济运作方式，而且势必对社会经济生活产生巨大影响。经济发展的这种阶段性转变，一方面是经济报道的重要素材，迫切要求我们的经济报道在所关注的领域上进行相应的调整，紧紧跟踪这一变革的进程，跟踪报道最新的变化；另一方面也对经济报道的思路和方法本身产生深刻影响，它要求新闻工作者适应世界性的影响，以超越时空的眼光、博大宽广的胸怀关注经济形势的热点、难点，深入揭示其特点和规律。这是时代发展对新华社经济报道提出的新的要求。

从受众需求的变化看，社会经济环境的发展变化，使社会公众对经济报道的关注度空前高涨，经济生活中出现的许多新现象、新问题迫切需要我们用报道作出真实的记录和科学的回答。比如，缘于炒股、炒汇等经济生活方式的直接需要，人们对大到国家政策信息，小到类似春都、郑百文这样一家企业的兴衰走势变得分外敏感，这就要求从事经济报道的记者要积极、主动把握经济走势，洞察和研究经济生活的热点，并在报道的方法、形式上力求创新，摆脱传统的经济报道思维模式。目前，由于受多种因素的影响，我们对金融资本市场的关注，尤其是深层次报道还没有进入经济报道的主流。只有悉心开掘这些资源，我们的经济报道才能更加贴近群众，更加受到欢迎。

紧扣时代脉搏，开拓报道视野，转换报道功能是经济全球化大形势下对经济报道提出的新要求。像经济的交流和竞争早已打破了地域的阻隔一样，我们的经济报道也必须打破各种人为设置的禁区，大力拓展报道领域。金融、证券等各方面的经济活动日益活跃，资金流、技术流、信息流速度加快，我们的经济报道就必须伸展到市场经济和社会生活的广阔舞台，精心研究和反映这些绚丽多彩的变化，透过经济现象，折射社会生活。

其次，对证券市场和金融资本市场这一特殊对象的报道要深刻领悟党的方针政策。洛阳春都的报道和 2000 年的郑百文报道一样，都是在我国证券市场快速、健康发展的大背景下推出的证券经济类报道，由于较为全面地研究和把握了证券市场的发展大势，所以，经新华社内参和公开报道后不仅在决策层、社会各界尤其是证券市场产生了"重磅炸弹"般的影响力，对广大股民的投资风险意识起到了有力的警示作用，而且对规范正在快速发展的中国证券市场也起到了积极的推动作用。

自从党的十五大对发展证券市场、资本市场等要素市场作出了科学的决策以来，我国证券市场短短十年间取得了世人公认的飞速发展，但与此同时也出现了一系列问题，特别是类似春都、郑百文这样的企业把包装上市作为圈钱的捷径，只顾"形式创新"，不管机制转换，从而带来上市公司群体中的亏损企业数量日益增多，从几家、十几家上升到一二百家，包括春都在内的一些企业甚至严重亏空，资不抵债。这种情况暴露出中国证券市场在快速发展的过程中还存在着许多亟待规范和完善的领域，在上市公司被作为我国国有企业的精英和排头兵的大背景下，我们不能不对这一态势的演变担忧。对洛阳春都的报道正是坚持了辩证唯物主义的世界观和方法论，透过现象看本质，以发展的眼光、全局的眼光看待证券市场上所出现的问题，并努力站在分忧解难的角度为证券市场的改革发展提供良好的舆论环境。因此，报道获得了积极的影响，受到了国务院调查组的充分肯定和社会的广泛好评。

最后，我们的经济报道还必须具有前瞻性。洛阳春都的报道和郑百文假典型的揭露一样，之所以引起强烈震动和一片叫好声，除了事实本身的强大冲击力外，还在于春都、郑百文这样的明星企业在一些媒体的狂炒之下被人为神化，为各界所极力吹捧，而没有把一个真实的春都和郑百文展现在读者面前。这种脱离了一般经济规律和新闻规律的宣传在很大程度上误导了社会公众，以至于郑百文、春都陷入困境后许多人不敢相信。

面对瞬息万变的新经济时代的到来，我们的经济报道必须用前瞻性、真实性打动读者，在阐明经济现象因果关系的基础上，应充分注意到事物的发展趋向，力求对其发展前景作出正确的分析和判断，而不能误导社会公众。

要做到这一点，我们的经济报道必须在深入调查的基础上，加强对经济活动中矛盾的分析，抓住经济生活中已经出现和暴露的倾向性问题，敏锐地反映出新动向，及时传递最新信息，进行预警式报道。

第二章——股海沉浮

　　持续以冷静、独到的视角，敏锐、犀利的笔触关注中国股市的跌宕起伏、潮起潮落，旨在给投资者和社会公众以理性思考，是谢登科股市报道的鲜明特色和基本要义。谢登科的文章往往一经发布，旋即引起市场强烈震动和热烈讨论。面对狂热呼吁理性，面对低迷树立信心，自2005年开始，谢登科的股市述评文章成为观察中国股市的一扇窗口和一个风向标。基于其对中国股市的深入调查研究以及所产生的深远影响，谢登科被连续评选为"中国金融新闻年度人物"。

作者在采访调研一线

2006 年 5 月 9 日

如何看待沪指突破 1 500 点？

新华社北京 5 月 9 日电　经历了七天假日的休整，中国的股市如同注入了"一针兴奋剂"，在 5 月开盘后的两天里一路飙升。9 日沪综指跳空高开于 1 503.24 点，轻松越过 1 500 点心理关口，报收于 1 531.16 点，上涨 2.27%，沪深股市主板共成交 590 亿元。

股指的上涨随即带来了市场的欢呼雀跃，有业内人士作出预测："未来大盘将处于一路攀升的通道中。"更有人惊呼："牛熊分界线已被击穿，牛市的号角已经吹响。"

一个毋庸置疑的现实是，随着占总市值八成以上的上市公司相继完成股改，一直悬在中国股市上空的股权分置的阴云渐渐消散，中国证券市场正走出多年深陷的体制困境，步入良性发展的轨道。这种市场发展环境的改善，体现了国家对发展资本市场的决心、能力和智慧。

但同时必须清醒、冷静地看到，股指的涨涨跌跌是市场经济中很正常的现象，我们不能一见股指下跌就大惊失色、无所适从，一见股指上涨就欣喜若狂、人云亦云。一个成熟的管理者，必须对市场的发展胸有全局、统筹安排，一步一个脚印、十分稳妥地处理股市的问题。

资本市场一个广为接受的理论是，股市是宏观经济的晴雨表。这是一个经济规律，但不能因此而赋予股指运行太多的"包袱"。前一时期，在中国的股市出现了下跌的行情时，无论从管理层面，还是市场参与的各方，有不少人好像得了"股指恐惧症"一样，纷纷以此来攻击市场的运行，甚至危言耸听地说"中国的股市肯定出了大问题"。而现在一看到股指一两天的上涨就又开始宣称："这样的股市走势才真正反映了中国宏观经济的运行情况，中国的股市已经步入正确轨道。"

必须强调，一方面，世界上没有只涨不跌的股市，另一方面，股市与宏观经济的对应充其量只能是总体运行态势的对应，不可能是时时刻刻的对应。从美国经济的百年发展历程看，它与股市的对应也只是一个长期的、平均值的概念。今天一看股指跌了多少点，马上出台一个政策；明天一看股指跌了多少点，又出台一个政策。股民没有乱方寸，管理者的方寸反而乱了，这不是一个真正成熟的股市。经过十多年的运行和完善，无论中国的股市，还是股民，都已经不是单靠一两个利好和利空的消息所能简单改变的。人们要求解决的是深层次问题。

中国资本市场能否健康、持续地发展，上市公司质量是一个十分重要的考量指标，因为它关乎和影响着投资者的投资收益，也关乎和影响着中国资本市场的全球化进程。

中国证监会在向广大投资者和社会各界广泛征求意见或建议后，于8日开始施行《上市公司证券发行管理办法》，标志着上市公司再融资的重新启动，成为两天来市场上最为活跃的因素。由于《管理办法》强化了对股票发行的市场价格约束机制，突出了保护公众投资者权益的要求，拓宽了上市公司的再融资方式和再融资品种，简化了发行审核程序，使市场一直担心的新股发行给资金面带来的利空压力转化为一大利好，市场没有掉头直下，反而扶摇直上，这出乎了一些"行家"的预料。股市的所有人都是在吃上市公司的饭，怎样让上市公司发展好才是股市生存的基石，中国的股民正在从内心深处接受这一观点，从行动上支持管理层为此作出的努力。

全世界的股市，没有一个会拒绝好企业上市的。中国的证券市场不是没有钱，容量小，而是需要大批质地优良、赢利能力强、业绩稳定的上市公司。在停止新股发行的时间内，股市并没有因此上涨，反而一直处于下跌的区间，从一个侧面佐证了这一现实。据了解，即将正式出台的IPO办法，对新股发行的门槛要求更高了，约束更严了，这必将有助于中国股市吸纳更多的优质上市公司进场。这些目标的真正实现，意义远在于"1 500点"之上。

影响市场发展的另一因素是人气。从两天来的股市看，场内高涨的热情是推动大盘上涨的重要动因。据中国证券登记公司的数据显示，截至3月底，沪深两市A股、B股及基金的个人和机构投资者开户数为7 382.86万户，比上月底增加21万户。但也要看到，有一些投资者的状态是，一涨就卖，卖完就跑，一去不回。要凝聚和提升人气，保持股市的旺盛活力，绝非推行一两项改革，出台一两个办法所能解决的，它要求营造的是公平、健康、持久的机制和体制氛围。对此，我们必须有更加充分的准备。

一位股民在交易大厅察看行情

2006年6月7日

锻造"牛市"的基础任重道远

新华社北京 6 月 7 日电 在许多人仍沉浸在"牛市"来临的激动与喜悦时，7 日的沪深股市双双出现大幅下跌，沪综指跌破了 5％。在这一时刻，记者不禁想起一位证券专家在去年股市下跌时说过的一句话："我最担心的不是股市何时能上去，而是问题还没有完全解决就一下子反弹上去了。"

最近一段时间，中国股市出现了投资者期待已久的上升趋势。应该说，随着股权分置改革的深入推进，困扰股市多年的不合理的利益结构得到了重大调整，加上一系列配套政策的适时出台，沪深股市止跌回升是自然的。但是，中国股市的问题远没有全部解决。

上市公司质量是股市赖以成长的基石。目前，虽然 7 成以上的公司相继完成股改，然而它们的经营业绩并没有出现明显变化。从 1 340 家上市公司披露的 2006 年第一季度数据来看，上市公司今年一季度整体业绩表现平淡，在 1 340 家上市公司中，有 255 家亏损，所占比例接近 20％，而去年上半年，上市公司的亏损面为 15.85％。截至 5 月 11 日，沪深两市有 315 家公司（含 B 股）发布了中期业绩预告，其中，预减、首亏、续亏等报"忧"类公司占 188 家，占 59.68％。在这样的基础上，它们的股价短时间里的大幅上涨，就不能不叫人担心。

上市公司的治理问题是市场关注的另一个焦点。近年来，监管部门加大了对上市公司违规违纪行为的查处和打击力度，上市公司的各种违规行为被不断揭露，已有很多公司深刻认识到公司治理对于企业的重要性并付诸实践。但不能否认，故意操纵关联交易、利润包装、粉饰会计报表而导致信息披露失真等问题仍然存在。

日前证监会专门就进一步加快推进清欠工作发出通知，

要求各上市公司严格按照年报披露内容及时开展清欠工作。连日来，先后有浙江广厦等数十家上市公司发布公告，披露清欠进展情况，纷纷宣称关联方非经营占用资金部分或全部清偿完毕。与此同时，随着股市融资的开闸，一些企业的融资行动纷纷出笼。一边是"融资饥渴"，一边是"清欠"风暴，两道风景同时出现，同样耐人寻味。

再看政府对上市公司的监管。上市公司治理结构中存在的问题，也反映出政府对市场的管理和驾驭机制还存在不足。更应引起警觉的是，在上市发行实行了核准制之后，仍然出现了像麦科特和华纺股份这样的问题公司。

中介机构信用机制的缺失，是对中国股市的又一威胁。"郑百文""银广厦"等事件的发生，暴露出一些会计师事务所、律师事务所和证券公司等中介机构还缺乏最基本的社会信用和职业操守，助长了一些公司的违法违规行为。加强对中介机构的监督与管理，使其能够诚实守信地开展中介活动，真正成为一道阻止上市公司违法违规行为发生的"防火墙"，是中国股市面临的又一挑战。要完成这项任务，任重而道远。

必须清醒地认识到，中国股市在高速发展的背后积累了较多问题，而这些问题绝非一朝一夕或者是一两项改革的推进就能彻底改变的，特别是股市的制度环境建设并不如想象的那样会在短时间内迅速改变。如果市场基础不从根本上改变，那么股市的指数可以上蹿几天，也可以被一些炒家炒到更高的位置，但是，这样的市场最终还是会回到它应有的位置上。

一个真正的牛市，需要的是坚实的基础与实力。值得注意的是，随着上市公司、证券公司等市场主体的规范整顿，利润转移、掏空上市公司等"不干净"行为的生存空间正变得越来越小，影响市场创新的约束和障碍正在逐步减弱。监管部门负责人近日表示，当前要继续推进股票发行审核与上市制度的市场化改革，同时进一步完善发行上市保荐制度，继续推动上市公司并购重组的市场创新。应该说，这些措施的真正到位与见效之日，才是中国股市走"牛"的真实起点。

2006 年 9 月，作者在主流媒体证券报道研讨会上发言

2006 年 12 月 6 日

怎样理解当前股指上涨？

新华社北京 12 月 6 日电　最近以来，沪深股市在指数的表现上呈现出扶摇直上的态势，特别是沪综指突破 2 000 点以后的持续上行，使人们对股市的高歌猛进充满期待。与此同时，对于股市是否"过热"，指数是否"虚高"等话题的议论和担心也渐渐多了起来。

在这样的背景下，正确认识中国股市的现状，理性把握中国股市的发展显得尤为必要。

世界经验表明，没有任何一个国家的经济增长可以稳定在一个固定的速度之上，而是能快就快，该慢则慢。作为宏观经济的风向标，股市的运行显然不会违背这一规律。

在多种因素的作用下，股市的起伏波动是必然现象。世界上任何一个国家的股市都是在动态平衡中发展，只有振幅的高低不同，而绝不会只涨不跌，只跌不涨。

对年轻的中国股市而言，在市场深处存在的矛盾和问题不可能在指数的一夜暴涨下完全消失。

随着股权分置改革的接近尾声，困扰市场发展的制度性障碍正在逐步得到消除，但是，非流通股对于二级市场的实质性压力却尚未开始体现，这些压力的真正到来之时才是对中国股市发展的真正考验。

随着市场基础制度建设的完善以及政府对其战略地位认识的提高，投资者的乐观情绪在市场上弥漫，但是，相对于一个成熟的、健康的市场而言，中国的股市还有很远的路要走。特别是上市公司的整体业绩和赢利能力并没有得到根本性改观，有的还呈现出持续下降的趋势。

经济发展具有一定的惯性，国家政策和其他因素的影响总要有一个贯彻和作用的过程，其运行的趋势不会一下子得到改变。股指飞涨之间透出的数字变化，映衬出中国资本市场发展的活力，但并不能必然地说明资本市场的内在质量已获得了根本性提升。

股指上涨的背后蕴藏着中国股市在价值估值体系上发生的变化。今年以来，随着工商银行、中国银行等一批对宏观经济发展具有较强代表意义的企业在国内上市，股票指数在权重上也发生了根本性变化，这些"庞然大物"的入市，成为左右股指的决定性力量，它们每涨跌一分钱，就会影响到股指上下浮动几个点。在这样的背景下，股指的上涨显然不能等同于股市行情的上涨，因为这些"龙头"企业的业绩并不能代表其他上市公司的业绩，投资者对这些"龙头"企业前景的看好并不能代表对所有上市公司前景的看好。

随着规模的发展壮大，中国股市的抗风险能力也相应增强，沪深股市的总市值已突破7万亿元人民币，仅今年以来的市场融资总额就超过了2 000亿元。股指期货即将诞生，意味着中国的股市将进入一个新的发展阶段，但同时也会为监管层和市场带来新的考验。在一个操纵和投机得不到有力遏制的市场里，对于一些机构来说，让股指疯涨到多少点都不是没有可能的。

当前的中国资本市场正处在一个重要的发展转折期，有关部门正在按照"标本兼治、内外并重、远近结合"的思路，不断深化改革，强化监管，加强市场基础性建设，着力解决影响市场长期发展的结构性和机制性问题，推进资本市场的改革开放和稳定发展，这是中国股市的希望所在。作为一个成熟的管理者，对股市发展运行的把握不能只看一时一处的涨跌而得意忘形或惊慌失措，那样势必导致矫枉过正的局面，只有放眼长远，胸怀全局，才能作出准确的判断。

只要存在市场竞争，就会有优胜劣汰。市场经济条件下，企业根据市场发展和竞争的需要进行投资，必须承担投资风险；只要股市开门交易，就会发生股指涨跌。投资者根据对公司发展前景和效益风险的评估，决定购买哪一家公司的股票，同样也需要自担风险。

解读全球背景下的中国股市

新华社北京 7 月 8 日电 今年以来，中国股市走出了一轮有别于全球股市的"独立行情"，至 6 月 30 日收盘时，上证综指和深证成指分别出现了 77％和 62％的涨幅，两市日成交额超过两千亿元几乎成为常态。

按说，一个健全的资本市场与实体经济的变化息息相关，但这并不意味着二者时时环环相扣。相对于当前经济来说，"牛市行情"的说法还有待进一步观察。

与以往不同的是，今天面对股市行情，越来越多人的心态开始趋于平静和理性。国际金融危机的背景下，真实、正确地看待股市的变化尤为重要。

全球股市强劲反弹 涨幅超过经济复苏

国际金融危机以来的这段日子里，全球股市风云变幻，今年上半年更是上演了一波"上世纪 30 年代以来最富戏剧性的反弹行情"。从 3 月份的低点大幅上扬，全球股市纷纷创下数年来或数十年来的最大季度涨幅。

在这场危机的爆发地华尔街，"痛定思痛"的美国股市以强劲反弹之势结束了 2009 年上半年的行情。覆盖 20 多个市场的 MSCI 全球指数第二季度约上涨 21％，为 1987 年以来的最大季度涨幅。二季度，纳斯达克综合指数上涨 20％，道琼斯 30 种工业股票平均价格指数上涨 11％，两者双双创下自 2003 年以来的最大季度涨幅。

欧洲主要股市"追随美国"开始了一轮强劲上涨。在英国伦敦、法国巴黎、德国法兰克福，欧洲三大股指第二季度大幅上扬。从孟买到新加坡，从东京到首尔，从菲律宾到俄罗斯，亚太地区和新兴市场国家股市也迎来久违的普涨。

几个月前还笼罩着恐慌情绪的全球股市，发生惊心动魄的反转，这到底说明什么？

纵观全球股市可以发现，投资者在全球经济遭遇金融危机冲击后，仍相信全球经济将逐步走出衰退重回增长通道。信心，成为市场的重要支撑力量。

《华尔街日报》文章说，美股本轮上涨主要是受到经济向好预期的推动，不过，只有企业的赢利能力出现恢复，才能为股市的持续上涨提供动能。

日本《每日新闻》评论称，政府月度报告中透出的一些苗头和迹象，让人们对日本经济的复苏充满期待。

由此可见，各国采取一系列措施从很大程度上缓解了人们恐慌的心态。

但是，股市的表现并不能代表这些举措都取得了如"股市反弹般"明显、快捷的成效。

英国《金融时报》最新公布的一项调查显示，全球多数机构投资者认为，世界经济在今后一段时期内将呈 U 形或 W 形走势。全球经济增长在逐步复苏前还会有一段时期表现疲软。

在影响股价的市场因素中，宏观经济周期的变动，或称景气的变动是最重要的因素之一，也是最大的行情。显然，股市的反弹成为经济好转的先行信号，但在有的人看来，股市反弹的幅度超过了经济复苏增长的力度，是对未来增长的提前"透支"。这让人们在期待之余内心还不踏实。

中国股市资金充裕　经济支撑有待加强

在全球主要股市中，中国股市的表现无疑最为抢眼。今年以来，A 股主要指数"迎难而上"，跑赢全球股指，上证综指于 7 月 6 日突破了 3 100 点。"这显示了市场参与者对中国经济未来持续快速增长的一种强烈预期。"上海证券交易所副总经理刘啸东说。

谈到支撑中国股市上涨的直接动力，人们首先归于经济刺激政策所带来的充沛流动性。2008 年第四季度以来，伴随货币政策的转向，资金缺口由负转正，流动性呈现加速释放的态势。今年前 5 个月，人民币新增贷款已达 5.83 万亿元，如此充裕的流动性增长，历史空前。同时，市场直接的"源头活水"不断涌来。截至 6 月 29 日，上半年共有 53 只基金成立，募集金额 1 341.98 亿元，为市场注入大量新鲜血液。

2008 年股市出现大幅波动时，投资者对国内外宏观经济下滑风险的担忧是重要原因；眼下，随着中央一系列扩内需、保增长举措的实施，投资者对经济下滑风险的预期逐步改变，进而稳定了投资者对资本市场未来发展的信心。

由于国际金融危机的冲击，2009 年成为中国经济最困难的一年。如今我国经济运行出现了积极变化，总体形势企稳向好。来自资本市场的数据显示，一季度上市公司净利润与去年第四季度环比增长了 53.2%，1 至 5 月份证券公司累计实现净利润 350 亿元，同比增长 12.5%。

国家统计局有关人士认为，今年二季度 GDP 增长预计接近 8%，中国经济将呈现出较为明显的止跌回升之势。无论从 GDP、工业生产增长情况，还是从钢材生产量、发电量等实物指标来看，我国经济最困难的时候已经过去。

所有这些，都成为股市向好的重要支撑力量。

同时也要看到，我国经济回升的基础还不够稳固，不确定性因素还不少。"在扩张性的经济政策刺激下，经济止跌回暖的趋势虽然逐渐明朗化，但经济复苏中的挑战和风险仍然存在，实现经济增长的目标任务仍十分艰巨。"国家发展改革委宏观经济研究院常务副院长王一鸣表示。

世界的发展离不开中国，中国的发展也离不开世界。对美欧的外贸出口约占我国对外出口的 40%，在国际金融危机严重影响到这些发达国家实体经济的情况下，外需减少对我们的影响明显暴露。今年上半年，外贸出口增长持续下行，财政收入增长逐月下降，表明我国经济增长面临的风险仍然不可小视。

将国内与国际经济形势一起分析，我们一方面要看到保持经济社会又好又快发展的有利条件和积极因素，另一方面也要增强忧患意识，充分估计到资本市场存在的困难和潜在风险。

市场普遍担心，由于缺乏其他投资渠道和双向价格发现机制，在股市上涨阶段，大量储蓄和信贷资金直接涌入股票市场，推动市场的暴涨，而在股市下行时，资金又迅速从股市回流到账户，成为股市大跌的重要压力。

此外，个人投资者比例较高、投资主体的行为和结构性缺陷，以及我国资本市场层次不多、投资品种不足，股票市场和债券市场结构不合理等情况明显，这也加大了中国股市的不稳定性。

现在最需要做的，就是把各方面的条件准备得更充分一些，让支撑股市的基础更坚固一些。

汲取华尔街的教训　加强监管稳步发展

发端于华尔街的这场金融危机，来势之猛、影响之大，发人深省。到今年6月底，沪深股市总市值再度突破20万亿元，已名列全球市值第三。发展中的中国资本市场应该从这场危机中汲取怎样的教训，得到哪些有益的借鉴？

"金融危机让我们看到了一个放任自流的市场体系的缺陷。"中国证监会负责人认为。

从发展模式看，美国金融市场基本上是一个自下而上、自我演进的模式。两百多年前美国资本市场萌芽时，完全是放任自流的状态，政府不介入，在前100年里对上市公司没有信息披露的法律要求，134年里没有证券监管机构。而我国资本市场的发展，一直是政府和市场力量共同推动市场的发展，简化行政审批、加强监管、推动市场化改革一直是大方向和主旋律。

"没有绝对的自由，也没有绝对的管制，资本市场的健康发展需要寻找两者的平衡点。"中国证监会研究中心主任祁斌说。

发生在华尔街的金融危机为我们提供了一个过犹不及、自由化泛滥、整个社会为此支付了高昂成本的经典案例，很有警示作用。它提醒我们，要正确处理虚拟经济与实体经济的关系、积累与消费的关系、金融创新与金融监管的关系等一系列课题。

城门失火，殃及池鱼。在国际金融市场日趋一体化的情况下，金融风险的传播更为迅速、更为广泛，任何一个市场都难以独善其身。如何对大规模的系统性金融风险采取较为有效的预警和阻断措施？这也值得我们进一步思考。

不认真研究和汲取华尔街的教训是不负责任的，而误读华尔街的危机也十分危险。

"应该看到，尽管此次危机对美国资本市场和金融体系是很大的打击，但其仍然是一个发达的市场。我国的资本市场正处于新兴加转轨的初级阶段，市场内在基础与快速发展不相适应的矛盾依然突出，所以我们应该加快资本市场改革与发展的步伐。"祁斌说。

同时，我国国民经济对于资本市场提供的服务还有巨大的需求，经济转型升级和自主创新经济体系的构建更需要资本市场提供有力的支持。在经济全球化的今天，我国资本市场要屹立于世界之林，最根本的还是要不断提升自身竞争力。

不能因为美国市场犯了错误，发生了金融危机，就停止我们自己金融市场发展的步伐，那将使我们错失良机。我们应该在认真研究和汲取金融危机教训的同时，坚定不移地推动资本市场的改革和发展，走稳健和可持续发展之路。

众所周知，这次金融危机的爆发，是衍生产品惹的祸。"但对于一个快速发展的资本市场来说，是否也要从此告别股指期货等衍生产品交易，筹备的融资融券机制何去何从？值得认真思考。"

中国证监会主席尚福林近日表示，下半年将重点做好包括推进创业板建设与新股发行制度在内的多项重大改革举措，并加强监管与执法，有效满足多层次投融资需求。

充分发挥我国资本市场的独特优势，立足当前，着眼长远，统筹规划，加快我国资本市场改革和发展的步伐。这个任务是艰巨的，也是完全可以实现的。

2009 年 6 月，股民在北京某证券营业部关注行情

2010 年 7 月 6 日

股市震荡发出的讯息

新华社北京 7 月 6 日电 "最为复杂"的 2010 年中国经济已至中局。

作为经济的"风向标"和重要组成部分，中国股市的表现显然没能脱离这一"最为复杂"的判断。

从 2010 年首个交易日的 3 289.75 点，到上半年最后一个交易日的 2 398 点，上证综指历经上下博弈，持续震荡下行，跌势明显。

关心股市的人们在关注经济：经济的运行究竟复杂在何处？

关注经济的人们在关心股市：股市的下跌在向我们发出哪些信号？

在年中的关键节点上，审视关键之处，回答关键问题，显得十分必要。

不能忽视股市震荡的内在警示，也不应放大股市
下行的消极效应——支撑股市的中国经济虽面临
"两难困扰"，但开局良好，中局稳健，后势可期

从整体上正确认识经济形势，是准确把握股市的前提和基础。

时光进入 2010 年，国际金融危机阴霾犹在，世界经济继续着艰难复苏。在这样的背景下，中国经济的回升向好势头进一步巩固。一季度，中国经济以 11.9％的增幅保持平稳较快的增长态势，开局良好。在此区间，中国股市的运行虽有震荡，但大势平稳。

从第二季度开始，随着欧洲主权债务危机的接连爆发和持续恶化，全球金融市场陷入新的震荡，世界经济的复苏前景被蒙上了新的阴影。在这样一个大环境里，中国经济虽处

01/ 股市风云

于上升通道，却很难"独善其身"，在发展上显现出更多的复杂性和不确定性。这种"复杂性和不确定性"迅即在股市的运行轨迹上得到反应：在持续的博弈震荡中，上证综指和深证成指从4月初开始一路走低，三个月跌去600多点。

投资资本市场，一定意义上说就是投资未来。股市的大幅下跌反映的是市场对未来经济的一种担忧。那么，市场究竟在担忧什么？

工业是反映经济增速的代表性指标。年初以来，我国工业增速从20.7%开始逐步回落，5月份回落至16.5%。我们的经济增速能不能维持在一个平稳较快的区间内？这成为不少人心中的疑问。

经济稳定增长的第一制约因素在于出口。上半年，外需市场的萎缩，人民币升值的压力，加上国家相继取消的出口退税政策，直接带来贸易顺差的下降，使得一些人对出口形势的担心又多了起来。

数据显示，1月份我国CPI同比上涨1.5%，2月上涨2.7%，3月上涨2.4%，4月涨幅2.8%，5月则超过3%的警戒线，达到3.1%。逐步上翘的物价曲线，使一些人对能否完成全年3%左右的CPI调控目标产生了怀疑。

为了对冲银行流动性，控制信贷投放节奏，央行先后于1月18日、2月25日、5月10日三度上调存款准备金率，与此同时还多次进行公开市场操作。年初以来针对房地产市场的调控举措也密集出台。在这一系列的措施之后，经济社会发展的资金需求能否得到有效满足？人们也疑虑重重。

敏感的股票市场以震荡下行的方式回应着人们的各种担心和忧虑，并对经济运行中蕴含的潜在风险发出警示。

"其中，有的是短期问题和长期矛盾的相互交织，有的是国内因素和国际因素的叠加影响，也有的是思想认识上存在的误区。"中央财经工作领导小组办公室有关人士说，所有这些都不容忽视，有的需要时刻保持警惕，有的需要正确加以引导。

对中国这样一个大国而言，其经济运行犹如一艘行进的巨轮，只有从更宏观、更长远的视角观察，才能作出准确的判断。就像在股市强劲上扬之时不能忽视风险一样，在股市震荡下行期间同样不应低估正面因素。

"增速的适度回落与物价的温和上涨，不能代表我们的经济出现了滞胀，而是说明经济的运行渐趋平稳，回归正常区间。"国家统计局负责人解释说。

从4月、5月的数据看，虽然工业增加值增速略有放缓，但仍保持了较高的水平；投资和消费也处在历史同期的较好水平上；出口增速反弹甚至好于市场预期；其他一系列宏观经济指标也延续着回升向好的势头。

"这说明我们经济的增长是稳健的。"国家发展改革委负责人指出，"因此，不必过分担心增速下滑，中国经济仍将保持较快的增长。"

世界银行最新发布的《中国经济季报》认为，2010年全年中国GDP增速可达9.5%，未来10年仍将保持相当的增长水平。

"中国经济在一个较长时期内实现增长是没有问题的，关键是我们并不单单追求更高的经济增长速度，而是致力于实现一种由市场驱动的、更加可持续的稳定增长。"国务院发展研究中心研究员张立群说。

人们充分注意到，虽然面临诸多"两难"问题的挑战，但中国经济回升向好的态势并未改变，市场驱动的消费、投资和出口共同拉动经济增长的格局初步形成，经济增长动力结构发生积极变化，增长的稳定性和可持续性增强。这是当前中国宏观经济运行的主基调。

未雨绸缪、见微知著，已成为党和政府指导和调控宏观经济的一个鲜明特色。针对各种复杂性和不确定性因素，中央强调指出，我们面临的形势依然复杂。要坚持处理好保持经济平稳较快发展、调整经济结构和管理通胀预期的关系，保持宏观经济政策连续性和稳定性，增强宏观调控的针对性、灵活性，提高宏观调控水平，把握好政策实施的力度、节奏和重点，进一步巩固和发展好的经济形势。

在影响股市发展的各种因素中，经济还是最终的决定力量。在中国宏观经济朝着宏观调控预期方向发展的形势下，我们完全有理由对股市的未来充满期待。

股市在震荡博弈之间暴露内生动力之不足，凸显发展方式转变之紧要——结构优化升级将为资本市场的可持续发展赢得新机遇

国际金融危机对我国经济的冲击表面上是对经济增长速度的冲击，实质上是对经济发展方式的冲击。这一重要判断，在股票市场的震荡博弈之间得到了深刻反映。

让我们随机撷取两个交易日的股指走势：

2010年5月5日。大盘低开低走，最终以红盘报收。在有色金属、煤炭石油等5大板块明显下行的压力下，太阳能、生物育种、电子信息等新兴产业股票扮演领涨先锋。

2010年6月29日。大盘单边下跌，沪综指和深成指分别大跌4.27％和5.03％，但一些高科技、软件类和林业股表现出较强的抗跌性，逆市活跃。

转变经济发展方式的一个重要方面，就是要着力增强经济的竞争力、抗风险能力和内生动力。表现在股票市场上，就是有潜力、有前景的公司受到追捧；反之就遭冷遇。

综观今年以来股市的表现，尽管股指整体上大幅下跌，但个股呈现"有人欢喜有人忧"的局面：以医药生物、节能环保等高新科技为代表的一批成长型产业股票虽出现调整，但综合看依然最为强势，其中不乏涨幅超过50％的个股；而钢铁、传统制造、房地产等领域成为下跌的"重灾区"，一些传统的"定海神针"显得重任难当，黑色金属更以38.81％的

跌幅成为上半年受伤最深的板块。

股票走势上的反差，生动折射了资本市场结构调整和经济发展方式转变的必要性和紧迫性。

经过20年的发展，国民经济领域的代表性行业和龙头企业基本进入股票市场，使得中国资本市场在国民经济中的代表性进一步增强。但在我国资本市场上，权重股主要由石油化工、地产、资源，以及重工业制造企业构成，这些行业普遍存在产能过剩、能耗大、结构不合理等诸多问题。更为关键的是，其中不少行业在全球的行业分布中处于中下游的水平，原材料及人工成本上升等因素直接影响企业赢利。在金融危机冲击、不确定因素增多的情况下，资本市场同宏观经济一样，正面临着前所未有的结构性调整压力。

"未来这些传统行业的高成长将不复存在，与此相对应，其整体估值必然下滑，而且，市场增长动力的消长和产业的进退处在演变过程中，强有力的内生拉动引擎还很缺乏，这是股市波动的一个深层次原因。"国务院发展研究中心负责人指出。

中国证监会研究中心主任祁斌认为，要实现可持续发展无非是做两件事情，一是优化和调整存量，即改造提升传统产业，二是提升金融市场效率，推动新兴产业崛起。

中国资本市场结构性调整的根本宗旨是更好地为经济社会的发展全局服务，基本方向是促进经济结构调整和经济发展方式转变。目前，中国的上市公司只有1 800多家，相对于一个庞大的经济体而言，可谓沧海一粟。

"很多有活力、有潜力的企业并未进入股票市场，而只有让更多符合发展潮流的现代企业进入资本市场，市场的内生动力才能进一步增强，我们的股市才能真正反映中国经济的面貌，才能为投资者提供更多的投资机会，才能在更高层面上服务经济社会发展。"中国社科院副院长李扬表示，未来应积极拓展资本市场的广度和深度，鼓励更多优质资源向上市公司集中。

据了解，进一步规范发展主板和中小板市场，鼓励和支持优质公司做大做强，推动低碳经济、绿色经济、环保节能、生物医药、新能源等新兴产业加速发展，鼓励利用资本市场的并购重组功能改造和淘汰落后产能，促进技术进步和行业升级，等等，已经列为国家及有关方面的重要工作，有的正在加快推进，有的已初见成效。

以创业板为例，截至今年5月，已挂牌上市的86家创业板企业中，高新技术企业占76家，比例高达88%，创业板在培育战略性新兴产业、鼓励自主创新等方面的作用正逐步显现出来。

当前的中国股票市场正处于结构优化调整的关键时期，综合运用多种手段，加快转型升级步伐，增强内生动力和可持续赢利，将促使其功能进一步得到发挥，并让投资者更多分享经济增长的财富。

"但是，这不可能在一朝一夕完成，需要立足当前，着眼长远，扎实推进。因此，在经济发展方式转变和结构优化的过程中，股市的波动在所难免。"上海证券交易所副总经理刘啸东说。

资本市场具有优化资源配置的基础性作用，是推动结构调整和产业升级的重要平台。上世纪后期，美国之所以能够率先走出石油危机后的滞胀局面，以硅谷为代表的高科技产业的崛起是重要动因，其中，资本市场功能的发挥更是功不可没。

加快经济发展方式转变，是我国经济领域的一场深刻变革。未来10年到30年，是抢占战略性新兴产业制高点的决战之时，其价值将在资本市场上得到充分体现。从国家战略的高度出发，进一步优化和改善我国资本市场的结构和发展格局，必将更好地适应加快转变经济发展方式的现实需要，为可持续发展赢得更多崭新空间。

强化监管的决心毫不动摇，市场化改革的方向坚定不移——找到市场与政府力量之间的最佳平衡点，将推动我国资本市场健康发展

最近，中国证监会通报了多起涉及内幕交易、操纵市场、背信损害上市公司利益和非法经营证券业务等违法违规行为，受到市场强烈关注。证监会表示，在完成行政调查后，这些案件已移送公安机关依法追究刑事责任。

内幕信息泄露和内幕交易监管一直是证券市场公认的难题，对其"重拳出击"显示了监管层建设一个健康市场的坚强决心和不懈努力。2008 年以来，稽查部门共调查内幕交易案件 227 起，占新增案件的 40%；今年以来调查内幕交易案件 51 起，占新增案件的近 60%。

强化监管的决心毫不动摇，市场化改革的方向坚定不移，寻找二者间的最佳平衡点并成熟驾驭，将推动我国资本市场又好又快发展。

今年上半年，市场化改革的一个突出亮点是股指期货和融资融券的"登台亮相"。两项创新工具丰富了资本市场的产品结构和风险管理手段，因此也有人提出这会影响到资本市场的运行模式，并称，这些金融衍生产品的"做空"机制也是导致市场下跌的原因。

"这其实是一个误读，事实上，从目前的市场规模、参与人数、市场资金量等方面看，股指期货对股市走势的影响是微弱的。但它好像一把双刃剑，给投资者和监管者提出的是更高的要求。"刘啸东指出，随着投资者的不断成熟和监管的不断强化，股指期货有助于促进市场更加有效，推动市场健康发展。

综合市场人士对股指合约到期交割情况的分析可以清楚地看到，股指期货有效增加了市场弹性，成为投资人的避险渠道，市场下跌与其关联度不大。"下一步的关键是要继续完

善市场交易机制。"市场分析人士指出。

创新是金融市场发展的灵魂。股指期货等金融衍生品的推出，只是中国证券市场致力于市场化改革创新的一个缩影。近年来，无论市场如何变幻，基础性建设的步伐一刻也没有停止。

股权分置改革等一系列重大基础性建设的稳步推进，使资本市场释放出前所未有的活力，有力促进了资本市场规模、质量和影响力的大幅提升，资本市场服务国民经济全局的能力显著增强。我国资本市场成为全球发展最快的市场之一。

但相比之下，金融创新总体上仍落后于实体经济发展的需要，金融工具种类偏少，品种体系还不够完善，金融制度和组织结构创新力度不足，投资者的投资热情还需要进一步得到激发。

"在风险可测、可控、可承受的前提下，积极探索以市场化为导向的金融创新机制，稳步发展符合经济发展内在需要的金融产品和服务，增强金融创新对经济发展的支持力度，是我们坚定不移的努力方向。"中国证监会主席尚福林近日说。

经过近几年的治理和整顿，我国资本市场历史遗留的一些系统性风险隐患已基本排除，证券、期货行业规范健康发展的态势在不断巩固。"但是，市场内外部环境在深刻变化，资本市场内部，不同市场主体之间，资本市场和其他金融市场之间，境内市场和境外市场之间，相互影响在不断加深，关联互动在逐步加大。"尚福林表示，必须积极探索和加强资本市场宏观审慎监管和微观审慎监管相结合的有效途径，更好地防范和化解金融风险。

"三公"原则，是资本市场发展的基石。对我国资本市场而言，必要的规则体系目前已基本健全，常规监管的中心任务就是抓落实。

"要有效落实相关市场主体的基础管理和内部控制，逐步健全市场化的监管机制，推动上市公司、证券期货经营机构等相关市场主体稳健经营，不断提升风险控制能力和竞争实力。"证监会稽查局负责人表示，对违法违规行为，要及时发现、及时制止、及时查处，全力维护公开、公平、公正的市场秩序。

国际金融危机的发生提醒我们，在经济全球化的情况下，金融风险的传播更为迅速、更为广泛，任何一个国家和经济体都无法置之度外。"密切关注国际经济、金融形势变化，监测和预判市场风险的外部因素，弥补监管真空，更好应对市场环境变化的挑战，维护资本市场和金融体系的整体安全，是监管面临的新课题。"中国人民银行国际金融专家指出。

当前，我国资本市场还处于新兴加转轨的初级阶段，市场内在基础与快速发展不相适应的矛盾依然突出，一系列新情况、新形势和新变化，都对证券市场的改革与发展不断提出新要求、新考验。

坚定不移推进市场化改革、进一步增强市场效率和活力，与此同时，毫不动摇地加强和改进监管，努力寻找市场与政府力量之间的最佳平衡点，真正形成有利于保护投资者，特别是中小投资者合法权益的体制机制，促进中国资本市场不断走向健康和成熟，这是我们既定的目标。

我们的任务是艰巨的，唯其艰巨，更应加倍努力。

🎤 董少鹏点评

新闻媒体讨论股市行情的风险是很大的，特别是新华社这样的国家级媒体。谢登科在这方面作出了积极的尝试，其突出特点是将行情波动与经济大势的变化对接起来，努力找出这些变化的"关键节点"。

2009年7月8日的《解读全球背景下的中国股市》一文很有代表性，也更为成熟。其中说，"一个健全的资本市场与实体经济的变化息息相关，但这并不意味着二者时时环环相扣"，这个表述是尊重市场、尊重科学的。曾经有相当长的一段时间，很多人机械地拿"晴雨表理论"套中国股市，一旦不对应就否定中国股市的一切。我认为，中国作为一个转轨国家，一个改革权重在整体经济发展中占比很大的国家，其股市不单是经济的晴雨表，而且是改革进程的晴雨表，是"双重晴雨表"。不能简单地拿西方晴雨表理论来衡量中国股市。

对于西方主要市场在一定时间内出现的大幅度反弹，谢登科在文中提出，"各国采取一系列措施从很大程度上缓解了人们恐慌的心态"，"信心，成为市场的重要支撑力量"，这个表述是对的。其实，还有一个原因是，西方金融资本"自卫""护盘"意识是很强烈的。相对而言，我国金融资本还没有建立起这种主动维护自身市场利益的意识和机制。这是令人遗憾的。

文章同时引用受访人的话，提示世界经济复苏还很艰难，是文章的突出亮色。由于2008年肇始于美国的经济危机是周期性的，也是结构性和趋势性的，迅速恢复原状是不现实的。文章进一步提出"在经济全球化的今天，我国资本市场要屹立于世界之林，最根本的还是要不断提升自身竞争力"，切中了要害。资本市场不仅仅是一个市场，而且承担着国家发展利益的一部分。必须通过完善机制，健全功能，增强国际互联互通能力，才能立于世界之林。简单地谈"国际化"也有问题，国际化是什么标准？各国资本市场最终都要符合该国的发展战略和发展利益。

可见，新闻媒体分析行情不同于股评人士，要在宏观理论上站住脚，要站在国家利益的高度看待资本博弈，要着重分析纷繁复杂行情背后的经济政治基本面。

🎙 周鸿铎点评

在"股海沉浮"这部分，谢登科选编了对于我国Ａ股市场以及全球股市的五篇分析性文章，其中三篇写于2006年那个让众多股民为之亢奋的年头。2006年和2007年，一轮爆发式的波澜壮阔的牛市行情创下了中国股市的种种历史之最。在股指节节攀升的一轮轮冲击波里，谢登科没有哗众取宠，把报道停留在"繁华"的表象，而是敏锐地意识到"繁华"背后的管理缺失与制度风险。他通过报道，不停地提醒社会公众："中国股市在高速发展的背后积累了较多问题，而这些问题绝非一朝一夕或者是一两项改革的推进就能彻底改变的"，"这样的市场最终还是会回到它应有的位置上"。后来，中国证券市场所发生的事情，无情地证实了谢登科当初预判的科学性、精准性。这一点上，相信有太多人感同身受。

实践是检验真理的唯一标准。走进谢登科关于股市的报道，让人深刻感悟到：股市的报道是一种专业性极强的经济类报道，如果不能准确捕捉市场热点、体现专业水准，不能站在相当的高度上展现出权威高端和不可替代，那么就很难创作出经得起市场检验、经得起历史检验的让人信服的作品来。从这个角度看，中国需要更多的像谢登科这样的专家型记者！

🎙 采访札记

体现专业水准　展示权威特色
——从《解读全球背景下的中国股市》看新华社股市报道
（原载 2009 年 8 月 31 日第 34 期《新闻业务》）

在国际金融危机的阴霾中，中国Ａ股市场上半年保持了强劲的上涨态势，引起广泛关注。如何看待这种涨势？未来的方向如何判断？市场众说纷纭，莫衷一是。我觉得，在这样一个关键时期，尤其需要一篇从全球角度审视资本市场的报道进行舆论引导。于是，我尝试采写了《解读全球背景下的中国股市》一文。

从去年年中我们采写的《关于中国股市的通信》（见本书94页——编者注），到这篇《解读全球背景下的中国股市》，我们强烈地感受到，新华社的股市报道不能等同于一般财经媒体的报道，应该在准确捕捉市场热点、体现专业水准的同时，更加着力地突出宏观、权威、高端特色，发挥优势，展示能力。

体现专业水平　不能沦为别人的利益工具

在当今信息化时代，记者已不仅仅是新闻事件的记录者和信息的传递者，更需要自己的独到分析和准确判断，在财经领域尤其如此。证监会一位官员曾对记者说："实际上，我们对很多市场违法违规行为的调查都是基于公开信息，媒体记者如果具备了一定的专业能力，完全可以超越专家。"

具体到股市上来说，由于存有巨大的利益，而且参与者众多，涉及面很广，无论是市场分析人士，还是专家学者、新闻从业者，如果没有自己的视角，就非常容易被一些利益群体所利用，成为别人的利益工具。

正是基于对这些情况的深入思考，在《关于中国股市的通信》和《解读全球背景下的中国股市》的酝酿初期，我们定下了这样的原则：在大量听取业界观点意见的基础上，必须融会贯通，超越其上，形成自己的判断。

而要达到上述要求，不仅要求记者平时要多学习专业知识，在资本市场有较为深厚的知识积淀，同时还要具备较强的独立思考能力和辨别能力，否则只能人云亦云，成为他人的传声筒。我们在平时积累的基础上，应着力在采访环节上下功夫，全面听取政府部门、证券公司、专家学者和投资者的意见。

何平同志在阐述财经新闻信息采访组的职能定位、运行方式和重点任务时，提出了"发挥好新华社的核心竞争力，就是要发来自权威部门的权威信息并加以权威解读，同时对金融等财经热点问题发出权威的声音"。为了尽可能全面地掌握权威信息，准确地捕捉到关键环节的关键问题，记者专程飞赴上海，向上海证券交易所负责人等业界权威人士当面请教有关问题，并就金融危机下证券市场的敏感问题，以及我们的一些思考、判断与他们进行深入探讨。从国家宏观政策到市场热点，从业界关注的热点话题，到投资者的所思所想，我们在不断的交流中逐步形成观点和报道思路。

同时，记者还与监管当局进行有效沟通，力争报道的权威性和准确性。

于纷繁现象中把握全局和问题本质

做财经报道，只有在纷繁的现象中把握好全局和问题的本质，才能体现出报道的权威性。

在近两年市场动荡的情况下，股市早已成为各种财经媒体、大众媒体的报道热点。在跟踪市场热点报道中，如何站在相当的高度来客观看待这个市场，体现新华社作为国家通讯社的权威性及不可替代性，是我们着力思考的原则和设想的目标。

市场千变万化，新华社的报道必须要有全局的视角，而不能就股市而论股市。既要进得去，也要出得来。比如，国际金融危机对股市的影响到底有多大？怎样看待中国股市的优势和不足？股市的表现与宏观经济之间有哪些联系？对这些问题的回答，既要准确、权威，又要与读者产生共鸣。

《解读全球背景下的中国股市》，结合了半年来金融危机演变的背景、全球股市回暖的变化以及中国宏观经济企稳回升的态势，从全球背景、宏观视野和中国角度对证券市场进行全方位的剖析，从读者关心的市场动态入手，着力挖掘背后的本质，具有广度和深度，受到读者好评。

既要回应热点 又要落笔谨慎

从《关于中国股市的通信》，到《解读全球背景下的中国股市》，两篇股市报道都是在股市运行到一个关键节点、市场对走势存有疑虑和争议的时候播发的。在这样一个时候，既要回应热点又要落笔谨慎，是一件十分困难的事情。

去年年中，正值股市跌势凌厉，8个多月时间走完了从6 124点至2 700点左右的历程，股指一次次跌穿人们心中的市场底线。人们担心：大盘何时跌到头？人们不解：大跌的原因究竟何在？人们争论：政府该不该救市？人们期盼：政府何时有救市政策？

今年年中，A股在半年时间里涨幅超过60%，在全球股市中成为佼佼者。但这种涨势到底因何而来？经济的企稳回升能否支撑这种上涨？是否真如一些人所讲由信贷资金推高股市已经形成了资产泡沫？

这些问题都十分敏感，但是作为新华社的年中报道，不仅不能回避，还要给出令人信服的回答。根据以往经验，市场对于新华社播发的稿件又往往倾向于进行断章取义地炒作，这样一来，如果稍有不慎，稿件就很容易被解读成利空或利多的消息。在这样的背景下，保持客观公正、不偏不倚成为我们遵循的一条重要原则，更是股市报道必须坚持的重要思想。

无论是《关于中国股市的通信》，还是《解读全球背景下的中国股市》，在客观公正上都取得了广泛的认同，赢得了用户的好评。《海南日报》财经版主编陈海虹说，《解读全球背景下的中国股市》以上证综指和深证成指分别出现77％和62％的涨幅，来充分论证全球背景下中国股市的"独立行情"，特别是选用日本《每日新闻》、英国《金融时报》、美国《华尔街日报》等大量国外媒体的评论和报道，对解读全球背景下的中国股市更加具有说服力和可信度。

《二十一世纪财经》主编认为，新华社《解读全球背景下的中国股市》思想性强、权威性强，成为我们把握股市报道的重要参考，这篇报道不仅传递的信息量大，而且政策背景和专业背景都很强，是我们努力的方向。

第三章　改革画卷

　　"胸中有全局，笔下有天地。"从宏观经济与国际视野审视中国资本市场的改革发展，直击热点难点，回应社会关切，使谢登科的财经报道不仅具有了非凡的高度、厚度，而且有着特有的鲜度、活度、温度。这些个性化色彩十分浓厚的新闻作品，与中国资本市场的改革发展同频共振，成为深刻的时代记忆。

2007 年 9 月，作者（左二）在武陵山区采访

"民生证券危机" 发出的警示

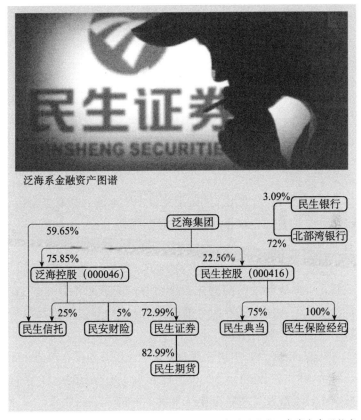

泛海系金融资产图谱

当时的民生证券资本来源构成

新华社北京 12 月 10 日电　民生证券有限责任公司今年 4 月以来在大股东、其他股东和公司管理层的明争暗斗中陷入经营、管理危机，业务停滞，名声扫地。而仅仅一年前，民生证券还在雄心勃勃地勾画着打造民营券商制高点的宏伟蓝图。

作为我国第一家民营资本强力入主的综合类券商，民生证券爆发的危机震动了业界，关于事件各方是非的议论成为几个月来资本市场的一大话题。然而，比事件本身应该受到关注的，是这场危机给我国资本市场发出的警示。

台前"跑马圈地"　幕后另有文章

民生证券有限责任公司的前身是黄河证券有限责任公司。2002 年初它的股东由 7 家增至 14 家，资本金由 1 亿元增加到 12.8 亿元。中国泛海控股有限公司出资 2.4 亿元，占注册资本的 18.716%，为第一大股东。加上其他几家民营企业加盟，民营资本占总股本的 50% 以上。不少人对民生证券诞生的意义寄予厚望。

中国泛海控股有限公司的前身是中国电子发展有限公司，2000 年 1 月注册资本金从 566 万元膨胀到 7.5 亿元，2002 年增至 10 亿元。

民生证券总裁办一位负责人介绍，民生证券挂牌仅仅 10 天后，中国泛海就与河南旅游集团等四家股东签订协议书，托管了它们在民生证券的全部股权。这，仅仅是中国泛海控购民生证券计划的序幕。

2002 年 11 月，中国泛海的关联企业通海建设有限公司受让了中国船东互保协会所持民生证券 9.358% 的股权。3 个月后，中国泛海及其关联企业从幕后走向前台，协议收购了河南旅游集团等四家股东在民生证券的股权，使其控制股权的比例达到了 43.695%。

对照中国证监会发布的有关文件规定，中国泛海形成了"一股独大"。2003 年 4 月，部分中小股东将中国泛海严重超比例持股的行为向监管部门告发。

近几年我国券商投资回报率持续低迷，甚至难有赢利，但民营资本进入的热情反而居高不下。"说到底，是很少有人把投资券商的目的放在利润回报上，动机多是把控制券商当成资本游戏的筹码和融资套现的工具。"上海证券交易所副总经理刘啸东指出。

"空手套白狼游戏"演绎资金黑幕

2003 年 4 月 28 日,民生证券在郑州召开成立后的第一次股东大会。南阳金冠集团等股东代表在会上提出,大股东变相抽逃了资本金,大肆占用公司资金,严重影响了公司运转,引起强烈震动。

根据有关材料,2002 年 2 月 26 日,中国泛海财务人员携带 3.6 亿元汇票缴纳其和中国船东互保协会的出资,解付前,中国泛海提出民生证券必须在当日让银行给其关联企业提供等额贷款,其出资方可到位。为完成既定的增资扩股计划,公司管理层将其出资全部质押在银行。

2002 年 6 月 18 日,中国泛海以光彩集团名义,用民生证券自有资金作质押,向广东发展银行郑州分行贷款 0.4 亿元;此后,中国泛海的关联企业分 3 次从民生证券抽取资金 2.5 亿元;同年 11 月,通海建设又以股权质押的方式从交通银行北京分行等额贷款 1.2 亿元。

山东高新技术投资有限公司在出资前即与河南信心药业公司签订了其 2.07 亿元股本的转让协议,并收取 4 000 万元定金和年 7%的利息,成为只享有权利、不承担风险的"影子股东"。

据民生证券财务人员介绍,自公司成立之日起,多家股东竞相以民生证券自有资金作质押从银行贷款,造成公司多笔款项被冻结,运转陷入困境。

今年 6 月,河南省公安机关对中国泛海的抽逃行为展开调查,中国泛海归还了所占用的 4.1 亿元资金。民生证券危机爆发至今已过去 7 个月,监管部门尚未对任何一方作出处罚。

业内人士指出，种种迹象表明，股东抽逃和占用资金的行为正在从上市公司向券商转变。如果违规行为无须付出任何代价，更多的投机资本将更加有恃无恐。

法人治理结构的缺失是惹祸之根

民生证券董事长席春迎曾在多个场合表示，民营资本的进入将有助于公司建立股东和管理层相互制衡、责权利明晰的法人治理结构。令其意想不到的是，原本被看好的股权结构，却带来了一场愈演愈烈的控制权之争。

民生证券一位董事透露，在董事会和其他部分股东在股东大会上抛出大股东抽逃资本金的"重磅炸弹"后，中国证监会河南证管办曾建议休会调查，但大股东予以反对。

2003年5月10日，中国泛海掌控和联合的股东选举中国泛海副总裁岳献春出任民生证券董事长，5月12日直接闯进位于北京远洋大厦的民生证券总部，与管理层发生激烈冲突。莲花集团的股东代表李国俭说，"股东无论大小都要依法行使权利，否则公司治理只能成为空谈。"

中国社会科学院一位学者指出，民生证券危机表明，"一股独大"导致的公司治理失效，民营资本控股的企业同样不能避免。

民生证券股东行为的不规范始终与内部人控制交织在一起，令人眼花缭乱。中国泛海指控，董事会滥用股东资金，损害了股东的权益。来自大股东的说法还称，离开了经营管理层的配合，他们根本不可能占用资金。

全国工商联一位人士指出，民营资本对股东权利的要求，说到底是对内部人控制大权尽揽、天马行空日子的动摇。董事会作为股东的受托人，应对全体股东负责，民生证券的治理结构显然出了问题。

民生证券一位工作人员介绍说，现在是矛盾各方各出一名代表管理公司，董事会和管理层早已形同虚设，《公司法》及各种规章制度更成了一纸空文。2003年6月10日，民生证券监事会一纸公告把公司关于印章管理的内部矛盾公布在媒体上，民生证券的内部危机被公之于众。

"信誉是券商赖以生存的基础。从这个意义上看，结局无论谁胜谁负，民生证券都成了最大的输家。"中国人民大学教授吴晓求指出，"民生证券事件反映了我国民营资本成长过程中的困顿与坎坷。无论民营资本是否占据主体地位，都必须建立起真正的法人治理结构。"

2000年以来，中国证监会对券商的监管措施不断加大，已对十多家证券公司作出了直至撤销的严厉处罚，但违规操作仍然存在。民生证券危机，应成为加强对券商监管的又一警钟。

2003年10月，作者（右三）在民生证券公司采访

2003 年 12 月 11 日

述评：警惕券商走入误区

新华社北京 12 月 11 日电 愈演愈烈的民生证券危机传递出一个值得关注的信号，就是民营资本介入券商的行为需要进一步走向成熟和规范，不能走入误区。其中引发的关于公司法人治理结构、股东权益以及民营企业纠纷仲裁等一系列问题，更值得每一个关注我国资本市场发展人士的重视。

券商是资本市场运作链条不可缺少的重要一环。经过十多年的发展，我国券商注册资本金已达 1 000 多亿元，其中民营资本占总额的 13％以上，成为不可忽视的重要力量。从整体上看，民营资本进入资本市场的效果是积极的，有利于我国金融证券市场的改革和发展。新一轮券商增资扩股的大幕又要拉开，可以预见，民营资本仍将扮演重要角色。

在很多人看来，民营资本入主的券商比国资背景的券商更容易摆脱在法人治理结构上存在的弊端，经营方式上会更加灵活，更有效率。从民生证券发生的危机，到周正毅控制下的富友证券的东窗事发，再到新华证券的关门歇业，今年以来我国资本市场上发生的这一系列与民营资本运作有关的事件也从另外一个方面提醒人们，民营资本介入的券商有时更容易被狭隘的团体或个人所操纵，有的股东受利益驱动甚至把券商当成从事不正当活动的平台，导致运作透明度低，对制度和公众利益不尊重，最终导致企业运作的风险。

民营资本具有的创新优势并没有为券商带来预期的利润。在 2002 年我国券商利润排名中，只有一家具有民营特色的券商入围前 20 名。证券公司汇集了成千上万公众投资者的资产，类似民生证券这样的企业内部风险很容易演变为社会风险。现阶段还比较脆弱的我国证券市场还无法承受券商不规范运作可能带来的连锁性风险。

民生证券发生的危机表明，股权结构失衡导致的公司治理失效，任何资本参股的企业都不能避免，而民营资本追求短期现实利益最大化的特性，往往使其更容易忽略在企业治理和风险控制方面的长线投入。纵观民生证券事件，公司控制权之争贯穿了其发展演变的前前后后。股东利益本应通过公司价值的提升来实现，股东无论大小，都要齐心协力实现公司价值的最大化目标。但一个奇怪的现象是，由于公司法人治理结构的不完善，往往导致在股东利益和公司利益发生冲突时，公司管理层牺牲的是公司利益，保全的则是背后所代表的大股东利益。因此，谁控制了公司，谁就控制了公司的管理层并谋取私利，这是公司控制权之争频繁发生的根源所在。

党的十六届三中全会提出要大力发展资本和其他要素市场。民营资本的介入是题中应有之义。我们不能因个别民营资本投资参股证券公司带来的问题而否定股权多元化的积极意义。从公司治理层面来说，更不宜从一个极端走向另一个极端。一方面要对民营资本进入资本市场的行为进行监督，另一方面要从制度上确保民营资本投资者的合法权益。对监管部门而言，遵循市场化原则，坚持有法必依，依法监管，是促进包括民营券商在内的资本市场健康、规范发展的重要保证。

🎙 董少鹏点评

"民生证券危机"暴露了部分民营资本对现代公司治理的无知。有的大股东认为"谁从股权上控制了公司，谁就可以控制公司的管理层并谋取私利"，漠视其他股东的合法权益。这样的认识一旦转变为行动，必然引发乱局。这场危机直接促使管理层出台了一系列规范券商大股东行为的措施，对证券经营机构实施"穿透式监管"。从这个角度看，这篇报道具有里程碑式的意义。

2008 年 7 月 1 日 （新华视点）

关于中国股市的通信

新华社北京 7 月 1 日电 近一个时期以来，中国股市再次成为世人关注的焦点。在沪深股市的震荡下行中，对股市的议论渐渐多了起来，其中不乏担心和指责的声音。

在改革中发展、在发展中规范的中国证券市场，给人们带来信心和惊喜，也给人们留下惆怅与反思。

当前，在中国经济面临一系列不确定因素影响的复杂局势下，如何客观、真实地认识和理解股市，显得尤为必要。

在我国经济基本面总体看好的
情况下，股市完全可以实现稳定健康发展

股市被称为国民经济的"晴雨表"，是现代经济领域乃至社会生活中最引人关注的一个现象。在不断发展壮大的过程中，中国股市与宏观经济的联系越来越紧密。

面对当前股市的表现，很多人的第一反应往往是，我们的宏观经济运行是不是出了问题？对股市的影响到底有多大？

方方面面的情况，摆在每个人的面前——

美国次贷危机蔓延、国际油价飞涨、世界经济放缓、新兴市场国家金融风险加大……

国内严重自然灾害、经济周期出现的变化、通胀压力依然较大……

2008 年，即将迎来北京奥运会和改革开放 30 周年的中国，在国民经济的发展上正经受着一场前所未有的考验。国际经济环境的重大变化，给开放程度越来越高的中国经济带来不利影响；国内一系列困难和不确定因素的冲击，给经济的平稳较快运行带来严峻挑战。

每天，亿万人关注股市，更关注着关于经济发展的一举

一动。

沉着应对，果断决策。

面对复杂局面，党中央、国务院坚持一手抓抗震救灾毫不松懈，一手抓经济发展坚定不移。

根据经济运行中出现的新情况和新问题，中央提出，要加强和改善宏观调控，增强宏观调控的预见性、针对性和灵活性，把握好宏观调控的重点、节奏和力度，着力保持经济平稳较快发展。

迎难而上，稳中求进。

从专家学者，到普通百姓，人们留意着反映经济发展的一组组数据：

——第一季度，国内生产总值增长 10.6％，依然与近 5 年来的平均高增长率相当。

——作为拉动经济增长的头号动力，城镇固定资产投资在今年前 5 个月完成 40 264 亿元，同比增长 25.6％。

——来自夏粮生产一线的最新消息，连续 5 年的夏粮丰收已成定局，单产将再创历史新高。

——今年以来我国出口保持 20％以上的较高增速。消费实际增长速度与往年相比总体平稳，略有上升。

当前经济运行依然总体向好，但问题犹存；经济增速虽可能会有所放缓，但渐趋稳定。

世界银行发布的报告佐证着上述判断："中国经济增长已经处于一个更加可持续的速度，依然保持强劲势头。"

"在国民经济朝着宏观调控预期方向发展的形势下，支撑股市信心的基本面就不会改变。"国家行政学院教授朱国仁说。

如同商品的价格总是要围绕其自身价值和供求关系波动一样，从长远看，股市的运行不可能背离它所依赖的大环境，不可能脱离宏观经济的发展状况。

缓减速，软着陆。当前，我国经济发展总体向好的基本面没有改变，"形势比预料的要好"。在这一情况下，股市完全可以实现稳定健康发展。

风雨十八载，中国股市
在改革中经受洗礼，在发展中得到锤炼

6月22日，中国证监会副主席范福春公开通报中捷股份、九发股份两家上市公司控股股东违法占用上市公司资金案的情况，并就进一步加强上市公司监管，打击损害上市公司利益行为，维护投资者合法权益等作出部署。

两天之后，证监会再次发布消息，决定把上市公司的专项治理活动继续推向深入。

上述以"给投资者真实的、高回报的、有可持续发展能力、自觉践行科学发展观的上市公司"为目标的治理行动，被海外媒体视为中国股市的又一轮"治市风暴"。其背后，是中国为建设一个强大而健康的资本市场，为国民经济运行提供有力保障的努力。

实际上，尽管今年以来市场剧烈动荡，质疑声音不断，但基础制度建设和规范市场行为的步伐并没有停下。一系列监管措施的坚决实施，显示出国家为股市发展创造良好环境的坚定决心。

一个强大而健康的资本市场是国民经济运行的有力保障。新中国股市诞生18年来，从无到有，从小到大，经历过破茧而出的稚嫩，也创造出引人注目的辉煌。截至2008年6月24日，中国A股、B股市场共拥有上市公司1 661家，总市值21.92万亿元。按照2007年的GDP核算，证券化率已达88.89%。投资者的数量与结构和前些年相比，均发生了实质性变化。

"作为社会财富管理的重要平台和百姓分享经济发展成果的重要机制，中国证券市场正在国民经济的舞台上扮演越来

越重要的角色。"宏源证券研究所所长程文卫认为。

中国资本市场前行的脚步，始终伴随着法制环境的改善和市场机制的改革。

近年来，一系列旨在加强基础性制度建设、改善市场质量和结构，以及提高市场效率的重要改革，取得积极成效。其中，始于2005年的股权分置改革，因为直指"一股独大"的顽疾，而被称为中国资本市场的一次"再造"。

"股权分置改革是一场中国资本市场的深层次变革，使资本市场多年累积的核心障碍得以清除，为资本市场的发展奠定了良好的基础。"中国银河金融控股公司董事长朱利指出。

在股改实施以来的3年中，中国证券市场迎来了一大批关乎国计民生的"重量级"上市公司，迎来了众多优秀企业的"海归"。一大批蓝筹优质公司的登陆，大大改善了上市公司的结构，成为A股市场的中流砥柱。

股改改变了中国证券市场自成立以来一直实行的股权流通制度，使得中国证券市场具备了新的发展的条件。从这个意义上来说，股改意味着对证券市场功能的重新定位。

不断壮大的资本市场大大拓宽了企业的外部融资渠道，市场的资源配置作用和融资功能得到大幅提升。2007年境内股市IPO筹资4 595亿元，居全球市场第一位。

中国股市，在改革中经受洗礼，在发展中得到锤炼。

随着资本市场成长而出现的矛盾和问题，不可能因股市的一时涨跌而消失，需要在发展中逐步去解决。

已经18岁的中国股市正奋力向成熟迈进，但是，18岁对于一个资本市场来说仍然年轻，很多成长中的烦恼依然困扰着它。

回顾中国股市近年来的表现，不乏"牛气冲天"的狂热，更承受过"一泻千里"的煎熬。

从2005年6月6日的998点，到本轮行情启动以来的最高点6 124点，上证综指完成这5 100多点的历史性跨越仅用时两年；而从这一历史高位跌落至目前的 2 700 点以下，则只有 8 个月左右。其间，动辄数百点的上蹿下跳更是家常便饭。进入今年 6 月，从 3 日至 17 日的 10 个交易日内，上证综指更是史无前例地接连报收于阴线。

"频繁的暴涨暴跌，远高于成熟市场的震荡幅度，都暴露出 A 股市场非理性和不成熟的一面。"上海天相投资咨询公司资深策略分析师仇彦英说，年轻的中国股市在应对市场出现的问题时，还常有些措手不及。

在最近一段股市的持续下跌中，"大小非"解禁被认为是重要致因。股权分置改革之后，股市步入全流通时代。在此过程中，为了达到一个新的平衡点，产业资本与金融资本的激烈博弈对股市的影响显而易见。

"尽管有流通权并不代表全流通，但必须承认，只有不断地深化改革，我们的股市才能逐步成熟。'大小非'解禁可能是中国证券市场所必须经历的阵痛过程。"有市场人士作出这样的判断。

在股指的暴涨暴跌之间，在承受来自"大小非"解禁压力的同时，证券市场的更多弊端和不成熟也暴露出来。

一个健康的市场不应过分依赖于短期政策的刺激。近年来，中国股市在改革创新中向前发展，但尚未彻底抹去"政策市"的阴影。

虽然一系列市场化改革的实施使市场化资源配置功能得到很大改善，但资本约束机制并未真正形成，市场效率仍有待进一步提高。"资本市场核心的发行体制仍然存在行政控制环节过多、审批程序复杂等问题。"国家行政学院教授张孝德认为。

产品创新相对不足也制约着中国资本市场的发展。而股指期货等金融衍生品迟迟未能推出，也显示建设多层次资本市场步伐的迟滞。

作为资本市场的基石，上市公司的质量还有待提高，回报股东的机制尚待建立。

所有这些，都从不同方面影响着投资者长期价值投资理念的形成，并在股市的一次次非理性暴涨或非理性暴跌中集中爆发出来。

中国证监会主席尚福林近日表示，当前，推进资本市场改革发展任务十分繁重，将深化资本市场体制机制改革，着力加强市场监管，统筹兼顾，突出重点，促进资本市场稳定发展。

我们对股市的发展充满信心和期待。但同时应清醒地看到，在以"新兴加转轨"为特征的市场运行过程中，伴随着资本市场成长的，还会有不断出现的各类矛盾和问题，而这些矛盾和问题，不可能随着股市的一时涨跌而消失，需要在发展中逐步去解决，逐步去完善。

中国股市走向成熟，不是哪一个要素的单方面成熟，而是包括监管者、投资者和上市公司在内的各个要素的共同成熟

一个健康、成熟的市场，有其自身的运行规律。

面对本轮沪深股指从历史高点的迅速回落，市场人士还从更多角度给予分析和解读：

——国际经济金融环境的冲击。

——"热钱"恶意投机。

——上市公司业绩增速放缓。

——"犯规"行为时有发生。

……

种种分析，各有各的道理。但必须看到，中外证券市场发展的历史经验一再表明，如同太阳有升有落、潮水有进有退一样，证券市场也是有抑有扬，有跌有涨。没有只涨不跌、只跌不涨的股市，这是由证券市场发展的客观规律所决定的。

"伴随股指调整的平均市盈率大幅回落，是股市'泡沫'

消亡的过程，更是市场整体估值向合理水平的回归。"程文卫说。从这个意义上来说，投资者不必因股指的瞬间上涨而欣喜若狂，更不能因股指的一时下跌而惊慌失措。

虽然在改革中不断向前发展，但中国的资本市场依然是一个新兴的市场，既面临由小变大的机遇，又面临由大变强的考验。我们不能只对股市成长的希望盲目乐观，或者，只对市场上存在的问题一味指责。唯有客观、理性、真实地认识股市的现状，把握股市的发展规律，才能促使其逐步走向成熟。

市场走向成熟，不是哪一个要素的单方面成熟，而是包括监管者、投资者和上市公司在内的各个要素的共同成熟。

相对于一个成熟的市场而言，目前中国股市的参与主体还表现出不同程度的盲从、投机和短期逐利性。一些上市公司急功近利拉升股价，有的甚至透支业绩；不少投资者不是根据对公司绩效的考量来决定自己的投资行为，而是更多地依赖行情的波动而随波逐流。在中国股市中，发行人、投资者和中介服务机构对政府和政策的依赖度还较高，市场的规范运行在很大程度上仍然由行政监管力量来维持。

证券市场的逐步成熟，将使它在国民经济中发挥的作用更加重要。

实际上，经过过去几个月的持续深幅调整，目前A股市场市盈率已经大幅回落。按照6月27日的收盘价计算，沪深市场的平均市盈率分别为21.88倍和23.58倍，而作为两市跨市场的基准指数，沪深300的市盈率水平已经接近美国标普500指数。

"相对于成熟市场15倍左右的动态市盈率来说，像中国这样的新兴市场应该有一定的溢价。"有经济专家指出，从这个意义上来说，中国证券市场的估值水平正在向成熟市场逐步靠拢。而一个逐步走向成熟的证券市场，才能真正发挥融资和合理配置资源的功能，扮演好国民经济"晴雨表"的角色。

面对新的形势，尤其是进入全流通时代之后的新情况和新问题，中国股市的市场化改革正在加快推进，一系列旨在为投资者创造良好、公平市场环境的法律法规体系日益完善，市场效率不断提高。经历风雨考验的中国证券市场，必将昂首走向国际成熟市场。

🎙 董少鹏点评

这封通信展现的中国资本市场改革画卷是客观务实的，迄今仍有参考价值。文章十分鲜明地提出，在我国经济发展总体向好的情况下，股市完全可以实现稳定健康发展，这个判断是积极的，同时也是留有余地的。其隐含的意思是，实现稳定健康发展，必须完善相关机制，必须创造良好的外部发展环境。

文章对包括股权分置改革在内的一系列旨在加强基础性制度建设、改善市场质量和结构，以及提高市场效率的重要改革予以高度肯定，基调十分积极。同时，文章又引用专家的话说，"年轻的中国股市在应对市场出现的问题时，还常有些措手不及"，承认认识上和经验上的不足。这一表述与那些"谴责式报道"的不同之处，就是在承认问题的基础上激励改革。

"深化资本市场体制机制改革"是这封信的主旨，也是中国资本市场面对的艰难而重大的课题。下一步，股市体制机制改革的重点应放在证券基金等机构身上，如果这些"枢纽性主体"真正担当起责任，那么中国股市改革就能够事半功倍。

2003年，作者（右三）在中原油田钻井平台采访

🎙 采访札记

直面热点　权威高端
——采写《关于中国股市的通信》之后的思考

（原载 2008 年 8 月 4 日第 30 期《新闻业务》）

今年以来，在我国经济运行遇到一系列复杂情况、显示出一系列不确定性的情况下，作为宏观经济"晴雨表"的中国证券市场作出了强烈的反应：沪指接连下挫，人气低迷，市场观望、猜测、质疑……

在这样的背景下，经过认真策划、深入采访、反复研讨、精心写作、严格送审而出炉的《关于中国股市的通信》一稿于 7 月 1 日播发，迅即引起各方面的高度关注，反响如潮，广受好评。

宏观视野，直面热点，权威高端，不可替代，构成了对这篇报道定位的几个关键词。回顾从报道策划到稿件的采访写作和审定发表的全过程，记者更加强烈地感受到，新形势下从事新华社的经济报道不仅大有作为，而且使命光荣，空间广阔，需要我们以高度的责任意识去施展，去开拓，去创新。

"没有不能报道的新闻，只有不能播发的稿件"

何平同志在"新华视点"成立和 2005 年 9 月 8 日与参加财经报道培训班采编人员座谈时曾强调指出，"没有不能报道的新闻，只有不能播发的稿件"。

证券股市等金融报道，长期以来被我们视为敏感地带，是雷区，从而导致思想上有禁区，甚至不敢碰。其实，在证券市场越来越深入地影响经济和社会生活的情况下，对股市的全方位报道，早已成为各种财经媒体和大众媒体的常态化工作。

新华社作为国家通讯社，如何从更高处着手，用更宽广的视野，以更远大的目光来客观审视证券市场，以高端、权威和不可替代性的报道引导舆论，是摆在我们面前的一个重大课题，也是《关于中国股市的通信》从立意到落笔所遵循的基本指导思想。

何平同志指出，"没有不能报道的新闻"指什么？就是说新华社是消息总汇，只要有新闻，记者就有责任去报道，维护公众的知情权，这是我们的职责所在。"只有不能播发的稿件"，是指发不发稿，有我们的判断，有舆论导向等价值标准和稿件质量门槛，不是什么稿子都可以发，有一个取舍的问题。

今年以来，股票市场跌宕起伏，亿万人民密切关注。尤其是一段时期以来股市的持续下行，更引发人们的一系列疑问：我们的宏观经济究竟还能不能支撑股市？跌势何时到尽头？政府为什么不救市……

作为最具权威和影响力的新闻机构，新华社不仅有责任去回答这些问题，而且还应回答到位，让人信服。

基于证券市场本身的敏感性和复杂性，我社对这类报道的把握一向慎之又慎，这是从维护市场稳定出发而作出的一项重要原则。但是，谨慎不等于不作为，而是对报道本身提出的一种更高要求，说明我们需要的是更权威、更准确的报道，更扎实、更有力的采访，更深入的研究和更恰当的报道艺术。

　　"就像护士给病人打针一样，为什么有的护士打得疼，有的不疼？说明打针的手法很关键。所以对这些敏感领域的报道，也没有什么不可以介入的，关键是怎样介入，能不能很好地介入。"何平同志指出，这个问题实际上是提给我们自己的，也就是我们自己不要自设障碍，不要自设雷区，不要作茧自缚。重要的是提高自己把握报道基调、口径、火候、分寸的本领、水平和能力。

　　在信息传播公开透明，新闻竞争日益激烈，股市报道铺天盖地的新形势下，新华社的证券报道要做就必须做到更高更强，无可替代，要和国家通讯社的地位相适应，一经出手，威力四射，"不鸣则已，一鸣惊人"。

　　在这样的思想指导下，记者进入了《关于中国股市的通信》的采写。

缜密思考　深入研判
——从经济规律和新闻规律两个角度把握报道

　　在深入采访、全面吃透情况的基础上，进行深入研判和缜密思考，并从经济规律和新闻规律两种角度衡量和审视报道，是《关于中国股市的通信》一稿获得成功的重要原因。

　　在目前我国宏观经济面临一系列困难和不确定性因素的状况下，在新华社抗震救灾报道取得巨大成功的背景下，当前的经济报道所承担的责任和使命尤其不寻常，报道的效果不仅直接体现新华社报道的水平和影响力，更会影响到人们对经济发展的判断和对政府决策以及执政能力的信心。作为对股市的报道，其意义更是不言而喻。

国内部经济采访室在对上半年经济走势进行的全面梳理中，确定了股市报道的重要任务，并把责任落实到我和赵晓辉、潘清三个人身上。我的第一感觉是既压力沉重，又满怀信心。

所谓压力沉重，是因为在当前的经济生活中，股市的地位和作用已经今非昔比，其运行状况将直接影响百姓生活，直接反映宏观经济的运行态势。所以，这些报道是十分敏感的话题，对分寸的把握和局势的判断，难度大，受关注程度高。

所谓满怀信心，一是因为自己近年来写过一些关于股市的稿件，从宏观分析到典型案例剖析（郑百文事件、洛阳春都之死等），虽然研究还不够深、不够精，但情况相对熟悉，也积累了一些想法，想必可以发挥一些自身优势。二是两位女搭档更是直接从事股市报道的权威记者，一个直接联系证监会，熟知相关政策，一个直接在股市的前沿阵地"上海滩"打拼，信息源广，思路敏捷，有她们两位的强力参与，心里自然有底。

只有思想观念上进一步得到解放和转变，同时吃透情况，熟悉和掌握财经报道的特有规律，才能做到主动、自如地应对，游刃有余。

从主题的确定到采访的方法，从内容的组织到稿件的布局，从经济形势的判断到写作的文风，承担报道任务的三位记者进行了认真研究。

在稿件采写的过程中，我们采用分工协作、流水作业的办法，根据每人的优势和特长，每人首先承担一部分内容的采写任务，然后轮流提出修改或进一步采访的建议。根据采访中遇到的问题，反复开展业务研讨，不断提出修改和改进的意见。

在报道形成的过程中，记者坚持按照经济运行的内在规律去审视股市，坚持按照新闻报道的一般规律去看待股市，努力摆脱过去经济形势报道中存在的成就式报道老路，而着重在客观、真实、权威上下功夫，努力使报道真正有贴近性和感染力，令人信服。

记者从各界关心的方面入手，不过分纠缠或拘泥于对股市涨跌本身的评价，而是把股市置于宏观经济的大背景下进行全方位审视，着力回答它与经济运行、资本市场改革发展、自身矛盾和问题，以及成熟市场之间的几大主要关系，力求权威性、客观性。

在稿件的写作上，直面热点、难点，讲清成绩，同时，不但不回避问题和矛盾，还以深入浅出、逻辑严密的语言讲清原因，回答疑问，为读者勾画出一幅真实的证券市场运行图景。

提炼思想，内容筛选，制作题目，遣词造句……稿子在一次次研究和一次次改进中逐步完善，数易其稿，直至定稿。报道的成功，凝聚了各位作者的辛勤劳动，更融入了国内部、中央新闻采访中心和经济采访室各级领导的智慧。

在稿件审定发表的过程中，我们既保持积极主动，又严格按照新华社规定的程序办事。有关部门负责人在审定稿件后对记者说："《关于中国股市的通信》对当前宏观经济和股市的判断和把握是符合实际的，与我们的想法是吻合的。可以看出，你们是下了功夫的。我们尊重新华社的报道！"

权威高端　不可替代
——在引导舆论上发出最强音

对证券市场和金融资本市场这一特殊对象的报道，既要全面掌握宏观经济和证券市场的情况，又要深刻领悟党的方针政策。只有如此，才可以提炼成权威高端、不可替代的作品，才可以发出最强音。

《关于中国股市的通信》一稿，是在我国宏观经济出现一系列复杂情况，证券市场出现比较大的波动的大背景下推出的一篇证券经济类报道，由于记者较为全面地研究和把握了从宏观经济到证券市场的发展大势，报道在社会各界，尤其是证券市场产生了"重磅炸弹"般的影响力，对广大投资者进一步树立成熟投资理念起到了卓有成效的教育作用，对正在快速发展的中国证券市场也起到了积极的推动作用。

任何一个多要素参与的市场，都会有偏离基本面，甚至需要矫正的时候。但是，如同宏观经济一样，股市的运行最终还要依靠其自身的规律。在当前估值水平偏低、信心极度匮乏的情况下，《关于中国股市的通信》力图用事实和准确的判断，为投资者展现一幅客观的股市图景，弱化恐慌情绪，对股市的健康稳定发展起到积极作用。这正是从新闻报道的角度对中央精神的贯彻落实。

权威的分析判断，丰富扎实的信息含量，缜密的思考，是我们做好《关于中国股市的通信》这篇文章的坚实的基础。报道站在宏观经济的大视野，从不同角度、不同层次直击当前股市运行的热点、难点问题，一经发出，即成为网络和媒体关心的热点，引起强烈反响，在疑问四起、议论不断的市场氛围中，起到了引导舆论的龙头压阵作用。

稿件发表后，各路知名网站纷纷在醒目位置刊发我社报道，并在第一时间采访主要券商和业界知名人士，从不同角度对稿件进行分析解读。226家报纸、电台、电视台在全文刊登稿件的同时，连续刊登解读或评论文章，并把这篇稿件与16年前的相关文章进行比较研究，以期获得某些信息。

我社副总编辑撰文指出："这次的文章也是从政治的高度以及经济的角度看问题。我们报道了宏观大势，如果能在客观上起到增强市场信心的作用也是好的。"

新华社《关于中国股市的通信》被称为当前对股市报道

的标志性作品。中国证监会副主席范福春在面对媒体关于股市的提问时，拒绝发表评论，却向记者建议，"你们去细读一下新华社的文章就行了"，这体现了管理层对新华社报道的认可。

报道播发后受到用户和股民的高度关注和积极评价，他们普遍认为这是一篇稳定民心的报道。《宁夏日报》《齐鲁晚报》《内蒙古日报》《重庆商报》《西部商报》《南昌晚报》《吉林日报》等媒体的编辑纷纷表示，《关于中国股市的通信》厚重、有分量，对股市成长以及现在的情况、国家经济形势、影响股市涨跌的因素进行了全面分析，所有的分析和判断都有理有据，很有参考价值，新华社的权威声音对在股市中挣扎的股民是很大的鼓舞，积极作用显而易见。《深圳特区报》总编室副主任曾文经说，《关于中国股市的通信》文章内容大气稳健，对中国股市自 6 124 点以来暴跌 55％之时的变化进行了深入探究和梳理，提出了中国股市完全可以实现健康稳定发展的结论，对稳定股市、挽回投资者信心起到了重要作用。《生活报》时事部副主任静伟说，《关于中国股市的通信》很有参考价值，它全面地向读者讲述了"股市的希望在哪里""在我国经济基本面总体看好的情况下，股市完全可以实现稳定健康发展"等内容，这样的深度报道让我们很受用，我就欣赏新华社这样的大手笔，所以不惜版面、重点采用。

《齐鲁晚报》资深记者、要闻中心主任郑义凤认为，此文的论证宏观性强，而读者更想知道各个具体环节的具体原因、具体措施。此文提到了"面对本轮沪深股指从历史高点的迅速回落，市场人士还从更多角度给予分析和解读：国际经济金融环境的冲击；'热钱'恶意投机；上市公司业绩增速放缓；'犯规'行为时有发生"，虽然只有数句，但这些因素，都真正击中了当前股市动荡的要害，希望新华社能有后续报道，就这几个环节深入分析，让人真正明白当前股市到底是怎么回事，披露有关部门就这些环节所采取或将要采取的具体解决措施，这样才能真正增强股民信心。《深圳特区报》总编室副主任曾文经提出，《关于中国股市的通信》必然会在社会上引发对于中国股市前景的大讨论，希望新华社记者趁热打铁继续跟进，将报道视角由宏观拉回到微观，选择一些具有代表性的人物和事件进行后续报道。还有的网站专门就此报道在投资者中进行问卷调查，涉及"管理层的用意""对后市有何影响"等多方面。

亚太总分社营销平台反映，我社7月1日发表的《关于中国股市的通信》在香港媒体引起很大反响。当天及次日，香港的电台、电视台和部分报纸纷纷报道此文，有的还进行了点评。香港最具权威的财经类报纸《信报》3日在"要闻社评"版发表评论指出，"该评论让市场感觉到管理层对A股市场的进一步关注，随着奥运临近及股市市值水平日渐合理，市场悲观情绪将有所平复"。香港另一份重量级经济类报纸《香港经济日报》3日在"中国要闻"版发表题为《新华社强调买者自负救市落空》的评论指出，中央比以往更强调"买者自负"的原则。香港发行量最大的《苹果日报》3日在"财经新闻"版刊登的相关评论的题目是《新华社社论惹救市憧憬》。

《关于中国股市的通信》播发以来，市场的表现也对稿件提出的观点给予了敏感回应。本已极度低迷的市场人气开始提升，一些媒体一改此前的一片唱空之声，客观、理性渐成主调。在调整趋稳后，沪深股市持续上攻，目前走势已经明显向好。

2010 年 12 月 8 日

在资本大海中破浪前行

——中国资本市场发展 20 周年

新华社北京 12 月 8 日电 这是资本的奇迹——股票市值从 23.82 亿元增至 26.43 万亿元，经济证券化率由不足 1%升至 89%以上；

这是财富的革命——个人投资开户从零起步，现在有效账户已达 1.3 亿户以上，基金持有人账户超过 1.1 亿户，A股现金分红约 1.6 万亿元；

这是经济的缩影——上市公司从上交所的 8 家和深交所的 5 家增加到 2 026 家，股市累计融资约 6 万亿元，股市洗礼了国民经济的所有行业；

这是跳动的音符——红绿相间的箭头，绵延起伏的曲线，已经成为亿万中国人每天生活的一部分。

从无到有，从小到大，一路走来，风雨兼程。

在告别"十一五"、迎来"十二五"的关键节点上，中国资本市场走过了 20 年不平凡的历程。

一个充满生机和活力的资本市场，在中国改革、发展和转变的伟大进程中正持续发挥着不可替代的力量。

20 年见证求索艰辛，20 年见证发展辉煌。
在历史的坐标上，中国资本市场广泛地影
响着中国人，深刻地影响着中国经济和社会

11 月 19 日，中国证监会发布这样一则消息，1 月至 10 月，证监会立案调查内幕交易案件 42 起，其中 15 起移送公安机关。消息公布几天后，证监会主席尚福林公开表示，当前及今后一段时期，中国将从五个方面入手进一步推动资本市场法治建设。

引人注目的治市举措，显示了一个强大而健康的资本市场在建设过程中付出的不懈努力。

经济的腾飞需要资本市场作为"助推器"，老百姓需要资本市场提供投资机会。建立中国的资本市场，对中国人而言梦寐以求。

1990年5月，在拿到了"深圳证券市场"的批文后，深圳证券交易所筹备组负责人之一禹国刚问道："为啥不批为交易所？这个市场和菜市场、肉市场有什么区别？"

其实，一词之差的背后，隐藏的是"姓社"还是"姓资"的担心。"有人说如果叫交易所，很容易让人联想到旧上海的证券交易所，就意味着资本主义，就很可能批不下来。"禹国刚回忆说。

半年多以后，上交所和深交所相继敲响开市宝钟。从那一刻起，中国资本市场开启奋力前行的脚步。

"证券、股市，这些东西究竟好不好，有没有危险，是不是资本主义独有的东西，社会主义能不能用？允许看，但要坚决地试。""社会主义要赢得与资本主义相比较的优势，就必须大胆吸收和借鉴人类社会创造的一切文明成果。"随着邓小平同志这次重要谈话的发表，中国资本市场终于从"深闺"悄然走出，步入千家万户。

——资本市场纳入全国统一监管框架；

——发行股票的试点由上海、深圳推广到全国；

——涌动的股市和股民带来了全新的思想冲击和市场活力；

——"股票""上市公司""市盈率"等成了社会上最前卫的新名词。

中国资本市场的每一次发展进步，都离不开党中央、国务院的亲切关怀和正确领导。

——创造条件让更多群众拥有财产性收入；

——推进资本市场改革开放和稳定发展；

——扩大直接融资规模和比重；

————完善多层次资本市场体系；

······ ······

近年来特别是党的十七大以来，国民经济又好又快发展的新形势为资本市场带来难得的发展机遇，中国资本市场步入改革发展的快车道。《公司法》《证券法》的颁布和修订，一系列配套制度的发布和完善，全面提高了上市公司质量和治理水平；中国加入世贸组织大大推动了中国资本市场的市场化、国际化进程；《关于推进资本市场改革开放和稳定发展的若干意见》为资本市场开启新篇章。

2006年，"十一五"的开局之年。这一年，被认为是"资本市场划时代创举"的股权分置改革全面实施，"同股不同权"这一长期桎梏中国股市的重大制度性障碍得以根除。兴奋的中国股市以一轮波澜壮阔的牛市予以回应，创出了6 124点的历史性高位。

2008年，中国股市的全流通元年。这一年，面对国际金融危机的冲击，构筑了18年的中国资本市场风险防控体系作用显现，除了股指震荡外，基础制度建设并未遭到动摇，与国际股市形成鲜明的对比。

2009年，中国经济最困难的一年。这一年，中国的"纳斯达克"————创业板市场正式开启，多股齐上，厚积薄发，一个主板、中小板和创业板相结合的多层次资本市场体系开始形成。

即将过去的2010年，中国经济最复杂的一年。股指期货与融资融券的适时推出，意味着我国股市正式告别"单边市"时代，"双向机制"将推动我国股市不断走向成熟。

20年，见证求索的艰辛。

20年，见证发展的辉煌。

2010年12月8日，中国股市第4 958个交易日。

中国资本市场用4 958天跨越了全球主要资本市场花上百年才走过的路。在历史的坐标上，还没有哪一个行业如此广泛地影响着中国人，如此深刻地影响着中国经济和社会。

"这是翻天覆地的事情，它超出了任何人乐观的想象。"上海证券交易所负责人感叹。

股市牵动经济，经济连接股市。随着服务国民经济的能力提升，中国资本市场已成为社会主义市场经济不可或缺的一部分

距离美国雷曼兄弟的破产已经两年多，但作为这场金融危机的"麻烦制造者"，它掀起的狂澜至今难以平息。"我们的银行业形势严峻，加以应对可能耗资 500 亿欧元。"最近，爱尔兰政府急切地向世界宣布。

几乎与此同时，一家股票代码为 SH：601398 的中国上市公司发布了自己的 2010 年中期经营业绩：税后利润 850 亿元人民币，同比增长 27.3%，每股赢利上升至 0.25 元。

创造了这一亮丽成绩单的上市公司名叫中国工商银行，而它的非凡表现只是我国资本市场服务国民经济全局能力显著提升的一个侧面。目前，我国有 16 家商业银行通过上市实现了脱胎换骨的变化，中国银行业的体系再造基本完成。"这不仅大大改善了资产质量和公司治理，更重要的是提升了我们的整体素质和竞争能力，在风险到来时，我们就有了强有力的支撑。"工商银行副行长李晓鹏如是说。

20 年短暂一瞬，20 年精美华章。

资本市场改变了中国的企业生态，逐渐成为中国经济资源市场化配置的重要平台。至今年 10 月底，境内资本市场累计为企业股票融资约 3.5 万亿元，债券融资约 2.4 万亿元。2 000 多家上市公司涵盖了所有关系国计民生的重大领域，它们已成为中国社会主义市场经济体系的重要组成部分。

贵州茅台，享誉世界的中国国酒。自 2001 年 8 月在上交所挂牌上市的那天起，就书写着中国资本市场效益和股价的传奇。2001 年至 2009 年，公司净利润 8 年增长了 13.5 倍，

其稳定的经营业绩、定制化服务战略布局的构想，不仅使其成为中国股市长期以来的高价股，还成为引导市场价值投资的风向标。

同仁堂，承载着丰厚文化底蕴的"老字号"。1997 年，同仁堂用资本市场上募集到的 3.4 亿元资金开启了多元化征程，目前已经形成包括生产制造、商业零售、医疗服务在内的三大板块产业格局，利润连续 13 年保持两位数增幅。"老字号"在资本市场的平台上实现新的腾飞。

"随着股市融资和资源配置功能逐渐发挥，资本市场加速社会资源向优质企业集中，有力地支持了实体经济又好又快发展。"经济学家张孝德说。

发展壮大的中国资本市场不仅是企业竞争力提升的重要推动力量，还是经济结构调整和产业升级的重要平台。目前，我国企业的兼并重组有 40％以上通过资本市场实现，2006 年至 2009 年，共有 141 家上市公司进行了产业整合重组，交易额累计达到 8 866 亿元。

在改革中洗礼，在发展中锤炼。

借助资本市场平台，许多企业实现了产融结合，取得了长足进步，有的迅速走上了创新驱动、内生增长的轨道。截至今年 11 月底，创业板已发行上市的 141 家企业共筹集资金 1 050.03 亿元，其中高新技术企业达到 129 家，占比为 91.49％。"创业板在鼓励和引导社会投资、支持创新型企业发展上的功能已初步显现。"深圳证券交易所总经理宋丽萍说。

在创业板首批上市的 28 家企业中，华谊兄弟成为影视第一股，其正式上市意味着文化产业作为新兴产业，已经与资本市场的发展紧密相连。

股市牵动经济，经济连接股市。

经过 20 年发展，中国资本市场在经济领域中的地位和影响日益增强，已成为反映国民经济的晴雨表。"世界上最大的银行、最大的油田、最长的铁路，都已在这里生根。全球股市乃至经济的神经会因'中国式震荡'产生波动，而这正逐渐成为一种常态。"上海证券交易所副总经理刘啸东说。

新兴加转轨，发展谋创新。一个更加公正、透明、高效的资本市场，将在经济发展方式转变中发挥强大推动力量

风雨兼程 20 载，中国资本市场正日益变得理性和成熟。

回顾历程，我们可以看到，中国资本市场是伴随着社会主义市场经济体制的进程发展起来的，存在的一些深层次矛盾和问题，是资本市场发展过程中遇到的问题，也只有在发展中逐步加以解决。

风雨兼程 20 载，中国资本市场正面临难得的发展机遇。

2010 年，中国股市迎来自己的"成人仪式"，股指期货和融资融券的正式推出，使中国股市正式构建了"双边市"，从这一刻起，看多和看空市场同样可以赢利，股市价格发现的功能、与期市协同发展服务国民经济的功能逐得到发挥。

随着我国期货交易越来越活跃，期货市场对国际定价权的影响日趋重要，上海期货市场已经成为世界铜的三大定价中心之一，其规模已经超过纽约市场。

展望未来，与经济发展相适应的巨大融资需求需要资本市场来满足，调结构、转方式呼唤资本市场的资源配置功能进一步发挥，全面建设和谐社会的要求需要资本市场提供全面有效的金融支持……

国际经验表明，一国经济能否成功转型，往往与资本市场密切相关。建设一个更加公正、透明、高效的资本市场，在经济发展方式加快转变中发挥强大推动力量，机遇难得，势在必行。

近日，证监会主席尚福林明确表示，"十二五"期间，资本市场改革将紧紧围绕加快经济发展方式转变、促进产业结

构调整的战略任务，不断培育和完善市场机制，通过健全促进自主创新、推动并购重组等市场化的制度安排，更好地发挥资本市场的价格发现、资源配置等功能，增强经济发展的内生动力，提升经济发展的质量。

随着经济金融全球化趋势的不断增强，资本市场的竞争力和发达程度已成为国家竞争力的重要组成部分。"我们正在加紧研究推动国际板建设，着力解决相关法律问题。"中国证监会负责人近期表示。

国际板的筹备，作为中国资本市场"破茧成蝶"的又一里程碑式的环节，既表明我国资本市场已经初具规模，也表明我国资本市场将在新的起点上实现跨越式发展。"国际金融危机的发生提醒我们，在经济全球化的情况下，金融风险的传播更为迅速、更为广泛，任何一个国家和经济体都无法置之度外。密切关注形势，更好应对变化，是我们面临的新课题。"中国人民银行国际金融专家指出。

不创新没有出路，创新过度也适得其反，这是这场金融危机带给我们的深刻教训。

"发展中国特色的资本市场要正确处理好大力发展资本市场与防范市场风险的关系，宏观调控与市场机制的关系，发展创新与市场监管的关系。"中国证监会原主席周正庆说，"我们绝不能重蹈覆辙，也不能因噎废食，要根据自身的情况选择适合我们的发展道路。"

中国资本市场的发展离不开国民经济的快速发展，无论市场制度变革还是上市公司质量的提高，都为我国资本市场加快发展创造了条件，带来了机遇。努力走出一条适合中国国情的资本市场发展之路，机遇难得，任务艰巨。

——中国资本市场将基本完成从"新兴加转轨"向成熟市场的过渡，迈入全面发展时期。

——一个更加公正、透明、高效的资本市场将在中国经济构筑自主创新体系的过程中发挥重要作用，成为中国和谐社会建设的主要力量。

——一个更加开放和更具国际竞争力的中国资本市场，将在国际金融体系中发挥应有的作用。

诞生 20 年来，中国资本市场经历过破茧而出的稚嫩，也创造了引人注目的辉煌。人们相信，走向成熟的资本市场，必将在中国经济社会发展中书写更加壮丽的篇章。

见证中国股市风雨历程的深交所

❂ 董少鹏点评

文章以凝练的笔法，概括性回顾了我国资本市场的发展历程，特别是初创时期的艰难经历，对规模、结构、机制等的重大飞跃予以肯定，对其给企业发展带来的巨大推动力予以肯定。文章提出的"随着经济金融全球化趋势的不断增强，资本市场的竞争力和发达程度已成为国家竞争力的重要组成部分"这一论断，体现了当时决策层的共识。

但客观来说，如何将中国股市与国际市场对接，当时的认识有局限性，比如国际板动议颇具浪漫色彩。这一动议最终被放弃，代之以"沪港通""深港通"。后者与前者的重大差异在于，后者既坚持互联互通这一市场大方向，又通过制度设计，充分体现了对不同市场体制的必要尊重。毕竟，"国际化"不等于"复制西方模式"。

🎙 周鸿铎点评

"改革画卷"中，作者的视角从个案分析、指数变化进一步延伸、拓展到券商问题以及对中国资本市场的宏观审视上，多维度、多层次勾勒出中国股市的肖像画，展示了谢登科"胸中有全局，笔下有天地"的开阔视野和驾驭能力。

岁月流转。将今天的中国股市与当年谢登科撰写《关于中国股市的通信》时的状况对比，按理说这幅肖像应该愈加成熟，但是，今天大家从这幅肖像上更多看到的却是沧桑与悲凉。

当初谢登科采写《关于中国股市的通信》时，中国股市已经从 6 124 点跌到了 2 700 点，今天我在写这篇点评时，中国股市又一次从 5 178 点高位跌至近 2 800 点。8 年过去了，上证综指还在 100 点上下奋战，虽然，来自监管层的努力从来没有间断过。

就像谢登科在《关于中国股市的通信》中所言，"中国股市走向成熟，不是哪一个要素的单方面成熟，而是包括监管者、投资者和上市公司在内的各个要素的共同成熟。"直面今天的中国股市，我们仿佛听到 8 年前这些疾呼的持续回响。

02 / 金融变革

　　金融是经济运行的血脉。但国际金融危机爆发至今，我们遗憾地看到，这条血脉不仅没有更加畅通奔流，反而更现风险叠加之势。

　　从国际环境看，美联储加息、特朗普新政、英国脱欧等带来更多不确定性，全球经济前景难以预料。特别是美联储预期未来三年每年加息 3 次，使得全球资本流向发生逆转，资金回流美国的态势越发明显，对中国人民币汇率的稳定、国际收支的平衡形成了巨大而持续的压力。随着欧美国家民粹主义抬头、贸易保护主义盛行、逆全球化趋势明显，未来世界到底还会飞出多少只冲击中国金融的"黑天鹅"，着实难以预料。

　　从中国自身看，过去多年为了稳增长而投放大量货币，目前广义货币 M2 余额已是 GDP 总量的两倍多，金融风险"水涨船高"。从风险角度思考，当前中国金融最需要关注四个方面的问题：一是金融杠杆率过高；二是部分领域资产泡沫严重；三是市场出清在缓慢的渐进过程中，有些预期还不明朗；四是汇率和资本管理之间的动态平衡比较微妙，本币贬值预期压力较大。但是，解决这些问题又不仅仅是金融领域的事。如果处理不当，"牢牢守住不发生系统性金融风险"的底线就可能会被无情击穿。

有鉴于此，中央明确提出，2017年起要把防控金融风险放到更加重要的位置，下决心处置一批风险点。首先要对金融风险特别是跨市场的金融风险进行彻底排查，对新推出的金融业务实现"穿透式"监管，真正对"风险有多大、牵连有多广"心中有数。在此基础上，一个一个拆除"炸弹"——不形成新泡沫，排挤掉旧泡沫。

归根结底，防风险的最大利器还是改革。越是在复杂的环境下，越是要用好改革开放这个"关键一招"。

目前，分业监管的体制已越来越面临金融业混业发展的挑战，金融监管体制改革备受关注；丰富金融服务供给，以增加供给来缓解融资难、融资贵问题迫在眉睫。

金融是为实体经济服务的。但愿所有的金融从业者，但愿全社会时刻不忘这条朴素的道理，千方百计引导资金服务于实体经济。这，才是我们持续为中国金融业改革开放鼓劲加油的初衷，也是中国金融业健康发展的正道！

2002 年 8 月，作者（左二）随大陆新闻代表团赴宝岛台湾考察交流

金融是现代经济的核心。紧跟时代步伐、见证新闻事件、追踪改革进程、发出权威声音，贯穿了谢登科财经金融报道的全过程。

中国四大国有商业银行的海外上市，是 21 世纪之初中国金融变革具有标志性意义的大事，意味着历经多年的中国银行业的国际化、股份制改造进入新征程、跃上新台阶。作为财经记者，谢登科有幸见证并生动记录下每一家国有商业银行变革和上市的非凡历程。

在经济全球化背景下，中国金融行业的市场化进程充满艰辛坎坷，甚至备受诟病和质疑。谢登科的财经述评总能在关键节点上"横空出世"，引起关注，或直指要害，或解疑释惑，或大气磅礴，或娓娓道来，忠实记录下中国金融业艰难奋进的点点滴滴——

第四章　四大国有银行上市

"把银行办成真正的银行。"这是邓小平对中国银行业改革的期望。

凤凰涅槃，浴火重生。中国四大国有银行上市，开创了中国银行业改革开放的崭新纪元，也把一个气势恢宏的时代留给了历史。谢登科有幸成为这一伟大进程的亲历者和见证者，他记录了改革发端时的困惑和顿悟，更展现了改革推进中的豪情和勇气。

惊心动魄，义无反顾。走向国际资本市场的四大商业银行，成为世界观察中国银行业的一个生动缩影。深入浅出答问，义正词严说理，直击现场求实，旁征博引佐证——谢登科的笔下，一个个破茧成蝶的中国银行业故事发人深省，引人入胜……

作者为新华社新媒体培训班授课

2005 年中国建设银行在香港联交所成功上市庆典

2005 年 10 月 27 日

新的舞台 新的起点

——写在我国首家国有商业银行公开发行上市之际

新华社香港 10 月 27 日电 27 日上午 10 时，作为中国四大国有商业银行之一的中国建设银行在香港联合交易所正式挂牌上市。这是国务院决定对国有独资商业银行实施股份制改造两年来，首家实现公开发行上市的中国国有商业银行，受到海内外关注。

代号为"0939"的"建设银行"今天高调入市后，交投活跃，追捧热烈，并一度带动香港恒生股指向好，反映了市场对中国国有商业银行改革成果的认可和对中国经济发展前景的信心。

刚刚闭幕的中共十六届五中全会提出，必须以更大决心加快推进改革。中国建设银行的上市，是中国国有商业银行改革进程中迈出的具有里程碑意义的重要一步，同时也意味着中国的国有商业银行将会以更大的决心，在更广阔的舞台和更高的起点上进一步融入世界经济大潮。

把国有商业银行打造为具有国际竞争力的现代化股份制商业银行，是党中央和国务院作出的重大决策

金融被称为现代经济的核心。包括中国建设银行在内的四家国有商业银行构成了我国金融业的主体，在我国经济和社会发展中具有举足轻重的地位。统计显示，四家国有商业银行约吸收了 63% 的居民储蓄，承担着全社会 80% 的支付结算服务，贷款占全部金融机构贷款的 50%，是我国经济发展的主要资金供应者。

但是，由于多种原因，在相当长时期内，国有商业银行不同程度地存在资产质量差、风险管理薄弱、核心竞争力不强等问题，难以适应国内外经济环境的变化。把国有商业银行逐步改造为具有国际竞争力的现代化股份制商业银行，是党中央和国务院作出的一个重大决策，也是一项全新的改革实践。

早在 1993 年，《国务院关于金融体制改革的决定》就明确指出，要把我国的专业银行办成真正的商业银行。1997年，中央召开全国金融工作会议，对国有独资商业银行改革与发展作出重大战略部署。

进入 21 世纪的第一年，国务院成立了由中国人民银行牵头的专题研究小组，论证国有独资商业银行改革问题。2002年 2 月，全国金融工作会议和会后下发的有关文件进一步明确，具备条件的国有独资商业银行可改组为国有控股的股份制商业银行，完善法人治理结构，条件成熟的可以上市。

党的十六届三中全会通过的《中共中央关于完善社会主义市场经济体制若干问题的决定》再一次明确提出，选择有条件的国有商业银行实行股份制改造，加快处置不良资产，

充实资本金，创造条件上市。

建设一个健康稳健而富有活力的银行体系对于中国具有更加重要的意义。随着我国进入全面建设小康社会的新阶段，以及加入世贸组织后对外开放步伐的进一步加快，大力推进国有商业银行改革显得尤为迫切。

2003年底，国务院根据我国国有独资商业银行的具体情况，决定中国银行和中国建设银行实施股份制改造试点，并决定动用450亿美元国家外汇储备等为其补充资本金。这一举动表明了党和政府按照市场经济规律搞好国有商业银行的坚强决心。

2004年3月2日，温家宝总理主持召开国务院常务会议，研究部署中国银行、中国建设银行股份制改造试点的有关工作，提出改革试点工作的总体目标和主要任务。会议指出，要紧紧抓住改革管理体制、完善治理结构、转换经营机制、促进绩效进步这几个重要环节，用三年左右的时间将两家试点银行改造成为具有国际竞争力的现代股份制商业银行。

同年12月29日召开的国务院常务会议，再次研究推进国有商业银行股份制改革问题。会议要求，要进一步搞好中国银行、中国建设银行股份制改革试点各项工作，坚定不移地推进国有商业银行改革。要按照发展社会主义市场经济的要求，推进国有商业银行股份制改革、公司治理结构改革和内部控制机制改革。按照现代金融企业制度的要求，围绕转变经营机制这个核心，加强科学管理和队伍建设，着力提高银行市场竞争力和抗风险能力，加快建成资本充足、内控严密、运营安全、服务和效益良好的现代商业银行。

按照国务院的要求，银监会相继出台了《关于中国银行、中国建设银行公司治理改革与监管指引》等多个条例，提出了操作性强、十分具体的改革要求。人民银行从多方面对改革的推进作出指导。

中国的银行业在金融体系中担负着较发达国家更重要的

角色。大力推进国有商业银行改革，既是提高其国际竞争力的必由之路，也是中国经济发展的迫切需要。

建设银行：脱胎换骨接受国际市场检阅

建立现代银行制度，全方位实行股权结构和公司治理结构的改革，是中国国有银行坚定不移的改革方向。作为先行的两家试点之一，中国建设银行担负着为其他国有商业银行和政策性银行积累改革经验的重任。在中央 225 亿美元注资到位后，改革能否成功就取决于改革管理体制和经营机制，改革的难点在管理、在人才。

2004 年 9 月 17 日，中国建设银行股份有限公司在北京成立。公司通过引入多家发起人股东，建立起多元化的股权结构，标志着已成立半个世纪的国有独资商业银行从此成为国家控股的股份制商业银行。

但是，公司法人治理结构改革是一个庞大的系统工程，其改革和运行不但要"形似"，更要"神似"。作为深化改革的试点银行，建设银行围绕股份制改造这一主线，不断完善股东大会、董事会、监事会和高级管理层的机构设置和职能界限，逐步建立符合国际惯例和中国国情的组织机构框架和运行规则。建设银行将主要精力放在加快完善风险管理和内部控制机制，强化资本约束，建立以利润增长和资产安全为核心的长效运营机制上。

出色的财务表现，是建设银行股份制改造的一大亮点。2003 年开始，建行先后向信达资产公司剥离呆坏账 1 289 亿元，使不良率从近 20％下降到 4.27％。政府还以建行 2004 年度的利润分配，补充建行累计亏损 655 亿元人民币。建设银行行长常振明说，一系列财务重组措施和相关法律程序，显著改善了建设银行的资本实力、资产质量和财务状况。

2005 年 6 月 9 日，中国建设银行公布了经毕马威华振会计师事务所审计的 2004 年年报，这是中国建设银行实行股份制改革后的首份年度报告。年报披露的数据表明，建设银行2004 年度的主要经营指标已经接近国际上 100 家大银行中上等水平，显示了股份制改革带来的显著成效。

公司权力机构、决策机构、经营管理层和监督机构之间的有效制衡和高效运行，推动着建设银行向国际先进的公司治理模式靠拢。2005 年 7 月 1 日起，建设银行对全辖各级分行审计体系实施垂直化管理，原来隶属分行的对应总审计室及其审计办事处，在人员、财务、工作关系上都由总行直接管理。

2005 年上半年，建行出台实施领导人员失职引咎辞职、责令辞职和免职制度，覆盖总行董事长、行长、监事长在内的各级领导人员。规定出台后不久，建行山西省分行行长梁富成和湖南省分行行长孙建成根据所辖基层行案件多发等情况，分别辞去了一级分行行长职务。

理念上的变化体现在管理行为的每个环节中。2005 年 5月召开的建设银行第一届董事会第七次会议决定，本着对股东、企业、员工和社会公众负责的态度，建设银行对今年的资本性支出规模压缩 15％左右。

中国银监会主席助理车迎新认为，建设银行的新一轮改革具有四个明显特点：一是消化历史包袱，使财务状况根本好转，轻装前进。二是着力实现"花钱买新机制"的改革目标，紧紧抓住改革管理体制、完善治理结构、转换经营机制、改善经营绩效这几个中心环节。三是建立严密的内控和风险管理体系，以及激励约束机制。四是增强经营活力，提高整体市场竞争力。

上市不是改革的结束，而意味着新的开始

中国建设银行的公开上市招股，面向全球发售 264.86 亿股 H 股，发行比例为 12％，为全上市，全流通。2005 年 10

月 5 日，建行上市路演在香港正式拉开帷幕。

作为四大国有银行中首家海外上市的银行，建行以中资企业中"全流通"上市第一股的身份受到全球机构投资者的热烈追捧。建行将 IPO 价格指导区间由 1.80～2.25 港元调高至 1.90～2.40 港元。到 10 月 19 日公开认购结束，香港公开发行部分超额认购达 42 倍，国际配售部分超额认购达 9.2 倍。以最终定价的 2.35 港元计算，建行本次发行市净率为 1.96 倍，为近年来国有企业在港上市的最理想定价，达到国际先进银行的市净率水平，并创下香港历来上市集资金额最高纪录。

建设银行董事长郭树清说，挂牌上市，不是股份制改造的完成，而是宣告了一个新的开始。建设银行将勇敢地接受来自市场的压力，对全体股东切实负起责任。

取消外资银行经营外汇业务的地域和客户限制，外资银行经营人民币业务的地域逐步扩大……在不断开放的市场竞争作用下，我国银行业正经受着强烈冲击，面临着脱胎换骨的阵痛。根据入世承诺，到 2006 年底，我国将向外资全面开放银行业，留给中国银行业改革的时间已经不多。

与外资银行相比，中国的银行业在公司治理结构、资产质量、资本金与赢利能力，以及创新能力等方面还存在明显差距。引入国际战略投资者，尽快与国际先进水平对接，对股份制商业银行的制度创新无疑具有十分重要的意义。

2005 年 6 月，中国建设银行和美国银行正式签署了关于战略投资与合作的最终协议。根据协议，美国银行将分阶段对建设银行进行投资，最终持有股权可达到 19.9%。一个月后，淡马锡控股（私人）有限公司成为进入中国建设银行的第二家境外战略投资者。

2005 年 9 月 28 日，美国银行的专家队伍正式进驻建设银行，开始履行覆盖商业银行主要业务领域和管理领域的战略协助协议。

截至目前，共有 19 家境外金融机构入股了 16 家中资银行，投资总额约 165 亿美元。车迎新说，具有雄厚实力的金融机构的进入，有利于推进股份制商业银行逐步实现股权多元化，形成良好的公司治理结构；有利于引进国外先进的管理经验和金融创新方式，提高股份制商业银行的风险控制能力和创新能力，在更大程度上强化商业银行的竞争实力。

目前，建设银行正严格按照公司法人治理结构改革的深入推进有关改革，依据国际银行业的先进做法对战略规划、风险管理、人事激励等方面进行综合配套改革。建设银行副行长范一飞表示，建设银行今后将会更加主动、及时地披露所有可能对股东和其他利益相关者决策产生实质性影响的信息，并保证所有股东享有平等的机会获得信息。

"海外上市在为国有商业银行带来巨大机遇的同时，也带来了更加严峻的挑战。对此，我们的银行必须做好充分的准备。"中国银监会主席刘明康说。

2005 年 10 月 14 日，中国建设银行在香港公开招股的招股书

中国建设银行在香港高调入市

新华社香港 10 月 27 日电　27 日上午 10 时，代号为
"0939"的中国建设银行股份有限公司（"建设银行"）在香港
联合交易所挂牌上市。这是国务院决定对国有独资商业银行
实施股份制改造两年来，首家实现公开发行上市的中国国有
商业银行，受到海内外关注。

"建设银行"每股面值人民币 1 元，发售价每股 H 股
2.35 港元，接近原定 2.40 港元的上限价格。"建设银行"高
调入市后立即呈现出活跃交投态势，并带动香港恒生股指强
劲上扬。

中国建设银行董事长郭树清表示："经过长时间的努力，
建设银行终于成功上市，令人振奋。投资者的热烈反应，是
对建设银行和国内银行业充满信心的体现。作为中国四大国
有商业银行中第一家走向国际资本市场的银行，我们有信心
为同业树立楷模，不断进取，持续发展，为股东创造更丰厚
的回报。"

建设银行的公开上市招股，面向全球发售 264.86 亿股 H
股，发行比例为 12％，全上市，全流通。其中香港发售
19.86 亿股，占比 7.5％；国际配售 244.99 亿股，占比为
92.5％，发行总金额约为 622 亿港元，折合约 80 亿美元。

10 月 5 日，建设银行上市路演在香港正式拉开帷幕后，
立即以中资企业中"全流通"上市第一股的身份受到全球机
构投资者的热烈追捧。建设银行将 IPO 价格指导区间由
1.80～2.25 港元调高至 1.90～2.40 港元。到 10 月 19 日公开
认购结束，香港公开发行部分超额认购达 42 倍，国际配售部
分超额认购达 9.2 倍，发行市净率为 1.96 倍，为近年来国有
企业在港上市的最理想定价，达到国际先进银行的市净率水
平，并创下香港历来上市集资金额的最高纪录。

郭树清说，挂牌上市，不是股份制改造的完成，而是宣告了一个新的开始。建设银行将勇敢地接受来自市场的压力，对全体股东切实负起责任。

中国建设银行是中国四大国有商业银行之一，是中国基本建设贷款第二大商业银行贷款行、住房按揭产品最大的贷款行和银行卡第二大发卡行，拥有遍布全国的 14 250 个分支机构。到 2005 年上半年，全行总资产达 5 220 亿美元，利润在过去三年保持双位数以上的增长。2005 年 9 月，中国建设银行以其优秀的财务表现和经营状况，被英国《银行家》杂志评为"中国年度最佳银行"。

据介绍，本次发行由中国国际金融有限公司、摩根士丹利及建银国际金融有限公司担任联席全球协调人。摩根士丹利、中国国际金融有限公司及瑞士信贷第一波士顿为联席簿记管理人。

2005 年 10 月 27 日，中国建设银行董事长郭树清（右）与香港交易所主席李业广在上市仪式上交换纪念品

2005 年 11 月 20 日

解析建行上市幕后新闻
——对话郭树清

新华社北京 11 月 20 日电 郭树清是在一个值得大家关注和期许的时候就任中国建设银行董事长的：前任请辞震动全国、建行股改迫在眉睫……

郭树清也是在一个充满悬疑的时机走到中国金融改革最前沿的：改革能否成功？上市能否实现？……

建行在港上市，喝彩声中，又出现了一系列新的问题：定价是否合理？引进战略投资者值不值得？国有资产流失没有？……

"疑问是件好事，反映了人们对金融改革的关心！"央行副行长、国家外汇管理局局长的履历，培养了郭树清稳健、严谨和勇于面对的风格。"这样，人们可以有机会了解更多建行上市的幕后新闻。"

坐在建行总部 22 楼郭树清的办公室里，我们的谈话从人们的一个个质疑开始。

筹资700多个亿，赚了还是赔了？

（质疑一：建行上市的超额认购那么多，说明这样的价格卖便宜了。定价时，建行充分考虑巨大的网络、品牌、客户等无形资产了吗？）

记者：金融界称，建行上市是全球资本市场近年来最成功的一次公开发行，但也有人反对。你怎么看这个问题？

郭树清：最新情况是，经过一段平稳运行之后，我们的股价开始上升，价值约 12 亿美元的超额配售成功实现，总的筹资额达 715.8 亿港元。每股的市净率为 1.96 倍，市盈率为 14.7 倍，达到甚至超过一些国际最先进银行的即时交易价水

02/金融变革

133

平。建行上市后交投活跃，但绝大多数交易围绕着发行价，没有暴涨暴跌。有外国朋友问我，你们怎么能对市场估计得这么准确呢？我开玩笑说，我们使用了每秒 100 亿次的计算机。天时、地利、人和，多种条件汇合在一起才形成了这个结果。

有人说，我们有许多缺点和不足，价格超过汇丰银行、美国银行没有道理。确实，在经营管理水平和运行机制方面，我们与国际一流银行之间存在着差距，这是不利因素。但中国的经济发展势头和潜力世所罕见，我们银行业的增长前景胜过外国同行，中国政府改革的决心和我们已采取的行动都给投资者留下了深刻印象，这是我们定价的有利因素。只要把两类溢价因素都考虑清楚，就不难得出正确的结论。

记者：建行的股价可以卖得再高一些吗？

郭树清：这次建行股票的香港公开认购超过 40 倍，国际机构超过 9 倍，市场反应热烈，但远不是最高水平。我们提过两次价格，投机的空间已经很小，不可能像某些朋友想象的那样，提到只剩一倍多认购的程度，那样就很可能流盘、失败。

资本市场的规律是，当大家认为你定价较合理时，可能有许多人来下订单；如果认为你不合理，可能连一倍都保证不了。

至于建行的无形资产，当然不会遗漏。招股说明书修改几十次，路演会见了几百家机构，还有几十家投资银行和基金公司的专业分析师各自独立写出研究报告，可以说把我们每项长处和短处都翻腾了许多遍。我们不可能也不打算改变所有人的看法，但必须保证让投资者看到一个完整的客观的图景，怎么评估、怎么判断是每个参与者自己的事情。就这一点而言，我感到十分满意。

美国银行：占了我们多少便宜？

（质疑二：对美国银行来说，几十亿美元的价格卖得太便宜了。建行在国内拥有网点1.4万家，在中国金融市场的份额为12%，花20多亿美元就堂而皇之地进来，等于让美国银行坐享红利。)

记者：美国银行和淡马锡这两个战略投资者入股建行时的价格都明显低于公开发行的水平，这是否意味着他们占了我们的便宜，或者说我们把建行给"贱卖"了？

郭树清：美国银行入股的市净率是1.15倍，也就是说我们1块钱的净资产卖了1.15元，卖给淡马锡的价格更高一些，为1.19倍。初一看，这与发行价市净率1.96倍相比，差得很多，但只要稍微留心就不难发现，这两个价格之间存在着紧密联系。

中介机构和投资者一致认为，建行的投资亮点之一就是有国际著名金融机构加盟。战略投资者会改善公司治理，会带来技术支持，会与我们一起来共同面对未来的市场风险，这些都是无形资产性质的收益。仅就转让价格而言，也大大高出账面净资产，特别是考虑两家机构还承诺以公开上市时的价格买入一部分股份，平均算下来，更要高出许多。

不少国际金融人士，包括欧美、香港和台湾朋友，都对我们的谈判能力赞不绝口。我们的团队接触了许多潜在的战略投资者，对所有可能涉及的问题都做了全面深刻的了解，他们尤其精于计算。坦率地说，我有时甚至有点担心他们过于精明。

记者：有人说中建两行在与战略投资者签订的协议中，有我们对外方单方面的担保承诺，还有的条款似乎也是对外方比较有利，这是怎么一回事？

郭树清：这是一个误解。在协议形成的过程中，双方常常为一个细枝末节争得天昏地暗。

就建行的情况来说，谈判将近完成时，外部审计师还没有对2004年的财务报告正式签字，外方就提出，能否让我们保证有关建行的财务数据是完全真实的，如果将来发现有虚假并造成一定数量的损失，且经中国的法律程序判定后，须给予赔偿。

你卖东西，怎能不敢说你的东西是真的、好的？当然，你完全可以不同意，让他们自己去查账，这样一来，时间就会拖得很长，代价就会增加，上市就可能拖后。市场瞬息万变，错过好时机，代价可能以百亿计。所以，事情的本质是，我们用一个发生概率几近为零的赔偿承诺，为国家和发起股东换来了实质性的利益，更重要的是，这个担保在上市之后已不再有什么实质性意义了。

外国资本会逐步控制我们的国有银行吗？

（质疑三：国外资本入股中国的银行，除了追逐利润外，更长远的目标是控制中国的金融企业和金融产业。外资银行进入我们的银行后，将轻而易举地掌握国有银行的核心信息和弱点，将来打败我们。）

记者：确实有人担心，建行以全流通方式上市，可能会导致外国资本控制国有商业银行，或者国有控股地位下降。你以为呢？

郭树清：全流通的方式符合国际惯例。建行以全流通方式上市，显示了我们在国企上市公司股权结构上与国际接轨的决心，也成为 H 股市场解决股权分置问题的良好开端。

按我的理解，首先，国家会对主要商业银行保持绝对控股地位，这个方针不会改变。其次，建行的大股东，无论是汇金公司，还是美洲银行、淡马锡，都有持股的锁定期，与一般的投资者不同，不是它们想卖就卖的，市场不会因全流通而剧烈波动。第三，最大的外资股东美国银行已经声明，其在建行的股份最高为 19.9％，这已写入合作协议，而且受法律约束。

现在我们的股权结构情况是，海外机构和个人持股占

25.75％，国有控股占74％以上，即使以后美国银行行使期权再买10％左右，国有控股仍将在60％以上，占绝对优势，不会发生外资银行占据主导的问题。

记者：也有人说，外资银行入股后，为明年全面放开市场准入后打败我们提供了利器。有这种可能吗？

郭树清：就建行而言，我不认为有哪家外国银行可以在中国的市场上打败我们，至少在可预见的将来不存在这种可能性。

我们的弱点，外国银行不用花钱入股就很清楚，何谈隐瞒？商业秘密是另一回事，董事自然会知道其履职所需的信息，但他必须依法承担责任，至于大量的客户信息，我们不仅没有义务向投资者提供，相反还会严格保密。如你所知，两家战略投资者不派人参加管理层，他们还正式承诺，不从事与建行竞争的业务。

国有银行不上市能不能搞好？

（质疑四：中国的金融企业改革难道只有出售、上市一条路吗？如果像建行这样业绩优秀的"经济命脉"型大企业纷纷赴境外上市，中国证券市场就可能面临空心化和边缘化的危机。）

记者：国有银行改革是不是一定要上市，是不是一定要在海外上市？不上市就搞不好吗？上了市就一定能搞好吗？

郭树清：如果纯粹从理论上讨论，严格地说，这些问题很难有绝对肯定或绝对否定的回答。

但是，根据实践可以得出的结论是，没有现代企业制度，像我们这样的银行就不会有出路。国有银行挂牌上市，可以实现股权多元化，市场、媒体监督加上成千上万股东的监督，可以催生公开、透明、正常的激励约束机制。

毫无疑问，只要能有同样有效的机制，不上市也可以搞好。但是，靠一个政府部门或几个政府部门来管银行肯定是不行的。过去说，搞好企业关键是选一个好班子，问题的关键是怎么选，特别是谁来监督谁来纠错，怎么防止其丧失生机和活力。

当然，上市只是提供了一种必要条件，并不是充分条件，上了市也搞不好的企业屡见不鲜。所以，上市是建行改革发展的新契机、新起点，是万里长征第一步。

记者：建行明确承诺派息率达35％到45％，而在国内上市的国有企业很少向国内投资者承诺派息率。如何看待这个问题？

郭树清：全部利润都属于股东。上市公司不全部派息，留下来用于再投资、再发展，形成的资产增值同样属于股东。不能把不分红或少派息看成自然和正常的事情。

派息政策同样要考虑许多因素，最重要的是要在长远发展、股东即期回报，以及眼前利益之间求得平衡。每家公司都会根据自身实际，在不同阶段制订不同的股息政策，派息水平自然也会有高有低，不可一概论之。我们的政策是反复研究论证的，符合建行的根本利益，也符合所有股东的利益。

中国现有的银行既不是金山， 也不是废墟

（质疑五：中国的金融业是高利润行业，正在争先恐后引进战略投资者和争取海外上市的银行，实际上是将巨额财富拱手送到境外。）

记者：最近，随着国内银行业全面开放的期限越来越近，国内银行改革上市的步伐在提速，外国资本进入的步伐也在加快，银行业的新一轮改革浪潮是不是有点操之过急？

郭树清：中国金融业改革的必要性和紧迫性怎么估计也不会过高。

我国经济改革开放和高速增长已经27年了，金融业作出了巨大贡献，但是时至今日，金融业仍然是整个国民经济的

薄弱环节，机制转换落在后面，包袱非常沉重。不把金融体系整治好，国家经济的持续快速增长就可能中断，甚至可能遭遇危机。

金融的性质决定了其改革又十分复杂。特别是像建行这样的全国性国有大银行，拥有1.5亿个储户，为绝大多数重点企业和重点项目提供服务，一旦经营不善，陷入困境，后果会很严重。正是在这种背景下，党中央、国务院决定加快金融改革。

十几年的经验和教训使我们认识到，改革必须和开放结合起来。中国的银行不开放，不引进战略投资者，也并不是绝对不可能自己搞好，但时间上可能要更长一些，效率上可能会更低一些，中间的不确定性就会更大一些。战略投资者的进入，可以加快公司治理结构建设，改变"官商"文化，改变传统的经营模式，可以使我们少走弯路。

我们应该有一个清醒的认识，中国现有的银行既不是金山也不是废墟。如果不真正从机制上脱胎换骨，那么国内许多银行所具有的价值不仅不能够为正值，反之可能为负值。一个负价值的企业或行业，股票是发不出去的，更谈不上卖得贵了还是贱了。

🎙 董少鹏点评

四大行改革中，建行上市扮演了开路先锋的角色——建设银行的路走通了，其他几家银行的路也就通了。在当时特定的历史条件下，国有控股银行上市殊为不易：一是国内股市容量受限，需要先做深"池子"；二是海外股市"挑剔"，需要利益平衡。因此，在委托海外投行保荐上市的同时，引入海外战略投资者参股，允许它们持股一段时间后抛售获利，是符合当时的博弈环境现实的，所谓"贱卖"的指责是不够客观的。

2006 年 9 月，作者赴工商银行伦敦分行采访

2006 年 10 月 30 日

工行缘何"牵手"高盛？
——工行揭秘三大幕后背景

　　新华社北京 10 月 30 日电　在中国即将对外资银行全面开放的最后时刻，作为中国银行业中的"领军人物"，中国工商银行日前在海内外资本市场高调亮相。不少人产生这样的疑问：作为国际资本"抢滩的重地"，这家中国最大的国有控股商业银行为什么要选择高盛投资团作为自己的合作伙伴？高盛的加盟能给工行带来哪些价值？工商银行负责人 30 日向新华社记者透露了高盛投资团在竞争中胜出的三大幕后背景。

　　2006 年 1 月 27 日，中国工商银行股份有限公司和高盛投资团（包括高盛集团、安联集团及美国运通公司）在北京签署了战略投资与合作协议。4 月 28 日，双方完成了资金交割，境外战略投资者总计投资约为 38 亿美元，购买工行新发行股份 241.85 亿股，股权比例总计为 8.89%，这是迄今为止境外投资者对中国金融业最大的单次投资。

这位负责人说，工行引进的这三家境外战略投资者，均为在金融业务方面各具优势的国际著名企业。对于这种引资模式，工行是经过综合权衡、深思熟虑后作出的决定。其最大好处在于：

首先，合作伙伴不会和工行的主营业务——商业银行业务产生不必要的竞争和利益冲突。中国对外资银行全面开放后，境外大型商业银行在中国一般都有自身独立的发展计划，这难免会与工行形成利益上的冲突。即使设置一些技术性防范措施，比如不许它们在中国发展自己的分支机构，也很难完全避免冲突。所以，工商银行没有把业务上类似的国际大型商业银行作为战略合作伙伴的选项。从国际经验看，两家大型商业银行结盟并产生良好效应的例子尚不多见。

其次，工行选择的战略投资者，对商业银行的经营管理之道是非常熟悉的。德国安联集团同时控股德国大型商业银行德累斯顿银行，美国运通公司不仅是旅行、金融和网络服务公司，属下还有运通银行。工行近年来一直在进行经营模式和增长方式的转型，通过借鉴国外先进金融机构的经验，可以使工行的转型成本更低，转型过程更顺利。

再次，工行在引资时，更加注重"引智"。工行之所以选择高盛这样一家全球领先的投资银行作为合作伙伴，一个重要考虑在于它们拥有强大的研究机构。高盛对全球商业银行的管理有着丰富的经验，可以把工行和全球的上市银行放在同一个标准上来比较，进而坦诚地提出问题，并提出如何改进的建议。从这个角度说，像高盛这样的战略投资者对工行的帮助会更加直接。此外，工行还可以直接得到它们在风险管理、资产管理和公司治理等方面的经验。

2006年3月16日，工行和高盛的"7＋1"战略合作项目正式启动以来，双方在公司治理、风险管理、资产管理、不良贷款管理等方面展开了卓有成效的合作，双方的工作团队就战略合作项目的落实召开了40余次研讨会，高盛方面派来的专家团为工行管理层和员工举办了10多次专题讲座，工行参与各类研讨和讲座的员工达到800多人次。在公司治理领域，高盛正在帮助工行建立一套符合上市公司要求的信息披露系统，并在投资者关系管理方面给予工行帮助。

　　"从已经取得的效果看，高盛投资团对于工商银行而言，应该是一个明智的选择！"这位负责人说。

2008年2月，作者在乌江移民搬迁现场采访

特写：历史性的一刻

——香港、上海交易所首次连线共贺工行上市

新华社香港 10 月 27 日电 27 日上午，中国工商银行 H 股上市仪式前。香港联交所交易大厅前方大型电子显示屏前，聚集着来自香港金融、证券界及工商银行的各位代表，香港特区行政长官曾荫权、工行董事长姜建清与大家一道兴致勃勃地观看工商银行 A 股在上海证交所上市仪式的电视直播。

熙熙攘攘的人群中传来联交所主持人激动的声音："下面让我们见证这一历史时刻，上证所与联交所连线对话，共同祝贺工商银行 A 股上市成功！"

人群迅速向显示屏前涌去。正在香港联交所准备出席工商银行 H 股上市仪式的工行董事长姜建清致辞说，"感谢广大投资者对工商银行发行上市的支持，在香港与内地同步上市，是工商银行发展史的新开篇！"

姜建清洪亮的声音刚落，在上海出席工商银行 A 股上市仪式的工行行长杨凯生特别用广东话高声说道："让我们共同祝贺工商银行 A 股成功上市！"

香港联交所交易大厅顿时响起热烈的掌声。

"香港与上海的交易所首次连线对话，象征着香港与内地的联系更紧密，这是十分有意义的一刻。"香港一家基金公司的江姓男士对记者说。

中国工商银行此次在全球发售 353.9 亿股 H 股和 130 亿股 A 股，H 股与 A 股共募集资金约 191 亿美元。这是首家实现在内地与香港同步发行、同步定价、同步上市的内地企业，开创了中国金融发展史的先河。

工商银行这次全球最大的首次公开集资活动吸引着世界的目光。27 日参加工行 H 股上市仪式报道的各家媒体，罕有地把香港联交所原本宽敞的二楼媒体区挤得水泄不通，摄像

记者把摄像机架得几乎与房屋顶棚一样高。

　　杨凯生行长在上证所敲响了清脆的开市锣声，工行 A 股上市仪式圆满结束。香港联交所大厅，掌声再次响起。

2006 年 10 月 27 日，中国工商银行上市仪式在香港联交所交易大厅举行

工商银行成功开创"A＋H"同步上市历史先河

新华社香港 10 月 27 日电 27 日上午，上海证交所与香港联交所因为中国工商银行在两地的同时挂牌上市，首次进行连线对话，这一激动人心的时刻将载入中国证券市场发展的史册，它标志着中国国有商业银行股份制改革的改革领域日趋深入，改革手段日趋成熟。

作为 A 股市场第一权重股，工行开盘后拉动上证指数虚高，其随后走低的态势也对市场形成压力，充分显现出对大盘的影响力。在香港，代号为"1398"的工行股票以 3.60 港元的价格开盘，比发行价 3.07 港元高出 17.3％，仅 3 分钟内便升至 3.63 港元高位。

作为中国最大的商业银行，中国工商银行是首家实现 A 股与 H 股同步发行、同步定价、同步上市的企业，首次公开发行募集资金合计约 191 亿美元，居全球第一。此次工商银行全球共发售 353.9 亿股 H 股，130 亿股 A 股，内地 A 股网上中签率约为 2.03％，香港公开发行超额认购 76 倍，受到海内外投资者的热烈追捧。

"工商银行全面走向国内、国际资本市场，将给资本市场带来新的机遇和活力。"中国工商银行董事长姜建清在香港的上市仪式上说。

中国工商银行在内地拥有领先的市场地位。以总资产、贷款余额及存款余额计，工商银行是中国目前最大的商业银行。截至 2005 年 12 月 31 日，中国工商银行的总资产、贷款余额及存款余额分别为 64 561 亿元人民币、32 896 亿元人民币及 57 369 亿元人民币。一年多来，在大力进行财务重组的同时，工商银行以完善公司治理结构为核心，转变经营模式，全面加强风险掌控能力，建立起适应现代商业银行要求的有效的稽核管理体制。今年上半年，工商银行利润达到 256.42 亿元人民币，核心资本充足率提升到 8.97％，不良贷款率降至 4.10％。

1993 年，中国政府提出"要把中国的专业银行办成真正的商业银行"。2002 年进一步明确提出，条件成熟的国有商业银行可以上市。2003 年底，中国政府动用外汇储备，为国有银行注资，改革迈出实质性的关键一步。去年 10 月、今年 6 月，中国建设银行和中国银行先后成功在香港上市，成为国有商业银行股份制改革进程中新的里程碑。中国工商银行是国务院决定对国有独资商业银行进行股份制改造以来公开上市的第三家试点银行。

充满活力的中国内地股市，一直以来面临着既要留住优质大型企业上市资源、又难以承受大型股市场压力的两难选择。工商银行内地、香港同步上市，既开创了内地企业融资的新模式，也使内地与香港的证券市场与投资者一道分享中国经济改革的成果。

"这是一个多赢的结局。"香港科技大学教授陈家乐说。

根据加入世界贸易组织时的承诺，今年年底前，中国将向外资银行全面开放人民币业务，国有商业银行股份制改造的进展及其在海内外上市为这场中、外资银行间竞争赢得了更多的主动权。

2006 年 10 月 27 日，中国工商银行在上海证券交易所挂牌上市，开盘价 3.40 元

中国最大银行嬗变的背后

——解读工行上市六大热门话题

新华社香港 10 月 27 日电 "A＋H 挂牌上市，对于中国的银行业改革而言，彰显了一种成熟和进步；对于工商银行自身来说，则意味着一种更高层次上的挑战。我们必须直面挑战！"27 日，香港联合交易所，作为掌管 6 万多亿元人民币资产的中国最大银行的董事长，姜建清话中透着坚毅和自信。

在百度搜索一下，"工商银行"的网页达 790 多万页，是点击率最高的热点词汇之一。"大家的关注对我们来说是一种压力，更是一种信心和责任。"姜建清说。

中国最大银行嬗变的背后，蕴涵着哪些故事？来自工行的解读耐人寻味。

每股 3.07 港元的价格是怎么得来的？

（热点：关于国有资产流失的议论在国有商业银行改革的进程中一直没有停息过。工行 H 股的开盘价 3.60 港元，在香港的超额认购达到 76 倍之多，是否说明我们 H 股每股 3.07 港元的价格卖便宜了？这个价格是怎么来的？）

解读：工行 H 股和 A 股发售价格已经确定，H 股每股 3.07 港元，其对应的 A 股每股 3.12 元人民币，这个价格创下了中国国有商业银行最高的发行估值倍数，与全球一流的商业银行如汇丰银行、花旗银行 1.9 倍至 2.0 倍的市净率相比，还有 20％以上的溢价。

工行的发行定价是一个高度市场化的过程，最终的定价水平也是在完全市场化的规则下形成的。定价过程主要分为三个阶段：在基础分析阶段，工行的保荐人和承销商通过调查，对工行的估值作出一个初步的预测。在市场调查阶段，承销商向投资者介绍工行的投资故事及其估值分析，投资者对估值作出初步判断。在这个阶段，投资者普遍认可工行在中国银行业的龙头地位及股份制改革的成果，看好工行的投资故事。管理层同投资者进行一对一路演和最后定价，是海外发行定价过程最后也是最重要的一个阶段。投资者认购的热情异常高涨，使得簿记需求保持了强劲的增长势头，并最终导致工行在最高值定价。

资产质量的改善是"管"出来的，还是"剥"出来的？

（热点：有人认为，工行不良贷款比例的大幅下降和效益指标的突飞猛进是靠剥离得来的，而不是管理"管"出来的。怎样看待这一疑问？）

解读：几个数字将回答这个疑问：所谓剥离，主要指的是发生在 1999 年以前的呆坏贷款的处置。目前，工商银行全行的不良贷款率为 4.1%，其中 1999 年以后新增部分的不良率只有 1.86%，而 1999 年以来的新增贷款占全行贷款总额的比重已达 95.2%，这足以说明，我们用过硬的管理重塑了一个崭新的工商银行。

对历史包袱沉重的工商银行来说，财务重组的确是改革的重中之重，但是，国有商业银行的股份制改造又不能仅仅表现为财务的重组。工行改革两年来，包括法人治理结构、财务结构等在内的多环节，高强度的改革全方位展开，体制、机制、管理和技术等形成了整体创新和良性互动，工行的风险掌控力明显增强。

有一个出色的信贷管理系统，令工商银行引以为傲。目前，总行可以实时监控该行在全国发生的每一笔贷款，在全行范围内，任何一笔贷款如果出现违规，工行的信贷管理系统程序就会立即自动锁定或报警。

除了钱，工行上市还能收获什么？

（热点：工行上市的最大亮点之一，是创造了全球资本市场有史以来最大的一次首次公开发行。但舆论同时认为，工行上市所收获的不应仅仅是千亿元的资金。请问，工行真正应该收获的是什么？）

解读：应该说，中国的银行和中国的资本市场一样，都不缺钱，缺乏的是一个灵敏有效的运行机制。通过股份制改造和公开上市，启动产权制度和公司治理结构的改革，从而加快管理体制和经营机制的根本转变，才是构建一个完善的现代金融企业制度的根本之所在。在一个充满竞争的金融市场中，股价的涨跌成为上市银行经营状况和未来发展的风向标。为了防止股价的下跌和信誉的下降，我们必须时刻改善经营管理，适应市场竞争规则。这种收获是金钱买不到的。

是垄断带来了溢价吗？

（热点：有学者指出，工行上市对市场的巨大影响力和吸引力，并不是因为它的商业化转型已经成功，运作机制已经得到根本性转变，而是依然依靠工行的国家垄断性，以及国家对工行信用的完全担保。怎样看待这一观点？）

解读：我们的团队在世界主要发达国家推销我们的股票，依靠的不是行政垄断的投资故事，而是市场化改革和建立完善的现代公司治理制度的投资故事，结果获得超乎想象的热烈追捧，所有"一对一"会面的投资者均下了订单，下单率达100％。H股发行的国际配售部分获得了40倍的超额认购，簿记需求高达3 432亿美元。这使我们切身体会到中国经济地位的崛起。

根据一家国际著名咨询公司的调查，对于两家财务指标和其他指标完全一致，而只有公司治理水准有差别的公司来说，投资者只愿意对公司治理更好的公司的股票支付溢价。有超过六成的投资者认为对公司治理的考虑可以使其更好地规避投资风险。这些情况充分说明，买家之所以看中工行，是因为它在公司治理结构上表现出了良好成效和巨大潜力；同时也从另一方面说明，企图依靠行政垄断在国际资本市场获得认可或高额溢价是不可能的。

距离真正的市场化还有多远？

（热点：从公司治理的角度看，决策运行机制的变化应是企业经营机制发生变化的前提。有人质疑，在管理层仍然来自行政任命和国家"一股独大"的情况下，工商银行即使实现了上市，但距离真正的市场化其实还很遥远。如何解读这一质疑？）

解读：现在的工商银行是根据中国法律成立的股份公司，每个董事、监事和高管人员的变动，都须依据有关法律法规和公司章程的规定进行。无论是从政府或工行自身的角度出发，我们都能够杜绝政府干预现象的发生，实现市场化经营。

事实上，政府通过行政手段对银行所进行的过度干预早已不复存在。股份公司成立后，中央汇金公司和财政部作为国有股东，通过董事会行使股东权利；高盛等战略投资者的引入进一步加强了公司治理水平并发挥督促作用。每一个股票在手的投资者也将成为工行的股东，并享有股东应有的权利。上市的真正目标是转换经营机制，但是，建立完善的公司治理是一个系统工程，也是一项长期的任务。上市后的工商银行，将会在境内银行业监管部门、境内外证券监管机构、投资者、媒体和公众的共同监督下，建立起真正意义上的现代金融企业制度。

可否引领境外上市公司踏上回归路？

（热点：从建行的海外上市，到中行先海外、后国内上市，再到工商银行的"A＋H"同步上市，中国国有商业银行在改革的设计上似乎在不断推陈出新。工行的改革会产生哪些连锁反应？）

解读：中国的银行业要取得突破，就必须与国际市场接轨，另一方面，中国的银行业是依靠中国的亿万客户来支撑的，他们理应优先分享中国银行业改革发展的成果，这就是我们实施 A＋H 同步上市的初衷。

作为有史以来中国企业中的首次 A 股与 H 股同时上市发行，这是一次引领境外上市优质公司踏上 A 股回归之路的发行，它所展示的是中国银行业的市场化改革手段在日益成熟，检验的是中国资本市场的承受能力和运作效率。工行 A 股发行后，在从市场募资 400 亿元人民币资金的同时，也为 A 股市场贡献了 7 000 多亿元人民币的市值，流通市值在 A 股金融股的占比将超过汇丰在香港市场金融股的占比，意味着中国资本市场拥有了自己的"汇丰"。

可以预见的是，在工行的示范效应下，境外上市的优质企业将会陆续登陆 A 股市场，中国资本市场从市场规模、上市公司结构以及赢利能力等方面将逐步与国际市场接轨，回归资本市场理应具有的配置和优化资源的功能。作为探路者，我们没有现成经验可循。但国家的支持，有关方面的协助，加上自身的努力，使我们成功解决了境内外信息披露一致、境内外发行时间表衔接、两地监管的协调和沟通、境内外信息对等披露等诸多难题，应该说，这些探索本身就是一笔难得的财富，标志着中国金融市场的改革又向前迈出一大步，剩下的事情主要是如何来巩固及发展这些成果。

🎤 董少鹏点评

香港联交所工行股票上市交易现场

工商银行成功上市，无论在当时看，还是站在今天时空坐标来看，都是标志性的重大事件。由于工行体量庞大，其能否转制上市，标志着中国国有控股银行的市场化改革是否成功。

目前来看，四大国有控股银行的国有股权比重还可以适当降低一些，让非国有股权的比重提升一些。还可以拆分特定板块的资产，单独上市。当然，这些思路更多的是理论或专业层面上的探讨，丝毫不会有损国有商业银行大步迈向市场化的时代价值。

深刻的变革　创新的成果

——从工行上市看中国国有商业银行改革历程

新华社香港 10 月 27 日电 27 日上午 9 时 30 分，中国最大的国有商业银行——中国工商银行在上海证券交易所挂牌上市；仅半个小时后，香港联合交易所的大屏幕上就打出了"1398 工商银行"的新上市公司代码，交易大厅再一次掌声雷动。虽然这是国务院决定对国有独资商业银行实施股份制改造以来上市的第三家大型国有商业银行，但工商银行的上市依然引起海内外的瞩目。

中国最大银行实现"A＋H"同步上市，显示了中国银行业的市场化改革手段日益走向成熟，将在中国金融业改革开放和资本市场健康发展的历程中写下浓重的一笔。

新的形势，要求把中国的银行业打造成具有国际竞争力的现代银行业

以中国工商银行为龙头的四家国有商业银行构成了我国银行业的主体，在我国经济和社会发展中具有举足轻重的地位。由于多种原因，在相当长时期内，这些银行不同程度地存在资产质量差、风险管理薄弱、核心竞争力不强等问题，难以适应国内外经济环境的变化。把国有商业银行逐步改造为具有国际竞争力的现代化股份制商业银行，是党中央和国务院作出的重大决策，也是一项全新的改革实践。

进入 21 世纪的头年，国务院成立了由中国人民银行牵头的专题研究小组，论证国有独资商业银行改革问题。2002年，中央明确，具备条件的国有独资商业银行可改组为国有控股的股份制商业银行，条件成熟的可以上市。党的十六届三中全会提出，选择有条件的国有商业银行实行股份制改造，

创造条件上市。

2003 年底，国务院决定中国银行和中国建设银行实施股份制改造试点，并动用 450 亿美元国家外汇储备等为其补充资本金。以股份制为目标，通过财务重组、改造公司治理结构、资本市场上市，对国有商业银行的运行机制、股权结构进行彻底改造，实现绩效最大化，成为中国银行业新一轮改革的主旋律。

2004 年 3 月，温家宝总理主持召开国务院常务会议，提出用三年左右的时间将试点银行改造成为具有国际竞争力的现代股份制商业银行。同年 12 月 29 日召开的国务院常务会议，再次要求加快建成资本充足、内控严密、运营安全、服务和效益良好的现代商业银行。

2005 年以来，中国建设银行和中国银行在完成股份制改造的计划后，相继实现挂牌上市。目前，符合现代金融企业制度要求的运行体制已经在两家银行初步构建，并得到成功运行。事实证明，党中央、国务院的决策是正确的、有效的。

对中国最大的银行实施股份制改造，显示了政府搞好银行业的坚强决心

作为中国资产规模、贷款规模和存款规模最大的商业银行，中国工商银行有各类客户超过 1.5 亿户，员工 36 万，在中国拥有绝对领先的市场地位，对于其改革的每一步进程，也必须慎之又慎。在认真研究两家试点银行改革经验，并经过充分酝酿和一系列精心准备后，中国工商银行的股份制改革全面启动。

2005 年 4 月 22 日，国务院经研究批准了中国工商银行实施股份制改造的方案，这是中国加快金融改革，促进金融业健康发展的又一重大决策。

国务院要求，工商银行要全面推进各项改革，以建立现

代产权制度和现代公司治理结构为核心，转换经营机制，建立现代金融企业制度，成为一个资本充足、内控严密、运营安全、服务与效益良好、主要经营管理指标达到国际水准、具有较强国际竞争力的现代化大型商业银行。为此，工商银行要按照国家支持与自身努力相结合，改革与管理、发展并重的原则，稳步推进整体改制工作。通过运用外汇储备150亿美元补充资本金，使核心资本充足率达到6%，通过发行次级债补充附属资本，使资本充足率超过8%。要实行更加严格的外部监管和考核，确保国家资本金的安全并获得合理回报。要建立规范的公司治理结构，加快内部改革，全面加强风险控制。

国务院还首次明确提出，在处置不良资产时，要严肃追究银行内部有关人员的责任，严厉打击逃废银行债务的不法行为。

2005年10月28日，根据国务院的决定，经中国银监会批准，中国工商银行股份有限公司正式成立，全行的全部业务、资产、负债和机构网点、员工，全部纳入股份制改造的范围，整体重组后进入中国工商银行股份有限公司。中国工商银行的各项改革全面展开，并向纵深领域挺进。

国有商业银行改革取得初步成功

对国有商业银行进行改革，其目标就是要使国有商业银行能最大限度地提高资本运营效率，最大限度地提高社会资源的配置效率，最大限度地保证国有资本的安全和增值，力求减少商业银行经营过程中的风险形成机会，减少对社会的负面效应。

在党中央、国务院的正确领导下，三家试点银行按照国际标准不断改善公司治理结构，切实转换经营机制，着力加强内控机制和风险管理制度建设，不断提高服务水平和效益。

通过改革，试点银行主要财务指标已接近国际较好银行水平，正努力向"资本充足、内控严密、运营安全、服务与效益良好"的现代股份制商业银行迈进。

一是初步建立了相对规范的公司治理结构。三家银行的股东大会、董事会、监事会和高级管理层之间逐步形成了各司其职、有效制衡、协调运作的机制。目前，正在努力按照国际公众持股银行标准和境内外监管规则的要求，推动董事会构成高度专业化和国际化。

二是通过改革，内控机制建设逐步得到加强。三家银行初步形成了相对独立的内控体系和完善的风险防范体制。针对基层分支行管理薄弱、发案较多的情况，2005 年以来，试点银行不断加强内部控制，建立健全了问责制，严肃查处违规经营，严格责任追究制度。

三是与战略投资者的业务和技术合作计划积极落实。三家银行在引进战略投资者时，以改善公司治理结构和提升经营管理水平为出发点，重在引进先进的管理经验和技术手段，在风险管理、公司治理与内部控制、财务管理、资产负债管理、人力资源管理等方面进行合作。

截至 2006 年 6 月底，三家银行的资本充足率、资产质量和赢利能力等财务指标均较改制前显著改进，财务状况呈现较强的可持续性。今年上半年，三家银行的税前利润分别是 340.13 亿元、328.14 亿元和 385.85 亿元，均达到历史同期最好水平。

改革，还面临更多挑战

对于中国银行业改革取得的成效，国内外的反应普遍是积极、正面的。通过改革，国有银行的治理机制明显改观，一些长期存在的深层次问题初步得到了解决。

"但必须清醒地认识到，国有控股商业银行改革中的治理机制问题还存在一些挑战，有些问题如果把握不好，就会断送改革的成果。"中国人民银行副行长吴晓灵说："对今后一段时期国有控股商业银行深化改革可能遇到的问题和困难要有充分的估计，对改革的长期性、复杂性和艰巨性要有更清醒的认识。"

当前，从银行内部看，国有控股商业银行的股份制改造尚处于初级阶段，公司治理结构、经营机制和增长方式、风险防范机制与国际先进银行相比还有很大差距。从现代商业银行的标准看，经营机制和增长方式还需进一步转变，内部控制和风险管理尚需进一步加强，人员素质有待进一步提高，有效的激励和约束机制还应进一步健全。

从银行外部环境看，一方面，我国加入世界贸易组织后过渡期即将结束，金融业将进一步对外开放，国有控股商业银行将面临更加严峻的市场竞争；另一方面，我国正处在完善社会主义市场经济体制的重要阶段，国民经济和产业结构在不断调整，国有企业也在转轨和改制之中，与市场经济相适应的金融法制建设尚待完善，社会诚信体系建设刚刚起步。这些因素处理不好，都会影响到国有控股商业银行未来的改革和发展。

再过一个半月，中国的银行业就要对外资全面开放。对中国的银行业来说，面临的考验还有很多。

工行上市将怎样影响中国股市？

新华社香港 10 月 26 日电 在完成了风风火火的"世纪招股"后，真正意义上的"超级航母"中国工商银行将于 27 日在上海、香港两地同时上市。很多人关心的是，工行的上市将怎样影响中国股市？

对抑制炒家过度投机有正面意义

工行上市后，将成为中国股市最大的权重股。业内人士测算，它每涨跌 1 分钱，将影响到上证指数至少 1 个点以上的起伏。对于炒作者而言，这样的"庞然大物"一般资金很难操控，对于减少市场的过度投机具有正面意义。

前不久，中国银行、大秦铁路、中国国航等大盘股相继在内地上市，随着工行的加盟，平安保险、中国移动、中国铝业等许多在香港上市的内地大型企业也将陆续启动 A 股发行计划。有学者预测，内地股市由此进入真正的大盘蓝筹时代，并引领中国股市健康发展。

作为最大规模的国有商业银行，工行将与中行，以及有意回归的交行、建行，加上现已上市的股份制商业银行一起构成中国的银行业板块，占有国内 60％以上的市场份额，该板块的经营绩效将直接反映中国商业银行业经营绩效和赢利水平。

强化市场价值型投资的理念

工行等大型国有商业银行以其稳健的经营、稳定而有增长的回报著称，对于投资者来说是典型的低风险、有稳定收益的价值型投资品种，它们的入市增强了上市公司的行业代表性，增加了价值型股票的供应量。就中国经济的中长期发展走势以及国家积极提高国有商业银行运营管理水平而言，它们的入市有利于股市的长期稳步健康发展。

大型国有商业银行的上市标志着有别于招商银行等股份制商业银行的国有银行板块也应运而生，国有银行板块以其稳健性和成长性回报构成了整个银行板块的估值基础。在金融市场全面开放后，国有上市银行将无可替代地起到稳定国家金融市场的作用，国家将对国有商业银行给予更多的支持。

工行上市将强化市场价值型投资的理念。工行等价值型股票在公司治理、信息透明等方面做得较好，提高了市场价值估值的有效性，有利于提高对市场资金特别是机构投资资金的吸引力。该类股票供应量的增加有利于市场"良币驱逐劣币"，从而引导市场由价格投机型向价值投资型的转化。

市场将呈现结构性牛市特征

随着工行等越来越多的大盘股上市，市场将会呈现出指数型结构性牛市特征。本次工行 A＋H 超额发行获得成功，从某种角度预示着由大蓝筹带动指数的"大而稳"时代的到来，对结构性牛市具有标志性意义。

19 日工行 A＋H 超额发行获得成功后，国内市场随即出现震荡上扬走势。"我们认为，工行上市将掀开结构性牛市的序幕。"上海证券研发中心分析师彭蕴亮说。

全球知名的投资银行——瑞士信贷第一波士顿亚洲区首席经济学家陶冬认为，工行发行新股上市是中国资本市场具有划时代意义的大事。瑞信中国研究主管陈昌华在接受新华社记者采访时表示，国企在中国上市公司中占据主导地位，未来几年，银行业将成为利润增加的最大来源。工行等大型国有商业银行的投资风险低于其他类型的上市公司，它们在国内股市的登陆，无疑将为广大投资者带来机遇。

2006年10月16日，香港市民在一家银行领取中国工商银行招股说明书和认购表

➔ 中行上市

2006 年 7 月 5 日，中国银行 A 股在上海证券交易所挂牌上市，成为首家在 A 股市场挂牌上市的大型国有商业银行

2006 年 7 月 5 日

怎样看待中行登陆国内股市？

新华社上海 7 月 5 日电 中国银行在完成了海外上市后，5 日在上海高调登陆国内股市。由于其发行股份数量、总资产和净资产都刷新了 A 股市场此前保持的最高纪录，中国银行的国内上市行为受到了投资者的高度关注。

作为首批完成股份制改造的中国国有商业银行，中国银行在公司治理、资产质量和经营业绩上取得了长足进步，而且，在中国经济持续高速增长的背景下，中国银行的未来显然值得期待。因此，中行 6 月 1 日在香港挂牌上市时，其发行价格虽然相当于中行 2006 年预测市净率的 2.18 倍及市盈率的 22.35 倍，却依然受到全球投资者的热烈追捧，香港公开发售和国际配售分别达到 76 倍和 20 倍的超额认购。一个月来，中国银行股价升势明显。

应该说，一家能够赢得国际财团和其他投资者青睐的中国金融企业，是没有理由不受到国内投资者欢迎的。首个交易日中国银行以 3.99 元开盘，比 3.08 元的发行价上涨了 29.55%，最后以 3.79 元报收，涨幅为 23%，并带动股指上扬。可以说，这一走势反映出国内投资者对中国银行"质地"的认可。可是，中国资本市场的现实状况，又让一些人从不同的角度对中行的登陆提出了担心。有人说，国内证券市场的容量太小，装不下中国银行这样的大公司。还有人说，一有大盘股上市，国内股市就必然下跌。更有市场分析人士直接把前一段股指下跌归咎到中行登陆 A 股的计划上。

必须认识到，目前的中国股市，无论规模上，还是质量上，都还远远不能满足蓬勃发展的中国经济的需要。纵观全世界的股市，没有一个拒绝好企业上市的。在国内停止新股发行的一年间，国内股市也跌了一年；而同期香港新上市几千亿元，连创历史新高，股市却一路走好。坦率地说，我们的市场不是缺钱，而是缺少真正具有吸引力的企业。存在银行的十几万亿元存款在时刻等待着投资机会的到来。

一个无法回避的事实是，近年来，一些真正能够反映中国经济成长的大公司、大企业纷纷寻求境外上市，这些企业集中在银行、电信、能源、保险等"经济命脉"领域，多为质地优良、赢利能力强、业绩稳定的大型企业或超大型"航母"。在香港股市，排在上市公司前 10 位的公司，有一半来自内地。有人作出预测，未来 10 年间，还将有上千家中国企业谋求海外上市。这些公司的巨大利润主要依靠国内消费者来实现，而可观的回报却留给了国外的投资者。对于中国这样一个蓬勃发展的、对于股市融资有着巨大需求的新兴市场来说，这不能被认为是一种完全正常的现象。

一个成熟的市场，需要理性的投资行为。根据公开披露的数字，海外上市的中石油 2004 年实现净利润 1 029 亿元，这一数字比沪深两市上市公司（包括 A、B 股）上一年利润总和的一半还要多。根据测算，中国银行 A 股股本的总市值达 5 300 多亿元，其成功登陆，势必成为左右大盘的"超级力量"。如何形成优质企业海外上市与内地资本市场规范发展良性互动，如何处理好内地消费者、利益相关者和国际投资者等不同利益群体间的关系，不仅考验着证券市场的业内人士，也考验着相关政府机构的能力和智慧。

目前，我国股市的市值只相当于美国股市市值的 3%，要使中国的股市真正成为国际性的具有投资价值的市场，要提升中国资本市场的国际话语权，就迫切需要注入源头活水来扩大规模和改善结构，推动更多包括资源型、垄断性企业在内的大型企业在国内上市。

值得注意的是，国资委和中央汇金公司负责人最近分别表示，国家支持已经在境外上市的 H 股公司重回内地再上市。只要市场许可，国有银行可随时在境内资本市场上市。除了中行以外，中国工商银行等一些"重量级"企业正相继开始为国内上市进行着积极准备。从这个意义上看，中国银行超级蓝筹股登陆国内股市，不仅为国内投资者分享中国经济金融改革成果提供了机会，也理应成为催生中国股市改革发展的新生力量。

→ 农行上市

2010 年 7 月 15 日，中国农业银行登陆 A 股

2006 年 12 月 26 日

农业银行，"最后堡垒"的改革冲刺

新华社北京 12 月 26 日电　作为中国大型国有商业银行改革的"最后堡垒"，中国农业银行正在加快推进股份制改革的相关工作，为尽早实现公开发行上市进行着各项准备。

中国人民银行行长周小川 26 日受国务院委托在向全国人大常委会报告中国深化金融体制改革有关工作情况时透露了这一情况。

按照设计，改制后的农业银行要建立健全公司治理结构，着力推进内部改革，切实转换经营机制，进一步强化为"三农"服务的市场定位，不断提升服务水准和效益。

目前，中国农业银行的改革正在结合社会主义新农村建设和农村金融体制改革总体规划加紧论证。

据了解，有关方面在对农业银行进行全面外部审计、清产核资的基础上，将稳步推进不良资产处置、国家注资等财务重组和设立股份公司的工作。

国有商业银行是中国银行业的主体，多年来在推动中国的改革和发展中发挥了巨大作用、作出了重要贡献，但自身也积累了严重风险，突出表现在经营效率低下，治理结构不科学。在这一领域推进和深化改革，建立现代金融企业制度，是一项关注度高、敏感复杂、难度很大的工程。

为稳步推进改革，我国确定了包括国家注资、处置不良资产、设立股份公司、引进战略投资者、择机上市等改革步骤在内的总体方案。但在具体实施时，结合各家银行的实际情况，按"一行一策"的原则制订具体的实施方案。

2003 年 9 月，国务院首批选择中国银行和中国建设银行进行股份制改革试点。2005 年 10 月，建设银行在香港成功上市，中国银行分别于 2006 年 6 月和 7 月在香港 H 股市场和境内 A 股市场成功上市。2005 年 4 月，国家向工商银行注资 150 亿美元，正式启动了对这家规模最大银行的改革计划。同年 10 月，工商银行整体改制为股份有限公司，一年以后的 2006 年 10 月 27 日以 A＋H 股的方式在内地和香港同时成功上市，创造了国际资本市场最大的 IPO 记录，成为 2006 年国际金融领域最为热门的事件之一。

通过改革，这些银行初步建立了相对规范的公司治理架构，内部管理和风险控制能力不断增强，财务状况明显好转。随着公开发行上市成功，市场约束机制显著增强，经营管理能力和市场竞争力稳步提高。

但是，国有商业银行股份制改革目前取得的成效仍是初步的和阶段性的。与国际先进银行相比，中国国有商业银行的经营环境、经营管理水平和整体竞争力还有相当大的差距。北京师范大学教授钟伟说，作为刚刚完成股改上市的中资商业银行，随着中国加入世界贸易组织后过渡期基本结束，金融业进一步对外开放，国有商业银行将面临更加严峻的市场竞争，要想成为世界一流的商业银行，还面临着重大挑战。

由于多种原因，在中国的商业银行中，中国农业银行人员多、分布广、资产规模巨大。目前，全行有员工近 48 万人，截至 2005 年底，全行资产规模 47 710 亿元，政策性贷款余额 4 140 亿元，其中不良贷款 3 490 亿元。中国农业银行是唯一一家尚未改制上市的大型国有商业银行。

记者从中国农业银行了解到，农业银行已经启动了全行的人力资源综合改革计划。农业银行行长杨明生说，改革将按照现代商业银行经营管理的要求，紧紧围绕农业银行改革发展的战略目标，坚持"整体设计、有效对接、分步实施"的原则积极稳妥推进。

今年以来，农业银行积极转变经营机制，加强内部管理，努力从多个方面为农行改革进行前期准备，使业务经营呈现持续向好态势，利润指标再创新高。1 至 9 月份，全行财务运行总体良好，实现经营利润 425.72 亿元，同比增盈 110.02亿元，增幅 34.85％。

大银行为何纷纷上市？

新华社北京 10 月 25 日电 中国最大的国有商业银行——中国工商银行在成功完成股份制改造后，将于 27 日上午 9 时 30 分和 10 时整分别在上海和香港两地的证券交易所挂牌上市。这是继交通银行、中国建设银行、中国银行和招商银行等之后，又一家即将实现发行上市的中国大银行。那么，中国的大银行为什么要纷纷选择上市呢？

实践表明，没有现代企业制度，不建立良好的公司治理结构，中国的银行业就不会有出路。正是基于这一考虑，中国政府下决心对国有商业银行实施一系列大胆的股份制改革计划。代表政府履行对国有重点金融企业出资人职责的中央汇金公司分别向中国银行、建设银行和工商银行注入新的资本金达 1 050 亿美元，这一举措所彰显的力度和决心是空前的。

"国有银行挂牌上市，可以实现股权多元化，市场、媒体监督加上成千上万股东的监督，可以催生公开、透明、正常的激励约束机制。"建设银行行长郭树清说。

由于工商银行是中国银行业的"龙头老大"，它的上市对中国银行业改革开放和资本市场健康发展的影响将是深远的。"中国银行业下个月将对外资银行全面开放。上市是迎接来自海外同行竞争的需要，是提高国有商业银行运营管理水平与市场竞争力，维护金融市场的稳定与安全的需要。"工商银行副行长李晓鹏说。

汇金公司总经理谢平认为，无论从改善公司治理结构的角度，还是从国有资产保值增值的角度看，国有商业银行的上市都大有益处。首先，上市有利于明确界定产权，因为所有投资者要清楚地知道这些国有银行的资产和产权状况。其次，上市还有利于国有商业银行股东的多元化。

以建设银行为例，它拥有 20 多万个股东，这么多股东投资到银行中来，对解决国有银行的预算软约束起到很大作用。另外，上市还有利于改善长期困扰金融业的内部人控制问题。

"国有银行究竟干得好不好，长期以来就是一个很难回答的问题。上市以后，国有银行之间谁干得怎么样，市场会给出及时、公开、透明的评价，因为股票价格和各种指标一目了然。"一位金融监管部门的人士说："银行上市后，既要接受银监会的监管，还要面对证券部门的监管，有利于建立科学公平的市场评价体系。"

从长远而言，大银行的上市对促进中国股市的发展还将产生积极影响。工行上市后，将成为中国股市最大的权重股，它每涨跌一分钱，将影响到股指运行一个点以上。

对于炒作者而言，这些"庞然大物"一般资金很难操控，对于减少市场的过度投机具有正面意义。工行等大型银行的上市还增加了价值型股票的供应量，整个银行业板块的经营绩效将直接反映出中国商业银行业的赢利水平。

当然，上市并非中国银行业改革的唯一出路，上市后也搞不好甚至垮台的企业屡见不鲜。从这个意义上看，上市只能算是中国银行业改革发展的新契机、新起点，只能算是万里长征的第一步。

🎙 董少鹏点评

今天看来，四大国有控股银行在 2006 年前后陆续上市，是抓住当时经济增长和资本市场上升的"时间窗口"，夺得了战略上的赢局。如果推迟上市时间，效果就很可能打折。一项改革举措是否成功，要同时从战略层面和战术层面进行综合评估。

🎤 周鸿铎点评

　　较高的不良贷款比例和较低的市场竞争能力是我国国有商业银行曾普遍面临的问题。在金融制度、证券市场都需要进一步完善的年代，中国四大国有银行选择海外上市是一条捷径，一条借助国际上相对成熟的管理制度规范我国银行管理体系、有效提升我国银行业绩和市场竞争力的捷径。谢登科的报道生动还原了这一路径。

　　但是，迈出这步实属不易，尤其是在政府投入了数万亿元，通过剥离、注资等方式"强身壮体、梳妆打扮"之后，把自家的命脉性银行卖给海外投资者，很多人心存疑惑甚至产生误解，更有人强烈指责。

　　十多年过去了，再看中国银行业走向市场、走向世界的发展变化，我们方才领会到谢登科当初为何如此耐心细致地娓娓道来，为何如此深入浅出地解疑释惑，其实，中国银行业"借力发力、借船出海"的过程已经解答了所有问题。

银行业博览会一瞥

第五章　金融业改革攻坚克难

金融，既是现代经济的核心，也是与每个老百姓休戚与共的"生活必需品"。

直击一场场监管风暴，把脉一个个行业热点，呼吁"去行政化"市场改革，见证竞争力稳步提升，谢登科用系列述评文章着力展示的中国金融业改革进程扣人心弦，耐人寻味，至今仍具启示和借鉴意义。

历史车轮滚滚向前，金融改革仍在路上。我们的民众需要这样权威有力的声音来助读改革的内涵和深意。

2009 年，作者在福建省龙岩市一家农村信用社采访

2005 年 5 月 5 日

把握机遇　直面挑战
——中国银行业改革警示

　　新华社北京 5 月 5 日电　年初以来，国内多家银行机构陆续揭出大案要案，建设银行董事长张恩照则因"个人原因"辞职，引起舆论的关注和揣测。联系到去年查处的中国银行原副董事长刘金宝涉嫌贪污受贿案，引发了各界对中国银行业风险控制安全性和改革成效的信任危机。

　　在全面推进改革的关键时期，中国的银行业正面临难得的机遇和严峻的挑战。

"形似"到"神似"还有漫长之路

　　一年多来，我国银行业改革取得积极进展，中、建两家试点银行在分别获得国家 225 亿美元的外汇注资后，经济效益和资产质量持续好转。今年一季度，中、建两行分别实现赢利 191 亿元和 173 亿元；截至 3 月末，两行不良率分别为 4.67％和 3.47％。同时，与现代企业制度相适应的公司治理机制初步形成，两家银行的股份制改革已初步实现"形似"。

　　"但是，从'形似'到'神似'还将有一个漫长过程，特别是最近连续发生在试点银行的案件，更说明了'神似'的重要性和艰巨性。"银监会主席刘明康认为。

　　"银行业频频发生的案件多呈现下列特征：发生在操作风险领域，内外勾结案件凸现，大部分集中在基层。这是旧体制弊端、当前社会矛盾、社会信用环境以及传统银行文化等多种因素相互交织与作用的结果，也是商业银行自身管理体制不完善、基本制度执行不力、内控制度不落实和对基层机构特别是对机构负责人管控不到位造成的。"刘明康说。

　　专家指出，一段时期以来大要案频发，不仅反映出国有商业银行内控和风险管理方面的缺陷，也反映出外部监管、公司治理方面存在的问题。与上市后可能导致更大的风险相比，此时"亡羊补牢，为时未晚"。

劲吹监管风暴

人们注意到，大要案的曝光，引发了一系列连锁反应：银监会在迅速出台了关于防范操作风险的 13 条要求后，连续多次召开监管会议，全面部署国有商业银行监管、对股份制商业银行开展贷款分类真实性专项检查和继续推进城市商业银行信息披露等一系列动作。

这些举动向外界人士传递出信号：监管部门开始亮出"杀手锏"。

银监会明确表示，将进一步核实股份制商业银行信贷资产质量状况，掌握各行贷款五级分类真实性与核销贷款管理情况，并决定对交通银行、招商银行等 10 家股份制商业银行的 65 家分支行贷款五级分类真实性与核销贷款管理状况进行现场检查。

在推进城市商业银行信息披露工作的消息中，银监会决定，进一步扩大城市商业银行信息披露试点行范围，在原 32 家试点行的基础上，今年再增加 38 家城市商业银行作为信息披露试点行，重点提高城市商业银行对信息披露的认识；督促城市商业银行充分利用各种载体和科技手段扩大受众范围，提高信息披露的广泛性和全面性，增强市场约束。

目前，强劲的监管风暴正在吹遍中国银行业的角角落落。中行成立了内部控制专家小组，改进问责制；建行在强化内控机制、防范案件方面启动了三项改革举措；工行、农行也分别展开了"拉网式"大检查。

咬定改革不放松

刘明康近日指出，随着我国社会结构日趋多元化，商业银行面临的社会情况越来越复杂，风险点日益增多，暴露了管理上存在的制度执行不力、操作不规范等问题。但也要看到，这些案件是发生在少数银行基层机构的个别人员违法违规行为，不能以此推断整个银行业都出了问题，更不能因此动摇推进银行业改革开放的信心。

2004年，我国国有商业银行的改革迈出了重要的实质性步伐。今年以来，在补充资本金、资产剥离、发行债券补充附属资本、健全公司内部治理机制等取得显著成效的基础上，中国银行和中国建设银行的股份制改造进一步加快。

根据计划，中行、建行的股份制改革试点将分"三步走"，即财务重组、公司治理改革、资本市场上市。目前，改革正处于完善公司治理机制、积极准备上市的攻坚阶段。上市后，两家银行会面临着资本市场的约束，公司治理也将更为完善。

中国人民银行负责人日前表示，虽然中国发生了一些金融案件，但对国有商业银行改革的总体进程不会有太大影响。中行和建行上市已不会太远。经国务院批准，中国工商银行的股份制改造试点工作已于近日全面展开。中国农业银行也正在积极为股份制改革创造内部条件。

专家指出，国有商业银行建立现代企业制度进程的不断加快，将使我国银行业的微观机制得到进一步改善，一个有利于商业银行持续、稳健经营的微观体制将逐步得到完善。

中国人民银行总部

在扩大开放中提高国际竞争力

——透视中国金融业开放之路

新华社北京 1 月 28 日电 "按照部署,中国将继续在对外开放的过程中解决金融业自身存在的问题,努力通过对外开放提高金融业的国际竞争力。"中国银监会有关负责人近日表示。

金融领域对外开放的不断扩大,不仅为中国吸引了资金,更重要的是引进了国外先进的金融管理经验和技术,这是近年来中国金融业改革发展的一条基本经验。

公平、透明的市场环境正加速形成

近日举行的全国金融工作会议提出,将积极稳妥推进金融业对外开放,促进中外资金融企业公平竞争。随后召开的中共中央政治局会议把进一步推进金融业对外开放作为今后时期金融工作的主要任务之一,强调学习借鉴国外先进金融管理经验和技术,增强在扩大开放条件下中国金融业的发展能力和竞争能力。

作为现代经济的核心和命脉型行业,金融业一直是各个国家重点保护的敏感领域。按照加入世界贸易组织的承诺,中国近年来放宽了金融业对外开放的地域和业务范围,到中国设立机构、开展业务和投资参股的外资金融机构不断增加。

到去年 9 月底,已经有来自 22 个国家和地区的 73 家外资银行在华设立了 283 家营业性机构,有 27 家境外战略投资者参股了 20 家中资银行,13 个国家和地区的 30 家金融机构在中国设立了 30 家合资证券公司和基金公司,另有 15 个国家和地区的 44 家外资保险公司在中国设立了 115 个营业机构。

来自中国银监会的信息显示，去年 12 月 11 日中国取消了外资银行经营人民币业务的客户和地域限制后，竞争更加激烈，外国银行情绪高涨，纷纷提出在中国建立分行的申请。

法国兴业银行北京总部一位负责人说，随着越来越多的外资金融机构进入中国，一个有助于推动中外资金融机构公平、透明竞争的市场环境正在中国加速形成。目前，这家银行正着手扩大其在华的业务范围和经营规模。

同国外先进金融企业之间差距明显

在改革开放的过程中，中国的金融业迅速发展壮大，总体实力和抗风险能力显著增强。

"但必须看到，目前中国的金融体系还不健全，金融结构尚不合理。"中共中央党校教授赵杰说。他认为，银行、证券、保险业发展不协调，直接融资比重较低，保险覆盖面窄等问题还影响着中国金融业竞争力的进一步提高。

另外，中国金融业发展的模式粗放，金融业运行的质量不高，现代金融企业制度还没有完全建立，同国外先进的金融企业差距明显。这主要表现在：公司治理不完善，内部控制和风险管理机制不健全，经营机制转变滞后，重要岗位和基层管理薄弱，科学的激励机制、约束机制和人力资源管理机制尚未建立。

中国建设银行董事长郭树清说："我们的切身感受是，在资本实力、经营管理、技术和人员素质方面有明显优势的外资金融企业进入中国，有利于中国金融业引进和吸收这些先进的金融管理经验、技术和人才，解决中国金融行业自身的问题，加快金融创新步伐，提高中国金融体系运行的效率和竞争能力。"

作为第一家进入中国四大国有商业银行的境外战略投资者，美国银行入股中国建设银行之后，双方的一系列战略合作迅速启动。一年多来，围绕中国建设银行的发展战略，双方在公司治理、风险管理、零售业务、公司业务、资金交易、人力资源管理和信息技术等诸多方面，通过设立项目、分享经验和组织培训的形式，开展了广泛的协助与合作。美国银行还向建设银行派遣 50 名人员在以上领域提供咨询服务。

着力提高对外开放的质量和水平

"在和战略投资者密切合作的过程中，他们带来的新观念、新视界、新方法，不仅给我们的工作许多新的启示，而且为建行大力推进的管理改进和业务创新增添了新的内涵。"郭树清说。

目前，已经步入全面开放时代的中资银行正在越来越多地通过引入战略投资者、聘请国际化人才等方式加强技术引进和学习，提高自身竞争力。中国国际金融有限公司分析师范艳瑾说，引进外资金融机构的目的是要提高本土金融机构的竞争力，促进中国金融业自身的健康发展，中国金融业的发展将继续证明，对外开放是达到这一目的的正确、有效之路。

根据全国金融工作会议透出的信息，下一步中国将从现实国情出发，借鉴国外经验，在履行加入世贸组织承诺的基础上，逐步给予外资金融企业国民待遇，完善审慎监管，促进中外资金融企业公平竞争。同时，稳步推进资本市场对外开放，拓宽境外机构在境内进行债券融资的渠道，支持有条件的国内金融企业走出去，拓宽对外投资的渠道。

渣打银行中国区资深经济学家王志浩说，中国明确提出的一系列金融业对外开放的举措，彰显出中国将从着力提高对外开放的质量和水平切入，进一步提高金融业的国际竞争力。从渣打银行在新兴市场的经验来看，一个有开放信心的金融市场，不仅有利于实现经济增长，还有利于保障经济安全。

2002 年 3 月 21 日，美国花旗银行上海分行正式对外营业。这是国内首家获准经营国内居民和企业外汇业务的独资外资银行

国民经济又好又快发展的重要支撑
——我国银行业改革创新综述

新华社北京 3 月 4 日电　面对银行业全面开放、全面竞争的新时代，深入推进银行业改革、创新和发展，确保我国银行业稳健、高效运行，支持和促进国民经济又好又快发展，是摆在我们面前的前所未有的机遇和挑战。近年来，我国银行业改革创新取得显著成绩，整个银行业发生了历史性变化，在经济社会发展中发挥重要的支撑和促进作用，有力地支持了国民经济又好又快发展。

银行业改革的突破性进展

国有商业银行改革取得突破性进展，成为近年来我国银行业的一大标志性变化。

银监会坚持以公司治理作为国有商业银行改革的核心，促进国有商业银行深化与战略投资者之间的实质性合作，使国有商业银行改革向纵深推进。继建行、交行于 2005 年成功实现境外上市后，工行、中行先后在境内外成功上市，在严格的境内外市场监督和市场约束机制下，初步建立了相对规范的公司治理结构，资本充足率迅速提高，资产质量和赢利能力明显改善，风险控制能力增强。

目前，上述四家上市银行资本充足水平已大大超出 8％的资本充足率监管要求，不良贷款率也降至 5％以下。去年前九个月，建行、中行、工行的税前利润分别为 660 亿元、633 亿元和 534 亿元，达到了历史同期最好水平。

同时，国家注资获得明显收益，实现了国有资本的保值增值。中国银监会最新统计，从 1996 年光大银行引进第一家境外投资者至今，全国共有 21 家中资商业银行先后引进了 29

家境外投资者，引进外资 190.2 亿美元。目前，中资商业银行与境外投资者已经由早期单纯的股权合作，发展到业务和技术层面上的多种合作，实现了由"引资"向"引智"和"引技"的转变。中资商业银行通过学习和借鉴国际优秀银行的先进服务理念、管理经验及产品开发与维护技术，对提升核心竞争能力起到了积极作用。

全面构建银行业支农长效机制

全面构建银行业支农长效机制，更好支持社会主义新农村建设，是近年来我国农村金融体系建设的重中之重。特别是 2006 年以来，中国银监会采取一系列措施，以促进新农村建设为目标推进农村金融体系整体改革，在改造现有金融机构，鼓励培育新的金融机构，完善金融服务体系等方面取得突破性进展，金融支农制度基础进一步夯实。

作为农村金融主力军，农村信用社改革取得阶段性成果，产权制度和内部机制改革稳步推进，历史包袱初步化解，资产质量有效改善。截至去年 11 月底，农信社农业贷款余额占其各项贷款比例由 2002 年底的 40％提高到 47％，支持"三农"的信贷数量明显增加。从 2004 年开始，农信社开始扭亏为盈，去年前 11 个月实现利润 299 亿元。

与此同时，为彻底改变邮政储蓄机构"只存不贷"成为农村资金"抽水机"的现状，增加邮储机构支农服务功能，提高农村金融服务竞争度，有效改善农村金融服务的整体水平，邮政储蓄银行于 2006 年宣告成立，成为农村金融体系建设的又一重点。

积极研究和推动农业银行、农业发展银行改革，注重发挥商业性和政策性金融支农作用。"银监会在推进中国农业银行改革和农业发展银行的改革过程中一直慎之又慎，要确保两机构支农服务方向不变的同时，支农深度和广度逐步提高。"银监会有关负责人说。为从根本上解决农村地区银行业金融机构网点覆盖率低、金融供给不足、竞争不充分等问题，银监会适度放开农村金融机构的市场准入标准，鼓励各类资本到农村创业。

2007年3月1日，中国第一家村镇银行——四川仪陇惠民村镇银行在仪陇县金城镇正式挂牌开业，这标志着中国银监会放宽农村地区银行业金融机构准入政策取得新突破。

银监会持续推动银行业金融机构加大对"三农"服务力度，多方拓宽信贷支农渠道，鼓励支农产品及服务创新，大力推广农户小额信贷、联保贷款，引入社团贷款模式等，受到了农民的普遍欢迎。2006年末，农村信用社、农业银行和农业发展银行的涉农贷款余额达到4.5万亿元，占银行业金融机构贷款总量的比例约19％，比2003年末增长约65％。

推动银行业加快创新步伐

为满足小企业多样化、个性化的融资需求，银监会采取各种有效措施，督促和引导银行业金融机构更新经营理念，革新体制机制，创新信贷产品，提高对小企业的金融服务水平。

通过努力，小企业贷款工作的监管环境得到有效提升，小企业贷款的政策环境得到持续好转，小企业贷款的舆论氛围得到明显改观，银行业金融机构对小企业的贷款取得了明显成效。截至2006年12月末，全国银行业金融机构的小企业贷款余额为53 467.7亿元，比年初增加5 396亿元，增幅为15.8％，小企业贷款的不良率下降5.1个百分点。

面对银行业整体风险意识大大增强、银行业全面对外开放、银行业金融机构流动性过剩等新的金融环境，监管部门不失时机地推动、引领银行业加快创新的步伐，坚持"鼓励和规范并重、培育和防险并举"的监管原则，以鼓励推动创新，以规范防范风险，以培育完善市场，以发展满足需求。

银监会把对金融消费者的金融知识普及当作创新业务发展的一项基础工作来抓，2007年1月1日开通的公众教育服务网站受到社会各界的普遍关注。

银监会积极支持商业银行拓宽业务领域，提高金融服务水平。目前，银行个人理财业务和代客境外理财业务发展稳健，已有近30家中资银行经办境内人民币理财业务，余额达1 300亿元，近20家外资银行在境内提供外汇理财产品；有17家中外资银行取得开办代客境外理财的业务，共推出9款QDII银行产品，人民币认购额达到23亿元，美元认购额约8 700万元。

同时，综合经营积极推进试点探索，资产证券化业务为银行业金融机构提供了管控风险的手段。

银行业坚持不懈地推进改革，扩大开放，加快发展，有力地配合了国家宏观调控，有力地促进了经济社会发展。事实充分证明，中央关于银行业改革发展的一系列方针政策和部署是完全正确的。

作者（左一）率队在哈尔滨采访东北振兴

🎙 董少鹏点评

　　谢登科的系列文章展示了十年前中国金融业改革的成就，在今天仍具启示和借鉴意义。十年前，我国商业银行行政化色彩浓厚，管理体制不完善、基本制度执行不力、内控制度不落实和对基层机构特别是对机构负责人管控不到位等，是普遍现象。组建银监会后，银行业改革加大力度，先后采取了补充资本金、资产剥离、发行债券补充附属资本、健全公司内部治理机制等措施。在整体状况改善的基础上，中央果断决策推进四大行股份制改造和上市进程，市场化节奏显著加快。坚持"双向开放"，鼓励境内银行走向国际市场，开放境外银行到境内开展业务，提升了境内银行竞争力。

　　经过10余年的改革开放，我国银行业整体资产质量显著提升，在国际同行中保持相对优势，运营机制总体上与国际接轨，业态和产品创新取得重大进展。在利率市场化、人民币汇率形成机制进一步改革和人民币跨国使用的时代背景下，我国银行业已具备不输他人的实力。

述评：五大"历史性变化"彰显金融业发展成就
——我国金融改革发展述评之一

新华社北京 1 月 24 日电 近日召开的中共中央政治局会议和全国金融工作会议，对今后时期我国金融改革发展工作进行了研究部署。中央政治局会议认为，我国金融工作取得显著成绩和进步，金融改革迈出重大步伐，金融业持续快速发展，金融领域对外开放稳步推进，金融监管得到加强，金融秩序明显好转，金融在我国经济社会发展中发挥了重要作用。

2002 年以来金融工作取得显著成绩，整个金融业发生了历史性变化，在经济社会发展中发挥重要的支撑和促进作用。人们注意到，"历史性变化"的提法，是对近年来我国金融业改革发展成就的充分肯定。

按照中央的提法，"历史性变化"的五大表现即，金融业迅速发展壮大，金融改革迈出重大步伐，金融各项功能进一步发挥，金融领域对外开放稳步扩大，金融监管和法制建设明显加强。

金融改革迈出重大步伐，成为近年来我国金融业成就的最大亮点和标志性变化。

——国有商业银行改革取得突破性进展，中国建设银行、中国银行和中国工商银行相继完成股份制改革并在境内外成功上市。三家银行初步建立了相对规范的公司治理结构，资本充足率迅速提高，资产质量和赢利能力明显改善，风险控制能力增强，去年前 9 个月，建行、中行、工行的税前利润分别为 660 亿元、633 亿元和 534 亿元，达到了历史同期最好水平。同时，国家注资获得明显收益，实现了国有资本的保值增值。

——作为农村金融主力军，农村信用社改革取得阶段性成果，产权制度和内部机制改革稳步推进，历史包袱初步化解，资产质量有效改善。截至去年 11 月底，农信社农业贷款余额占其各项贷款比例由 2002 年底的 40％提高到 47％，支持"三农"的信贷数量明显增加；不良贷款率为 12％，比 2002 年底下降 25 个百分点。从 2004 年开始，农信社开始扭亏为盈，去年前 11 个月实现利润 299 亿元。

——资本市场改革不断深化，基础性制度建设得到加强。特别是上市公司股权分置改革基本完成，证券公司综合治理初显成效，使股票市场出现转折性变化，市场功能进一步完善，市场信心进一步增强。到 2007 年 1 月 15 日，1 302 家上市公司已经完成或者进入股权分置改革的程序，占应股改公司的 97％。对应市值占比为 98％。通过股权分置改革解决了历史遗留的基础性制度缺陷，增强了投资者的信心，奠定了资本市场持续健康发展的基础。保险业改革成效明显，国有保险公司赢利能力明显提高。

——人民币汇率形成机制的改革顺利实施，实行以市场供求为基础，参考一篮子货币进行调节、有管理的浮动汇率制度，汇率的弹性逐步增强。2007 年 1 月 16 日，人民币汇率对美元中间价首度突破 7.79 关口，相比汇率形成机制改革前，人民币对美元累计升值幅度已超过 5.88％。同时，外汇管理体制的改革稳步推进，利率市场化改革的步伐在加快。

在改革中发展，在发展中壮大，金融业的迅速发展壮大成为"历史性变化"的又一显著表现。近年来，我国金融结构体系、市场体系和服务体系不断发展，银行、证券、保险业的规模大幅度增加，资产质量明显提高，总体实力和抗风险能力显著增强。截至 2006 年 9 月底，银行业总资产达到 42.1 万亿元，比 2001 年底的 20.8 万亿元翻了一番多；不良贷款率为 7.3％，比 2001 年底的 25.4％下降了 18.1 个百分点；大中型商业银行的资本充足率多数达到巴塞尔协议规定的 8％。证券业的总资产达到 1.1 万亿元，比 2001 年底的

7 016亿元增长了54%，证券公司扭转了连续 4 年整体亏损的局面。保险业的总资产达到 1.9 万亿元，比 2001 年底的4 611亿元增长 3.1 倍。2006 年底，国家外汇储备达到 10 663 亿美元。

金融的各项功能得到进一步发挥，是金融业的又一"历史性变化"。近年来，金融在调节经济运行、服务经济社会方面的功能不断增强，银行、证券、保险业努力开发适应企业和居民需求的金融产品，不断拓宽服务领域，在宏观调控中坚持实行正确的货币政策，适时调整利率水平和存款准备金率，加大公开市场操作的力度，加强对金融机构的窗口指导和审慎监管，在控制固定资产投资规模中起到了闸门的作用。同时，积极调整信贷结构，引导资源配置，促进经济总量平衡和物价总水平基本稳定，有力地支持了经济平稳较快增长和社会全面发展。

"历史性变化"还体现在金融领域的对外开放稳步扩大。按照加入世界贸易组织的承诺，我们放宽了金融业对外开放的地域和业务范围，来华设立机构、开展业务和投资参股的外资金融机构不断增加。到去年 9 月底，22 个国家和地区的73 家外资银行在华设立 283 家营业性机构，13 个国家和地区的 30 家金融机构在中国设立了 30 家合资证券公司和基金公司，15 个国家和地区的 44 家外资保险公司在中国设立了 115个营业性机构。

金融领域的对外开放不断扩大，不仅吸引了资金，更重要的是引进了国外先进的金融管理经验和技术。

金融监管和法制监管能力得到不断加强，是"历史性变化"的第五大表现。成立中国银行业监督管理委员会，形成了具有中国特色的银行监管框架，银行、证券、保险业的分业监管的体制进一步健全。学习和借鉴国际通行的监管制度、标准和技术，结合我国的实际，改进监管方式和手段。监管工作力度加大，监管的专业性和有效性明显增强。国家修订了《人民银行法》《商业银行法》《证券法》和《保险法》等，金融法律法规体系进一步完善。5 年来，妥善处置了一批高风险的金融企业，依法查处了一批违法违规金融企业和相关责任人，查处了多起非法集资、证券犯罪和洗钱案件。坚持开展整顿和规范金融市场秩序工作，在一定程度上化解了历史遗留的系统性金融风险。这些为金融业的安全运行提供了重要的保障。

在金融这一现代经济的核心领域坚持不懈地推进改革，扩大开放，加快发展，有力地配合了国家宏观调控，有力地促进了经济社会发展。事实充分证明，中央关于金融工作的一系列方针政策和部署是完全正确的，我国金融业改革开放和发展是富有成效的。

2015 年 3 月 13 日，在山西运城新绛县一处油桃基地，两名农村信用社的工作人员在向果农了解春耕生产资金需求情况

述评：转折期的新机遇　发展期的新挑战
——我国金融改革发展述评之二

新华社北京 1 月 25 日电　当前我国正处于全面建设小康社会的关键时期，对外开放进入新阶段。我国金融领域面临着新情况新问题，国际金融发展也出现了新趋势。切实做好新形势下的金融工作，全面推进金融改革，促进金融业持续健康安全发展，对于实现国民经济又好又快发展，构建社会主义和谐社会，具有十分重要的意义。

"金融改革发展面临新的形势，金融业处在一个重要转折期，也处在一个重要发展期。"这是中央对当前金融形势作出的一个重大判断。因此，必须进一步增强做好金融工作的紧迫感和责任感，努力把金融改革发展推向新阶段，全面深化金融改革，促进金融业持续健康安全发展，为实现国民经济又好又快发展和构建社会主义和谐社会作出更大贡献。

近几年来，中国经济连续以 10％左右的增长速度平稳较快运行，金融在优化社会资源配置、促进经济增长中的作用越来越重要。但必须清醒地看到，金融业在总体上还不能完全适应经济社会发展的需要，金融领域还存在不少亟待解决的突出矛盾和问题。

党中央、国务院历来高度重视金融业的改革开放与发展，先后于 1997 年和 2002 年召开过两次全国金融工作会议，对做好金融工作进行专门部署。党的十六届三中全会明确提出，深化金融企业改革，商业银行和证券公司、保险公司、信托投资公司等要成为资本充足、内控严密、运营安全、服务和效益良好的现代金融企业。中央关于金融工作的一系列重要方针政策和部署，积极推进了金融改革开放和发展，使金融业发生了历史性的变化。

这次全国金融工作会议是在我国全面建设小康社会的关键

时期，在我国金融业改革开放和发展面临新机遇和新挑战的关键时期召开的，会议对近几年我国金融改革和发展经验的总结，对当前金融形势的分析，对金融业面临的新情况和新问题的研究解决，对今后一个时期金融工作的全面部署，对我国金融事业乃至整个国民经济和社会发展具有十分重大的意义。

当前，我国金融体系不健全，金融结构不合理，金融企业公司治理和经营机制不完善，国际收支不平衡加剧，金融风险隐患还不少。对此，必须高度重视，采取有力措施加以解决。

从国际上看，经济全球化深入发展，金融市场联系更加密切，资本流动的规模不断扩大，金融创新日新月异，金融对各国经济和世界经济的作用和影响明显增强。同时，国际金融领域的竞争日趋激烈，不确定因素增多，外部金融动荡对我国金融业造成冲击的可能性在加大。

从国内看，我国工业化、城镇化、市场化、国际化的进程加快，经济结构调整和经济社会发展对金融的需求日益增加。加入世界贸易组织过渡期结束后，我国金融业进一步对外开放，特别是取消了外资银行经营人民币业务的客户和地域的限制，竞争更加激烈。

新的形势，为我国金融业的发展带来了新的发展机遇，同时使我国金融业面临更为严峻的挑战。金融业处在一个重要转折期，也处在一个重要发展期。这就要求我们必须站在改革开放和现代化建设全局的高度，坚持把金融工作摆在十分重要的位置。

进一步做好金融工作，是保持经济平稳较快发展的迫切需求。保持经济平稳较快发展，防止经济出现大的起落，是当前经济工作的首要任务。这就要求解决好当前经济运行中的突出矛盾和问题，特别是要合理控制固定资产投资规模，优化投资结构，缓解外贸顺差过大和资金流动过剩问题。至关重要的是，要坚持实行正确的货币政策，更加有效地运用金融手段搞好宏观调控，调整信贷结构，努力促进经济总量平稳，保持物价总水平的基本稳定。

进一步做好金融工作，是加快经济结构调整和增长方式转变的迫切需要。经济结构不合理，经济增长方式粗放，是制约我国经济持续健康发展的根本性问题。必须发挥金融服务经济社会发展的功能，优化金融资源配置，引导生产要素合理流动。要加大金融支持，促进产业结构升级、节能降耗和污染减排，提高自主创新能力，促进城乡、区域和经济社会协调发展。

进一步做好金融工作，是保障金融稳定和经济安全的迫切需要。金融业直接关系国民经济全局，涉及各行各业和老百姓切身利益。金融业又是高风险行业，金融风险突发性强，波及面广，危害性大。金融领域的问题如果处理不好，不仅影响金融业自身发展，而且关系到国家经济安全和社会稳定。要在今后一个较长的时期保持经济平稳较快增长，必须切实做好金融工作，有效防范各种金融风险，确保金融稳定和经济安全。

进一步做好金融工作，是适应金融业更加开放的新形势的迫切需要。随着对外开放的不断扩大，我国金融业将面临前所未有的竞争和挑战，越来越多在资本实力、经营管理、技术和人员素质方面有明显优势的外资金融企业进入中国，在对我国金融企业形成挑战的同时，也加大了金融监管的难度。

加拿大命名"中国银行路"

述评：六大任务促进金融业"持续、健康、安全"发展

——我国金融改革发展述评之三

新华社北京1月26日电 近日召开的中央政治局会议强调了以"一个坚持、五个着力"为统揽的今后一个时期金融工作的总体要求，以"六个进一步"为主线的今后一个时期金融工作的六项主要任务。中央强调，要显著增强中国金融业的综合实力、竞争力和抗风险能力，促进经济社会全面协调可持续发展，充分发挥金融对全面建设小康社会、加快推进社会主义现代化的重要作用。

必须进一步增强做好金融工作的紧迫感和责任感，努力把金融改革发展推向新阶段，全面深化金融改革，促进金融业持续健康安全发展，为实现国民经济又好又快发展和构建社会主义和谐社会作出更大贡献。

当前和今后一个时期金融改革发展任务十分繁重，要统筹兼顾，突出重点，着力抓好以下六项工作。即，继续深化国有银行改革，加快建设现代银行制度；加快农村金融改革发展，完善农村金融体系；大力发展资本市场和保险市场，构建多层次金融市场体系；全面发挥金融的服务和调控功能，促进经济社会协调发展；积极稳妥推进金融业对外开放；提高金融监管能力，强化金融企业内部管理，保障金融稳定和安全。

用改革和发展的办法解决发展过程中出现的问题，坚定不移地深化金融改革，坚定不移地加快金融业发展，是近年来我国金融业取得巨大成就的一条基本经验。

人们注意到，中央政治局会议和全国金融工作会议在强调全面深化金融改革的同时，都把金融业的"持续、健康、

安全"发展摆在了十分突出的位置。解读会议精神便不难发现，会议确定的当前和今后一个时期金融改革发展的六大任务，是实现金融业持续、健康、安全发展的根本保证。

国有银行居于银行业的主导地位，进一步搞好国有银行特别是国有商业银行的改革，意义重大。应当看到，国有商业银行的股份制改革虽然取得了很大成绩，但公司治理还不完善，内控机制仍不健全，与现代银行制度要求和国际先进水平相比还有很大差距。金融工作会议确定，继续深化国有银行改革，加快建设现代银行制度。在继续深化中国工商银行、中国银行、中国建设银行和交通银行改革，努力巩固和发展改革成果的同时，稳步有序地推进中国农业银行股份制改革和国家开发银行改革。不失时机地推进其他商业银行和金融资产管理公司改革。这些改革的扎实推进，将进一步提高中国银行业的创新能力和国际竞争力。

解决好农业、农村和农民问题，是党和国家全部工作的重中之重，但总的看，农村金融仍然是整个金融体系中最薄弱的环节，突出表现为农村金融的结构和运作机制存在严重的缺陷，机构网点少，产品和服务单一等。切实把推进农村金融改革发展作为金融工作的重中之重，不断满足建设社会主义新农村对金融的需求，成为这次金融工作会议的一大亮点。会议要求，加快农村金融改革发展，完善农村金融体系。从多方面采取有效措施，加强对农村的金融服务，为建设社会主义新农村提供有力的金融支持。

加快建立健全适应"三农"特点的多层次、广覆盖、可持续的农村金融体系。健全农村金融组织体系，充分发挥商业性金融、政策性金融、合作性金融和其他金融组织的作用。这一系列措施的实行，将大大满足"三农"的金融需求。

建立一个成熟的、现代的资本市场，是摆在我们面前的重大任务，也是一个需要努力的过程。金融工作会议提出，要大力发展资本市场和保险市场，构建多层次金融市场体系。

扩大直接融资规模和比重。加强资本市场基础性制度建设，着力提高上市公司质量，严格信息披露制度，加大透明度。加快发展债券市场。扩大企业债券发行规模，大力发展公司债券，完善债券管理体制。进一步推进保险业改革发展，拓宽保险服务领域，提高保险服务水平，增强防范风险意识和能力。这些实实在在的措施，将直接促进资本市场和保险市场持续、健康、安全发展。

经济稳定发展需要金融支持和调控，经济稳定发展也会给金融改革和发展提供基础和条件。金融工作会议提出，全面发挥金融的服务和调控功能，促进经济社会协调发展。

进一步提高金融调控的预见性、科学性和有效性，合理调控货币信贷总量，优化信贷结构，促进经济平稳较快发展。进一步完善人民币汇率形成机制，加强外汇储备经营管理，积极探索和拓展外汇储备使用渠道和方法。

以加入世界贸易组织过渡期结束为标志，我国对外开放进入一个新的阶段。金融工作会议强调，要积极稳妥地推进金融业对外开放。着力优化金融业开放结构，稳步推进资本市场对外开放。促进中外资金融企业公平竞争。

随着金融业的快速发展，金融改革继续深化，金融领域开放不断扩大，金融运行日益复杂，金融监管任务越来越重。金融工作会议指出，要提高金融监管能力，强化金融企业内部管理，保障金融稳定和安全。完善金融分业监管体制机制，加强监管协调配合。

当前和今后一个时期金融改革发展的六大任务，是根据中央关于经济社会发展的总体布局，在综合分析国内外经济和金融形势以及各方面因素后作出的。全面深化金融改革，努力把金融改革发展推向新阶段，是促进金融业持续健康安全发展的必由之路，也是实现国民经济又好又快发展和构建社会主义和谐社会的重要支撑。

2007 年 1 月 22 日

金融改革需要攻坚克难的勇气

新华社北京 1 月 27 日电　根据刚刚闭幕的全国金融工作会议精神，在四大国有商业银行中包袱最重、资产质量最差的中国农业银行股份制改革将稳步有序地推进。此外，从国家开发银行开始，长期以来只承担国家政策性业务的政策性银行的改革也正式启动。与此同时，农村金融体系将加快完善，资本市场改革发展将继续推进。

由于多方面原因，相对于其他经济领域的改革，中国金融改革所呈现出的复杂性、艰巨性和长期性更为突出。前些年，在一些外国银行家、企业家的眼中，中国的银行业是风险大、问题多的困难领域。有人甚至断言，搞好中国的银行业至少需要 100 年。这些年，面对一系列困难和问题，党和政府在深入研究、精心设计和周密部署的基础上，大胆出台改革方案，坚定不移地向前推进，为中国金融业带来历史性变化，赢得好评。

改革的成功，显示了党和政府的智慧和决心，也显示了其勇气和魄力。中国建设银行、中国银行和中国工商银行相继完成股份制改革并在境内外成功上市，2006 年前 9 个月，三家银行的税前利润分别达 660 亿、633 亿和 534 亿元，达到了历史同期最好水平。上市公司股权分置问题是中国股市历史遗留的基础性制度缺陷，严重影响了投资者的信心，妨碍了资本市场的持续健康发展。在有关方面的周密设计和各部门的相互配合下，股权分置改革在一年多的时间内基本完成。这些改革的成功，对于下一步改革十分有利。

当前，我国金融业处在一个重要转折期，也处在一个重要发展期，仍存在不少矛盾和问题。破解这些矛盾和问题，必须依靠全面深化金融改革。努力把我国金融改革推向新阶段，对我们来说又是一个新的考验。全国金融工作会议上确定的一系列攻坚克难的金融改革措施，显示出党和政府的信心和勇气。搞好中国的金融业，促进中国金融业持续健康安全发展，需要的正是这种攻坚克难的勇气。

改制后的国有银行焕发活力

2007 年 1 月 21 日

寄望金融改革新转折

在入世过渡期基本结束的关口，各界对加快推进各项金融改革、加强金融宏观调控提出了新的更高要求，对我国金融新转折有着共同的期待。

1 月 19 日，备受瞩目的第三次全国金融工作会议召开。一系列事关中国金融业发展前景的重大战略问题在这次会议上确定，中国金融改革的新拐点即将来临。人们期待，能将各界对深化金融改革的愿望变为实质性的改革行动。

入世 5 年来，中国进一步深化金融体制改革，在建立现代金融企业制度、推进国有商业银行股份制改革、人民币汇率形成机制改革、农村信用社改革和资本市场改革开放等酝酿多年、难度很大的重点领域和关键环节的改革，取得了一系列重要进展和成果。金融在优化社会资源配置、促进经济又好又快增长中的作用越来越重要。

但必须看到，目前取得的成效仍属于初步的、阶段性的。我国金融改革与发展还面临不少困难和问题。

国有商业银行正面临更加严峻的市场竞争。经济结构的不断调整，可能增加商业银行信贷风险；与市场经济相适应的金融法制建设尚待完善，社会诚信体系建设刚刚起步。与国际先进银行相比，国有商业银行的经营环境、经营管理水平和整体竞争力还有相当大的差距。

农村金融体系的结构与运作机制存在严重缺陷，与解决"三农"问题对金融服务的需求还有比较大的差距。当前农村信用社仍然存在经营粗放、管理薄弱、赢利能力较低、人员素质较差、风险较大等问题，农业银行在支持"三农"的商业金融主体作用发挥得不够充分，农村资金仍然存在外流现象，适应农民生产与生活需求的金融产品与金融组织创新还不够，农民贷款难的问题没有根本解决。

金融宏观调控仍然面临一些突出矛盾和问题。当前，经济结构性矛盾突出对金融宏观调控还形成较大的压力。消费率过低已经成为影响经济协调平稳发展的突出问题。消费率过低、储蓄率过高，高储蓄率转化为高投资率，导致经济增长主要依靠投资拉动。同时，国际收支不平衡导致的货币政策自主性下降。金融市场发展不平衡，金融市场体系不健全，导致金融运行的市场基础不稳固，直接融资比例低，资源配置效率不高，货币政策传导不畅。

尽管股权分置改革基本完成，但是，我国资本市场毕竟还是一个新兴的市场，在很多方面还不成熟，其存在的诸多问题和缺失不可能随着股权分置改革的结束而一下子彻底消失，市场上和深层次存在的结构性矛盾依然存在，证券公司的风险仍需降低和消除，改革对资本市场发展的深远影响还要经过历史的检验。

保险业的竞争将更加激烈，民族保险业面临的冲击将日益严峻。外资保险公司的进入，还给政府部门对保险业的监管提出了新的要求。

在入世过渡期基本结束的关口，各界对加快推进各项金融改革、加强金融宏观调控提出了新的更高要求，对我国金融改革新转折有着共同的期待：

继续深化银行业改革。其中包括工商银行、中国银行、建设银行如何继续完善公司治理、深化内部改革，加快转变经营机制。如何进一步发挥资本市场对改制银行深化改革的监督、促进和约束作用，按照国际监管标准规范信息披露，提高透明度，保持资产质量和赢利能力的稳定和提高，树立国家控股公众银行的良好形象。如何完善相关法律法规，支持改制银行稳步发展综合经营。

全面推进农村金融改革，加快完善农村金融体系。其中包括如何继续深化农村信用社改革，把农村信用社办成面向乡村、面向农民的社区性金融机构；如何对农业银行实施股份制改革；如何完善农业发展银行的功能定位与运作机制，加快内部改革，按商业原则办理开发性业务，提高效益；如何加快建立邮政储蓄银行，鼓励和促进邮政储蓄机构采取多种措施扩大资金在农村的商业化自主运用。

进一步加强和改善金融宏观调控，增强金融宏观调控的预见性、科学性和有效性。其中包括如何协调运用多种货币政策工具，加强流动性管理，为经济可持续发展创造平稳的金融环境；如何进一步推进利率市场化改革，建立健全由市场供求决定、中央银行通过运用货币政策工具调控的利率形成机制；如何进一步发挥市场供求在人民币汇率形成机制中的基础性作用，保持人民币汇率在合理均衡水平上的基本稳定，逐步增强汇率弹性；如何引导商业银行贯彻金融宏观调控和国家产业政策要求，保持信贷合理均衡投放，加强资本约束，提高信贷质量，优化信贷结构，实现稳健经营；如何从扩大消费内需、增加进口、开放市场等方面入手推动结构调整。

进一步拓展市场的广度和深度，建立有利于金融创新的公平市场规则，积极培育促进金融创新的社会环境。加快金融市场发展，完善金融市场运行机制。加快金融市场发展，充分发挥金融市场的资源配置功能。其中包括如何大力发展资本市场，扩大直接融资规模和比重；如何继续促进货币市场、资本市场和保险市场协调发展，拓宽各类金融市场之间的连接渠道；如何通过金融创新不断加大金融市场的广度和深度，建立有利于金融创新的公平市场规则，积极培育促进金融创新的社会环境。

作者在郑州市中原区某金融机构调研

🎙 董少鹏点评

　　2007 年全国金融工作会议，是在三大国有控股银行成功上市，资本市场完成股权分置改革，汇率改革进一步深化的背景下召开的，市场化的味道更浓。当时的判断是，我国金融结构体系、市场体系和服务体系不断发展，银行、证券、保险业的规模大幅度增加，资产质量明显提高，总体实力和抗风险能力显著增强。会议既强调金融业直接关系国民经济全局，涉及各行各业和老百姓切身利益，又清晰指明了金融业是高风险行业，金融风险突发性强，波及面广，危害性大，强调"用改革和发展的办法解决发展过程中出现的问题"。这个基调是十分积极的，也是符合实际的，我认为，至今仍应坚持。

2015年，我国股市发生异常波动后，"大力发展直接融资市场"的方针在一定范围内有所动摇，值得高度重视。我国资本市场发生这类风险，主要是由于市场主体责任不到位，要通过完善金融机构治理和强化社会化监管来解决，而不能因噎废食。大力发展资本市场，构建多层次金融市场体系，扩大直接融资规模和比重的方针不能变。

🎤 周鸿铎点评

可以说，中国的金融业改革一直在路上。

21世纪的第一个10年，我国金融改革的政策、方向及其效果备受各界关注。作为历史的见证者，谢登科持续关注其中的点滴进步和发展变化，发出权威声音。

改革不停顿，开放不止步。

今天的金融行业正在尽享改革开放的成果：随着现代信息技术的深度普及，P2P、线上支付等颠覆了对传统金融产品的认知。加上人民币加入SDR、证券市场各种新规的颁布、银行业民营资本的深度介入等等，意味着当下这10年将是金融业又一个不平凡的10年。

新产品、新内容不断涌现，新知识、新理念层出不穷，在这样的年代，我们的民众更需要有权威的声音来助读改革的内涵与深意。

03/把脉中国经济

中国经济什么时候筑底？会不会硬着陆？目前存在哪些风险？下一步形势怎样……

观察中国难，观察中国经济更难。

当前的中国经济，笔者认为走得很不容易。在上上下下的努力之下，尽管增速在下降，但没有出现系统性风险。中国经济正处在着陆的过程中，结构上出现了向好方向的转化。

一方面，作为全球第二大经济体，中国经济对世界经济增长的贡献率已连续多年超越美国，稳居第一，成为拉动全球经济走出衰退泥潭的最强劲引擎。中国巨大的国内市场、旺盛的消费升级需求，在为自身发展带来机遇的同时，也为许多国家发展提供了巨大商机。更为重要的是，中国经济新的发展理念、中国供给侧结构性改革的成功实践，正随着中国积极参与全球治理体系，对世界发挥着无可替代、越来越大的影响力。全球越来越瞩目、越来越期待中国提供的经济治理新方案。

另一方面，步入新常态的中国经济，自身正经历冰与火交织的艰难转型。首先是"稳"与"进"的拿捏。在全球关注的目光下，中国经济目前出现了一些企稳向好的态势，主要经济指标出现连续反弹，但经济下行压力仍然较大，结构调整持续深化，企稳向好的态势能否延续仍有待进一步观察。与此同时，经济运行的风险特别是金融风险抬头，随着国际资本流向的变化，国内金融市场变得更加脆弱敏感，部分城市房价过快上涨催生泡沫，金融跨市场、跨流域的交叉风险不断累积。

更重要的是，经济政策的边际效应在递减，宏观调控面临的两难、多难压力在加剧。新形势下，我们很难再通过相对宽松的货币政策操作来支持经济发展，但货币政策又不能轻易收紧，否则金融市场和小微企业都很容易遭遇更大困难。

办法总比困难多！这既是中国经济在多年负重前行中累积的信心和底气，也是中国最高决策者驾驭经济发展全局视野和能力的彰显。面对新形势，中央不仅提出了适应新常态的一系列政策框架，更把稳中求进作为治国理政的重要原则和做好经济工作的方法论。从抓住供给侧结构性改革这条主线，到明确"房子是用来住的，不是用来炒的"的清晰定位，从全方位推动国企、金融等领域改革，到下大力气补上教育、基础设施等领域短板，中国经济开出的一系列药方，直击病灶和痛处，呈现出鲜明的辨证施治特征。

心中有数，事不避难！中国经济正在经历一场转型发展的涅槃，这场转型的成功，将成为21世纪全球最重大的事件，不仅带来民族复兴的光明前景，更为全球政治经济格局的重塑带来意义深远的影响。

让我们凝神回望，共同聚焦中国经济的峥嵘岁月。

作者在昆仑山口采访

　　从防止经济过热到应对下行压力，从防止通胀到避免通缩，从高速增长到转型升级，中国经济在昂首阔步、一路向前的进程中，又总是那么惊心动魄，那么牵动人心！

　　作为专家型财经记者，谢登科总能在每一个关键的节点上对中国经济的运行走势作出理性思考和冷静判断，或把脉问诊，或发出预警，或对接现场，或联通高层。深入的调研、扎实的数据、权威的支撑，使谢登科关于宏观经济运行走势的系列分析成为观察中国经济的独到脚本——

第六章　国际金融危机下的中国经济

"山重水复疑无路，柳暗花明又一村。"从 2008 年下半年国际金融危机爆发至今，世界经济又走过了不少沟沟坎坎。可以说，走得步步惊心。

谢登科的记者生涯，赶上了这场百年一遇的金融风暴。遭遇金融危机，对于经济社会而言是不幸的，但对于一名以观察为天职的新闻记者而言，无疑又是幸运的。

今天来看，世界经济依然复苏乏力，而且，在某些领域呈现愈演愈烈之势，深层次原因何在？众说纷纭，莫衷一是。回味谢登科笔下对这场危机的分析见解，或许可以对中国经济走出危机阴影、加快转型升级之路提供别样启示。

作者在青海格尔木青藏铁路通车一线采访

→ 危机爆发之初的 2008

2008 年 8 月 1 日（新华视点）

"一保一控"：中国经济发展主基调

新华社北京 8 月 1 日电 从"遏制经济增长由偏快转为过热"，变化为"防止经济增长由偏快转为过热、防止价格由结构性上涨演变为明显通货膨胀"，继而又调整为当前的"保持经济平稳较快发展、控制物价过快上涨"。

去年以来中央对宏观调控政策的几次调整，折射出一种什么样的宏观经济形势，释放出什么信号，备受瞩目。

正确分析经济形势，科学决策调控措施

机遇前所未有，挑战也前所未有。当前的中国经济正处在一个重要关口。

半年刚过，胡锦涛总书记就主持召开中央政治局会议，研究当前经济形势和经济工作。中共中央还在中南海召开党外人士座谈会，通报当前我国经济运行的情况和中共中央、国务院关于做好下半年经济工作的基本方针和主要任务，并就经济工作听取各民主党派中央、全国工商联领导人和无党派人士的意见和建议。

为了全面正确判断当前经济形势，提出下半年经济工作的政策措施，党中央、国务院领导同志分别到各地考察，了解经济运行情况，召开多次经济形势座谈会，听取地方负责人、经济专家和企业界人士的意见和建议。

人们注意到，在党中央、国务院就做好下半年经济工作所进行的一系列安排部署中，保持经济平稳较快发展、控制

物价过快上涨被摆在突出位置，并被反复强调。

"在中国经济有所降温的背景下，宏观调控的任务和手段及时、灵活地予以调整，显示了中央对经济工作的领导和驾驭更加成熟和自信。"有经济专家解读说。

可以看出，以保发展、控物价为主要内容的"一保一控"，成为下半年我国宏观调控的首要任务。

"以'保发展'取代'防过热'，措词之变传递出对经济过热警报的解除，以及对未来经济下滑甚至硬着陆的担忧和重视。"经济学家王小广认为。

上半年中国经济朝着宏观调控的预期方向稳步发展。但受国际因素的影响，沿海一些出口企业出现生产经营困难，一些企业利润出现大幅减少，就业压力加大，经济增长放缓迹象开始显现。

"此次'变调'表明经济下滑已受到上层更多的关注。"中金公司首席经济学家哈继铭认为。

同时，抑制通货膨胀继续被摆在下半年经济工作的突出位置。

中国社会科学院世界经济与政治研究所副研究员张斌认为，国内油价上调、铁矿石等初级商品的进口价格上涨，PPI将在下半年维持较高的水平，并很可能传导到CPI，导致CPI可能再次升高，下半年通货膨胀的压力并未减缓。

全国人大财经委发布的一份报告也警示，当前全球通货膨胀不断加剧已在多国蔓延。这份报告还认为，通货膨胀一旦超过一定水平而得不到有效控制，将改变居民和企业的预期，对经济产生严重的破坏性后果。

"中国经济正处于从过热向平稳水平回归的调整期，把抑制通货膨胀放在下半年调控的突出位置，保持宏观调控政策的连续性和稳定性，对经济发展至关重要。"张斌认为。

宏观调控新变局：稳定政策、适时微调，区别对待、有保有压

从"双防"方针到"一保一控"，透露出中央在宏观调控思路上的微妙变化，对于当前和今后一段时期我国的经济发展将产生直接影响。

针对做好下半年的经济工作，中央强调指出，必须稳定政策，保持政策的连续性和稳定性；必须适时微调，把握好宏观调控的重点、节奏、力度；必须坚持区别对待、有保有压，灵活而准确地解决问题。

"这意味着，在具体调控措施上，一方面将保持政策的稳定性和连续性，另一方面，将增强调控的灵活性，以财政和货币等多种手段，推进经济结构调整。"国家行政学院教授张孝德认为。

"稳定政策和适时微调是宏观调控的基本要务，宏观调控政策的一个重要目的，就是要保持经济发展的连续性和稳定性。"中国社会科学院数量经济所所长汪同三认为，不能因为政策调整而使经济出现大起大落。

目前，抑制通货膨胀仍被放在突出位置，这表明，我国宏观调控的总体基调没有改变。在政策基调稳定的情况下，保持经济平稳较快增长则将主要通过政策的适时微调来实现。

经济界分析人士认为，增长和通胀之间的两难困局可能将在一定时期内继续存在。下半年，在寻求两者平衡的努力中，国家将更多地把政策着眼点放在结构方面，更多地通过结构性调整来解决问题。例如，扩大国内需求尤其是消费需求，推动产业结构优化升级等。

"以前我们的宏观调控政策一般偏重于总量调控，现在，不仅考虑总量问题，也更加重视结构问题，通过结构调整来实现总量上的调控。"汪同三说。

自8月1日起，我国将部分纺织品、服装等的出口退税

率从 11％提高至 13％，同时取消了部分农药产品、部分有机胛产品及部分电池产品等的出口退税。此举被广泛认为是政策适时微调的开始。

亚洲开发银行首席经济学家庄健说，在出口增速下降的背景下，出口退税率的调整并非一味地保出口，而是坚持了有保有压的原则。

为了稳定消费需求，防止经济出现大幅下滑，全国人大财经委还建议，进一步提高个人所得税起征点、降低储蓄存款利息税税率等。

下半年的货币政策走势也将在稳定的前提下，更多地体现出灵活性。"考虑到国际通胀因素，当前金融调控政策必须保持稳定；同时，将更加灵活地针对一些行业、企业进行政策倾斜，以保证经济的平稳较快增长。"庄健说。

近日从央行货币政策委员会透出讯息，今后要进一步调整和优化信贷结构，坚持有保有压，加大对"三农"、灾后重建、助学、消费和带动就业多且特别困难行业的金融支持力度，支持区域经济协调发展，引导金融机构为中小企业提供合适的金融产品和金融服务，增加对中小企业的资金支持。

当然，未来的政策还会作出哪些调整，将取决于下一步经济运行的实际状况和变化性因素。

从汶川到芦山，我国灾后重建交出靓丽答卷

为明年和更长时间经济持续健康发展创造条件

中央在安排下半年经济工作时指出，要立足当前，着眼长远，着力解决制约经济长远发展的突出矛盾，为明年和更长时间经济持续健康发展创造条件。

当前，我国经济继续朝着宏观调控的预期方向发展，国际经济不利因素和严重自然灾害没有改变我国经济发展的基本面。但是，煤电油等基础原材料产品供应紧张，出口面临不少困难，体制性、结构性矛盾依然存在，同时还面临通货膨胀压力较大等一些新的问题。

目前中国宏观经济出现高成本推进、出口额降低、原材料价格上涨等问题，既会给宏观经济调控带来困难，同时也是我们推进产业结构和增长方式转型的新机会。

"在这样一种背景下，宏观经济调控面临着双向目标，一是保证经济平稳降温、谨防'急刹车'式的短周期调控，二是利用市场开始进行自我调节的机会，为经济的平稳较快增长做长期调控的准备。"张孝德说。

当前，通货膨胀的主要因素是价格补偿引发的成本推进型，所以，物价上涨过程也是价格合理反映要素稀缺程度，推进生产要素优化配置的过程。"从这个意义上，这也是政府利用市场自我合理调节的契机，推进价格体制改革和增长方式转型改革的好机会。"发展和改革委有关人士指出。

由于此次价格上涨也是对资源稀缺性的反应，所以这对于淘汰高能耗、低效率企业，推进增长方式转型是一个契机。"要利用这个机会制定相关政策，鼓励企业通过提高生产率、进行科技创新来消化通货膨胀带来的高成本，同时，要出台有关政策鼓励企业通过兼并重组、资本市场等多种渠道，实现产业转型。"这位人士说。

实际上，目前我国宏观经济面上市场自我逆向调节机制已经开始启动，产业投资高峰期开始自我收缩，多年来宏观调控政策积累性效应滞后释放。无论从反映经济增长的前半年宏观数据看，还是从中国经济增长的长周期看，目前中国宏观经济出现的降温现象，一方面标志着宏观调控效果开始显现，另一方面标志着为新一轮经济增长进行预热的产业结构和增长方式的调整时期正在来临。

"在中国经济开始降温进入调整期的过程中，最主要的目标是保证经济增长不要大起大落，保持一个健康、稳定的增长速度。"张孝德说。

2008 年 8 月 26 日 （新华视点）

奥运会后中国经济走势如何

鸟巢雄姿

新华社北京 8 月 26 日电　"北京奥运会给了人们一把钥匙，一把了解中国近年来快速发展的钥匙。"北京奥运会之前，国际奥委会主席罗格这样说。

如今，举世瞩目的北京奥运会已落下帷幕，奥运会后的中国经济走向，成为人们关注的话题。

奥运会不会成为中国经济的分水岭

近来，有一些海外人士称，随着奥运会的结束，2009年、2010 年对中国经济来说，将是很困难的年头。

"毫无疑问，筹办奥运会有力推动了北京的经济社会发展，但由于北京的经济总量只占全国的很小部分，因此筹办奥运会对中国经济发展的推动作用不宜估计过高。"这是国家主席胡锦涛在接受外国媒体联合采访时的回答。

统计显示，2002年至2007年，北京年均用于奥运会的投资尚不到全国每年固定资产投资总额的1%。从建设规模看，北京奥运工程竣工面积为71.83万平方米，只相当于2007年全国房屋竣工面积的0.013 9%。

"如果说中国经济像大海，那么，跳进一只青蛙，对大海的影响几乎可以忽略不计。"中国公共经济研究会副秘书长、国家行政学院教授张孝德认为，奥运会对于中国经济确有刺激作用，但奥运会后的中国经济仍主要受宏观政策和全球经济走势的影响。奥运会是对中国概念在世界范围的一次大营销，但对中国经济发展的直接拉动是微乎其微的。

一些经济学家近日对奥运会后中国经济的发展表示乐观。厉以宁认为，中国经济不会出现奥运后的滑坡。奥运会结束后，更多的后续需求会随即跟上，中国不愁没有新的投资热点。

更为关键的是，目前中国经济处于下中等收入国家水平，城市化、工业化的过程都需要大量的基础设施投资。"不管有没有奥运会，经济都要发展。"张孝德说。

摩根大通近日发布一项研究报告认为，奥运会后中国经济放缓的可能性不大。从以往奥运会承办国的经历看，经济规模较大且经济增速较快的奥运会承办国不易受到奥运会的影响。摩根大通的预测数据显示，2008年中国的国内生产总值将达4.5万亿美元。

2008年，是北京奥运之年，也是中国经济增长开始周期性调整之年，二者同时出现是一种巧合，不存在必然联系。目前，中国经济在保持平稳较快增长的基本态势下，在一些领域有所降温，这是宏观调控政策措施作用下的中国经济的自身调整，是在朝着宏观调控的预期方向发展。

中国经济的长期发展不是因奥运会而始，自然也不会因奥运会而终。一场北京奥运会，在盛大的高潮后不可避免地会有落潮，但可以肯定地说，北京奥运会后不会发生经济的大衰退，不会出现经济发展的拐点，奥运会之后的"鸟巢"不会"人走巢空"，而是依然繁荣。

自信心和发展理念方面影响深远

奥运会作为当今人类社会最大的竞技盛会和国家聚会，吸引着全球的注意力。当来自世界各地的人们体验中国时，不仅感受了中国文化的巨大魅力，更感受了中国经济的勃勃生机。成功承办奥运会所提升的自信心，对未来中国发展是一笔重要的精神财富。

中国在借鉴各国承办奥运会经验的基础上，根据自身特点，采取多种措施，借势发展奥运经济，丰富了奥运经济的概念，扩大了奥运经济的影响。承办奥运会为中国的发展注入了活力，在诸如区域发展、产业结构调整、国民素质提高、生态环境改善等方面产生了辐射作用。

"绿色奥运、科技奥运、人文奥运"的理念是科学发展理念的具体体现，对我国进一步改革开放，推进经济结构调整和转变发展方式的影响是久远的。"而这些久远的好处是留给人民群众的。"北京奥运经济研究会执行会长陈剑说。

借举办奥运会之机，中国加大了产业结构调整步伐。"十一五"规划明确提出，到 2010 年我国万元 GDP 能耗降低 20%。以北京市为例，经济结构调整对节能减排的贡献率至少在 60% 以上。

奥运会对提高中国国民素质、改善投资环境、提高开放度和提升国际形象方面，则具有更长远、更持久的积极作用。奥运会的成功，将有力推动我国与世界全方位、多层次、宽领域的交流合作。

国际奥委会市场开发委员会主席海博格说，北京在经济地位、城市面貌、现代文明程度与融入国际的步伐都发生了变化，并且还将继续发生巨大的变化。

"从自信心上，奥运会对中国的影响是巨大的。"北京奥运会特许供应商、河南思念食品有限公司董事长李伟说，奥运会后，一个经过改革开放 30 年洗礼、经济持续较快发展的中国，将以更加开放的胸怀和更加积极的姿态融入世界。

北京奥运会还将极大提升投资者看好中国经济的心理预期。"心理预期对中国经济增长的影响，很难定量评估，但可以肯定的是，此轮中国经济连续保持多年的高速增长，奥运会是不容忽视的推动因素之一，这一因素将继续下去。"李伟说。

正视中国经济面临的挑战

2000 年悉尼奥运会后，悉尼所在的新南威尔士州即出现 GDP 增长率小幅下滑、投资大幅下降、房地产业衰退等迹象，严重影响了当地经济的发展。

遭遇"奥运低谷效应"，悉尼不是第一个，也不是最后一个。在它之后，承办 2004 年夏季奥运会的雅典为了那短短 16 天的狂欢，竟背上了 10 年的债务。

"奥运低谷效应"是大多数奥运会承办城市难以摆脱的阴影。如今的国际经济环境正经历着剧烈的波动，美国次贷危机、世界经济整体呈现通胀，国际粮价、油价高企等相继对中国经济发展产生影响。在欣喜之余，中国人难免生出忧虑，毕竟，几乎没有哪个奥运会承办城市能完全摆脱后奥运时代的经济风险。

经过 30 年改革开放，我国综合国力与经济潜在增长率稳步提高，加之经济总量大，地域辽阔，经济体系齐全，回旋余地较大。因此，奥运会的结束不会影响到我国经济发展的基本面。但是，如何避免物价的过快上涨，保持合理的增长速度，促进中国经济又好又快地向前发展，也是奥运会后中国经济面临的重大挑战。

2008年以来，中国经受了历史罕见的严重低温雨雪冰冻灾害和特大地震灾害等不确定因素的挑战，可谓迎难而上。上半年，我国经济同比增长10.4%，其中一季度增长10.6%，二季度增长10.1%，呈现自2007年第三季度起的逐季下降趋势。

"这一趋势的出现，是受国际经济形势发生重大变化的影响，更是我国经济发展深层次矛盾积累的结果，也是我国经济增长周期的正常调整。"国家发展改革委有关人士说。

奥运会之后，我国经济面临一系列不确定、不稳定因素影响，包括美国经济走弱对中国出口增长的影响、房地产业发展可能出现的周期性调整、原材料价格上涨带来的企业经营困难等，对经济平稳较快发展形成严峻挑战，需要高度警惕。

国家发展改革委宏观经济研究院副院长王一鸣表示，经济持续较快发展既面临周期性调整和经济转型压力，也会在一定程度上受到"后奥运效应"的叠加影响。为此，应该积极放大奥运会对经济发展的正面影响，有效应对可能出现的各种负面效应。

中国经济继续平稳较快增长

面对诸多问题和不确定性因素的挑战，中国经济依然保持活力，因为其拥有最大的市场、稳定的政治环境，以及投资、外需和内需三大经济拉动因素，加上宏观调控手段日趋成熟，为经济持续快速发展提供了重要保障。

王一鸣认为，奥运会影响的是预期，"一保一控"的目标就是要稳定通胀预期，防止出现全面通胀，同时把握好"保增长"和"控物价"之间的平衡点，保证经济稳定健康发展。

由于宏观调控，中国经济过热风险开始得到消化，经济增速开始变缓。这种"变缓"不是被动的变缓，而是宏观调控所追求的"变缓"，是年初提出的"两防"调控政策开始发挥作用的表现。

可以预见，今年我国的经济增长仍将保持较快速度，原因有二：一是中国经济发展的中长期基本面良好；二是投资、消费、出口"三驾马车"拉动经济增长的短期动力不减。

同时，在节能减排等产业政策引导下，我国经济结构和产业结构转型明显加快，经济运行质量明显提升。

曾有经济学家担心，奥运会尽管对实体经济影响有限，但由于给投资者形成了良好的预期，致使资产价格因炒作而虚高，股市和楼市在奥运会结束后会迅速调整。

"如今，市场情况已发生了变化，及时有效的宏观调控已使得中国经济过热风险开始消退，经济运行逐渐回归到正常轨道上。"经济学家樊纲表示，股市、楼市的风险已在很大程度上释放，能源价格也作出调整，所以更不必过多担心奥运会后的中国经济。

中国目前正处于工业化中期。有专家作出预测，中国经济 7% 至 8% 或更高一些的增长率至少可以再维持 15 年至 20 年。中国投资将继续处于兴旺状态，经济发展的空间和潜力仍然很大。只要政策调节适当，我国经济就完全可以自如应对国内外各种情况的变化，持续保持平稳较快增长势头。

"这些是其他承办过奥运会的国家所不能比拟的。"上海银监局副研究员张望博士说。可以判断，中国经济运行在既往轨迹上有着全新的动力基础，支撑中国经济增长的基本面没有改变，中国经济将一如既往地运行在平稳较快增长的轨道上。

迎难而上　奋勇前行

——写在中央经济工作会议闭幕之际

新华社北京 12 月 10 日电　12 月 10 日，中央经济工作会议在京闭幕。这次会议，是继党的十七届三中全会之后，今年中央召开的又一次十分重要的会议，也是在国际金融危机持续蔓延，并给我国经济社会发展带来强烈冲击的形势下，党中央、国务院对明年经济工作进行重大决策和全面部署的关键会议。意义重大，各界关注。

会议深入分析当前国际国内形势，全面总结今年的经济工作及取得的重要认识和经验。会议指出，明年要立足扩大内需保持经济平稳较快增长，加快发展方式转变和结构调整提高可持续发展能力，深化改革开放增强经济社会发展活力和动力，加强社会建设加快解决涉及群众利益的难点热点问题。

做好明年经济社会发展工作，对于有效应对国际金融危机冲击、保持经济社会又好又快发展至关重要。

成就来之不易　发展形势严峻

2008 年是中国经济社会发展充满艰辛、经受挑战并取得重大成就的一年。在改革开放 30 周年这个特殊的年份，一系列意想不到的严峻困难和不断发展的复杂形势考验着我们的能力和智慧。

严峻的考验来自于震惊世界的严重自然灾害。从年初南方部分地区罕见的低温雨雪冰冻灾害，到破坏性之强、波及范围之广、救灾难度之大都创新中国成立以来之最的"5·12"四川汶川特大地震，在给人民群众生产生活带来严重影响的同时，也为经济社会的发展增加了困难。

严峻的考验来自于势头凶猛、愈演愈烈的国际金融危机。

从金融领域向实体经济蔓延，从发达国家到新兴经济体和发展中国家冲击，这场发端于美国的次贷危机，在 2008 年演变为席卷全球的国际金融危机，并成为今年影响中国经济发展的最大外部因素。

严峻的考验来自于经济运行中的一系列新情况、新矛盾和新问题。经济发展方式粗放，很大程度上依然依靠贴牌产品的加工，依靠重化工业的投资扩张；劳动力成本不断上升，中国经济的传统竞争力面临减弱压力。

在以胡锦涛同志为总书记的党中央坚强领导下，全党和全国各族人民认真贯彻党的十七大精神，万众一心，奋力拼搏，应对挑战，战胜困难，保持了经济平稳较快发展的良好态势，取得了改革开放和现代化建设新的伟大成就。

这一来之不易的局面充分证明：今年以来，中央审时度势，果断决策，灵活应对，采取的各项决策和方针政策是及时、正确和有效的。各地区、各部门认真贯彻中央的决策和部署，付出了艰辛的努力，工作是富有成效的。

但是，必须充分认识到，当前中国经济发展仍然面临诸多不确定因素。特别是国际金融危机仍在快速扩散和蔓延，对全球实体经济的冲击和造成的损失进一步扩大。

当前，中国经济下行压力在不断加大，已成为经济运行中的主要矛盾。受多种因素影响，在经历连续多年的高速增长后，中国经济景气已开始回落。其中，财政收入、外贸出口分别在 10 月份和 11 月首次出现负增长。工业生产指数也进入"偏冷"区间。

面对严峻形势，会议要求，我们要把困难估计得更充分一些，把应对措施考虑得更周密一些。

全力以赴保增长——明年经济工作的首要任务

会议明确提出，把保持经济平稳较快发展作为明年经济工作的首要任务。这一重要决断的背后，显示了中央迎难而上，全力推进中国经济在较快轨道上健康运行的坚定决心。

要解决前进中遇到的各种问题，必须加快发展。保持中国经济航船平稳较快运行，防止大的颠簸和起落，至关重要。经济增长速度太高、经济运行绷得太紧不行，不利于科学发展。但是，经济增长的速度太低更不行，不利于改善民生、扩大就业、增加财政收入和缓解各方面的矛盾和压力。

实现保增长，必须做到"出手要快、出拳要重、措施要准、工作要实"。这就要求，要尽快采取措施，尽快见到效果。

"所以，在今年四季度，中央先安排了1 000亿元投资，希望能够尽快拉动经济增长。"国家发展和改革委员会主任张平说。

近一段时间，各地区、各部门快速启动和实施扩大内需的政策措施。目前，四季度1 000亿元中央投资已大体落实到项目，这些项目在今后两年中大约需要4万亿元投资。"这些投资的实施，大体可以每年拉动经济增长1个百分点。"据发展改革委测算。

配合扩大内需的方针，会议提出，明年要实施积极的财政政策和适度宽松的货币政策。要较大幅度增加公共支出，保障重点领域和重点建设支出。

"积极的财政政策可以拉动内需，从而达到刺激消费、促进经济增长的目的。适度宽松的货币政策其内涵在于通过调整货币供应量、利率和信贷管理等，刺激经济增长。"中国银行董事长肖钢说。

会议明确提出，把改善民生作为保增长的出发点和落脚点。会议要求优化财政支出结构，继续加大对"三农"、就业、社会保障、教育、医疗等方面的支持力度，加大对低收入家庭的补贴和救助力度。有关专家指出，把改善民生作为落脚点，表明国家正在努力改变以往过分依赖投资和出口拉动经济增长的发展模式，希望通过切实改善民生来拉动消费，从而使经济走上内需驱动型的良性发展轨道。

但重视内需并不意味着可以忽视外需。中央经济工作会议提出，坚持扩大内需为主和稳定外需相结合，进一步增强抵御外部经济风险能力。

事实上，为稳定外需，今年8月份以来，国家已三次调整出口退税率，以减轻出口企业税负。中国社会科学院财政与贸易经济研究所所长裴长洪表示，要实现经济平稳较快发展，仍然要重视出口贸易，外需不能小看，国际市场不能丢。

对中国这样一个发展中的大国而言，坚持聚精会神搞建设、一心一意谋发展，使国民经济始终保持平稳较快增长，不仅是应对国际金融危机的有力举措，也是中央从中国国情和广大人民利益出发所作出的战略抉择。

从长远角度促进中国经济科学发展

加快发展方式转变和结构调整提高可持续发展能力，同时深化改革开放，这是中央对明年经济工作的重要部署，也是对经济社会科学发展的长远规划。

会议指出，要把加快发展方式转变和结构调整作为保增长的主攻方向，把深化重点领域和关键环节改革、提高对外开放水平作为保增长的强大动力。

"会议提出把调整结构、转变增长方式作为主攻方向，这是从长短期结合的角度来考虑的。短期内防止经济较快回落，而长期则着眼于增强可持续发展能力，转变经济增长方式。"国务院发展研究中心产业经济部长冯飞说。

加快发展方式转变和结构调整，提高可持续发展能力，是我国经济健康发展的必由之路，也是实现经济复兴的根本保证。如今，国内外经济形势极其严峻，结构调整更加紧迫。把国际金融危机对经济结构调整形成的压力转化为动力，变挑战为机遇，努力形成新的经济增长点和新的竞争优势，是今后发展的出路所在。

"虽然我们面临着保增长的繁重任务，但加快发展方式转变、推进经济结构战略性调整的大方向不能动摇。"中央经济工作会议指出，必须把保增长、扩内需、调结构有机结合起来。要以增强发展协调性和可持续性、提高自主创新为目标，通过扩大最终消费需求，带动中间需求，有效吸收和消化国内生产能力，形成发展新优势。

"要使中国经济走出调整的格局，就要让短期刺激增长的政策、应急的政策和中长期经济转型、升级、结构调整一致起来，这就要求产业转型，从原来过分依赖投资和出口，转向靠内需的带动，从原来比较多的强调低的资源价格的价格优势转向技术的升级。"国务院发展研究中心金融研究室副主任巴曙松说。

"过去担心政府过分强调保增长，而忽略了进一步推进结构改革的必要性。但从目前措施来看，政府还是充分考虑到这一点。"中国社会科学院世界经济与政治研究所所长余永定说。

此外，这次中央经济工作会议还强调深化改革开放，提出要完善有利于科学发展的体制机制，坚持社会主义市场经济的改革方向，抓住时机推出有利于实现保增长、扩内需、调结构的改革措施。

改革是强国之路，是国家经济发展的活力源泉。改革的目的是逐步理顺价格关系，充分发挥价格机制在能源市场的基础性作用，为建立完善的社会主义市场经济体制创造有利的价格体制条件。回顾改革开放30年，我国经济社会取得巨大成就，造就了被国内外经济学界喻为百年以来最伟大的增长奇迹，其背后的发动机就是体制改革。

如今在危机来临之时，改革又被赋予了更多的含义。经济学家指出，当前是结构调整的重大契机，过于依赖发达国家市场拉动、过于依赖规模扩张和成本优势的发展惯性应借此时机进行调整。但是，如果没有改革拓路，这样的契机也将失去意义。

加快深化价格体制改革，推进公共财政管理体制改革，加快金融改革，深化国有企业改革，对于扩大内需，促进经济结构调整，保持经济平稳较快发展具有重要意义，因而也成为 2009 年经济工作的具体要求。

坚定信心，保持经济平稳较快增长完全能够实现

中央指出，当前我国发展的战略机遇期仍然存在，不会因为这场金融危机而发生逆转。

压力前所未有，挑战空前巨大。与其他国家相比我国具备一定的优势，只要措施得当，就完全有可能克服不利因素，明年保持经济平稳较快增长完全能够实现。

中央指出，尽管我国经济发展面临着来自国际国内的严重困难和严峻挑战，但我国经济发展的基本面和长期发展趋势没有改变。

——经过改革开放 30 年的持续快速发展，我国积累了雄厚的物质基础，经济实力、综合国力、抵御风险能力显著增强；

——工业化、城镇化快速发展，基础设施建设、产业发展、居民消费、生态环境保护等方面有巨大发展空间，扩大内需潜力巨大；

——金融体系总体稳健，财政赤字规模较小，外汇储备充足，国内储蓄较高，宏观经济政策调整有较大余地。

而近期出台的一系列有效应对政策，更是为明年经济平稳较快发展提供了保障。

宏观经济政策进行重大调整，财政政策从"稳健"转为"积极"，货币政策从"从紧"转为"适度宽松"，同时公布了今后两年总额达 4 万亿元的庞大投资计划；扩大内需、促进增长的十项实施措施将为明年经济的增长提供有力支撑；促进轻纺工业健康发展的六项政策措施，进一步加大扶持力度，帮助轻纺企业克服困难，渡过难关……

不少经济学家解读认为，近期密集出台的多项政策措施，其目的在于改变社会对经济的悲观预期、恢复和提振信心，

连同投资转化来的消费，将会扩大对轻工、纺织、汽车等消费品的需求，可为国民经济注入新的活力。

"目前中国和世界所发生的问题，都是几十年乃至上百年所没有遇到过的，人们的认识不可能超越实践的发展，关键在于要及时调整，而中国政府已经在作出正确的调整。"中国宏观经济学会秘书长王建指出，只要经济刺激计划的力度大，方向准，中国经济就一定会在明年全球经济衰退的逆境中实现平稳较快增长。

2009年是新中国成立60周年，也是推进"十一五"规划顺利实施的关键一年。只要我们坚定信心，迎难而上，把党中央、国务院确定的各项方针政策落到实处，就完全有条件变压力为动力、化挑战为机遇，推动中国经济航船继续沿着平稳较快的航道奋勇前行。

作者在贵阳市观山湖区调研

🎤 张连起点评

谢登科的这几篇文章展示了2008年国际金融危机爆发后，中国在转变发展理念上付出的不懈努力，今天看来依然切中发展的要害。

全球低增长困境的症结在于结构性改革迟缓。2008年国际金融危机爆发以后，美国、欧盟、日本等主要经济体都采取了史无前例的量化宽松政策，通过直接购买资产和债券、降低利率甚至实行零利率或负利率等方式，大规模增加市场流动性，提振市场信心。但从实际效果看，全球经济复苏迟缓，市场需求持续低迷，大宗商品价格大幅回落，主要经济体全要素生产率增速放缓。单一的需求刺激并没有取得预期效果，需求管理的短期政策虽在抵御危机冲击上发挥了一定作用，但中长期结构性问题并没有得到根本解决。

"人无远虑，必有近忧。"加快供给侧结构性改革是打造我国国际竞争新优势的关键。改革开放以来特别是加入WTO后，我国对外开放水平不断提高，国际竞争力明显增强。凭借低成本优势和较强的产业配套能力，我国在全球贸易中的地位迅速上升。但也要看到，随着我国要素成本逐步提高，传统比较优势逐步减弱，而新的竞争优势尚未形成，面临"前有围堵、后有追兵"的双重挤压态势。这就要求我们从供给侧发力，加快产业结构转型升级，培育建立在新比较优势基础上的竞争新优势。唯其如此，我们才能破浪前行！

沈阳机床（集团）有限责任公司生产的机床

2009 年 12 月 29 日 （中国答卷）

应对·启示·展望
——写在 2009 岁末

新华社北京 12 月 29 日电 这是一份极富挑战的试卷：持续扩散蔓延的国际金融危机，冲击的不仅是中国经济的增长速度，更是不合理的经济增长方式。中国的发展遭遇严重困难。

这是一份不同凡响的答卷：保增长、调结构、促改革、惠民生有机结合，不仅使中国在险象环生的世界经济中率先实现经济企稳向好，而且正在为中国经济注入新动力。

这是一份孕育希望的答卷：在发展中促转变，在转变中谋发展，是应对危机中更切身的体会、更广泛的共识，也是中国经济实现又好又快发展的必由之路。

转变正在发生，希望开始升腾。

新旧矛盾交织，内外问题频现。即将过去的2009年，我们交出了一份令人满意的答卷

"订单直线下滑，生产全线告停，曾经繁忙的厂区变得空旷，我的头蒙了，这辈子难道就这样完了?"一年前突如其来的遭遇，至今还让浙江舟山的企业经营者侯俊鹏惊魂不定。

时光如梭。如今再访长三角，包括侯俊鹏的公司在内的成千上万家企业已经走出谷底，重现生机。而此时的中国经济，也已有效遏止了经济增长明显下滑态势，在全球率先实现经济形势总体回升向好。

事非经过不知难。一年来，中国经济走过的是一条复杂而艰难的复苏之路。

2008 年第四季度以后，受金融危机导致的海外订单锐减这一直接影响，从长三角、珠三角到中西部，从中心城市到

中小城镇，企业关门歇业、工人下岗回家的景象随处可见。受此影响，用电量、投资额、利润、税收等一系列经济指标纷纷下滑。作为世界经济增长的重要引擎，中国经济的增速从 2008 年年中时的 9% 快速回落至今年一季度的 6.1%，下滑之快实属罕见。

"让人深虑的是，我们不仅要应对经济增速下滑的局面，而且还要面对发展模式转变的挑战。"国家发展和改革委员会研究室副主任杨洁认为。

随着美国等发达经济体消费的衰减，全球经济格局正在发生明显转变，旧有的经济发展模式已难以为继。

"雷曼兄弟破产之后的世界，已经不是以前的世界了。"经济学家史蒂芬·罗奇如此感慨。

如何寻找到新的发展路径，找到新的发展动力，形成新的发展模式，成为中国乃至全球都不得不面对的严峻挑战。

统筹全局，沉着应对，抓住关键，有的放矢。在应对危机的过程中，中国付出了艰辛和智慧——

增投资。大量的中央新增投资、地方投资和由此带动的社会投资，以及数额更为庞大的金融机构贷款，源源不断投向经济建设发展第一线，成为支撑中国经济增长的重要推动力量。

扩消费。促进家电、汽车、节能产品消费等一系列政策措施，使消费增长创出新高。

稳出口。出口退税等多项应急之策并举，使出口降幅收窄，国际市场份额逐步提高。

保就业。从为企业减负到加强职业培训、举办招聘会，促就业的积极行动带来就业状况的明显改善。

增效益。十大重点产业调整振兴规划的实施，带来相关产业生产稳步上升，效益逐步改善。

一系列政策措施的综合作用，使经济运行中的积极因素逐渐增多：

6.1％、7.9％、8.9％——从已经公布的 2009 年前三季度中国 GDP 增幅的数字看，这的确算得上一份亮丽的答卷。"总的形势比原来预料得要好，去年底今年初的时候形势非常严峻。相比全球来说，中国反应最快，力度最大，回升最早，增幅最高。"国家发展和改革委员会主任张平这样评价。

但让这份答卷更具亮色的，是这些数字背后所蕴藏的更具深刻意义和长远意义的转变。

成绩来之不易，经验弥足珍贵。在应对危机的过程中，我们收获了在复杂环境中推动经济社会又好又快发展的重要启示

此次百年一遇的金融危机警醒我们，我们的发展必须从依靠投资、依靠要素的投入，转变到依靠技术进步、效率提高和就业增加上来。

金融危机的爆发，使一个 13 亿人口的大国，骤然面临经济社会发展的严峻考验。保增长，就是保就业、保稳定。在金融危机的冲击下，保增长无疑具有特殊重要的意义，被党和政府列为首要任务。

但是，梳理应对危机的过程不难发现，党和政府在全力保增长的同时，更把它和扩消费、惠民生、调结构、促改革有机结合起来，统筹考虑，全面推进。

"这是一个完整的计划，兼顾当前和长远、运用市场和宏观调控两只手，并非为了 GDP 的增长而不惜代价、不顾一切，这是最引人注目的亮点。"国家行政学院教授张孝德说。

——增投资、扩消费、惠民生紧密结合，是政府在投资行动上把握的一条重要原则。

投资，是拉动经济增长的有效措施。但钱往哪里投，关乎经济社会发展的全局和未来。寻找既能够拉动投资，又能够促进消费、惠及民生的项目，是一个十分显著的特点。

2008 年 11 月，中央新增 1 000 亿元投资计划时，第一项就给了保障性安居工程。翻开随后的一系列投资"账本"可以清晰地看出，中央新增投资大约 5 900 亿元，大部分投向了安居工程建设、农村基础设施建设和民生工程建设，也就是路、水、电、气、房，还有环境保护和技术改造。

与此同时，家电下乡、汽车摩托车下乡、汽车家电以旧换新等刺激消费的创新举措在全国推开。"从农村的情况看，政府的补贴、优惠，使这些消费政策迅速见效，并发挥了'四两拨千斤'的作用，不仅直接拉动经济增长，更直接惠及百姓生活。"贵州铜仁地委书记廖国勋说。

——保增长和调结构有机结合，对于促进发展方式转变和提高经济增长的质量和效益，起到积极推动作用。

这个冬天，在珠三角摸爬滚打 20 多年的企业老板陈锦波拿着手里的小家电订单感慨万千。在国家政策的带动下，他们果断提升产品档次，曾经直线下降的订单量重新恢复上来。如今，展现在陈锦波面前的是一个广阔的市场。

2009 年伊始，中央果断密集出台了钢铁、石化、汽车、装备制造、电子信息、轻工、船舶、纺织、有色金属、物流十大产业调整振兴规划，有效应对金融危机对这些产业的冲击。这些规划中一个共同的特点是调整结构。中央明确提出，要淘汰落后产能，促进产业升级，并在技术改造方面给予资金政策支持。

不久前，上海取消区县 GDP 排名的决定受到了广泛注意。当前，国际金融危机的阴霾还未消散，中国经济回升的基础还不牢固。在这样一个时候，上海的举动具有更加特殊的意义。"我们不是不要速度，关键是要在转变发展方式、推进结构调整上下更大力气。"上海市市长韩正对此作了这样的注解。

"对 GDP 的重新审视，体现了我们在应对危机过程中认识上的进一步升华，这是一个十分难得的收获。"经济学家、大公国际资信评估有限公司总裁关建中评价道。

——既保发展，又促改革，成为应对危机中贯穿中国经济社会发展全局的一个清晰脉络。

2009 年 5 月，一项破解世界性难题的改革——医药卫生体制改革在中国全面启动。它向世界发出了这样的信号：在应对危机的复杂环境中，中国要为亿万百姓构筑更加安全可靠的社会保障网。与此同时，成品油价税费改革等多项关乎国计民生的重大改革举措陆续推出。

"关键环节、关键领域改革的推进，不仅能从体制机制上保持经济社会的平稳较快发展，而且会为中国经济的增长催生出新的内生动力。"河南省副省长宋璇涛说。

认识源于探索，经验启示未来——

必须坚持市场机制和宏观调控有机结合；必须坚持长期发展目标和短期增长目标有机结合；必须坚持扩大内需和稳定外需协调发展；必须坚持改善民生和扩大内需内在统一。

在近期召开的中央经济工作会议上，中央着力强调了四个"必须"。这是一个大国在应对危机过程中的深刻体会，更是经受洗礼之后的理念升华。

一份面向"后危机"时代的新答卷已经展开。
在发展中促转变，在转变中谋发展，中国正以智慧、
勇气和魄力筹划充满希望的未来

当全球经济复苏苗头初露时，迪拜债务危机、希腊主权信用危机等事件，又在以全球金融市场震荡的方式发出警示：未来的经济复苏之路将不会平坦。

更为严峻的是，由于美国、欧盟家庭储蓄率的回升和消费率的下降，我国出口将在相当长一段时间内面临考验，固有的发展模式正从根本上发生变化。"今天的世界经济社会，正在以一种历经危机的方式，从一个旧时代跨入到一个新时代。"中国社会科学院世界经济与政治研究所所长张宇燕说。

每一次大的经济危机往往会带来对旧有模式和格局的抛弃，同时会伴随着科技的新突破，催生新兴产业，形成新的经济发展点，最终为世界经济增长新格局和发展新方式的出现创造条件。

上世纪 90 年代以来，世界经济之所以能够经历长达 20 多年的繁荣，就在于依靠了当时高新科技的产业化，改变甚至从根本上变革着传统产业，并让我们的生产方式、生活方式、思维方式发生了剧烈的变化。

"今天之所以遭遇这样一次百年一遇的金融危机，根本原因在于支撑上一轮经济增长的科技动力已消耗殆尽。"中国社会科学院副院长李扬说。

摆在未来中国经济社会面前的，是这样一份新的试卷：挑战更多，但机遇也更多。

正是基于对历史与现实的敏锐观察，中央明确提出，今后重点要在促进发展方式转变上下功夫，真正把保持经济平稳较快发展和加快经济发展方式转变有机统一起来，在发展中促转变，在转变中谋发展。

"发展方式转变是一道艰难的考题。必须突破诸多体制障碍，完善鼓励创新的法制的市场经济体制。"经济学家吴敬琏指出。

环顾世界，一些国家为应对这场危机，已把争夺经济科技制高点作为战略重点，把科技创新投资作为最重要的战略投资，把发展高技术及产业作为带动经济社会发展的战略突破口。在这场新一轮竞争中，中国不能落伍，必须有所作为。

对于中国经济而言，两个转型升级已提上日程——传统产业的调整改造和新兴产业的发展。下一步在培育新的经济增长点的同时，需要大力推进节能减排，抑制过剩产能。国家已经确定，2010 年将进一步采取措施调整结构，增加消费，改善民生。

世界经济以一场百年一遇的危机，向全球昭示一个新时代的到来。面对这份已经展开的新试卷，历经磨难洗礼的中国，完全有能力继续给出合格的答案。

2009 年 12 月 15 日

从"困难之年"到"关键之年"

新华社北京 12 月 15 日电 在国际金融危机的巨大冲击中，中国经济以一条引人注目的快速反转"V"形曲线，即将走完新世纪以来最为困难的一年。

2010 年正向我们走来。无论对于全面摆脱危机影响实现经济全面复苏，还是谋求发展方式转变实现又好又快发展而言，这都是一个关键之年。

从"困难之年"到"关键之年"，中国经济既面临新的机遇，也面临新的挑战。在发展中促转变，在转变中谋发展，我们需要抓住关键之处奋力"迎战"。

"困难之年"凸显"关键矛盾"

几天前，国家统计局、海关总署等部门公布了 11 月份的最新经济数据，工业增速再创新高、居民消费价格转正、进出口总值转正……一系列信息表明，中国经济回升向好的势头在进一步巩固。

"从现在看，中国经济在保增长上取得了显著成果，但目前还是处于一个关键时期，还有许多深层次问题没有解决。"国家统计局总经济师姚景源近来不断强调这一观点。

姚景源所说的"深层次问题"，大多数并不是金融危机带来的新问题，而是长期影响着中国经济可持续发展的根本性矛盾。只不过，金融危机的发生，使它们得到了更集中、更充分的暴露。

去年第三季度起，世界经济险象环生，国际金融危机持续扩散蔓延。在这种背景下，中国经济快速下滑，陷入了新世纪以来最为困难的局面。今年一季度当季经济增速只有 6.1%，为近年来的最低点。

有不少人发出这样的疑问：这次危机并没有改变我们经济的基本面，但为什么冲击这么大，这么明显？

"表面上看，是外贸比重偏大，实质上，反映出来的是增长方式上存在问题。"国家信息中心经济预测部副主任祝宝良说。

改革开放以来，中国经济年均增长9.8％。特别是2001年以后，经济连续7年高速增长。但就在这一过程中，经济中长期积累的结构矛盾不断强化，面临的转型压力也越来越大——

从需求结构看，长时间依赖出口和投资，消费需求不足；

从产业结构看，主要依赖第二产业，第三产业发展滞后；

从要素结构看，长期依赖物质资源的高投入、高消耗。

"这一切，导致的是经济结构不合理，经济发展方式粗放。"国家发展和改革委员会宏观经济研究院副院长王一鸣说。

国际金融危机对中国经济的冲击，表面上是对经济增长速度的冲击，实质上是对不合理的经济发展方式的冲击。这又一次警示我们，主要依靠物质投入、外延扩张的传统经济发展方式难以为继，转变经济发展方式刻不容缓。

而就在复苏力量不断积聚的同时，当前经济中出现的问题，又增加了人们对未来的担忧：经济增长中投资贡献率高达95％，其中又以政府投资为主；产能过剩问题在部分行业非常突出，重复建设现象又有所抬头……

一系列关键性矛盾和关键性问题的凸显告诉我们，只有加快调结构、促转变、上层次，走出困难的中国经济才能有后劲、可持续。

"关键之年"更需把握"关键之机"

对于中国经济而言，金融危机的发生是一种磨难，更是一个契机。问题的关键在于，我们是否能把握住这些机遇，以及如何把握好机遇。

我们即将告别"困难之年"。随着外部环境的好转和一揽子计划效应的继续发挥，2010 年中国经济发展的总体环境有望好于今年。"形势稍好，犹须谨慎。能不能利用好经济企稳回升、整体向好的有利条件，坚定不移促转变，是对我们的更大、更严峻考验。"中国社会科学院经济学部副主任刘树成说。

毫无疑问，2010 年中国经济面临的形势和任务可能会比今年更复杂，更艰巨。"从某种意义上说，2010 年是打牢经济回升基础、夺取应对金融危机冲击全面胜利的关键之年，也是促进发展方式转变取得新突破、为启动实施'十二五'规划奠定基础的关键之年。"刘树成认为。

明年世界经济虽然将会好于今年，但全球需求依然不足，实体经济回升面临较多困难，金融领域的风险尚未消除，发达经济体失业率不断攀升，贸易保护主义不断升级，中国经济外部需求的恢复将依然十分艰难。把未来中国经济的发展寄希望于恢复以往的出口快速增长局面，是行不通的。

更值得警惕的是，国内高耗能高排放行业近来出现明显反弹，刚刚走出"危急"时刻的中国经济，再度显示出旧有发展模式的强大惯性。11 月份，全国钢材产量同比增长 46.4%，发电量增长 26.9%，重工业增速高出轻工业增速 9.6 个百分点。

只有调结构、转方式的增长才是真正的增长。

在金融危机发生之初，中央就提出不能因保增长而忽视发展方式的转变。在金融危机冲击的困难时刻，国家启动了十多个重大科技专项，鼓励企业进行技术改造；实施了十大重点产业的调整振兴规划，解决这些行业存在的突出矛盾和问题；有序推进医疗体制改革、保障性住房和一系列社会保障体系建设……

我们不希望看到这样的局面出现：就是金融危机过去了，经济的增速上来了，但问题还是老问题，方式还是旧方式。

"中国经济应当进入到一个新的发展状态当中：速度比上一轮外需强劲时略低，但更加依靠居民消费，更加依靠自主创新。现在就应当开始把'急救'式的保增长，转到促进发展方式转变上来，使经济发展步入持续健康的轨道。"国务院发展研究中心宏观经济研究部研究员张立群说。

2010年是实施"十一五"规划的最后一年。专家指出，未来中国经济在三到五年时间里将是一个调整期。在此期间，要去谋划、推进中国经济的一轮战略性调整，包括经济结构的调整和增长模式的转变。

"抓住机遇，转型成功，中国经济的又好又快发展将会迎来一个崭新天地，并为下一个增长周期奠定坚实的基础。"中国（海南）改革发展研究院院长迟福林分析说。

"关键之年"期待"关键突破"

越来越多的人正在意识到，我们只有在推动发展方式转变上取得了突破性进展，才算得上是真正意义上战胜了国际金融危机。

其实，促进发展方式的转变并不是一个新课题。只不过，多年来对经济快速增长的追求，使得一些人对其重要性和紧迫性有所忽视。中央在安排明年经济工作时，把促进经济发展方式转变放在重中之重的位置和经济发展全局的高度突出加以强调，显示了在促转变上取得"关键突破"的决心和信心。这在近年来并不多见。

中央经济工作会议明确提出，从制度安排入手，以优化经济结构、提高自主创新能力为重点，以完善政绩考核评价机制为抓手，增强加快经济发展方式转变的自觉性和主动性。

"要想真正实现促转变，必须要有突破点和制度保障。中央这次非常明确地提出从制度安排入手，以政绩考核评价机制为抓手，抓住了问题的要害。"中国人民大学公共管理学院副院长许光建说。

促进转变发展方式，必须突破经济体制中的一些深层次制约。比如，现行资源价格体制的问题，是高耗能行业得以不断膨胀的基础；现行财税体制的弊病，是一些地方盲目上项目铺摊子的动力源头；收入分配和垄断行业的现行不合理格局，抑制了居民消费和民间投资的进一步发展……

"保障发展方式的转变，最重要的还是要推进经济体制改革的战略性突破。"王一鸣指出，改革现在剩下的一些领域，都是需要通过攻坚来解决的关键问题。在此过程中，一定要发挥好市场配置资源的作用，着力增强市场内生动力。

而优化经济结构、提高自主创新能力被确定为促进经济发展方式转变的重点。中央经济工作会议提出，要加大国民收入分配调整力度，积极稳妥推进城镇化，抓紧研究提出培育我国战略性新兴产业的总体思路，坚决管住产能过剩行业新上项目，开展低碳经济试点。

"这些部署，将会有效释放和进一步扩大居民消费，实现'三驾马车'的均衡拉动；将会加快服务业发展，实现三次产业协调拉动；将会解决经济发展方式粗放的老问题，创造新的增长点，使得经济发展更加依靠科技创新。"国务院发展研究中心产业经济研究部部长冯飞指出。

危机之中蕴含战略机遇，调整孕育新一轮经济繁荣。放眼海外，世界各国都在抢抓危机中蕴含的机遇，加快技术创新、产业突破和发展模式升级转型的步伐，抢占新的发展制高点。

著名的"信息高速公路"计划，造就了美国持续 8 年的经济繁荣，金融危机的发生，使寻找新的领跑产业成为全球共识；中国经济上一轮高增长的背后是重化工产业的快速增长，如今，新能源、新材料、生命科学等新兴产业正有望成为"战略接替"。

"亚洲金融危机以后的 10 年，是中国经济发展的黄金时期。如果这次我们的调整转型能够尽快突破并真正到位，这次金融危机之后的 10 年，有望超过上一个 10 年，成为中国经济发展新的黄金时期。"王一鸣充满信心地说。

🎙 张连起点评

2009年中国经济出台了一系列全面完整、标本兼治、远近结合的政策措施：扩大内需，大规模增加财政投入；调整和振兴产业；大力推进技术改造；建立比较完善的社会保障体系；保持金融的稳健以支撑经济。尽管GDP增速还在下降，但是GDP属于滞后型指标，一些反映未来走势的先行指标，如货币供应量和制造业采购经理指数等，出现了回暖迹象。一些国（境）外媒体报道，中国经济已经出现"见底回升"，"看到了隧道尽头的曙光"；联合国以及国际货币基金组织等国际组织也开始对中国经济持比较乐观的态度，认为中国在2009年有望保持较高的增长率。

由于这一系列强有力的政策不仅强调扩内需保增长，而且强调老百姓最为关注的就业、消费、社会保障、教育等民生改善问题，因而坚定了全国人民应对危机的信心，对国际金融危机"关心担心但不害怕"是中国社会的主流。

实践证明，一系列政策措施具有"出手快、出拳重、措施准、工作实"的特点，使中国经济在应对国际金融危机中赢得了时间，争取了主动，稳定了局势。

河北安平永鸿网业有限公司的员工在车间丝网生产线上工作

03/把脉中国经济

→ 面临两难考验的 2010

作者（右一）在茅台集团采访

2010 年 2 月 23 日

六大挑战考验"关键之年"

新华社北京 2 月 23 日电 2010 年是继续应对国际金融危机冲击、保持经济平稳较快发展、加快转变经济发展方式的关键一年，是全面实现"十一五"规划目标、为"十二五"时期发展打好基础的重要一年。如何做好全年经济社会发展工作，是即将召开的全国两会商讨的重要内容，各界关注。

过去的一年，在应对国际金融危机冲击、保持经济平稳较快发展这场重大考验中，我们既取得了显著成果，又积累了在复杂环境中推动经济社会又好又快发展的重要经验。

展望未来，希望与困难同在，机遇和挑战交织。党中央、国务院全面正确判断形势，提出增强忧患意识，加快转变经济发展方式，充分利用有利条件和积极因素，更加周密地做好应对各种风险和挑战的准备，牢牢把握工作主动权，努力在新的起点上取得更大成就。

挑战一：宏观调控面临"两难"考验

如果说 2009 年是新世纪中国经济最困难的一年，那么 2010 年将是国内外形势更为错综复杂的一年。经济运行中的新情况、新问题不断显现，检验着宏观经济政策的实施效果，也给政府的调控能力带来挑战和考验。

本月 25 日起，我国大中型金融机构将再度上调存款准备金率 0.5 个百分点，这是一个多月内的第二次上调。这一举措的运用，是货币政策应对新形势的灵活之举，也凸显出当前调控面临的两难：一方面要继续实施适度宽松的货币政策，另一方面要根据形势的发展变化不断进行政策微调。

"如果不适当收缩贷款，未来价格上涨压力会进一步加大；如果收缩节奏把握不好，又可能带来企业融资难和经济下滑的风险。在抑制流动性过剩的同时，尽量不对经济的发展带来负面影响，这是对货币政策决策上的巨大考验。"全国政协委员、清华大学中国与世界经济研究中心主任李稻葵说。

事实上，不仅货币政策，我国整个宏观经济调控都将面临两难挑战。就经济刺激方案而言，过早的退出可能造成前功尽弃，甚至使形势发生逆转；而在经济回升之后不作适当调整，又可能加剧产能过剩、重复建设等原有矛盾，带来通胀压力加大等新问题。基于此，中央经济工作会议提出要处理好保增长、调结构、管理通胀预期的关系，一方面继续保持经济平稳较快增长，同时要加快转变发展方式、优化经济结构、提高发展质量。毫无疑问，2010 年的宏观调控形势将更为复杂。

中国经济正逐季向好，但经济的好转不等于就能走上一条可持续发展的轨道。目前的经济发展、企业运行，更多还是靠政策的支持，缺乏内在的动力和活力。"当前我国经济社会发展仍处在一个关键时期，面临的问题依然十分复杂，面临的调控任务依然十分艰巨，一定要保持清醒的头脑。"国家发展和改革委员会主任张平指出。

从支撑经济增长的主力——投资看，与去年相比，今年的投资力度虽然不减，但其内涵却要发生变化：更加重视发展社会事业，更加重视技术创新，更加重视节能减排，更加重视启动民间投资。其背后蕴涵的，是宏观政策在着力点上的悄然变化。

"2010年中国经济面临的调整，既有经济发展结构上的调整，也有经济刺激计划进退把握的调整，其中充满变数。"中国发展研究基金会副秘书长汤敏说。

一国宏观经济政策的选择和运用，往往会带来一定的调控成本，凸显出政策两难的局面。"相机抉择非常关键。就当前而言，怎样根据经济形势权衡利弊，作出科学选择，是宏观经济政策调控的难点所在，这就需要根据形势的变化，调整政策的力度、节奏和重点，提高政策的针对性、灵活性和前瞻性。"国务院发展研究中心宏观经济研究部研究员张立群说。

挑战二：外部环境孕育潜在风险

中国经济正在以骄人的表现企稳回升。但是，在国际金融危机的冲击下，我国的外部发展环境发生了重大变化，经济发展既面临新的战略机遇，也面临新的严峻挑战。

经历百年一遇的金融危机，全球经济重新走向全面企稳回升的道路必然缓慢而复杂。另一方面，愈演愈烈的贸易保护以及新近爆发的一些国家债务危机又为未来的复苏蒙上阴霾。

据国际货币基金组织统计，到目前为止二十国集团成员为应对危机承诺的各类经济刺激计划涉及的资金总规模已超过10万亿美元。这些措施虽然可以在较短时间内带动经济反弹，但这种反弹很大程度上是政府驱动型。全球经济复苏仍然缺乏内生性。

同时，欧元区的希腊、葡萄牙、西班牙等国主权债务问题引发全球关注。"如果欧洲债务问题继续发展下去，欧洲经济可能难以真正复苏，甚至不排除震荡下行的可能。"中国社会科学院世界经济与政治研究所研究员郑联盛说。

伴随着美国与欧元区不断走高的失业率，发达国家消费者过度消费——这一支撑世界经济高速增长的旧模式已经动摇，世界经济的发展格局正面临深度调整，中国经济的外需环境发生了根本性变化。

历史经验表明，每一次危机时期，贸易保护主义都呈上升态势。经历了这次危机之后，贸易保护主义抬头已被公认为今年最突出的国际贸易问题。奥巴马公开宣称，美国要"五年出口翻番"。国际上甚至出现一种论调，认为全球化已经过度，市场商品的供给应该在合理的半径范围之内。

这些声音的背后，实际上是在给包括中国在内的发展中国家的发展制造不利的贸易环境，不能不引起人们的警觉。

挑战三："三驾马车"亟待"三轮驱动"

2009年中国经济以8.7%的增速全球"一枝独秀"，然而仔细分析投资、消费、出口这"三驾马车"对经济增长发挥的不同作用，存在的问题值得重视。

在8.7%的经济增速中，投资拉动了8个百分点，贡献率达到92.3%；消费拉动了4.6个百分点，贡献率为52.5%；净出口拖累了3.9个百分点，贡献率是−44.8%。

"看得出，这样的经济增长主要靠投资拉动，靠政府扩大投资的政策拉动，消费不旺，经济真正复苏的基础还不牢固。"十一届全国人大代表、郑州市市长赵建才坦言。

在国际金融危机"黑云压城"的特殊时刻，投资特别是政府投资发挥了对中国经济增长拉动最直接、见效最快、效果最明显的特殊作用，投资"急先锋"为"保八"立下了汗马功劳。然而，无论是投资还是出口，甚至是二者的组合，都无法拉动中国经济的持久、协调、健康增长，这已经为实践所证明，也成为危机后的共识。

"下一步要使中国经济增长的首要动力由投资转向消费，同时要把投资的主体由国有转向民营，并继续发挥出口在消化过剩产能和解决就业方面的作用。"国家信息中心首席经济师祝宝良强调，只有消费、投资和出口"三驾马车"协调拉动、"三轮驱动"，中国经济才能够实现健康、可持续增长。

"当前消费率依然偏低。怎么提高百姓收入水平，怎么打消百姓消费的顾虑，应当是未来扩大内需政策的主要部分。"中国人民大学公共管理学院副院长许光建建议，扩大消费是一个长期的过程，更需要各级政府的高度重视和长期投入。

挑战四：产业发展老问题新挑战并存

随着经济增速的逐季加快，中国经济正在重现生机。然而，在这一局面的背后，究竟哪些产业在支撑发展、哪些产业应该加快发展，更加值得关注。

"从产业结构来看，问题突出表现在部分行业产能过剩和盲目重复建设，钢铁、水泥、平板玻璃等都存在这类问题。"张平指出，科技进步对经济发展的贡献率偏低，经济增长在很大程度上还是依赖物质资源的大量投入。

随着经济的向好，一些传统高耗能产业产能过剩再度凸显。最新统计显示，今年1月份，全国重工业耗电量同比增长超过50％，增速高于轻工业22个百分点。去年全国粗钢产量超过5.6亿吨，同比增长13.5％，增速比上年加快12.4个百分点；水泥产量超过16.2亿吨，增长17.9％，增速加快12.7个百分点……

"在中国淘汰落后产能是一个非常棘手、非常困难、需要花大力气才能取得实实在在进展的一个问题。"国家统计局局长马建堂表达了对部分行业产能过剩的担心。

产能过剩的旧有矛盾尚未解决，如何发展战略性新兴产业这一新问题已经凸显出来。

绿色经济、低碳经济，新兴产业不仅是未来发展新的动力，其中也蕴含着发达国家主导制定的世界经济发展新"游戏规则"陷阱，一旦没有及时跟进，不仅机会尽失，而且会陷入被动局面。"这要求我们既要立足当前，加快传统产业改造提升；又要着眼长远，更加注重战略性新兴产业的培育发展。"工业和信息化部部长李毅中指出。

我国的研究与试验发展经费占国内生产总值的比重刚刚超过 1.5％，欧美国家一般为 2.5％至 3％。研发投入明显不足，制约着我国自主创新能力的建设。目前，我国的战略性新兴产业尚处于启动萌芽状态，要真正成为中国经济新的增长点，还有很长的路要走。

挑战五：保障改善民生任务繁重

"2010 年，你最希望政府解决哪些民生大事？"新华网在岁末年初推出的网上调查显示，"遏制高房价""维持物价稳定""涨工资""降低医疗费""保障教育公平"名列前茅。

面对金融危机的严重冲击，解决民生问题被党和政府列为头等大事，成效明显。但必须看到，我国社会事业建设长期滞后，离人民群众的期待还有不小差距，尤其是一些涉及人民群众切身利益的问题亟待解决。保障和改善民生任务繁重，未有穷期。

医改方向明确，效果尚待检验。酝酿多年的新医改方案在 2009 年上半年隆重登场。人们为政府解决看病贵的努力和决心叫好，也对良好效果充满期待。"大家最担心的是药价没降下来，诊疗费反倒提高了。新医改方案只是一个良好的开始，要彻底解决'看病贵'难题，还要看制度能否进一步完善。"北京退休工人凌云说。

房价调控密集出台，能否抑制投机还需观察。2009年"过山车"一样的房价让百姓平添困惑，房地产市场泡沫积聚的迹象同样引起决策层高度关注。去年底国家推出促进房地产市场健康发展的四大举措，人们期盼，一个健康发展的房地产市场让更多群众从中受益。

保障民生的头等大事是保就业。2010年维持就业率的稳定依然不容乐观。"对630万高校应届毕业生来说，今年是艰难的一年，社会所能提供的适合毕业生就业的岗位特别是智力密集型就业机会偏少，形势严峻。"中共中央党校研究室副主任周天勇分析。

推进教育改革，难点仍需破解。中学校长推荐制、高分退档、扩大自主招生比例……去年，为打破"一考定终身"的传统考试制度作了一些有益尝试。"但教育改革不可能一蹴而就，需要统筹考虑，科学谋划。"北京教育科学研究院研究员谢春风说。特别是万众瞩目的《国家中长期教育改革和发展规划纲要》在充分征求意见基础上今年将启动实施，人们期待它成为一个群众满意、符合国情、体现时代特色的发展大计。

百姓所呼，政府所应。一系列重点民生问题的解决，将逐步消除群众的后顾之忧，造福人民群众。

挑战六：推进改革需努力攻坚克难

2009年岁末，亲身经历了中国经济发展"最困难的一年"的50位国内经济学家，在一项影响我国经济发展主要问题的问卷调查中，选择的前五位都是深层次的体制问题：收入差距过大、垄断行业扭曲资源配置、消费需求不足、权力缺乏监督、社会保障制度不健全。在这些问题的背后，隐含着一个共同的词汇和一个必然的选择——改革。

"如果就危机中出现的问题谈问题，采取的措施是短期的。要根本上解决问题，靠体制改革。"国家发展和改革委员会体改所所长聂高民说，既要宏观调控和经济调节，又要通过体制改革从根本上加以解决。

可以说，经历了31年历程的渐进式改革，如今已经步入深水区。容易操作的、容易达成共识的改革多已完成，而随着社会的发展，在日益多元复杂的利益格局下推进关键领域的改革，难度之大可想而知。

收入分配改革，关系国家、集体和个人三方之间的利益和全体社会成员的切身利益，要兼顾效率和公平，在市场经济条件下如何入手？垄断行业改革，既要把握住这些国民经济的命脉，又要促进民间投资以增强市场活力，如何平衡？行政管理休制改革，怎样增强政府的公共服务能力，并减少对微观经济领域的具体干预？诸多改革面临两难甚至多难局面。

中国经济体制改革研究会会长宋晓梧指出，目前，一些改革的意见还不统一，要使改革实实在在地推进，需要进一步强化改革统筹协调机制建设，完善改革的决策和推进机制，加快清理和修订相关法律法规。

改革的难度虽然日益增大，可关键领域存在的体制问题一旦突破，就能为经济社会发展提供巨大的空间和强劲的动力。中央经济工作会议提出，要深化经济体制改革，不失时机地推进重要领域和关键环节改革。胡锦涛总书记近日讲话强调，加快经济发展方式转变，既是一场攻坚战，也是一场持久战，必须通过坚定不移深化改革来推动。

站在新的发展起点上，立足当前，着眼长远，抓紧推进和完成一些重要领域和关键环节的改革，必将为中国经济可持续发展增添新的动力、拓展新的空间。

在即将召开的全国两会上，人们期待着听到更多应对挑战的共识与良策，从而实现经济社会又好又快发展。

湖南长沙城区一处建设中的商品房

五大视角看开局

——写在首季经济数据发布前夕

新华社北京 4 月 14 日电 2010 年春天，在料峭的寒风中走来。中国经济也正在复杂的形势里稳健复苏、加速奔跑。

今年以来国民经济运行开局良好，继续朝着宏观调控的预期方向发展，回升向好势头更加巩固。一季度的相关经济数据即将发布，来自各方的信息同时显示，一个精彩的开局已没有悬念：从进出口到投资、消费，从 GDP 到 CPI，一系列经济数据将证实"高增长、低通胀"的预测可以成为现实。

与之相伴，对于中国经济运行的担心和疑虑也渐渐多了起来。在这一关键时期，需要审视热点难点，科学判断形势，保持清醒头脑和发展信心。

高增长是否意味着中国经济彻底走出危机

与一年前的市场寒潮相比，河北钢铁集团今年的"春天"显得格外温暖。受下游行业需求上升带动，集团一季度开工率 100％，产销率 100％，销售收入、利税、利润等指标都有10％以上增幅。

此时此刻，繁忙兴旺的青岛港和宁波港同样见证着中国经济的回暖。"一季度我国港口货物吞吐量、外贸货物吞吐量同比大幅增长，增长幅度均超过 20％。"交通运输部新闻发言人何建中说。

目前，国内外经济机构纷纷对中国经济一季度的增长作出预测：继去年第四季度 10.7％的两位数增长后，2010 年一季度的增速将继续达到两位数以上，或为 11％至 12％之间。

已经公布的一季度中国企业家信心和企业景气指数、制造业采购经理指数也都显示出经济继续上行的鲜明信号。特别是，一季度出口额基本恢复到 2008 年同期水平，对经济增长的拉动作用由负转正。中国经济正在实现连续第四个季度的持续提升。

那么，GDP 的高增幅是否意味着中国经济已彻底走出国际金融危机的阴影呢？

央行货币政策委员会 2010 年的第一季度例会对当前经济金融形势的发展继续作出了"极为复杂"的评价。这与温家宝总理上个月在政府工作报告中的判断完全一致。

形势的复杂表现在：国际主要经济体失业率高位徘徊，金融领域风波未平，全球大宗商品价格上涨较快，贸易摩擦急剧升温，世界经济不确定、不稳定因素仍然很多。

形势的复杂还表现在：中国经济增长的内生动力不足，自主创新能力不强，部分行业产能过剩矛盾依然突出，结构调整难度加大，资源和环境的压力进一步加大，财政金融领域潜在风险增加，一些关系民生的问题亟待解决。

"目前全球经济复苏的技术性补偿因素较强，世界经济还很难看出什么时候能真正走出低谷。"国家信息中心发展研究部战略规划处处长高辉清指出。

世界银行的报告也指出，2010 年至 2011 年发达国家的经济复苏将非常迟缓，并将抑制全球进口需求的复苏。

"这些因素无疑都对中国能否彻底走出危机增加了不确定性。"中国工商银行副行长李晓鹏说，把握好政策实施的力度、节奏和重点至关重要、事关成败。

两位数以上的增长是否预示经济过热

经济社会发展一直在矛盾的冲突中向前推进。随着一系列经济指标的回升向好，关于中国经济是否过热的议论风声再起。

有关预测部门最新发布的一份报告指出，反映中国宏观经济景气状况的综合警情指数已进入"红灯区"中部，其中 M1 月末余额同比增速、发电量、工业增加值和社会消费品零售总额实际增速等 5 个指标均亮起了"红灯"。

这些结论真实反映了现实吗？

从经济学的定义看，所谓经济过热，是指经济扩张超过合理限度的经济运行状态。其中，潜在 GDP 增速、物价、货币供应量以及投资等指数都是衡量经济是否过热的重要指标。

"考虑到去年同期基数较低，以及当前经济的不确定性等因素，并不能根据一季度的某些经济数据而得出全年经济增长过快、经济过热的结论。"国务院发展研究中心宏观经济研究部研究员张立群说。

由于去年一季度增速只有 6.2%，今年的高增速中基数性因素占较大成分。"况且，考虑到未来出口以及市场主导的投资增长仍有较大不确定性，高增长是否能持续下去、能持续多久？这些都是未知数。"张立群指出。

国家信息中心经济预测部发布的警情报告也认为，警情指数进入"红灯区"并不意味着实体经济已经过热。如果扣除低基数影响，今年 1 月至 2 月的大多数指标仅恢复到"正常增长"水平。

尽管如此，经济运行中的一些迹象或苗头依然值得关注。

大宗商品价格在过去一年已有较大上涨，一季度大宗商品进口数量依然停留在历史高位，显示国内投资需求旺盛。供国内市场消费的非大宗商品进口的环比增长明显，说明国内消费需求提速。

3 月份，中国贸易逆差 72.4 亿美元，中止了自 2004 年 5 月开始连续 70 余个月贸易顺差的局面。"若剔除加工贸易，3 月贸易逆差达到历史最高水平的 300 亿美元，比 2 月高出 3 倍。"中金公司发布的最新报告指出。

商务部部长陈德铭表示，逆差的出现表明现在中国的贸易非常开放和自由。但一系列不确定因素的存在，也会给我们的外贸出口带来很大的困难和压力。

"制造业采购经理人指数（PMI）的强劲反弹，单月贸易逆差的出现，以及近期珠三角等地民间拆借利率的飙升等信号，都在以不同方式为中国经济的发展发出警示。"国家行政学院教授张孝德说。

好形势背后的老问题是否得以消除

经受金融危机冲击的人们都在期盼着，中国经济能够早日全面好转，实现又好又快发展。但关键在于，以什么样的方式去迎接和实现这个复苏。

钢铁业在金融危机中遭受的冲击最大。而今，随着经济的好转，钢铁企业的生产经营逐渐恢复，一切似乎都在好起来。但种种迹象表明，这个行业依然面临深重的"内忧外患"，产能过剩巨大、集中度过低的痼疾在铁矿石价格的一路高涨中日益暴露出弊端和不适应。今年的钢铁市场或将继续呈现"高产能""高库存""高价位"的"三高"特征。

其实，"大而不强"的钢铁业只是中国制造业的一个缩影，经济增速不断提升的背后，传统行业存在的问题并未得到根本解决，有的再度抬头，给人们敲响了警钟。

尽管一季度国内汽车市场以同比增长逾70％的速度继续追高，但在双双突破400万辆的产销量背后，产能过剩的苗头也已出现。眼下，各大汽车厂商在纷纷扩充产能的同时，小排量汽车销量已出现增幅下降趋势，众多汽车销售店也出现了汽车积压的现象。

经济增长的内生动力仍然不足，投资驱动的经济增长模式仍未发生根本转变。必须看到，当前经济指标的"好看"很大程度上还得益于政府投资的拉动，以及市场流动性的注入，而居民消费潜力尚待进一步扩大，民间投资能否真正激发并有效接力政府投资尚需观察。

"中国经济的当务之急，也是最大的困难，在于如何从应急性的短期政策转向处理长期发展中的问题。"经济学家吴敬琏指出。

可喜的是，从政府到企业，调整经济结构、转变发展方式的力度进一步加大。

工业和信息化部正在与各省研究协调，尽快确定今年淘汰落后产能计划，预计4月底淘汰任务将分解落实到各省。"各地区需向社会公告年度淘汰落后产能的企业名单、落后工艺设备和淘汰时限，国家有关部门定期进行监督检查。"工信部产业政策司副司长侯世国透露。

一季度，机电产品出口增长31.5%，高出同期总体出口增速2.8个百分点，远快于服装、鞋类等传统大宗商品，显示我国出口结构升级的趋势正在继续。

国家鼓励和引导民间投资健康发展的新"36条"政策措施，将为民间资本营造更广阔的市场空间。

"对中国经济而言，只有调整结构、转变发展方式的复苏才算得上真正的复苏。这需要一个十分痛苦的过程。"国务院研究室博士郭立仕说。

通胀是否已经出现

物价，一头连着千家万户，一头映衬国民经济冷暖。随着经济的稳健恢复和加快增长，社会各界对物价问题更加敏感、更加关注。

"今明两年，我国经济将进入新的繁荣期，通胀威胁以及资产泡沫问题是我国经济面临的重大挑战，但通胀威胁近期内看还不是很大。"中国经济改革研究基金会秘书长樊纲这样认为。

国家发展和改革委员会政策研究室近日发布报告预计，3月份居民消费价格总水平（CPI）将在现有水平上略有下降，一季度居民消费价格指数平均涨幅在 2% 至 2.5% 之间，处于温和上涨区间。

但是，人们对通胀预期的担忧并非没有理由。2 月份，居民消费价格总水平同比上涨 2.7%，涨幅比 1 月扩大 1.2 个百分点，上升幅度高于市场预期，并接近 3% 的 CPI 年度调控线。尤其是直接关系老百姓一日三餐的蔬菜、水果价格上涨较多，更放大了人们对通胀预期的感受。

"但随着天气逐渐转暖，水果、蔬菜、水产品等鲜活农副产品价格将开始季节性回落。同时，受供应充足、需求减弱等多种因素影响，猪肉等价格也将继续下跌。"商务部分析人士指出。

农业部、商务部的监测正在印证这一分析：3 月份以来国内食品价格处于持续回落过程中。

其实，生产领域的动向更加值得关注。商务部 4 月 7 日发布的一周监控数据显示，112 种生产资料中，价格上涨的有 56 种，占 50%。

受投资者对经济复苏和能源需求前景乐观预期的推动，国际油价近日不断走高，并以每桶 86 美元多的收盘价创下近 18 个月来的新高。

随着以原油为代表的国际大宗商品价格的走高，输入性通胀风险在增加。国际大宗商品价格上涨有可能推动我国价格上涨，但也要看到，我国农业连续六年丰收带来的农业与粮价稳定，为我国物价的稳定奠定了较好基础。同时，行业产能过剩也将在一定程度上削弱生产资料价格上涨对终端产品价格的传导。

"2010 年中国不太可能达到很高的通胀率。"世界银行最新发布的《中国经济半年报》认为。

数据高企是否意味着刺激政策可以退出

在一季度经济继续昂扬上行的背景下，人们更加关心，刺激政策退出的时机是否已经出现。

从企稳向好、稳健复苏到加快增长，中国经济走出了一条有别于全球、具有鲜明特色的"危机应对"之路。但是，"恢复性增长"并不等于经济根本好转，经济根本好转也还不等于我们的经济能走上一条可持续发展的轨道。

必须承认，中国经济的发展、企业的运行，很大程度上还依赖政策的支持，内在的动力与活力还很缺乏。

"我们在对待经济复苏和经济持久发展这个问题上持十分审慎的态度。""我们现在还面临许多问题。"国务院总理温家宝此前曾指出。

中国人民银行行长周小川近期表示，中国政府需要经济"非常确定"的复苏信号，才能从危机时采取的刺激政策中退出。"如果复苏信号明显，一些非常规的刺激政策可以逐渐退出，但是，必须确定目前的复苏不会是'W'形。"他说。

财政部副部长王军也于近期表示，目前，刺激政策总体上不宜轻言退出，但应该积极地共同研究退出战略问题。

从国际环境看，目前，美国失业率居高不下，消费不振，欧洲主权债务危机短期内难以解决。"中国经济正迅速复苏，但全球经济离安全着陆仍为时尚早。"丹麦首相拉斯穆森说。

世界经济是互相联系的。"退出政策应该是一个渐进、温和的过程，同时要考虑国际间的共同协调，考量其他经济体的表现。"王军认为，政策退出的时机和方式也可以是不同的。

"月晕知风，础润知雨。"积极的财政政策和适度宽松的货币政策依然继续，但在执行的过程中，根据形势的变化，不断研究新情况和新问题，提高政策的灵活性和针对性，成为政府调控经济的重要课题。

一季度，中国人民银行灵活运用存款准备金率上调和央票发行等工具，对信贷增长进行适度调控，3月份新增信贷回落至 5 107 亿元，回归常态水平。

今年以来，国家在力保已开工项目建设可持续的同时，新增投资更加重视发展社会事业，更加重视技术创新，更加重视节能减排。

"这显示了国家宏观调控能力的日臻成熟。"郭立仕说。

货轮在山东日照港集装箱码头装卸集装箱

风雨的考验　从容的步伐

——从外部挑战看中国发展

新华社北京 12 月 8 日电　"重商主义""人民币汇率低估""投资环境恶化"……中国的发展在带动世界经济走向复苏的同时，相继招来这样的指责；

"顺差责任""债权责任""能源消费责任""碳排放责任"……发展的中国在赢得惊羡的同时，接连招致这样的"捧杀"。

赞扬声中保持清醒，压力面前挺直脊梁，这是中国顽强的品格。

不为任何风险所惧，不为任何干扰所惑，这是中国坚定的信念。

深化改革加快转变，和平发展创造辉煌，这是中国从容的步伐。

发展的中国遭遇"成长的烦恼"

2009 年对世界经济增长的贡献率达到 50％。然而，"聚精会神搞建设、一心一意谋发展"的中国却频频遭遇"成长的烦恼"。

2010 年 11 月 12 日，韩国首尔。

围绕美国提出的限制贸易盈余的建议，二十国集团（G20）领导人峰会陷入争论激辩中。最终，这项特意为限制中国出口"量身定做"的提议未获采纳，但据会议传出的消息，作为折中方案，G20 相关工作组将研究拟定"参考性指南"，并提交明年上半年的集团财长和央行行长会议进行讨论。

类似这样的挑战，中国这个新晋出口"世界冠军"已不陌生。

一段时期以来，从油井管、皮鞋到轮胎、数据卡，从反倾销、反补贴到特保、337调查，从发达国家到新兴经济体，中国一次又一次陷入贸易摩擦的重灾区。商务部统计显示，今年前8月，中国共遭遇来自17个国家和地区的贸易救济调查案件48起，涉案金额64.8亿美元，连续15年成全球反倾销最大受害者。世界银行的另一份报告称，今年全球新启动了15项贸易保护政策，其中10项针对中国商品。

2009年的最后一天，一名美国学者公开就人民币汇率向中国发难，鼓吹"和中国打一场贸易战"。此后，130名美国国会议员联名致信政府，要求将中国认定为"汇率操纵国"。

如果说对人民币汇率的指责凸显的是后危机时代争夺国际市场、抢占战略制高点的博弈，那么今年以来有关中国商业气候的话题则反映出外部对于中国经济发展的复杂心态：既看重这一全球最大市场的潜力，又因其未来走向的"不确定性"而忧心忡忡。

今年8月，刚把中国推上了"世界第一大能源消费国"的交椅，一些西方国家和媒体又拿出日本第二季度国内生产总值与中国作比较，对"中国成为世界第二大经济体"进行炒作。它们就此认为，中国已经是发达国家，并要求中国在气候变化、国际规则等问题上承担与发达国家相同的国际责任。

人们纳闷，是中国的世界观变了，还是世界的中国观变了？

"西方对中国发展成长的后果之所以焦虑不安，其实是担心在与拥有庞大市场的中国竞争中再次败下阵来。"法国前总理德维尔潘说。"一个大国的崛起，她崛起的速度、方向、意识形态乃至对世界平衡的影响，都会引起其他国家的疑心、戒心、嫉妒甚至恐惧感，引起反抗和反作用。"一位日本评论家给出了自己的答案。

"我们将与盟友和伙伴一起努力，影响中国崛起所处的环境，这是我们的中国立场的支柱之一。"G20首尔峰会前，美国总统奥巴马在回答日本媒体采访时如是说。

理性看待"成长的烦恼"

其实，在对中国频频发难的同时，西方自己也常常陷入两难。

在"顺差责任"上，美国一方面需要从中国进口产品，另一方面，对华高科技产品出口却实施严格管制。最近10年间，中国高技术产品进口快速增长，自美进口比重却从18.3%下降到7.5%。

在"债权责任"问题上，美国一方面要求中国多买美国国债，另一方面又认为中国持有美国国债过多，有操纵美国之嫌。

"这都暴露出它们自相矛盾的复杂心理。"南京大学国际经济研究所所长张二震指出。

当中国不愿承担西方强加的责任，反击西方要求其承担其"所应尽的"责任时，就有了"中国傲慢论"；当西方发展陷入困境时，就有了"中国独秀论"……"然而不管什么论，都是西方将自己应该承担的责任强加到别人身上，这就是'中国责任论'的核心。"南京大学国际关系研究院计秋枫教授认为。

一个成长的中国，必须直面成长的烦恼。

金融危机爆发后，中国迅速参与了包括G20在内的国际经济多边协调行动，展现出一个负责任大国的气魄。

——采取积极的财政政策和适度宽松的货币政策保增长、扩内需，在世界经济复苏中发挥了巨大作用。

——相继采取进一步淘汰落后产能等多项措施，为减排目标作出不间断努力。

"全球经济正处于机构重组的关键阶段。随着中国与其他国家共同推动全球复苏，会给外国企业带来巨大的商机。中国仍向企业保持开放，全球其他国家能够从中受益。"商务部部长陈德铭最近说。

日前召开的中央政治局会议在分析研究明年经济工作时指出，明年我国保持经济平稳较快发展具有不少有利条件，但也面临不少困难和挑战。全党全国要增强忧患意识和风险意识，牢牢抓住并用好重要战略机遇期。

风雨中迈好从容的步伐

两年庭审，三次有利判决。近期，勇于挑战美国商务部歧视性做法的中国河北兴茂轮胎有限公司在不懈坚持中迎来了具有标志性意义的胜利：美国国际贸易法院就该公司诉美商务部一案作出终裁，要求美商务部停止对原告企业的反补贴税令。

面对生存空间受到的各种挤压，越来越多的中国企业开始用法律手段维护自身合法权益。"这显示了我们在反对贸易保护主义、争取公平待遇上取得的突破，在当前贸易摩擦增多、手段翻新的背景下意义重大。"商务部有关负责人指出。

逆境中的"中国制造"如何突围？开放，更加开放，这是中国给出的答案。

2010 年 10 月，第 108 届广交会拉开大幕。在这届中国规模最大、历史最久、产品种类最齐全的中国进出口商品交易会上，中国商务部给予外国企业的进口展区面积扩容三成，同时宣布将增加一期展览。更多的外国企业有机会面向总数超过 20 万的中国参展商推销产品。

此外，清理非关税措施，提高贸易便利化水平；建立和完善进口公共信息服务体系，研究运用各种金融、税收等手段支持扩大进口；支持和组织各种形式的投资贸易促进团；逐步给予同中国建交的最不发达国家 95% 的产品免关税待遇……一系列注重对外贸易平衡和发展方式转变的务实举措纷纷出台。

中央政治局会议指出，要稳步提升开放型经济水平，稳定外贸政策，促进对外贸易平稳增长，积极扩大进口，优化利用外资结构，深入实施"走出去"战略。

"2010年中国进出口贸易有望恢复至金融危机前水平。"中国社会科学院7日在京发布的《经济蓝皮书》在乐观预计的同时也强调，国际大宗商品价格上涨、贸易保护主义干扰、人民币汇率升值压力增强仍是中国面临的不利因素。

对此，中国已作出谋划，2011年我国的货币政策将由此前的"适度宽松"转向"稳健"。"这一调整，是抑制流动性过剩和通胀预期压力的有效举措，可为经济发展提供稳定的货币环境。"国务院发展研究中心研究员张立群说。

风雨中迈好从容的步伐。一个清醒的中国，一个敢于担当的中国，永远与世界同行。

作者（右二）在河北华民药业集团调研

🎙 张连起点评

这组报道记录了金融危机爆发后的三年中国如何应对危机，今天看来仍有启示。面对国际金融危机的严重冲击，中国经济果断实施积极的财政政策和适度宽松的货币政策，出台并不断完善应对国际金融危机冲击的一揽子计划，着力保增长、保民生、保稳定，着力缓解经济运行中的突出矛盾，强调信心是战胜危机的前提，着力统一思想、提振士气、振奋精神，动员广大干部群众团结奋斗、共克时艰。

以扩大内需为基本立足点，大规模增加政府支出、扩大消费需求。以结构调整为主攻方向，大范围实施产业调整振兴规划。以深化改革为强大动力，大强度推进重点领域和关键环节的改革。以科技创新为重要支撑，大力度推进科技进步和创新。以改善民生为根本目的，大幅度提高社会保障水平。

这些政策和措施，突出的特点是坚持市场机制和宏观调控有机结合，坚持长期发展目标和短期增长目标有机结合，坚持扩大内需和稳定外需协调发展，坚持改善民生与扩大内需内在统一，既着眼于保增长、保民生、保稳定，又注意体现政策的灵活性和可持续性，为应对国际金融危机、保持经济平稳较快发展提供了有力保障。

经过三年多的努力，应对国际金融危机冲击、促进经济社会发展的政策措施取得积极成果，经济增长下滑态势得到有效遏制，回升向好势头逐步增强。内需拉动成效显现，居民消费需求逐渐旺盛。经济结构进一步优化，总体质量不断提升。金融监管明显加强，抵御风险能力进一步提高。民生保障持续改善，社会大局保持稳定。

应对国际金融危机的实践进一步彰显了中国特色社会主义的独特优势，在这一过程中，中国特色社会主义集中力量办大事的制度优势、灵活高效的决策执行体系和全国一盘棋机制得到进一步展现。

🎤 周鸿铎点评

在国际金融危机的冲击下，作为全球第二大经济体的中国面临一系列问题：如何保持平稳较快发展、如何进行宏观调控、如何避免经济过热，以及我国改革走势问题，等等。这些问题能不能解决，怎样解决，不仅关乎中国的走向，更关乎世界的局势。作为时代的观察者、记录者，谢登科不可能回避这一系列热点话题。

谢登科对国际金融危机下的中国应对方案给予了直面热点、切中要害的回答，其报道的突出特点集中表现在以下方面：精准的政策性、经济知识的普及性、经济规律的必然性、应对策略的科学性、运营思想的引领性、信息传播的针对性。这些报道逻辑缜密，层次清晰，见人见事，寓情于理，充分体现了传媒文化二重性的基本特征，即，既有效地宣传了党和国家的方针政策，又生动体现了传媒文化的功能特点，读起来不仅有亲切感，而且有参与感。

辽宁沈阳北方重工集团有限公司的盾构机生产厂房

第七章　转型升级进行时

在"前有围堵，后有追兵"的当今世界，怎样才能做到"任凭风浪起，稳坐钓鱼船"，实现稳步健康发展？这考验着中国的胆识和智慧。

不以 GDP 论英雄、从重速度转向重效益、着力培育经济增长新动能——在"转型升级进行时"里，谢登科用中国频频亮出的一个个新招、实招，展示从沿海到西部，从都市到乡镇悄然发生的深刻变化，作出属于自己的解答。

2009 年 3 月，作者（右一）在湖南长沙山河智能机械公司采访

不再只以 GDP 论英雄

新华社北京 3 月 22 日电 "长三角""珠三角""环渤海"——穿行在这片"得风气之先"的沃土上，令人感到一种新的力量在涌动：要增长速度更要增长质量，要眼前利益更要远期效应，要金山银山更要绿水青山。科学发展观更新着东部地区干部的执政理念，促进着这些地方实现全面协调可持续发展。

"增长的烦恼"促使观念转变

汽车在南粤大地上飞驰，眼前是郁郁葱葱，一派生机。临近深圳特区时，公路旁矗立着巨大的广告牌吸引着过往者的视线，上面的"效益深圳，和谐深圳"八个大字，分外醒目又耐人寻味。

过去 25 年，深圳贡献了具有鲜明时代特色的"速度深圳"的发展模式。从零起步，超常规高速前行，深圳成了中国经济飞速发展的缩影。但今日深圳不再陶醉于速度，而是要实现历史性跨越——从"速度深圳"到"效益深圳"。

深圳市人民政府办公厅副主任南岭告诉记者，今年初，深圳在冷静反思高增长的沉重代价后，面向未来确立了新的发展目标。这个曾经以速度扬名、以速度骄傲的城市主动转变发展模式，反映了当地干部执政理念的深刻变化。

在中国改革开放历史进程中，东部地区创造了前所未有的经济增长奇迹。广东、江苏、山东、浙江四省去年经济总量分别超过万亿元，成为支撑中国经济大厦的半壁江山。但是按照目前粗放发展模式，无论土地、人口、能源与资源、生态环境都不堪重负，难以为继。

要落实科学发展观，首先要转变观念，提高统筹发展全局、驾驭市场经济和应对复杂局面的能力，才可能实现新的跨越。

用深圳市委书记李鸿忠的话说，"效益深圳"的本质和内涵就是要用科学发展观来决定发展速度、发展模式和发展方向，不再看重单纯的 GDP 排名，而是更加看重发展的效益指标。他打了个比方，就像一场马拉松比赛，前面跑得快，后面跑不动或跌倒，只能是前功尽弃，不顾效益片面地追求速度如同靠吃兴奋剂争冠军，得不偿失。

一路高歌猛进带来了"增长的烦恼"，转变发展观念和增长方式势在必行。人均 GDP 已经超过 6 000 美元的无锡，已明显感到压力。无锡市委有关负责人说："作为一个资源紧缺、人口密度相对较高的城市，如何通过转变经济增长方式提升效益，成为我们不得不面对的挑战。"

江苏镇江市委书记史和平坦言：不以 GDP 论英雄，以科学发展论英雄，以富民成果检验发展的成果。

GDP 是衡量一个国家或地区经济发展水平的总量指标。如同任何事物一样，它本身也存在局限性，特别是它不能反映 GDP 的取得所消耗掉的自然资源和对环境的影响。现在并不是批评或否定 GDP，只是要纠正"唯 GDP 论政绩"的偏差。

令人欣慰的是，"以人为本、科学发展"的施政理念，正促使东部地区调整发展战略，由片面追求 GDP 增长向实现经济、社会、环境协调发展转变。

以人为本科学发展成共识

今年 1 月，扬州市市长王燕文从建设部负责人手中接过了"中国人居环境奖"奖牌。这是历年来我国颁发的第 11 块同类奖牌。扬州成为江苏省第一个获得这个奖牌的城市。

置身于具有深厚文化底蕴的扬州城中，看着清风卷过白云，走过绿阴掩映的街巷，令人情不自禁地感叹：这座千年古城正迈开协调发展的新步伐。

市领导拥有这样的共识：注重经济发展，更注重环境保护；追求金山银山，更需要绿水青山；强调加快发展，更坚持可持续发展。

扬州有81公里的长江岸线，扬州人认识到这是不可再生资源，沿江开发不能以牺牲环境、浪费资源和破坏生态为代价，仅2004年就否决了90个污染严重项目，循环经济开始生根开花。

扬州市委市政府连续4年下发的1号文件都是关注民生的内容。在城区，"安居工程"解决了5 000多特困户的住房困难；在农村，新型农村合作医疗覆盖率达81％，解决了困难农民"看病难"问题。现代市民教育工程、现代农民教育工程，提高了城乡居民的文明程度。

站在厦门市行政区域图和交通规划图前，市委书记郑立中如数家珍般介绍着"五个统筹"的最新进展：统筹城乡发展，改变了多年来一直把经济发展的重点集中在岛内的局面，繁荣了农村经济，推进了农村工业化和城镇化进程。这两年厦门农民人均纯收入增幅首次超过城镇居民人均可支配收入的增幅。统筹区域发展，将岛外1 400多平方公里全部纳入城市总体规划，加快基础设施建设，将工业区布局到岛外。统筹经济社会发展，使教科文卫体等社会事业的投资大幅增长。统筹人与自然的和谐发展，开创了生产发展、生活富裕和生态良好的文明发展之路。统筹国内发展和对外开放，则实现了"优化岛内、拓展海湾、扩充腹地、联动发展"的态势。

在东部地区，越来越多的地方开始走出认识的误区，在经济发展的同时，把环境、资源、生态等摆在更加突出的位置，大幅度增加了教育、科技、公共卫生、社会发展等方面的投入。这些变化传递出一个信息："以人为本、科学发展"

正成为社会共识。

干部政绩考核亟待科学化

东部地区的探索令人振奋，也引发了人们的思考。

"全面贯彻科学发展观，关键是要树立正确的政绩观。"同广东省委政策研究室副主任魏建飞攀谈，可以感到他的深思熟虑。领导干部的政绩观与发展观密切相关，有什么样的政绩观，就有什么样的发展观，反之亦如此。

一段时间以来，一些干部在"发展"问题上走入误区，把"发展是硬道理"片面地理解为"经济增长率是硬道理"。上级对下级的考核指标，主要以 GDP 为主，甚至成为领导干部升迁去留的唯一标准。

一些地方领导干部不无尖锐地向记者表示，必须彻底改变"GDP 挂帅的考核体系"，否则中央的决策很难得到贯彻落实。

"GDP 挂帅的考核体系"有很多弊病，使干部从政行为发生了扭曲。因此，建立科学的政绩考核评估体系迫在眉睫，一些地方和部门对此已在探索先行。

干部政绩评价标准开始发生改变，"唯 GDP 论"不再受到追捧。深圳、宁波、绍兴、湖州等地不再以 GDP 增长来考核政绩，而是在促进经济增长的基础上，更多地关注社会指标、人文指标、资源指标和环境指标。

绿色 GDP 概念开始进入政绩考核。所谓绿色 GDP，是指传统 GDP 指标扣除资源环境成本及资源环境保护费用后得到的数据。2004 年，北京、浙江、广东、福建、江苏等省市相继提出，要将环境和资源等方面损失的绿色 GDP 纳入其经济统计体系。

科学的发展观引导着正确的政绩观，正确的政绩观实践着科学的发展观。"为官一任，造福一方"。对领导干部而言，为一方经济社会发展，为一方百姓造福，应该有政绩，也必须追求政绩。三亚市委书记于迅接受采访时抒发了广大干部的心声："我们的责任就是为人民谋福利，我们的政绩就是让人民得实惠。"

江苏盐城"渔光互补"晒出"绿色GDP"

2005 年 3 月 20 日

从 "速度东部" 到 "效益东部"

新华社北京 3 月 20 日电 在波澜壮阔的改革开放大潮中，我国东部地区经济发展一直以远高于全国平均水平的速度破浪前行，一路领跑中国经济。

高速度，在相当长一个时期被看作东部地区改革开放成就的显著标志。与全国西高东低的自然地理走势相反，东部地区经过 20 多年的快速发展已成为中国经济版图上的隆起高地。党的十六大以来，尤其是在树立和落实科学发展观、加强和改善宏观调控的新实践中，在环渤海京津冀地区、长江三角洲和珠江三角洲等我国东部地区，经济发展在转变增长方式中显现出新的态势和特点。

阳春三月，穿行于东部地区的广大城乡，记者强烈感受到东部地区的经济发展正经历着从 "速度东部" 到 "效益东部" 的新跨越。

让领跑的步伐更稳健

今年以来，广东、江苏、上海、浙江、山东、北京、天津、河北、福建、深圳、海南等地根据当地经济发展实际，不约而同地分别调低了经济增长的速度。其中，调幅较大的广东和山东分别调低了 4.2 和 5.3 个百分点……

"我们不是不要速度，而是要压掉那些质量不高、有负效应的速度。在制定发展目标时，我们所考虑的核心指标一定要有利于引导各方面将发展经济的着力点放在提高经济增长的质量和效益上，避免片面追求增长速度。" 广东省发展改革委副主任董富胜的这番话可能具有代表性。

点击国家统计局网站，东部地区各省市改革开放 25 年来的一组组数字，忠实地记录这些经济先行地区创造的经济发展奇迹和对共和国的贡献。2004年，我国东部沿海10省市约占全国经济总量的65%，经济增长速度则高出全国平均水平4个百分点以上。其中，广东、江苏、山东和浙江等四个国内生产总值过万亿元省份的经济总量之和占全国经济总量的近一半。

然而，土地日趋紧张、能源难以为继、城市超负荷承载、环境严重透支等等与高速增长结伴而来的难题摆在了东部地区前进的道路上。

"由于过分看重GDP的增长，我们把许多无可回避、必须解决的问题留在了后面。"广东省经贸委一位负责人说，"必须承认，支撑我们经济增长的原动力，有相当一部分是靠高投入、高消耗和高污染、粗放型的经济增长方式实现的。这种增长方式主导下的经济列车，在高速运行中必然隐含着巨大的风险。"

"我们发展的目标不再仅仅是单一的经济增长率，而是在以人为本、全面协调可持续的科学发展观指引下的复合型目标。"改革开放25年来，深圳经济年均增长近30%，创造了世界瞩目的深圳速度。深圳市委书记李鸿忠说，"作为经济先行区，我们不仅在速度上杀出一条血路，更要在效益和质量上为全国作出表率。"

李鸿忠告诉记者，深圳市将2005年的经济增长目标定为13%左右，比2004年实际增长率降低了4个百分点。这也是深圳市继将原来规划率先基本实现现代化日程表推迟5年后，在科学发展道路上出台的又一新举措。

记者在采访中了解到，去年以来，长三角各地正摒弃片面追求经济增长的传统方式，实行经济增长方式的转型，以减少对土地和各种自然资源的占用和消耗。

经历了新一轮宏观调控的洗礼，一度以经济增长速度和总量为首要目标的东部沿海地区各省市，在前进的道路上更加冷静和富于理性，把更多关注的目光投向了经济增长方式的转变上，环境保护、资源损耗等一系列可持续发展的指标相继被各地纳入考核和竞争体系中来。

"我们要成为中国新型工业化道路的领跑者。靠吃兴奋剂夺取的世界冠军，是得不到认可的。我们不仅要走得快，更要走得稳、走得好。"上海市有关负责人告诉记者。

用绿色 GDP 指导发展

来自国外一个投资亿元以上的大型造纸类项目最近在天津经济技术开发区遭遇"红灯"。记者在采访中了解到，近一段时期以来，这个开发区已累计将总额 8 亿美元以上的污染型、耗能型投资项目拒之门外。

在长三角地区采访，"绿色 GDP""循环经济"是当地负责人谈得最多的词汇。浙江省湖州市提出，绝不能搞牺牲生态环境，高能耗、高污染、粗放型的发展，决不吃子孙饭。近一年来，该市就否决了数十个新开矿山项目。

东部地区的反思和觉悟是难得的。

粗放型经济增长方式带来的严峻环境与资源问题，已经成为东部地区可持续发展的重要制约因素。2003 年，广东省能源综合消费量和电力消费量均高于全省 GDP 的增长速度。去年我国 GDP 超万亿元的四个省份的万元 GDP 的废水排放量同样名列全国前茅。

据测算，我国一年消耗的资源总量如果分摊 13 亿人口，则每人用掉了 4 至 5 吨的资源，其中，绝大部分都消耗在了东部地区经济列车一路飞奔的尘埃里。目前，东部沿海各省市到 2010 年的规划用地指标均已经提前用完。

不再过分强调拼总量、拼速度、拼规模、拼座次，而着重处理好经济与生态、资源、社会的关系；更多地让能源消耗、环境改善、区域协调等综合指数融入到 GDP 中，让经济变得更加具有生命力。

2004年，全国第一份《产业效能指南》在上海出台，上海不再仅仅以产值等指标来衡量产业，而是加入了资源、用地、环保、技术创新等新指标因子，高能耗、占地大、易污染的企业被拒之门外。当年，上海环保投入相当于国内生产总值的比重达到3％以上。北京、广东、福建等省市也相继提出，将衡量环境和资源等方面损失的绿色GDP纳入其经济统计体系，积极尝试运用绿色GDP指标来衡量、指导发展。

连续多年保持经济高速增长的深圳不再以GDP论英雄，而将更多地重视经济发展中资源消耗、社会公平及人的发展等问题。近日出台的"效益深圳"干部考核评价体系，由"宏观效益""生态环境"和"创新动力"三方面构成，其中仅"生态环境"的指标就达16项。

"今后，我们要以科学发展观的贯彻落实论英雄。"李鸿忠说。

在下决心砍掉一些低效益增长速度的同时，东部各省市开始更多地关注经济高速度发展形成的"历史欠债"，把人力、财力、物力更多的投向经济社会发展的薄弱环节。

江苏省财政厅厅长包国新告诉记者，在2005年江苏的省级财政投向安排中，用于支持苏北发展、"三农"等重点项目的投资计划比上年高出100亿元以上，成为今年财政支出增幅最大的科目。

今年北京市将拿出更多的政府投资投向郊区县基础设施建设等领域，以推进郊区城市化进程。

向自主创新寻求不竭动力

作为我国区域经济发展最具活力、资本积累速度最快、效率最高的地区，东部沿海地区的举动直接关乎全国发展的大局，在一些领域甚至赢得了世界的喝彩。在长三角，全球范围内每10台电脑中就有1.5台的主板在此生产，每2只鼠标中有 1 只在此制造，每 10 部手机中就有 3 部的液晶显示屏由此提供……

但是，与制造业的如火如荼和经济实力的不断增强相伴，作为一项重要核心竞争力——自主创新能力，还仍然是这里大多数企业的"软肋"。一台售价 79 美元的国产 MP3，国外要拿走 45 美元的专利费，制造成本要 32.5 美元，而制造企业获得的利润只有 1.5 美元。

"这已经成为当前经济结构调整的中心环节，更是东部地区需要担当的重任。"国家发展改革委有关方面人士指出。2004 年，浙江省实现工业增加值 5 300 亿元，其中绝大多数来自传统制造业。

"自主创新能力不强已成为浙江经济可持续发展面临的最大问题之一。不下决心解决这个深层次矛盾，浙江经济快车将前进乏力。"浙江省委书记习近平和省长吕祖善最近带着对这些问题的忧思专程前往中科院寻求支持，希望借助对方的科技创新能力为浙江打造三个平台，即区域特色经济技术支撑平台、高新技术成果转化平台、人才信息要素集聚平台。今年年初，浙江已动用 1 亿多元财政资金投向省内先进制造业生产基地，用于建设重点领域、关键技术及产品导向。

浙江人对自主创新能力的审视与渴求，昭示了东部地区在经济增长方式上正在发生的可喜变化。越来越多的省市开始对传统产业进行大规模高新技术改造、大跨度转移重组和大力度压缩淘汰。

从 2004 年开始，上海市财政预算每年拨款 20 亿元投入科技成果转化，希望使一部分企业拥有自己的核心技术。去年全市仅 27 家集团企业的科研投资就超过 80 亿元，同时，还筹措了 10 亿元资金，实施重大产业科技攻关项目。"原创"或"自主技术"，正成为越来越多上海企业的追求。

"上海要在若干领域形成自己的核心竞争力，与国际上一流企业对话。"上海市政府有关负责人对记者说，"我们必须认清形势，奋起直追。"

在南粤大地，从政府到企业，正在全面推进科教兴省战略，举全省之力增强自主创新能力，提升经济结构和产业能级，为谋划新阶段的腾飞而"二次起跑"。"一个地区、一家企业能不能长久地在激烈的国际经济竞争中保持优势，已越来越取决于其科技进步的速度与自主创新的能力。"中科健公司董事长郝建学说："深刻的教训表明，企业不能再走'引进—落后—再引进—再落后'的老路，唯有自主技术才是安身立命之本。"

今年，江苏省把重点加快产业升级示范区规划建设放在突出位置，仅张家港市一年的技改投入就达到 170 亿元；山东省围绕建立现代产业体系，实行重点突破，着力培植具有国际竞争力的产业集群。

新一轮意义深远、波澜壮阔的历史性跨越正在东部广大地区的土地上兴起。人们坚信，已经创造了改革开放辉煌历史的东部地区，一定能够创造更加辉煌的未来。

旅客在深圳福田口岸接受边检验证，准备过关前往香港

🎙 张连起点评

谢登科 10 年前捕捉到的"速度东部"到"效益东部"的转型升级信号，可以说是速度变化、结构优化、动力转化的先声。

有什么样的政绩观，就会有什么样的发展观。长期以来以 GDP 为指挥棒，导致部分干部把"发展是硬道理"片面理解为"增长是硬道理""经济建设是唯一目标"，忽视民生改善、社会进步、生态效益等，"一叶障目，不见泰山"。不以 GDP 论英雄，才能引导"管窥"变"扫视"。

GDP 侧重于对经济增量的反映，不能反映经济质量的好坏。一些地方官员为了追求短平快的政绩，不顾资源环境条件，不计投入成本，大搞"政绩工程""重复建设"，虽然 GDP 上去了，却是"吃子孙饭"，"一任政绩几任包袱"。不以 GDP 论英雄，才能引导"寸光"变"鹰眼"。

以 GDP 论英雄，考核主体主要是上级领导，必然形成"唯上"心态："不怕群众不满意，就怕领导不注意；不怕群众不高兴，就怕领导不开心；不怕群众不答应，就怕领导不认可。"而看全面工作，"定性指标"少不得要群众打分，让群众说了算。不以 GDP 论英雄，才能引导"仰视"变"下看"。

不以 GDP 论英雄，才有了今天的新发展理念，才能有正确的政绩观。

科学应对破"两难"

——从"两难"困扰看经济发展方式转变

新华社北京 7 月 23 日电　奋力摆脱国际金融危机冲击，继续朝着宏观调控预期方向发展——今年以来，中国经济在十分复杂的环境里稳健前行，并适度放缓脚步。

上行力量和下行力量交织，短期问题和长期矛盾叠加——一系列"两难"问题的凸显，又将使中国经济面临的环境更加复杂。

加快转变经济发展方式，不仅是破解"两难"问题、巩固回升向好势头的迫切需要，也是实现经济长期又好又快发展的必由之路。

国际国内环境复杂，回升向好的中国经济面临诸多"两难"困扰

企业出口额增长了 20%，利润率却不升反降。上半年，江苏纺织服装的龙头企业舜天公司在经营业绩上的反差代表了眼下不少企业的共同处境：

外有欧洲主权债务危机导致的国际市场需求萎缩，内有劳动力成本上涨和人民币升值等因素带来的压力，在中国经济回升向好的关键时刻，企业经营者似乎又一次感受到丝丝寒意。"此外，我们还感觉到了出口退税政策逐步退出带来的压力。"舜天公司副总经理曹小建感慨，"产业链下游受到的挤压实在厉害，可能再也不好待下去了，必须加快向上游转移。"

经济回升向好，并不等于经济的根本好转。舜天公司的处境和曹小建的感慨，折射出经济环境复杂多变的形势下，保持经济平稳较快发展和加快经济发展方式转变过程中凸显

的"两难"困扰。

"这样或那样都有困难"——这是《现代汉语词典》对"两难"的解释。"两难",不仅出现在今年的政府工作报告中,还频繁出现在各种报道和专家言论中,成为对当前经济形势和宏观政策抉择的一种贴切概括。

中国经济的年中"成绩单"刚刚公布。上半年 GDP 保持11.1%的较高增长,居民消费价格涨幅控制在2.6%的温和水平;出口对经济增长的拉动由负转正,"三驾马车"共同驱动经济增长的格局初步形成;城镇单位新增就业 500 多万人,外出农民工新增就业 632 万人,农民工工资水平有了明显提升。经济运行总体上保持了高增长、高就业、低通胀的良好态势,来之不易。

但人们同时注意到,投资和消费方面的刺激政策效力正在递减,经济特别是工业增速近来出现了较为明显的回落,规模以上工业增速从今年前两月的 20.7%回落到 6 月份的13.7%;频繁发生的重大自然灾害使粮食和其他农副产品可能成为价格上涨的推动因素,物价未来走势仍有待观察。

当不少人以为世界经济即将走出危机时,欧洲主权债务危机接踵而至,不仅使全球金融市场再度紧张,也直接导致欧洲这一中国第一大出口市场的需求下滑。世界经济龙头美国的形势也不乐观,6 月份失业率依然高达 9.5%,当月消费者信心指数急降近 10 点,复苏步伐放缓。国际经济复苏的前景变得扑朔迷离。

与国际金融危机发生之初相比,当前的中国经济处于更为复杂的内外环境中:

与当初经济直线下滑、宏观政策集中力量保增长相比,如今的中国经济正面临着如何处理好保增长、调结构和管理好通胀预期关系等多重考验。

已持续一年半以上的刺激政策如何把握分寸?如果政策"阀门"过松,容易出现一哄而上;而一旦收缩过紧,又容易导致直线下滑。

调结构和保增长的关系怎么处理？调整结构有时难免会影响一定的速度，而适当的增长速度却又是发展所必需的。

保增长和控物价的关系如何协调？控制物价关键是要控制好流动性和社会总需求，而适当的流动性和社会总需求又是经济发展不可或缺的。

保障居民基本住房需求和促进房地产业健康发展怎么兼顾？随着一系列强有力调控措施的出台，房价在6月份首度出现环比下降，但市场仍在观望；由于产业链长、带动面广，房地产调控是否对经济增长产生长远影响尚待进一步观察。

工资成本增长和企业经营压力的矛盾怎么解决？提高劳动者收入是大势所趋，各地最低工资标准今年以来纷纷上浮，但企业生产经营尚未摆脱危机阴影，不少企业难以承受劳动力成本上升过快的压力。

人民币汇率改革和出口的关系如何权衡？6月中旬央行重申汇改以来，人民币对美元在双向波动中再创新高，同时许多出口导向企业利润率仅为3％至5％，它们已经感受到了巨大压力。

…… ……

"两难"困扰，林林总总，纷繁复杂；"两难"之难，你中有我，我中有你。"其中的每一个问题拎出来都是一篇大文章，很难采取某个单一的政策来应对。"中国社科院学部委员、经济学部副主任刘树成分析道。

"形势的严峻还表现在，经济加速期容易出现的问题和经济减速期容易出现的问题正在同时出现，而两类问题的解决、两种力量的把握既需要向着两个不同的方向，又需要有机协调统一，这种'两难'局面是对我们的巨大考验。"中央财经工作领导小组办公室有关负责人指出。

其实，"两难"局面并非中国所独有。在国际金融危机造成世界经济再平衡的过程中，很多国家尤其是发达经济体内部也面临着"两难"甚至"多难"困扰。一些欧洲国家不得不将解决主权债务问题置于首要位置,经济增长的目标只能暂时让位于公共财政紧缩计划;而作为这场金融危机的发源地,美国一方面要力保金融体系稳定,并强调确保经济复苏,一方面又不得不面对和处理金融体系再造等一系列棘手的问题。

对于中国来说,在刚刚摆脱危机阴影的背景下出现的众多"两难"问题,不仅是当前经济发展的一时之困,更是多年积累问题的集中暴露,需要冷静观察,科学判断,未雨绸缪,沉着应对。

解决"两难"的关键,在于保持经济平稳较快增长与加快经济发展方式转变的有机统一

正是在"两难"交织中,近期的中国股市上演了一出地产板块两日之间"冰火两重天"的场景——市场传言称楼市调控政策可能取消,直接导致地产股大幅反弹;次日有关部门重申房地产调控政策不松动,地产股重新跌回原地。

股市的这场戏剧性经历,从一个方面反映了人们对当前经济形势和未来政策走向的复杂心态。

"这么多'两难',从根本上说是一个'两难',就是如何协调好保持经济平稳较快增长这个近期目标与加快经济发展方式转变这个长远目标之间的关系。"中国经济体制改革研究会副会长石小敏说。

"我们的目标是多重的,但在政策上却必须有侧重。中国正处于转型期,一方面我们需要保持经济平稳较快增长,另一方面,经济转型升级的压力又比别人更大。"北京大学社会发展研究所副教授王文章说。

调整经济结构、转变发展方式,对中国经济来说是必须完成的一个任务。"但就眼下来说要避免局部视野下用'长期

问题短期化'的方式求解，否则将加大经济的风险。"兴业银行首席经济学家鲁政委说，无论是经济结构调整，或是其他更急迫的问题，都要以稳定的经济增长为前提。

一个低速的经济增长，不可能为经济结构转型创造有利的社会环境，企业不可能有条件、有精力推进转型升级；不把经济增长维持在一个合理的速度之上，就难以解决就业等一系列事关民生和社会稳定的问题。

国家实施的4万亿元投资计划对保增长起到了至关重要的作用，但一味依靠投资拉动的增长具有短期性、脆弱性、多变性和危险性。"就像你拉住老虎的尾巴，你要松手的话，老虎就会把你吃掉；如果跟着老虎跑，跑不了多久，就会累死。"北京大学光华管理学院院长张维迎形象地说。

无疑，只有取得结构调整和经济转型的成功，中国经济才会获得长期可持续发展的动力。"过度依赖投资拉动的增长模式，资源支撑不住，环境容纳不下，社会承受不起，经济发展难以为继。"中国人民大学经济学院副院长刘元春指出。

历史也一再表明，每一次经济危机的发生，都是由于经济结构出现了问题；而要彻底走出危机，就必须对原有经济结构作出重大调整，让经济在涅槃中重获新生。

上世纪30年代美国大萧条后实行的"罗斯福新政"，其真正的关键是通过制定《联邦证券法》《农业调整法》《公平劳动标准法》等一系列法律制度，促进了经济结构的调整和完善。但从日本、韩国等国的历史经验教训看，这种调整转型往往伴随着"阵痛"，甚至造成一定时期内经济增长速度的下降。

"中国经济规模庞大，结构复杂，这就要求中国经济必须避免大的波动。"国泰君安首席经济学家李迅雷说，"不过，当前我们的经济增速仍处于相对高位，调结构导致一定幅度的回落是完全可以承受的。"

事实上，今年以来，控制货币信贷总量增速、取消部分商品出口退税、清理地方融资平台等政策陆续出台，表明了中央在艰难复杂的形势下推进结构调整、转变发展方式的坚定决心。

"结构调整开始得越早，对于中国经济的未来越有利，我们已没有太多的时间举棋不定。对于定下的目标，一定要坚持走下去。"青年经济学家马光远说。

在加快转变经济发展方式中破解"两难"，实现经济长期又好又快发展

"两难"问题增多表明，今天的中国经济已进入到必须依靠调整经济结构、转变发展方式才能促进持续发展的关键时期。

"这好比行车途中，荆棘和陷阱越来越多，这时需要考虑的不仅是如何躲过眼前的陷阱，更要思考的是，该换一条什么样的路走。"经济学博士张其佐说。

人们对宏观调控"松紧两难"心存疑虑，其实显示了对经济内生动力不足、投资消费结构失衡等问题的担心。"这就需要面向现实和潜在的市场需求，挖掘市场潜力；需要调结构，抓创新，培育新的增长点，使短期的恢复性增长成为长期的持续发展。"国家发展和改革委员会有关负责人指出。

当前我国价格水平总体平稳，但通胀预期仍然较强。面对这一形势，国家加大了经济结构调整的力度，努力加强需求侧管理。"这可以减缓对能源资源产品进口的依赖，防范输入型通胀，有利于我们管理好通胀预期。"国务院研究室综合司有关负责人认为。

在经济增长总体态势良好的同时，以钢铁为代表的高耗能行业产能过剩再度凸显。针对这一情况，国家向各地下达了今年18个行业淘汰落后产能的目标任务，并确保它们在三季度前全部关停。"年内将不再审批'两高'和产能过剩行业

扩大产能项目，并通过提高土地成本、加大差别电价等手段，使落后产能无利可图、无法生存。"工业和信息化部部长李毅中强调。

"抑制过高房价，国家必须下更大决心，综合运用土地、税收、信贷等手段引导房地产业健康发展，为经济转型打下良好基础。"石小敏说。

探究"两难"症结，而后对症下药。大到整个国家，小到一个行业、一家企业，都强烈感受到转变经济发展方式的紧迫性。

最近，全国最大的工业阀门制造商苏州纽威阀门股份有限公司副总经理姚炯，一直在思考企业的转型之路："我们的发展要走'三部曲'，从最低的做零件、做贴牌，到第二个层次的卖产品，将来的方向是卖整体系统方案，卖实物与技术服务结合，这才是赢得核心竞争力的出路所在。"

姚炯的思考浓缩了中国制造业的"两难"现状和未来出路：传统的低成本竞争优势正在逐步减弱，只有掌握关键技术、提高自主创新能力才不会受制于人。

"我们必须在鼓励和支持自主创新上有实实在在的行动。"中国国际经济交流中心常务副理事长郑新立提出，要把国家已出台的 80 多项鼓励企业自主创新的配套政策贯彻落实到位，同时建立国有大企业增加研发投入的激励机制和支持中小企业技术进步和科研开发的平台。

转变经济发展方式，就要寻找到新的发展动力。如今，新一轮国际金融危机的冲击一方面加剧了国际竞争，带来贸易保护主义的抬头；另一方面，全球信息技术革命方兴未艾，新能源、新材料、节能环保、生物医药等新技术的研发活动十分活跃，一批新兴产业加速发展，一场世界范围内抢占新兴产业制高点的竞争已悄然发轫。

"机遇和挑战并存，压力和动力相伴，面对'两难'抉择，我们必须紧紧抓住机遇，明确主攻方向，抢占新兴产业制高点，在新一轮经济竞争中牢牢把握主动权，有所作为。"国务院发展研究中心宏观经济研究部研究员张立群指出。

要完成发展方式转变，还需要从根本上破除不合理的体制机制障碍。

人们欣喜地看到，这种体制性变革正在不断向前推进。今年以来，一些酝酿多年的重大改革相继破题：国务院首次出台综合性政策文件鼓励和引导民间投资健康发展；加快落实放宽中小城市、小城镇特别是县城和中心镇落户条件的政策出台；研究调整和优化国民收入分配格局、提高居民收入比重的思路，提出改革的目标、重点和措施；出台资源税改革方案，逐步推进房产税改革，研究实施个人所得税制度改革，研究开征环境税方案；中国人民银行宣布进一步推进人民币汇率形成机制改革……

"深化关键性领域改革，将有利于从根本上破解'两难'，并为加快经济发展方式转变、促进经济长期平稳较快发展提供体制机制保障。"中国人民大学教授卫兴华认为。

目前，我国人均国内生产总值向着 4 000 美元迈进。国际经验表明，人均收入从 3 000 美元到 10 000 美元的发展阶段，是经济结构变动比较快的时期。在这个阶段，既有一些国家通过积极的结构调整实现成功跨越的经验，也有一些国家因调整不力导致经济停滞、社会动荡的教训。对这一发展阶段的特殊性和可能面临的挑战，我们要有足够的、清醒的认识。

当前，我国仍处在发展的重要战略机遇期，又面临前所未有的"两难"挑战。只要我们坚定信心，居安思危，把握发展大势，明确主攻方向，就一定能够寻求新突破、实现新跨越。

银行信贷，在房价上涨中扮演什么角色？

新华社北京 11 月 21 日电 一边是"难以承受"的高房价，一边是持续升温的住房热销；一边是开发商抱怨贷款难，一边是目不暇接的楼盘开工与封顶；一边是宏观调控措施的频频出台，一边是商品房价格的飞速上涨……

面对发生在房地产领域的一连串令人费解的现象，人们不禁要问：建房的钱从哪里来的？买房的钱又是从哪里来的？

建房， 银行贷给房地产商多少钱？

据不完全统计，目前全国有大大小小的房地产公司47 000多家，其中仅在北京市注册的房地产公司就有 4 000多家。

看一下银行发放房贷的速度，就不难理解是谁成就了这么多房地产商了。1998 年全国银行发放房贷 426 亿元，2005 年房贷总额为 49 100 亿元，7 年间飙升 115 倍。今年上半年，全国的房贷总额已达 34 000 亿元。"没有银行的支持，我们的楼盘的确无法支撑。"北京一家著名房地产公司的财务经理坦言。

最新统计显示，今年 1 月至 10 月，全国完成房地产开发投资 14 611 亿元，其中，商品住宅投资 10 268 亿元，占总投资的 70%，同比增长 28.4%。

和上述数据遥相呼应，前 10 个月，全国房地产开发企业共到位资金 20 592 亿元，同比增长 29.2%。"虽然渠道不同，但这些资金几乎全部来自银行。最为保守的估计，目前银行资金至少占房地产公司资产总额的 70%。"一位业内人士这样估计。

来自中国银监会的统计印证了这位业内人士的判断：今年 1 月到 9 月，以房地产业为代表的商业银行中长期贷款同比增速一路攀升，从年初的增长 16.2％，上升到 9 月末的增长 21.4％，比贷款总量增速快 6.8 个百分点，余额达到 10.9 万亿元。

"这的确是一个庞大的数字。"银监会有关人士说："房地产贷款已占商业银行新增贷款余额的 20％左右。在不少地方，银行的信贷资金有 60％甚至更多的比例流向了房地产行业。"

买房，高价房子到底卖给了谁？

今年 1 月到 10 月，全国房地产开发企业完成房屋施工面积 16.98 亿平方米，其中住宅面积 13.26 亿平方米，平均每个中国人可以分摊 1 平方米。仅按每平方米 3 000 元计算，买下这些新建住宅就需要 4 万亿元，要花掉中国居民储蓄总额的三分之一，这对于老百姓来说是不可思议的。

那么，这些如雨后春笋般建起来的高楼大厦到底卖到了谁的手里呢？19 日，一位刚刚在招商银行北京万寿路支行办完按揭的朱先生感慨道："现在的情况是，手里没钱的，可以拿银行的贷款买房；手里有钱的，也拿银行的贷款来买房。结果是，房地产商用银行的钱建成了房子，转了一圈又回头卖给了银行，玩了一个'空手道'。"

一个不争的事实摆在我们面前：近年来，在支持消费信贷的政策鼓励下，各家银行从过去的偏重支持房地产供给逐步转向支持供给与消费并重，纷纷将个人住房贷款作为支持的重点，在大大提升消费者购买力的同时，更刺激着房地产业的迅猛扩张。

记者在同多家银行工作人员的交谈中了解到，为了抢占市场，争取房贷客户，各行纷纷出招。今年以来，继光大银行率先推出固定利率房贷之后，建行、招行紧随其后也推出自己的房贷新产品。随后，深发展又推出了"双周供"，同时，农行的"接力贷"又开始登场。

"如果房价下跌，银行自身持有的房地产抵押价值就会降低，从而冲抵银行的自有资本。而银行自有资本的下降则会使银行减少对房地产的信贷投放，从而进一步推动房价更大幅度的下降，这是银行不愿看到的。"一位银行业信贷风险官这样解释道。

银行，在高房价中扮演什么角色？

源源不断、从各种渠道竞相涌入的银行信贷，在引导社会资金进入房地产领域的同时，也给中国的银行业埋下了最为直接的贷款风险。"在银行资金的哄抬下，中国的房地产业正呈现出一种'价格蒸蒸日上''场面欣欣向荣'的虚假繁荣，这不是正常现象。"国家行政学院教授朱国仁说。

贷出去的是巨额的款项，收回来的却往往是一大堆难以消化的房子。截至10月底，全国商品房空置面积为12.24亿平方米，同比增长9.3%。依然按照每平方米3 000元计算，这些空置住宅需要占用银行资金3.8万亿元。

"建好了房子卖不出去，最着急的还是银行。"一位不愿透露姓名的房地产公司经纪人告诉记者："由于有银行来兜底，有的开发商故意抬高房价，一旦公司出了问题或楼价下跌，最后还得银行来埋单。"

上世纪90年代，由于资金链骤然断裂，一度导致中国的房地产泡沫破灭，使银行背负了巨额的呆坏账，教训深刻。根据有关部门调查，当时泡沫最盛时，银行被套牢资金高达6 000亿元，这些年用于抵债的大量房产和土地还是当时留下的不良资产。

"今天的房地产规模之庞大已远非昔日可比。我们不能忘记惨痛的教训，更不敢重复同样的道路。"中国信达资产管理公司的一位负责人说。

令人触目惊心的是，一些开发商在利益驱动下，搞起了自卖自买的假按揭。更有甚者，个别银行为了维持眼前的虚假繁荣，竟然对假按揭视而不见或直接参与。根据一家国有控股大型商业银行的信贷部门估算，该行在住房贷款中的不良资产有80％是因虚假按揭造成的。今年上半年，工商银行陕西省分行就曝出了该行营业部朱雀大街支行与当地房地产开发商内外勾结，骗取银行贷款的大案。

"不能否认目前的房地产经济存在泡沫，不过，这个泡沫还不足以导致整个房地产市场的'崩盘'。"中国光大银行风险管理部一位处长这样认为。

管不住信贷闸门，就管不住房价上涨

中国的住房金融体系是以银行信贷为主的住房金融体系，近几年来，这个体系越来越显现出不能适应形势的迹象，房地产金融在金融总量中所占的比例越来越高。

央行统计显示：2005年底房地产贷款达到3.07万亿元，占金融机构人民币各项贷款余额的14.84％，与GDP的比率为16.75％。

近几年，部分地区出现房地产投资增幅过高、商品房空置面积增加、房价上涨过快以及低价位住房供不应求、高档住宅空置较多等结构性问题。部分地区的商业银行违反有关规定，放松信贷条件，在一定程度上助长了部分地区房地产投资的过热倾向。

"作为政府实施宏观调控的两大闸门之一，管不住银行信贷，就管不住投资过热，也就不可能管住房价的过快上涨。"国务院发展研究中心的一位专家指出。

正是基于对房地产信贷潜在风险的深刻认识，今年5月，国务院办公厅转发了建设部等九部委《关于调整住房供应结构稳定住房价格的意见》，要求进一步发挥信贷政策的调控作用，严格房地产开发信贷条件。按照通知精神，从6月1日起，商业银行有区别地提高了住房贷款的最低首付款比例。

银监会今年以来一再要求各银行业金融机构，要全过程监控开发商项目资本金水平及其变化，严禁向项目资本金比例达不到35％、"四证"不齐等不符合贷款条件的房地产开发企业发放贷款。

"下一步，监管部门还将视情况有区别地适度调整住房消费信贷政策，防止为做大业务量而放松贷款条件，防止开发商套取银行信贷资金用于新项目开发，加大对业务操作中违规及不尽职行为的处罚力度。"中国银监会主席刘明康指出。

"但是，作为国民经济的支柱行业，调控的目的绝不是打压房地产，更不希望房地产市场出现大起大落，而是希望其能保持平稳、健康的发展，拉动经济，造福百姓。"刘明康说。

2010 年 12 月 11 日

关键时期的战略方位

——评述重要战略机遇期

新华社北京 12 月 11 日电 一个非同寻常的节点正在走来——

看世界，人类即将迈入新世纪的第二个十年。

看中国，"十一五"发展正在精彩收官，"十二五"发展即将昂首启程。

一个矛盾交织的时代已经开启——

看世界，美日的"量化宽松政策"，正把本已泛滥的全球流动性搅得"翻江倒海"；一波未平、一波又起的欧债难题，使本不明朗的世界经济复苏又蒙上一层阴影。

看中国，CPI 上涨连创新高，保增长、调结构、管通胀难度加大。

世界形势发生新变化，中国发展面临新课题。

在全面建设小康社会的关键时期，党中央综合判断国际国内形势后指出，我国发展仍处于可以大有作为的重要战略机遇期。

机遇改变中国，机遇改变你我：新世纪头十年的
发展成就昭示，找准历史方位、抓住战略机遇，
是掌握主动、赢得优势、拥有未来的关键

486.1 公里——

2010 年 12 月 3 日，一辆挂着"和谐号"标志的中国列车，在京沪高铁刷新了全球铁路最高运营时速记录。世界的目光再一次聚焦中国的高铁速度。

集世界最先进的 4 种技术，中国人创造出独一无二的高铁品牌，5 年时间，就走完国际上 40 年高速铁路发展历程。

"中国高铁的成功在于把握了全球高铁技术突飞猛进的

'时代机遇'，做好'引进、消化、吸收、再创新'。"中国工程院院士、国网电力科学研究院名誉院长薛禹胜说。

如同高铁之快，在中国的土地上，新世纪的头十年，变化来得太快——

这是国力快速增强的十年：2000年，我国GDP为近9万亿元；2009年，这个数字达到33.5万亿元。期间的增长，远远超过了党的十五大提出的在新世纪"第一个10年实现国民生产总值比2000年翻一番"的目标。

这是应对多个世界级难题考验的十年：非典、地震、国际金融危机……

这是实现几代中国人梦想的十年：建三峡大坝、修青藏铁路、办奥运盛会、行走太空……

"本世纪的头十年，党和国家成功抓住了重要战略机遇期，取得了举世公认的巨大成就。"在中央党校原常务副校长郑必坚看来，党的十六大报告提出的、党的十七大报告又重申的关于"我国发展的重要战略机遇期"的估量和部署完全正确。

机遇十分宝贵，机遇来之不易，机遇稍纵即逝。

一个个巨变的背后，是沉着应对一个个挑战，抢抓和把握一个个机遇。

时光回溯，人们或许已不再留意这样一个时刻——

1999年11月15日，中国对外贸易经济合作部。

美国贸易谈判代表巴舍尔夫斯基走进她当时所能找到的唯一的私密场所——女卫生间，给时任美国总统克林顿打电话，请求其批准与中国签署加入WTO双边协议。他们——包括记录了这个有趣细节的《华尔街日报》中国分社前社长麦健陆——都没有想到，这一刻起，新中国历史上一个"黄金10年"悄然开启。

同样是这一刻，所罗门美邦，这家当时华尔街最大的投资银行作出了这样的预测：加入WTO以后的前五年，中国将会出现 4 000 万人失业，仅沉重的就业压力就足以把这个国家压垮。

巨大的机遇可能同时出现在巨大的压力中。以开放促改革，以改革促发展；着力增加政府透明度；清理并修订的法律、法规和规章达 3 000 部……主动应对的中国不但没有被"压垮"，反而成为世界第一大出口国和第二大进口国。

"加入 WTO，是新世纪中国在全球化时代抓住的一个重要机遇，成为我们对内改革、对外开放、融入全球经济的加速器。"清华大学国情研究中心主任胡鞍钢说。

从乡村到城市，一扇扇机遇之门开启，创造了多少充满生机与活力的空间——

北京，抓住举办奥运契机，调整了不符合首都功能定位的产业，搬迁了首钢和焦化厂，还在更深层次推动了社会发展理念和国民文化素质提升；

上海，利用举办世博盛会，在对传统产业迁移和提升的同时，也带动了城市产业结构的调整、工业布局的变化、城市功能的转变；

…… ……

从个人到企业，一扇扇机遇之门开启，改变了多少命运——

"美国 Solar 公司要破产了！"

2008 年 5 月的一个深夜，越洋电话打破了福建双飞日化公司董事长李振辉的酣梦。Solar，双飞最大的海外客户，这些年双飞一直为其代工。"它一旦破产，我的货款就全打了水漂，必须把它买下来。"

可是，对方坚持 2 000 万美元的原价转让，这太贵了。"我不怕，我是它最大的债权人，它的品牌从原料、采购到生产，都掌控在我的手上。"李振辉看到了其中的机遇。

两个月后，Solar 最终答应以 800 万美元卖给双飞，扣除它的欠款，双飞实际上只付了不到 300 万美元；一个月后，双飞接手的两个品牌就重新摆上了美国 3 000 多个终端零售网点的货架。

"原来代工的毛利率不到 10%，现在是成倍增长。"李振辉难掩兴奋，"正是抓住了国际金融危机国外品牌市值下跌的有利时机，我们才以低成本走了出去。"

机遇，改变中国；机遇，改变你我。

世界经济发展史表明，无论是地理大发现之后的工业革命，第二次世界大战后的科技革命，还是上世纪 70 年代的信息革命，都深刻地影响了人类文明的进程。一些国家抓住机遇、乘势而上，走到了前列，另一些国家却陷入被动、落后的局面。

"中国的巨变证明，找准历史方位，抓住战略机遇，是一个国家掌握主动、赢得优势、拥有未来的关键所在。"胡鞍钢说。

机遇，必须善于认识和发现：新时代带来新变化，新变化孕育新机遇。在分析中研判，中国"战略机遇期"不但能延续，还能成为科学发展的"黄金期"

短短一周时间，双方企业家达成投资贸易 140 多项，总额 15 亿美元。70 名中国企业家要在美国投资，30 家中国企业要在美国建立生产基地。美国方面也提出四大意向：计划每年推动 10 家成长性好的浙江中小企业到纳斯达克上市；每年在沃顿商学院培养 30 名浙江企业家；在纽约建立浙江品牌的推广地；在马里兰州建立浙江科技园。

"没想到，合作的意愿和空间这么大。"11 月初，经历"浙江—美国中小企业周"这一火爆场面的中国商务专家何伟文发出这样的感叹。

何伟文的感叹映衬出国际金融危机过后全球市场面临的新机遇。

环顾世界——

和平、发展、合作仍然是国际主流，国际社会强化合作、共促发展的意愿在增强；

世界多极化、经济全球化深入发展，我国国际地位和影响力上升；

国际科技与产业变革孕育新突破，许多国家发展模式正在转型；

国际经济体系和治理结构深刻调整，构建公平、公正、有序和包容的国际经济新秩序成为趋势。

"这些新情况新变化告诉我们，支撑我国发展的外部环境没有根本改变。"国务院发展研究中心对外经济研究部部长隆国强认为。

只有小学文化程度的吴建荣，如今是中国最大的动漫投资商之一。讲起"创意""舞美""造型"，这个15岁开始当泥瓦工的建筑业老板滔滔不绝，看上去完全不逊色于专业人士。

吴建荣的中南集团和他个人一样，正在进行重大战略转型。从最赚钱、最熟悉的传统建筑行业转向最烧钱、最陌生的动漫产业，"中南卡通"已实现动画片及文具、服饰等衍生品立体开发。"年轻的动漫产业有广阔的商机。"他说。

吴建荣的畅想，折射出站在新起点上的中国，蕴含着巨大发展空间。

审视国内——

工业化、城镇化正在加快，每年1 000多万人从农村进入城镇，城乡居民消费结构加快升级，蕴含着巨大的发展潜力；

我国资金、技术、产业配套、基础设施、人力资源等生产要素组合具有明显优势，为发展奠定了坚实基础；

应对复杂局面的能力，集中力量办大事的制度优势，和谐安定的社会环境，为发展提供了强有力的保障。

"这些有利条件告诉我们，支撑中国发展的重要因素依然存在，经济长期向好的趋势没有改变。"中央党校原副校长李君如说。

机遇十分宝贵，机遇来之不易，机遇稍纵即逝。

把握机遇，首要在于发现机遇、认识机遇。

——国际国内的整体环境，为我们提供了依然可以集中精力谋发展的机遇期；

——世界范围产业新发展，科技创新孕育新突破，为我们提供了结构调整的机遇期；

——经济社会加速转型，为我们提供了加快体制机制创新的机遇期；

——经济实力不断增强，为我们提供了更好共享发展成果的机遇期；

——国际格局深刻调整，为我们提供了更大程度上参与国际事务的机遇期；

…… ……

机遇，总是垂青有准备的人。

充分利用各种有利条件，集中力量办好自己的事情，未来的战略机遇期不但能延续，还将成为战略机遇期中的"黄金期"。

机遇，有时也需在挑战中转化：从来就不存在 "一帆风顺""吃现成饭"的机遇。可预见和不可预见的 风险与挑战，催促着中国加快转变发展方式的步伐

假若发达国家1‰的资产外移至新兴市场国家，就会带动约5 000亿美元的资金流入后者，这比2007年国际金融危机之前新兴市场国家吸收的4 240亿美元外资总额还要大，"热钱"吹大资产泡沫将无法避免。

这是国际货币基金组织在今年10月出版的《金融稳定报告》中发出的警示。

挑战，绝不仅仅限于"热钱"。

今年夏天，欧盟针对中国数据卡同时发起反倾销及保障措施调查，涉案金额 41 亿美元，成为迄今为止中国遭遇涉案金额最大的所谓贸易救济调查。10 月份，美国先后宣布针对中国涉及清洁能源的法律、政策和做法启动"301 调查"，并对中国产的特殊铝制品征收 59.31％的"惩罚性关税"。

"全球经济正面临着贸易保护主义和财政赤字、量化宽松货币政策、汇率战的四大挑战。"世界银行高级副行长维诺德·托马斯警告。

挑战，绝不仅仅限于外部。

"煤迟早是要挖光的，我的子孙们今后靠什么生活呢？"在内蒙古鄂尔多斯伊金霍洛旗采煤塌陷区，63 岁的王明仲老汉一脸困惑。

这是困扰中国的老问题——

经济增长方式粗放、资源环境瓶颈制约、城乡和区域发展不平衡、产业结构层次低、收入分配不合理……

这是中国面临的新挑战——

我国人均 GDP4 000 美元，处于起飞后爬坡过坎的关键时期。国际经验表明，从人均 GDP4 000 美元迈向 1 万美元的过程中，各种矛盾更加凸显，很容易跌入经济增长回落或长期停滞的"中等收入陷阱"。

"对挑战，要两面看。如果应对不好，当然会败下阵来；但挑战不是固化的，应对得好，就能变压力为动力，化挑战为机遇。"中共中央党史研究室副主任李忠杰说。

从 1G 到 2G，从 2G 到 3G，在竞争激烈的全球电信市场，如果继续沿着先行者的规则前进，只能永远落后。唯一的机会就在"拐弯处"，在不同阶段的转换过程中抓住新兴市场，才能实现超越。

这是一家中国公司在应对挑战时作出的战略抉择。

华为敏锐地抓住 3G 市场的"拐点"，从全球 3G 系统设备老大爱立信公司手中夺得荷兰海牙的订单。"虎口夺食"的华为由此打入欧洲市场腹地。如今，它的产品与解决方案已经应用于全球 100 多个国家和地区，跃升为全球 500 强。

"化挑战为机遇，果断实施战略和技术转型，是华为'滚雪球'增长的重要支撑。"隆国强认为。

历史经验表明，机遇常常是由成功应对一系列挑战、实现对挑战的转化而来。

在发展道路上，机遇总会伴随挑战，挑战往往蕴含机遇。关键在于如何应对。

全球范围的资源匮乏和环境制约，使得中国在客观上没有条件再走西方工业文明的老路。对我们而言，这是巨大的挑战，也是难得的机遇。

环顾世界，一场以低碳、环保为特点的全球绿色"竞赛"如火如荼。谁在这场竞争中占领制高点，谁就能赢得发展的新优势。对我们而言，这是难得的机遇，也是巨大的挑战。

"加快转变经济发展方式，是应对国内外诸多挑战、利用好战略机遇期的唯一路径，最为关键的是要在五个方面实现新的突破。"郑必坚认为。

——要从需求、产业、城乡区域、要素投入等方面，推进经济结构战略性调整取得新突破；

——要在科技进步和创新上取得新的突破，增强竞争力，抢占制高点；

——要在经济社会协调发展上取得新突破，让全体百姓更好享受发展成果；

——要在"两型"社会建设上取得新突破，破解资源环境"瓶颈"；

——要在重点领域和关键环节"下猛药"，推进改革开放取得新突破。

机遇十分宝贵，机遇来之不易，机遇稍纵即逝。

"如果我们抓住机遇把经济发展方式转过来了，中国的发展就会有更大的实力、更高的素质、更广的空间。"李君如说。

中建一局的工程师在深圳平安金融中心工地商讨方案

机遇，在交融中共享：中国和世界你中有我、我中有你，不断扩大和深化同各方利益的汇合点，战略机遇期不仅是中国的"黄金发展期"，也是和世界的"合作分享期"

11 月 18 日，通用汽车公司首席执行官爱德华·惠特克敲响了纽约证券交易所的开盘钟，通用在纽交所重新挂牌交易。滚动的大屏幕上，招股书承销商列表最下端，跳出两个中国投行的名字——工银国际和中金公司。

美国总统奥巴马在声明中表示，通用 IPO 是美国汽车工业历史上的一个重大里程碑。从退市重组到再上市，仅时隔 17 个月。通用快速重生的背后，中国因素起到了强大的支撑作用。

2009 年，通用在上海设立国际运营部总部，统管其海外业务。目前，通用共在中国建立了 8 家合资企业，中国已成为通用最大的海外市场。截至 2010 年 6 月底，通用在中国的市场份额达到 13%，已超过美国市场的 11.8%。预计未来还将不断攀升。

"没有一个新兴市场比得上中国，我们很幸运地及时参与了中国市场的爆炸性增长。如果要在未来取胜，我们就一定要在新兴市场获得成功，尤其是在中国。"爱德华·惠特克这样强调。

通用"浴火重生"传达了这样一个信息——在经济全球化日益深化的今天，中国的发展离不开世界，世界的发展也离不开中国。中国的机遇也是世界的机遇。

这是世界银行数据库的分析：在国际金融危机之前的2001—2008年期间，中国在20国集团国家中不仅经济增长率最高，而且经济波动系数最低。2009年，中国对世界经济增长的贡献率超过50%，成为应对国际金融危机最大的"稳定器"。

"以中国为代表的新兴经济体引领着全球经济的复苏，其未来的经济增长对重建全球经济繁荣至关重要。"维诺德·托马斯认为，"自由贸易对新兴经济体的增长十分重要。因此，反对贸易保护同样符合发达国家利益。"

作为拉动全球增长的强力引擎，一个13亿人口大国的持续发展正从人口、技术、市场等多方面对世界作出越来越多的贡献。

菲利普，苏州阿海玛开关有限公司总经理。作为一家生产能源设备的法资企业，该公司早已在中国市场尝到了甜头——7月1日正式运行的沪宁高铁以及广州、上海、杭州等地的地铁都使用了该公司的配电产品。如今，菲利普谋划着一笔大账：到2020年中国要新建1.6万公里以上的高铁和数千公里的地铁以及大量基础设施，这中间蕴含着多么巨大的商机！

而全球物流巨头UPS正忙着抢抓中国经济转型升级带来的机遇。现代服务业的发展为物流业提供了广阔空间，他们在深圳设立的亚太转运中心目前已经正式投入运行，一站式服务和连接香港与深圳的亚洲运输网络，使其成为UPS在亚洲最大的转运中心。

在合作中共享，在互利中共赢。中国机遇，正吸引着越来越多的全球分享者。全球 500 强中已有 470 多家在中国落户，跨国公司在华设立的各类研发中心超过 1 200 家。巨大的商机使中国成为吸引外资最多的国家之一。

"中国处于战略机遇期，她的迅速崛起，对世界而言，创造和展示出新的巨大的发展机遇，而不是威胁。"胡鞍钢说。

当今世界正逐步成为全方位、多层次的"利益与利害共同体"。"面对世界发展大势，国际社会应该同中国等新兴市场国家一道努力，抓住机遇，挖掘潜力，促进共同发展繁荣。"李忠杰说。

……

机遇十分宝贵，机遇来之不易，机遇稍纵即逝。

"天与弗取，反受其咎；时至不行，反受其殃。"新的十年，面对加快发展的重大战略机遇期，我们应该百倍珍惜，不动摇、不懈怠、不折腾，聚精会神搞建设，一心一意谋发展，努力实现全面建设小康社会的宏伟目标。

1820 年，中国 GDP 占世界总量的比重将近 33％，综合国力居全球之首。但在"闭关锁国"的决策下，错失了世界工业化浪潮的机遇，迅速走向衰落。

21 世纪的第二个十年即将走来。站在新起点上的 13 亿中国人，应该紧紧抓住难得历史机遇，全力推进经济社会跨越式发展，为实现中华民族伟大复兴而努力奋斗。

🎙 张连起点评

21 世纪初的第一个十年，中国经济"快"字当先、"好"字成势，增速傲居全球前列，结构调整继续推进，发展活力有所增强。但同时，金融危机后的世界格局深刻调整，国际力量的对比急剧变动，"欧债阴霾"下的主要经济体纷纷呈现

"平庸增长"，外部需求明显放缓。

历史映照过去的现实，现实抒写未来的历史。说一千道一万，企业赢利是关键。转方式、调结构重点有五：投资有效益，产品有市场，企业有利润，员工有收入，政府有税收。最核心的一条便是企业利润。破解"两难"乃至"多难"，归根结底就是两个字：创新。

企业有钱赚，经济才不失速。反过来，有一定的增长速度，就业才能有保证，收入才会稳步增长，民生改善才会底气十足。简言之，不片面追求 GDP，但绝不能不要 GDP。

🎤 周鸿铎点评

在"前有围堵，后有追兵"的当今世界，中国怎样才能做到"任凭风浪起，稳坐钓鱼船"，实现稳步发展？谢登科在"转型升级进行时"里给出了解答。

2010 年 12 月 11 日，在关于"关键时期的战略方位——评述重要战略机遇期"的报道中，谢登科提出了要找准"历史方位"、要抓住"战略机遇"的基本观点："机遇可以改变中国，机遇可以改变你我"；"'战略机遇期'是具有'延续'性的，它可以成为科学发展的'黄金期'"；并发出了"天与弗取，反受其咎；时至不行，反受其殃"的警示。2010 年 12 月 8 日，在关于"风雨的考验 从容的步伐——从外部挑战看中国发展"的报道中，谢登科用中国经济发展对世界经济增长的巨高贡献率有力批驳了有些发达国家对中国的不实指责，并鲜明突出了中国在逆境中奋力突围、在风雨中从容迈步的基本思路和战略走向。

作为一名高水平的经济记者，一定要学会科学地向受众传播经济信息，不仅能够让受众知晓经济信息，而且还能够让受众懂得经济信息、运用经济信息，既能够充分发挥经济信息自身的功能力，又能够实现经济信息功能力与受众个人智慧力以及集体智慧力的有效结合。从谢登科的系列经济报道中，我们已经看到了这类经济记者的形象。

作者（左二）在河北石家庄某电力企业调研污染排放问题

04/成长的烦恼
——改革沉浮录

　　这是爬坡过坎的攻坚期，也是转型升级的机遇期，更是结构调整的关键期！

　　伴随着阶层逐步分化和诉求多样化，当前我国社会价值取向越来越多元化，各种利益与矛盾相互交织，面临着经济社会转型期的机遇与挑战：既拥有超过10万亿美元的经济总量，也面临"三期叠加"形势下经济社会转型发展的严峻任务；既有迫近全面建成小康社会的非凡变化，也面临跨越中等收入陷阱和诸多民生短板的艰巨挑战和潜在风险；转型期的多元与多变，既为社会注入强大活力，也给人们的价值理念带来了强烈冲击。

　　办理身份证、营业执照的往来奔波，"你妈是你妈"的奇葩证明……面对繁琐陈规对群众的困扰，中央以简政放权作为"先手棋"和"当头炮"，以"放管服"改革推动职能重塑，释放巨大红利。但改革中不到位、不配套、不衔接等问题依然突出，准入、许可等审批事项仍然过多，评比、验收等错位问题亟待清理。

　　就业是民生之基。从供给侧看，"十三五"时期需在城镇就业的劳动力年均约2 500万人，从需求侧看，企业生产经营形势与劳动生产率提高都将直接导致劳动力刚性需求减少，供需矛盾依然突出。

未来 10 年我国仍将处于城镇化快速发展阶段，但是，区域发展不平衡、空间布局与资源环境承载能力不相适应的问题愈加明显，过度依赖土地支撑的城镇化已不可持续。

安全生产领域，尽管重特大事故发生起数和死亡人数有所下降，但部分行业领域仍然事故多发：一些企业在利益诱惑面前，安全防线层层失守；一些单位在敷衍塞责面前，责任压力层层衰减；一些地区在扭曲的政绩观前，缝隙盲点不断出现。

增速换挡。调整阵痛。新旧交织。

6 年前解剖富士康案例时，作者曾以痛彻心扉的感受发出了社会转型的疾呼！

但社会转型从来都是艰难的，从来都会伴随巨大的疼痛。唯有真正落实"以人民为中心"的发展理念，才能有效减少痛感，稳步走好一个大国的转型新征程。

作者（中）在西部贫困地区调研"留守儿童"教育问题

　　在经济社会发展的历史进程中，我们无法回避成长的烦恼！

　　或直面伤痛，或直击难题，或强烈共鸣，或发人深省，谢登科从纷繁复杂的世界里抓取一个个给时代留下深刻记忆的题材生发开来，如水中一波涟漪，经久荡漾，留下的往往是耐人寻味的持续关注和热烈讨论。

　　"琴心抚剑胆，妙手著文章"。谢登科对热点难点问题的深入关注，饱含了勇敢的胆识，坚韧的毅力，深邃的思考，深沉的忧患，说到底，是一名新闻工作者的良知、道德、责任与担当。所有这些，共同汇聚成推动社会进步的不懈力量——

第八章 热点纵论

"扬汤止沸，不如釜底抽薪。"面对一任又一任交通厅长在掌声和鲜花中"前赴后继"的悲剧，谢登科13年前通过深度追踪试图揭开这一"怪圈"背后的体制机制缺陷，在舆论场和全社会引发强烈震动与反响，诠释了一个优秀记者捕捉热点、纵论热点的能力。

如今，13年过去了，谢登科基于深沉忧患意识的振臂疾呼和声声呐喊言犹在耳，但"热点纵论"的警示和教训依然厚重。

"子规夜半犹啼血，不信东风唤不回。"令人欣慰的是，党的十八大以来，以习近平同志为核心的党中央高悬惩腐之"剑"，扎紧制度之"笼"，筑牢思想之"堤"，正式提出了构建不敢腐、不能腐、不想腐的长效机制。人们惊喜地发现，作者热切呼唤的天朗气清的政治生态正一步步向我们走来！

作者（右一）深入企业了解经济运行情况

2003 年 2 月 11 日

交通厅长纷纷落马发出警示
——改革投融资体制势在必行

交通系统是基础设施建设的重点之一，投资巨大动辄几十亿上百亿元，而工程招投标又是政府部门拥有较大话语权，致使交通系统成为了近年来官员腐败问题的"重灾区"。

　　继原河南省交通厅长曾锦成、张昆桐先后因巨额经济犯罪被判刑后，现任河南省交通厅厅长石发亮日前又涉嫌重大违法违纪行为被纪检部门立案审查。根据有关方面现已查实的情况，无论是涉嫌经济犯罪的数额之大，还是实施犯罪的手段之恶劣，石发亮都远远超过了前两任。

　　"省委：我以一个党员的名义向组织保证，我绝不收人家的一分钱，绝不做对不起组织的一件事，坚决维护党的光辉形象，我永远相信党会实事求是……"这是原省交通厅厅长曾锦成在任时写给省委的血书中的一段话。然而，仅仅在曾锦成写这份血书一年后，检察机关就查实他先后收受他人贿赂 40 余次，款物折合人民币 30 多万元。

　　张昆桐走马上任伊始，也向省委领导立誓，表示一定要吸取前任厅长的沉痛教训，努力工作，并提出一个响亮而富有感染力的口号：让廉政在全省高速公路上延伸！但张昆桐涉嫌挪用公款 10 万元人民币，收受、索要他人贿赂款物 68.48 万元人民币、4 万美元的犯罪事实，最终使他的誓言成为一纸谎言。

一些熟悉石发亮的人用"三大"概括石发亮，即"胆子大，本事大，关系网大"。在如愿登上交通厅长的宝座后，石发亮立即不惜一切代价打造自己的廉正形象，提出"一个'廉'字值千金"的口号迷惑各级领导和社会公众，与此同时，却运用各种手段大肆攫取钱财。

从全国的情况看，近年来因经济犯罪被查处的交通厅长、副厅长不下十余人。原四川省交通厅厅长刘中山、副厅长郑道访贪污巨额公款、收受巨额贿赂被分别判处死缓和死刑；湖南、广东、广西等省（区）的交通厅长纷纷落马。

专家指出，除去犯罪者以身试法、欲望横流等个人因素外，我们不能不从机制上进行反思。在坚决打击腐败的同时，应把更多的注意力转向防止腐败，转向通过制度创新、制度建设抑制各类腐败的产生、形成和发展趋势。

交通厅长"前赴后继"暴露机制缺陷

现任许昌市副市长的王泽河曾担任河南省交通厅副厅长 4 年，与河南三任出事交通厅长中的两任共过事，亲眼目睹了他们的兴败过程。王泽河说，他们的接连出事其实已不仅仅是他们个人人生命运的问题，也使全省交通系统的数万名干部职工抬不起头来，使全省的交通运输事业受到重大影响，更使党和政府的形象受到严重损害。

近年来，在国家实施积极财政政策，大力扩大内需，加快基础设施建设的大背景下，各地政府尤其是我国中西部地区高度重视对交通事业的规划建设，充分运用政府和市场两只手加大投入力度，交通工作本应成为这些地方经济和社会事业发展进步的亮点和重要支撑点，却接连不断地发生严重腐败，这使人们不能不从机制上进行反思。

河南省交通厅一位干部回忆说，1997年张昆桐任厅长时，在一次投资计划平衡会上，计划处长出示的来自各个方面的人情条子几乎占了当年全省地方道路投资的一半。1999年底石发亮主持交通厅工作时，洛阳到界首高速公路洛阳段建设工程已经开标，但由于石要介入，一句话就让这项投资达10亿元的工程重新进行招标。那时在交通厅，因人情兴事，靠关系投资，这样很不正常的事情变得很正常。河南省交通厅一位负责制作计划的同志感叹，每年究竟有多少投资是在酒桌上拍板的，谁也说不清，计划只好按照厅长的喜怒哀乐倒着做。

据介绍，河南省交通厅掌管着全省每年40多亿元的规费、通行费收入，统贷转贷资金近100亿元，每年正常投资150亿元以上。交通厅既是投资者，又是管理者；既当发包商，又当承包商。王泽河说，如此巨大的权力，掌握在厅长一个人手里，确实太可怕了。如果一个干部的党性原则强，素质高，能够自觉建立起自我约束机制，也许可以作出一番成绩，可一旦这种权力被素质低下、欲望横流的人掌控，就一定会作出惊天动地的坏事来！

从曾锦成到张昆桐，再到石发亮的跌落，除了利欲熏心、顶风作案的个人因素外，应该说，机制上的某种缺陷正是一步步助长他们腐败"胆识"的更加重要的原因。正是这种缺陷，辅之以带有封建烙印的旧官场游戏规则，才给了他们施展"才能"的机遇！

交通投资体制改革滞后　大量资金"灰色蒸发"

我国现行的交通投资体制是在交通系统内部封闭运行，一切规费资金由交通部门自行征收使用，对外融资又实行统贷统还，独立设置项目法人，再加上不受制衡的招、投标市场，导致政府权力部门化，部门权力个人化，个人权力绝对化。这既是腐败之源，同时也不科学，不经济，增加了运行成本，降低了投资质量。

河南的交通基础设施投资一直是全省基本建设投资的重中之重。据了解，每年巨额的交通建设投资虽然受国家宏观规划和政府计划的调节，但基本上都是由省交通厅自行决定投资方向，用于省道和县乡道路的资金使用随意性则更大，条子工程、人情工程充斥横行，占据相当大的比重。项目法人的设立、任用更加缺乏制衡，政企不分，一切听命于交通厅的行政领导，使企业没有一点独立性。

《中华人民共和国招标投标法》实施以来，对创造公平竞争的工程建设市场环境，保障国有资金有效使用起到了积极的作用。为了规范工程建设项目招投标行为，维护国家和社会公共利益，提高工程质量和投资效益，国家计委曾组织重大项目稽查办和各省（自治区、直辖市）计委对 89 个国家重点建设项目 2000 年以来的招投标情况进行了专项稽查，结果表明，公开招投标的作用虽然正在日益显现，但部分项目该招标不招标、规避公开招标或搞虚假招标的情况依然存在；招投标中操作不规范的现象比较普遍；招投标中地方和部门保护主义仍较严重；一些地方和部门对招投标的行政审批和干预过多。据介绍，省级公路建设的招投标市场目前仍然独立于建筑招投标市场之外，各市自然仿效省里的做法，自成体系，非法中标、人情标、化整为零、转包分包屡禁不止。河南省公路建设的每公里平均造价近年来不断增加，而公路建设质量却问题频繁，投资成本与公路建设的增长比例严重失衡，大量资金被"灰色蒸发"。

针对上述问题，专家指出，应尽快实施以项目、资金、市场互相分离，彼此制衡的交通投资体制改革。就省级而言，重大建设项目的提出、批准和管理一律由交通厅和省发展计划委员会共同负责，但以计划部门为主，一般公路项目比照执行；资金管理包括规费征收、贷款的监控等由交通厅和财政厅共同负责，以财政部门为主；项目法人的任用和监管由交通厅和省企业工委共同负责，以企业工委为主；公路建设项目的招标进入有形建设市场，由省建设厅主管。交通厅把工作的主要精力放到对交通运输发展战略的规划管理、工程质量和交通运输的行业管理以及公路建设和运输管理的协调发展上来。

随着市场经济的确立和完善，目前河南省各省辖市以下都按照要求建立了有形建设市场，按照国家基本建设程序，对投资 50 万元以上的建设工程实行公开招投标，促进了建筑市场的规范。但是由于体制上的原因，交通、水利、电力、通信等传统垄断性行业项目却以种种原因游离于有形市场之外，以省级最为典型，目前还没有形成统一的建设市场。针对交通项目招、投标暴露出来的问题，应尽快组建省建设厅牵头的、全省统一开放的有形建筑市场，将所有国家重点项目统一纳入市场管理。凡投资超过 3 000 万元的建设项目都要拿到省级建设市场面向国际、国内公开招投标，市级建设市场负责 3 000 万元以下的项目。为保证重点项目的质量，省级建设市场可以专门设立交通、电信、电力、水利等项目专家库，确保这些领域重大项目的专业技术保障。

对工程质量实行司法控制

市场经济条件下，项目业主（发包商）、监理单位、建设单位（承包商）是一种商业合同关系，也是法律关系。在三者之间，责、权、利是清晰的，就质量而言，监理单位责任重大。问题的关键在于，目前公路工程监理公司滥竽充数的居多，资质资信不符，甚至没有监理能力的公司依靠各种关系承揽工程业务，从而造成公路建设质量事故不断。

洛阳到三门峡高速公路在建设过程中曾发生严重质量事

故，导致公路被炸毁重建；郑州到许昌、新乡到安阳等高速公路也先后发生严重的公路建设质量事故，造成大量追加投资翻修重建。2001年，河南省高速公路通行费收入比2000年翻了一番，但是由于大面积的维护，致使两年来河南省高速公路仍然处于亏损状态。更为严重的是，2001年虽然年投资额比上一年翻了一番，但实际新增在建公路里程却没有翻番，其主要原因就是把资金大量投入到了无休止的维护中，维护资金高达40亿元左右。然而，除了个别承建商受到一些轻微的经济处罚外，却无人承担任何法律责任。

为了确保工程质量，预防腐败现象发生，包括省交通厅在内的河南一些地方尝试实行了对重点建设工程派驻纪检监察干部，让检察院提前介入等方法，收到了一些效果，但由于这些部门派驻人员的非专业性和其他人为方面的因素，实际效果并不明显。为了加强对国家出资的重大建设项目的质量管理，保证工程质量和国家建设资金的有效使用，避免重大项目建设中的各种违规违纪和损失浪费行为，国家计委从2001年起推出了《重大建设项目违规问题举报办法》，这一办法实行的当年，国家计委即受理举报信、传真、电话、电子邮件等各种形式的举报案件186件。根据举报提供的线索，经过深入细致地稽查，查出了一批存在违规使用建设资金、弄虚作假、规避招标和出现工程质量问题的建设项目，为国家挽回了损失；对相关责任人员的问题，移交有关部门处理，起到了较好的警示作用。

联邦德国为了加强对高速公路建设的司法控制，在全国设立了联邦高速公路工程监理委员会，统一监管监理公司，批准其设立和运转，并在联邦法院专门设立了高速公路法庭，配备了懂工程的法官。有关人士提出，我国有必要效仿德国的做法，在对监理公司进行全面清理整顿的基础上，同样实行严格的司法控制程序。按照建设程序严格合同管理，对工程定额、工程质量发生问题的建设项目直接诉诸法律，通过司法手段对合同规定的权利和义务进行责任划分，依法处理有关责任单位和责任人，从而确保工程的质量和效益，彻底扭转现在公路建设中豆腐渣工程、前修后坏、不计成本维修等现象的发生。河南省交通厅曾经把"对公路工程的司法控制"列为 2000 年的科研课题并开始了立项研究，后来被人为中断。

让投融资行为更加市场化

企业自主决策、政府宏观调控是投融资改革不可偏废的两头。据了解，我国投融资体制改革的基本原则是，"谁投资、谁决策、谁受益、谁承担风险"，通过改革力图形成企业自主决策、银行独立审贷、政府宏观调控的新型投融资体制。

从河南交通事业的情况看，现行公路网中的国道、省道和高速公路都属于收费公路，都建立了投入产出机制，但是并没有实现真正的企业化管理，没有确立企业投资和运营的主体地位。虽拥有巨大的存量资产，但由于管理松散，条块分割，人员众多，质量效益俱差，虽然通行费价格一涨再涨，却依然处于亏损状态，主要原因是运营成本过高。有些收费路段一个收费站超过一百人，有的甚至达到二三百人，通行费成了养人费。河南省财政厅一位厅长说，这种情况不改变，从经济技术角度讲，已经不能再对公路建设进行更大投入了。

王泽河指出，针对这种情况，应尽快对省级公路路网进行三级组合，企业化管理，独立核算，自负盈亏，逼其裁减冗员，降低管理成本，严格工程质量，盘活存量资产，使公路建设步入良性循环轨道。所谓三级组合：一是高速公路网，目前已组建高速公路公司；二是国、省道公路网，也要组建公司，显化存量资产，增加路网的信用能力；三是县乡道路网，采取一县一公司的办法显化存量，降低维护成本，加大支持力度，把征收的规费重点向这些道路倾斜，使人民特别是农民得到实惠。对全省路网实行三级组合后，全省公路资产和负债就可以得到准确显化，各项经济技术数据明晰，也就具备了组建省交通投资公司，从而按照市场化原则对交通建设实施投入与产出核算的条件。

对企业来说，投融资体制改革在赋予其理应得到的投资决策权的同时，也需要企业承担相应的投资风险。对政府而言，投融资体制改革涉及减少审批环节、合理调整项目审批规模和权限，涉及政府如何加强和管好财政性投资，如何符合市场经济原则和国际惯例要求，进行投资宏观调控等问题。河南省发展计划委员会一位副主任指出，像公路这样的基础设施项目，投资大、建设回收期长，有的甚至只有直接的社会效益，它们只能或大多只能由政府投资。进行投融资体制改革，政府在还权于企业的同时，要强化对财政投资项目的监管，目前的重大项目稽查制度偏重于事后监督，而且最大的处罚是限期整改，这是远远不够的，应当考虑制订相应法律法规，把政府投资项目的管理纳入法制化轨道。

郑州市市长陈义初认为，当今时代是知识经济时代，也是速度经济时代。激烈的国际国内竞争要求企业投融资决策必须科学快速，否则就难以抓住稍纵即逝的发展机遇。如何快速？除了企业自身的判断决策外，迫切需要改革现行投融资体制，充分发挥企业的投资主体作用，吸引更多的社会资金。中国国际工程咨询公司一位高级工程师指出，投融资体制改革酝酿许久，千呼万唤未出来，一个主要的原因是我国市场机制不够完善。当前，我国已经成为世贸组织成员，市场经济体制已经确立并大大发展，是该改革严重滞后的投融资体制了。

专家指出，投融资体制改革，是对政府经济行为的根本调整，改革面大，任务复杂艰巨，但却是确立企业在竞争性领域投资主导地位、规范政府投资行为、保护投资者合法权益、调动各种类型投资者积极性所必须做的。从这个意义上讲，推进投融资体制改革，就是发展和完善市场经济。就交通投资体制改革而言，是当前全国各个省市面临的共同课题。专家建议，交通部作为全国交通运输主管部门，应进一步加大对各省交通建设项目的管理和资金运用的监督制约；就国家层面而言，应立法禁止任何缺乏外部监督与制衡的经济行为，防止权力绝对化环境下滋生的腐败，从而最大限度地确保国家投资的效益。

🎙 张连起点评

"秦人不暇自哀而后人哀之，后人哀之而不鉴之，亦使后人复哀后人也。"防止建设资金"灰色蒸发"没有完成时，只有进行时。推进包括交通领域在内的投融资体制改革，让政府、市场各安其位，清晰界定政府与市场的边界所在，既是优化我国投资环境、缓解民间投资的"挤出效应"、释放投资活力的治本之策，也是补齐软硬基础设施短板、提升供给侧质量与效益、实现"不敢腐、不能腐、不想腐"的关键一招。

要用改革清除影响投融资体制发展的"路障"，让投融资的清泉汩汩涌流起来；借助创新的力量，不断为投融资供给侧结构性改革注入内生动力，最大限度地发挥投资在经济稳定增长中的支撑作用。

🎙 周鸿铎点评

热点本来是一种物理现象，是物质运动所产生的一种能量。后来，扩大到众人关注、欢迎的信息的影响力或作用力。

这种影响力或作用力是由热点信息的规律性、效益性、延续性、引领性、恒基性等特点决定的。在人类社会发展的历史长河中，热点信息经常出现在人们的面前，就看我们能不能捕捉到它。

谢登科以他在 2003 年 2 月 11 日采写的深度报道——《交通厅长纷纷落马发出警示——改革投融资体制势在必行》，诠释了一个优秀记者捕捉热点、纵论热点的能力。在案件的侦查阶段，谢登科没有运用更多的涉案事实来吸引眼球，而是用三任河南省交通厅长"前赴后继"所暴露的"体制机制缺陷"着力开掘思想的深度，把人们打击腐败的注意力引向了制度创新、制度建设，着力追寻滋生腐败的诱因和杜绝腐败的根源，使报道更具非凡的价值和意义。

作为一个高水平的记者，应该具有抓住热点信息的能力，并能够研究它、感悟它、利用它，这是实现正能量传播的关键，也是谢登科"热点纵论"给予我们的启示。

🎤 采访札记

纵论式深度经济报道的尝试
——关于河南三任交通厅长相继落马报道的采写体会
（原载 2003 年 8 月 11 日第 30 期《新闻业务》）

在地方分社采写经济报道多年，渐渐地，我开始对自己的采写方法、表达形式感到不满意。众多的事件报道总觉浅显；一些题材和主题比较重大的报道，也往往是赞美多，经验多，缺少震撼人心的精髓。中国处在改革开放和构建市场经济体系的伟大时代，前进步伐日益加大，各种新事物、新情况、新问题层出不穷，在这一态势下，读者已经不再满足于那些直观、笔录式的动态报道或是枯燥的典型报道，而更多地盼望看到那些能引导人们进入事物的深处、分析事物的原核、展望事物发展的新闻。

这就要求我们记者思考和观察站得更高一些，笔触更深刻一些，去揭示那些尚未被人们普遍认识却又影响国家大计的关键性问题。

在这种思想的支配下，我进入了《河南三任交通厅长相继落马》报道的采写角色，并开始了一次深度经济报道的大胆尝试。

用纵论式采写深度经济报道

——《河南三任交通厅长相继落马》报道的采写体会

□谢登科

在新华社地方分社采写经济报道多年，渐渐地，我开始对自己的采写方法、表达形式感到不满意。众多的事件报道总觉浅显；一些题材和主题比较大的报道，也往往是赞美多、经验多，缺少震撼人心的精髓。中国处在改革开放和构建市场经济体系的伟大时代，前进步伐日益加大，各种新事物、新情况、新问题层出不穷，在这一态势下，读者已经不再满足于那些直观、笔录式的动态报道或是枯燥的典型报道，而更多地盼望看到那些能引导人们进入事物的深处、分析事物的原核、展望事物发展的新闻。

这就要求我们记者思考和观察站得更高一些，笔触更深刻一些，去揭示那些尚未被人们普遍认识却又影响国家大计的关键性问题。

在这种思想的支配下，我进入了《河南三任交通厅长相继落马》报道的采写角色，并开始了一次深度经济报道的大胆尝试。

又一任交通厅长在鲜花和掌声中陨落
——解剖"大鱼"的时机到了

2002年底的一天，河南省会郑州的不少媒体同时在突出位置刊登文章，讴歌和赞扬河南省交通厅长石发亮如何在工作中贯彻"三个代表"，如何廉洁自律等内容。本来，对于交通厅长的正面报道平常就充斥媒体，作为一名中央媒体的驻地记者，我早已经熟视无睹，甚至有些麻木了。

然而，这一天的报道却给我留下了极为深刻的记忆：因为，我内心清楚地知道，就在这些"绝唱"出笼的前一天夜晚，被各媒体竞相讴歌的主人公已经因涉嫌巨额经济违法违纪行为被纪检部门立案审查。遗憾的是，这一消息当时尚属绝密，有关人士在全然不知的情况下才发出了"最后的讴歌"。

作为新闻记者，一任又一任的交通厅长因腐败落马使我有些忧心忡忡，河南交通系统究竟怎么了？问题的症结到底在哪里？究竟应该从哪里下手，以什么样的事实为骨干材料，选择什么样的角度来剖析这一现象？

在一次会议上我了解到，河南省交通厅掌管着全省每年40多亿元的通行费等收入，统贷转贷资金近100亿元，每年正常投资150亿元以上，如此巨大的权力，全掌握在厅长一个人手里；交通厅既是投资者，又是管理者；既当发包商，又当承包商。如果一个干部的党性原则强，素质高，能够自觉建立起自我约束机制，也许可以做出一番成绩；可一旦这种权力被素质低下、欲望横流的人掌控，就一定会做出惊天动地的坏事来！

从前两任厅长曾锦成、张昆桐，到石发亮的跌落，除了利欲熏心、顶风作案的个人因素外，应该说，机制上的某种缺陷正是一步步助长他们腐败"胆识"的更加重要的原因。正是这种缺陷，附之于带有封建烙印的旧官场游戏规则，才给了他们施展"才能"的机遇正如小平同志在谈论反腐败问题时曾经说过的：

又一任交通厅长在鲜花和掌声中陨落
——解剖"大鱼"的时机到了

2002 年底的一天，河南省会郑州的不少媒体同时在突出位置刊登文章，讴歌和赞扬河南省交通厅长石发亮如何在工作中贯彻"三个代表"，如何廉洁自律等内容。本来，关于交通厅长的正面报道平常就充斥媒体，作为一名中央媒体的驻地记者，我早已经熟视无睹，甚至有些麻木了。

然而，这一天的报道却给我留下了极为深刻的记忆：因为，我内心清楚地知道，就在这些"绝唱"出笼的前一天夜晚，被各媒体竞相讴歌的主人公已经因涉嫌巨额经济违法违纪行为被纪检部门立案审查。遗憾的是，这一消息当时尚属绝密，有关人士在全然不知的情况下才发出了"最后的讴歌"。

作为新闻记者，一任又一任的交通厅长因腐败落马使我有些忧心忡忡，河南交通系统怎么了？问题的症结到底在哪里？究竟应该从哪里下手，以什么样的事实为骨干材料，选择什么样的角度来剖析这一现象？

在一次会议上我了解到，河南省交通厅掌管着全省每年 40 多亿元的通行费等收入，统贷转贷资金近 100 亿元，每年正常投资 150 亿元以上，如此巨大的权力，全掌握在厅长一个人手里：交通厅既是投资者，又是管理者；既当发包商，又当承包商。如果一个干部的党性原则强，素质高，能够自觉建立起自我约束机制，也许可以作出一番成绩，可一旦这种权力被素质低下、欲望横流的人掌控，就一定会作出惊天动地的坏事来！

从前两任厅长曾锦成、张昆桐，到石发亮的跌落，除了利欲熏心、顶风作案的个人因素外，应该说，机制上的某种缺陷正是一步步助长他们腐败"胆识"的更加重要的原因。

正是这种缺陷，辅之以带有封建烙印的旧官场游戏规则，才给了他们施展"才能"的机遇！正如小平同志在谈到反腐败问题时曾经说过的：制度问题更重要。制度不好，可以使好人无法充分做好事，甚至走向反面，而坏人却可以任意横行。

基于这样的认识，我意识到，解剖一条"大鱼"的时机来了。

勇闯"雷区"，向"深度"发起挑战

在着手报道时，我隐约感到，在"河南形象"已经成为敏感话题的大背景下，报道这一具有全国普遍意义的现象，如果分寸把握不好，很可能会写成一篇相当刺激人，尤其是刺痛河南领导层的批评报道。

经过一番思考，我决定把注意力转移到突破"一人一地一事"的模式，努力对新闻事实进行跨越时空、由里到外的综合反映。把主要精力放在"原因"和"怎么样"上，说明来龙去脉，阐明本质意义，估计事件影响，揭示发展趋势。

随着采访的不断深入，素材占有的日益丰富，我感到非得运用"纵论式"手法，把文章做深刻不可，只有报道深刻了才能达到预期目的，也只有把报道做深刻了，才能从简单的是是非非中解脱出来，做到题材的重大与主题的深刻相统一。

在采访过程中，我注意从"纵"的角度了解全国和历史情况，包括各种相关案件的素材，这些背景材料的积累，为报道增添了"跨度感"。在"论"的方面，我注意努力揭示事物深层奥秘的"理性之光"来透视新闻事实，以与三任出事交通厅长共事的前任交通厅副厅长的分析为主线，穿插了一些专家学者的观点和剖析，用更高的思维层次去驾驭实施，赋予其一种深刻的背景和意义。

通过这种方式，我就既挖深了事件，又闯过了"雷区"。

强烈的震动与反响

今年年初,《河南三任交通厅长相继落马》《交通厅长纷纷落马发出警示——改革投融资体制势在必行》先后在参考刊物和《瞭望》新闻周刊刊登。2月19日,中共中央总书记胡锦涛在中央纪委二次全会上专门谈及《河南三任交通厅长相继落马》一文,并指出,当前社会处在深刻变革中,一些腐败分子利用改革机制不健全的机会,贪污腐败,谋取私利……河南省三任交通厅长相继落马,在全省干部群众中引起强烈震动。交通厅每年掌管40多亿元资金,还负责管理100多亿元统贷转贷资金,权力很大,交通厅既是发包商,又是承包商,权力完全集中在厅长一人手里,问题极大,可以说,现行管理体制缺陷是造成这些腐败分子陷入泥潭的原因之一。

《报刊文摘》《文摘报》《中国青年报》《法制日报》《中国建设报》《中国交通报》《河南商报》及河南人民广播电台等和境外一些媒体采用此稿。新华网、新浪网等各大网站纷纷在第一时间内刊登、转载此文。当期《瞭望》和《河南商报》在河南省呈脱销状态。

胡锦涛总书记关于这篇参考报道的讲话在中纪委二次全会与会人员和河南省领导层中引起巨大反响。

2月21日、22日,河南省委书记李克强、河南省政府省长李成玉先后主持召开省委常委会和省政府常务会,全文宣读了新华社的参考报道内容,认真学习领会胡锦涛总书记讲话精神,专题研究三任交通厅长落马暴露出的制度缺陷,提出必须下大力气改革现行的交通投融资体制。

目前,以市场化为主要特色的河南省交通投融资体制改革方案已经河南省人民政府批准,正式颁布实施。据悉,有关部门正着手启动全国的交通投融资体制改革方案。

新闻报道发表后产生巨大反响在我的记者生涯里已经不

是第一次。但这是我初次尝试纵论式深度报道，这一探索的成功仍然着实令我有几分冲动，并激发出我的热情和自豪感。这条路，我会坚持走下去！

🎤 作者手记

这篇刊发于 2003 年的纵论式新闻报道，曾引起强烈轰动。时任中共中央总书记胡锦涛在当年召开的中纪委全会上对这篇报道披露的现象感到震惊，各界对交通厅长这个"高危行业"的关注与讨论不绝于耳。然而，如今十多年过去了，文章里"纷纷落马"的主人公有的已经出狱，有的远走他乡、逍遥法外者被引渡回国，有的则永远消失在历史厚重的尘埃里。

然而，"前赴后继"的交通厅长们却后继有人、绵延不绝⋯⋯

更具讽刺意味的是，不仅后来河南的又一任交通厅长继续了"前赴后继"的怪圈，而且，当年在文章里"指点江山"的旁观者、时任交通厅一位副厅长，也成为"前赴后继"者锒铛入狱。

值得欣慰的是，在中央向贪腐宣战的疾风骤雨中，反腐败斗争的压倒性态势已经形成，"不敢腐"的强大震慑作用已充分呈现；在反腐败体制机制建设、交通投融资体制改革等治本之策的持续推进下，"不能腐、不想腐"的目标也曙光在前。

第九章　深度警示

　　有伤痛的记忆，有惊醒的奋起，有急切的追问，更有超越的决心，中国的自主品牌成长之路是酸楚的，也是励志的！

　　谢登科采写《艰辛的奋起——中国自主品牌警示录》时，"苹果旋风"正横扫中国，"中国高铁"还饱受质疑，如今，"华为"魔力已席卷华夏，"中国高铁"已征服世界……

　　品牌，如一面镜子，清晰地映照出一个奋进在自主品牌之路上大国的希望与追求、差距和忧思。我们期待，在适应经济发展新常态，培育经济增长新动能的今天，关于中国自主品牌的诸多警示能穿越历史的时空，化为闪烁在13亿国人星空上的荣耀之光，熠熠生辉，光彩夺目！

作者（中）在浙江乌镇调研

2010 年 11 月 29 日

艰辛的奋起

——中国自主品牌警示录

奋进中的中国自主品牌

新华社北京 11 月 29 日电　11 月 17 日。美国新奥尔良。

中国"天河一号"荣膺全球超级计算机冠军颁奖现场，掌声响起。当中有美国人、欧洲人、日本人。但此时此刻，现场的中国人清楚地知道，即便是在安装了"中国芯""飞腾—1000"后，"天河一号"仍有七分之六的芯片来自美国。

"天河一号"像一面镜子，清晰地映照出一个在自主品牌之路上奋进的大国的希望与追求、差距和忧思。

自主品牌，离世界有多远？

中国，离真正的品牌强国有多远？

经历国际金融危机洗礼的世界，正孕育一场深刻的变革。变革中的中国，在警示与奋起中解开一个个急切的追问，奋力开启追赶和跨越的征程。

尴尬与酸楚——中国品牌，有多少伤痛的记忆

2008 年 4 月，当主演过《指环王》《加勒比海盗》的男星奥兰多·布鲁姆穿着一双"飞跃"鞋出现在曼哈顿的片场时，中国人的镜头对准的不是他的面孔，而是他那双脚。布鲁姆的双脚唤醒的是国人对沉寂已久的国货老品牌的伤痛记忆：

"飞鸽"不再展翅，"永久"已不永久，"海鸥"奄奄一息，"梅花"凋零枯萎……

在品牌的力量引领全球之际，一个个曾让我们引以为豪的品牌早已湮没在历史厚重的尘埃里。

在饮料市场，曾控制国内市场的"八大名牌"已有七家被可口可乐或百事可乐"收编"。之后，无一例外地在市场上消失；

在化妆品市场，国外品牌已占据 75% 的市场份额；

在啤酒行业，年产 5 万吨以上的 60 家企业中有 72% 被合资；

在洗涤用品市场，4 大年产超 8 万吨的洗衣粉厂被外商"吃掉"3 个；

在感光行业，除乐凯一家外，其余的全部被国外"吞并"……

这是发生在我们身边的真实场景——

10 月 20 日上午，一场庆祝奥迪轿车中国销售 100 万辆的盛典在长春一汽大众隆重举行。但此时，距离现场 500 多米的厂区一隅，已停产数月的红旗轿车正悲壮地等待着自己的下一次复出。

22 年前，一汽用引进的奥迪 100 技术开发了 CA7220 "小红旗"。此后，外方不愿在技术上持续输出，"小红旗"黯然退市；2006 年，一汽把合作对象换成丰田，推出了红旗 HQ3，但由于对外方技术的过度依赖，HQ3 昙花一现。"我们的目标是，力争到 2013 年达到年产 3 万辆红旗的目标。"一汽负责人信誓旦旦。

100 万∶3 万，数字的对比说明了什么？

没有品牌，就会受制于人；没有品牌，只能仰人鼻息。

10 月的北京，人们在瑟瑟秋风中排起长长的队伍，这样的场面不为别的，只是为了买一部 iPhone4 手机。"苹果"掀起的品牌魔力横扫全球。与此同时，为其代工的富士康国际集团却难掩窘困：继上半年亏损 1.43 亿美元后，第三季度再现业绩下滑。

尴尬与酸楚不只属于富士康。

在国际品牌巨头瓜分市场的咄咄逼人之势中，国产手机近两年落入直线下滑通道，200 多家企业中已有五分之一关门倒闭；在利润诱人的葡萄酒高端市场，法国干红正以每秒 15 瓶的销售速度大行其道，国产品牌却难觅踪影；目前全球三大男衬衫的 40％产自中国，世界每 10 双运动鞋中有 1 双是"中国制造"，电脑整机 95％以上的零件在中国加工，但这些产品的制造者很少不是在为国际巨头"打着零工"。

"短线作战、贴牌生产、初级加工是我们的致命伤。"中国国际经济交流中心常务副理事长郑新立如是说。在全球市场上，"中国制造"被埋在那些华贵品牌的底层。

惊醒与奋起——决战"卡夫丁峡谷"

品牌是软实力的较量。在围绕自主品牌展开的较量中，我们已经走到了无法绕开的"卡夫丁峡谷"。

卡夫丁峡谷，凝固了 2 300 多年前一个沉重的瞬间。在这里，古罗马军队被萨姆尼特人击败，然后被迫从峡谷中用长矛架起的"牛轭"下通过……从此，"卡夫丁峡谷"成为一种奋起的警示——要谋求新的发展进步，就必须直面痛苦和烦恼，跨越困难和挑战。舍此，别无选择。

2009 年 10 月，在生死边缘挣扎了 16 年的重庆天府，将合作方百事可乐告上法庭，踏上品牌重塑之路。"我们陷入了他们预制好的陷阱，百事在全力推广自己的同时，步步为营将天府扼杀。"提起这场合作，天府创始人李培全至今痛心疾首。目前，这一案件仍在审理中。"不论最终结果如何，这都难能可贵。"东南大学法学院律师张马林说。

就在天府状告百事可乐的当年，可口可乐提出以每股12.2港元的上市以来最高股价全面收购中国果汁饮料的龙头老大——汇源。这单24亿美元的天价交易消息既出，旋即引发热议。最终，这起并购案因未通过国际通行的反垄断审查而终止。汇源又踏上新的征程。

"我们应该有自己的拳头产品，创出中国自己的名牌，否则就要受人欺负。"上世纪90年代初期，邓小平就急切地表示。在发展黄金期与矛盾凸显期并存的新时代里，一次次历经失败和挫折的中国自主品牌幡然醒悟，奋力前行。

木地板必须应用锁扣技术，但就是这个小小的锁扣，长期"锁"住了中国地板进军国际的脚步。欧洲Unilin公司凭借斜插锁扣技术称霸，中国众多企业每销售1平方米地板，不得不交纳1美元的专利授权费。

深刻感受到受制于人的危机，中国地板企业燕加隆公司下决心研发中国人自己的锁扣。艰辛磨砺，"一拍即合"锁扣惊艳出世并拥有专利全球授权。

由于动了国际巨头的奶酪，"一拍即合"从走出国门的那天起，就陷入各方面无休止的刁难。2004年9月，加拿大首次对燕加隆启动反倾销调查。此后，这种调查又连续发动三次；一年不到，美国对燕加隆发动了更具杀伤力的337调查；2009年1月德国汉诺威地板展期间，Unilin又申请汉堡法院发出紧急禁令，没收燕加隆的全部展品。

最终，这些调查都以燕加隆的胜诉而告终。"没有哪个国家会满足于只靠廉价商品走向世界。面对一次次疯狂围剿，我们愈发期待中国自主品牌的奋起。"燕加隆总经理何贻信说。

世界知识产权组织的报告显示，国际金融危机以来，在全球发明专利申请与授权总量增速放缓的情况下，中国却保持旺盛增长。

带着辛酸和伤痛，踏上品牌之路的中国在一个全球资源、全球市场、全球规则的世界一路向前奔跑。有一点日渐清晰，唯有在自主品牌上拥有更多话语权，才能让这个历经磨难的国家真正拥有强大的力量。

今年8月以来，一款款造型别致、色彩亮丽的"永久C"自行车图样迅速在年轻人聚集的豆瓣、开心网和新浪微博等SNS网站疯传，其中开心网上一个帖子就被转了40多万次。9月下旬，一批数量有限的"新海鸥"相机也出现在上海田子坊的门店里。

惊醒的天府，异域征战的燕加隆，复活的永久，唤起的不仅是对国货老品牌沉睡的记忆，更是对中国自主品牌的想象力和自信心。

转变与超越——撑起中华民族伟大复兴的光荣与梦想

2010年9月29日，丝丝凉意笼罩下的春城昆明，绵绵秋雨在秋风中下个不停。当天下午，为中国钢铁产业服务了52年的昆钢2号炼铁高炉正式淘汰拆除。

就在昆钢2号高炉关停的前一天，用中国钢铁铸就的"中国高铁"又向新的目标发起冲刺。28日10时27分，"和谐号"CRH380A驶出上海虹桥站，风驰电掣，一路超越——

这是一条不加快转变就难以持续的"风险之路"！

进入21世纪后，我国大量进口的大宗商品，价格上涨幅度远远高于我们可以自给的商品。2009年以来，我国进口的铜、锌期货价格涨幅均在100％至200％之间。"在每年的铁矿石谈判中，我们往往不得不被动接受三大铁矿石生产商的漫天要价。"中国钢铁协会负责人的诉说透着无奈。

这是一条不加快转变就难以支撑的"负重之路"！

2009年，中国创造了占世界8％左右的GDP，却消耗了世界上 45.6％的煤炭、40％左右的水泥和钢铁。今年上半年，环境保护部监测的 443 个城市中有 189 个出现了酸雨，全国地表水总体处于中度污染。

"我们在给全世界做产品，结果，品牌的荣光和丰厚的利润给了别人，消耗和污染全留给了自己。"中国名牌战略推进委员会副主任艾丰说。

这是一条不加快转变就越走越窄的"突围之路"！

2008 年 9 月底，拥有亚洲最大、世界第二 PTA 生产能力的华联三鑫公司在浙江绍兴宣告停产，整个绍兴的纺织产业遭遇前所未有的生存危机；一个月后，全球最大玩具代工商之一的合俊集团旗下两家工厂同时在东莞宣布倒闭；一年之后，昔日家电巨头夏新电子工厂启动破产程序……

300！350！380！400！416.6！沪杭高铁上的"和谐号"一路飞驰——

300 公里，这是波音飞机起飞的时速！

416.6 公里，这是中国高铁跑出的时速！

18 世纪 60 年代，经历了 7 年战乱的英国凭借蒸汽机的应用引领了第一次工业革命，并最终建立起称霸全球的"日不落帝国"；19 世纪最后 30 年，经济危机之后的美国和德国后来居上，主导了第二次工业革命，凭借通用、奔驰、西门子等一批国际品牌实现了赶超。

时光进入 21 世纪，赶超的历史性机遇再次出现。在科技和创意引领全球之际，谁抢得先机，谁将成就强大的品牌。

在中国南方，一个年轻的挑战者格外引人瞩目。从资金实力上，它远不如那些著名的对手——通用电气、飞利浦、东芝和西门子，但它的持续创新能力却令人刮目相看。它就是被美国研究者认为最具发展潜力的深圳麦瑞特生物医疗电子公司。

"我们每年将销售收入的 10％投入当年的研发，这比国际上很多大的竞争对手要高。但我们一般的产品研发项目，三年内就能把所有的投入资金全部收回。"董事长徐航说。

经济危机是市场重新洗牌的过程。每一个富有创造力的公司，都会在危机中寻找商机。在中国这片惊醒后的土地上，创新的活力大踏步进入各行各业、每家工厂和每一条生产线。

国庆节前的最后一个工作日，比亚迪长沙工厂的工作人员仍在紧张忙碌着，这是"股神"巴菲特中国之行的最后一站。受到这位亿万富翁青睐的，是比亚迪的传奇一笔——它研制的E6纯电动汽车已走在世界前列，续航里程达300公里。

随着后危机时代的到来，世界范围内一场抢占新兴产业制高点的竞争悄然发轫。"在这些领域，我们和西方发达国家站在同一起跑线上，实现超越的机会更大。"比亚迪董事长王传福的神情里充满信心。

品牌，在人们的复杂目光下成长、校正，无论希望还是忧思，它都深深镌刻进经济社会前行的脚步里。

品牌，是一个既古老又新鲜的命题，它是正在发生的、鲜活的、变化着的故事。

21世纪的今天，急行在科学发展征途上的中国正以前所未有的危机感和紧迫感投身经济发展方式转变之战，加快提升自主品牌打造能力，支撑起中华民族伟大复兴的光荣与梦想。

🎙 张连起点评

这篇文章抓住自主品牌这一主题，对中国制造发出警示，具有时代意义。

世界上任何一个细分市场只有两种品牌：一种叫做卖得好的品牌，一种叫做卖得不好的品牌。而自主品牌发展路径只有一条：卖得好必须做得好。没有自主品牌，中国制造只能为国际市场"打零工"，国际产业分工的"微笑曲线"成了我们的"苦笑曲线"；铸造自主品牌，就是创新其品质和品牌体验，发挥产业链的聚集与协同效应，体现市场拉动和放大效用。

2016年夏季的里约奥运会，中国自行车队实现奥运金牌零的突破，中国自行车品牌也实现了历史性突破：中国自行车自主品牌泰山瑞豹第一次登上夏季奥运会赛场。对照前述文章，不免回望自主品牌之路过去走了多远，远方还有多长？

🎤 周鸿铎点评

读过不少关于品牌的报道，但是，像谢登科这样对品牌的理解、反思和追问如此刺痛人心的作品，还未曾见到。

2010 年，也是国际金融危机对中国的冲击向纵深领域扩展的时候，人们开始深刻反思国际产业分工中一个个让中国人尴尬的现象和问题时，自主品牌、真正的品牌、中国品牌、国货老品牌、国际品牌，等等，这些概念一次次走入我们的视野。《艰辛的奋起——中国自主品牌警示录》之所以成为这些众多反思中的代表之作，是因为他对品牌的解读直指人心。

品牌是需要培育、需要打造的。品牌的培育和打造需要自信，更需要坚守，否则，即便投入再多，也难以持久。就我国的"飞鸽""永久""海鸥""梅花"等国货老品牌的消失而言，因素很多，但"品牌幼稚病"所暴露出的浮躁、短视、见异思迁等表现恐怕是同病相怜。谢登科的报道直击要害，入木三分。

要真正建立中国自主品牌，并能走向国际市场，充分发挥其对经济的引领作用，必须对我国国货品牌是真正的品牌充满自信；必须确立我国国货老品牌以及新创品牌在中国品牌体系中乃至在国际品牌体系中的地位；必须彻底纠正"中国无品牌"的非科学性理念；必须改革我国的品牌管理体制机制，不断凸显中国特色品牌对中国消费者的吸引力、对全球品牌走势的贡献度、认可度和引领力。这是谢登科关于品牌报道的核心要义，也是中国品牌走向世界的必由之路。

第十章　时代之殇

　　或关注社会转型变革，或触及人命关天大案，或追问安全生产事件，或鞭挞形象工程乱象，前后跨越 15 年的这组"时代之殇"，如一面面多棱镜，折射出与一个经济飞速发展的大国相伴而生的诸多不和谐音符，呈现的是对社会多元诉求及其诸多深层次变化的反思。

　　"富士康事件"的深度透视，与时下力推的"农民工市民化"隔空呼应；"形象工程"的花样翻新，与中央"八项规定"形成强烈反差；"雇凶杀人"的不可思议，让"四个全面"战略的实施显得愈加迫切；"溃坝事故"的触目惊心，对安全生产"短板"形成无声控诉。让我们再次走进现场，完成历史与现实之间的对话。

作者在西部贫困山区群众家中调研

让劳动者体面劳动有尊严地生活

——富士康员工坠楼事件透视

一位富士康员工从深圳富士康龙华科技园南门天桥走过

新华社北京 6 月 6 日电 有一些伤痛我们本不想触及；有一些问题我们却无法回避。

在工业化、市场化和城市化加速推进的时代大背景下，深圳富士康集团员工坠楼事件所引发的震动，特别是带给人们的思考，已远远超越了事件本身。

一边是被压得过低的员工成本，一边是超时加班地劳动
——让劳动者体面地劳动不容回避

这是一组令人称羡的数字：

在中国大陆的年销售额超过 4 000 亿元人民币，在深圳地区的年出口额占深圳出口总额的 20％，中国大陆员工总人数 80 多万……

这是一家快速扩张的企业：

1988 年进入中国大陆，如今已成为全球最大的代工

企业。

——"它总是能以最快的速度赢得客户。"

——"它总是能在不可能完成的时间内完成客户的要求。"

在苹果、诺基亚、戴尔等世界知名厂商眼里，富士康是高效率的合作伙伴。

——"细节管理，信息化管理，半军事化管理……"

——"优美的环境，漂亮的泳池，标准化的运动场……"

富士康无疑是一家现代化的企业。

然而值得反思的是，这一切为何没能给员工带来他们所期盼的幸福和快乐。

请看一份富士康员工的工资单：

"时间：2009 年 11 月。底薪 900 元；正常工作 21.75 天，平时加班 60.50 小时，报酬 469 元；周六日加班 75 小时，报酬 776 元；工资总额 2 149.50 元。"

这名员工当月收入的 60％靠超时加班挣得，总计 136 小时的加班，比劳动法规定的最高加班时间整整多出 100 小时！"这一点儿都不稀奇，我们中的很多人每天加班都在两三个小时以上。"一位富士康员工说。

深圳市人力资源和社会保障局对 5 044 名富士康员工的抽查显示，72.5％的员工超时加班，人均月超时加班 28.01 小时。

超时加班给员工带来巨大的工作压力，影响的是他们的身心健康。

从流水线上取电脑主板—扫描商标—装进静电袋—贴上标签—最后重新放入流水线，忙的时候，一分钟至少要装 7 个——这是 21 岁的富士康员工鄢远江 8 小时工作的全部内容。

"问题的关键不在于机械的重复性劳动，而是在 8 小时以外不得不在流水线上继续重复，否则，连生存都困难。"他说，尽管加班造成身心疲劳，但为了挣钱，愿意选择加班。这，代表了不少员工的心态。

不加班挣钱没有资本，超时加班没时间放松——微薄的薪酬常常使员工陷入两难。而这样的现象绝非富士康独有，记者在沿海一些劳动密集型企业采访发现，超时加班并不罕见。

我国代工企业普遍执行基本工资＋"自愿"加班的工资模式：基本工资高，加班就少；基本工资低，加班就多。

"用员工超时、超量、超强度的劳动追求利润，旨在压低成本的薪酬游戏常常被演绎到极致。"中央党校研究员曾业松说，表面"自愿"的背后，其实是不得已和无奈。

"不到1 000元的底薪想维持生活都难，我必须加班!"在苏州华硕电子厂工作了一年的朱洪英说，"持续加班，我有时嘴里含着饭就睡着了。"

因为加班，来自甘肃陇南的陈俊在富士康工作已经一年多，至今还没有去过深圳市区一次。

正是他们的超强度付出，支撑着企业的高速发展，不断书写着速度和效率的奇迹。

富士康的飞速发展始于1996年。

——8亿元，40亿元，400亿元，4 000亿元……他们创造的销售纪录不断刷新；

富士康员工的工资水平却一直"低飞"在当地最低工资线的边缘。

——310元! 600元! 900元! 他们的工资增长"步履艰难"。

统计显示，沿海劳动密集型企业在规模和效益逐年增加的情况下，一线工人的平均收入现在也只有1 000元上下。

"根本原因在于，一线员工没有分享到企业发展的成果，收入分配很不合理。"人力资源和社会保障部调节仲裁司司长宋绢说。

以富士康集团旗下的富士康国际为例，2009年公司财报显示，当年员工数量11.87万名，相比2008年增加了9.7%，但员工成本总额却从上年的6.72亿美元减少至4.85亿美元，同比减少28%。

为了以低附加值劳动换取市场竞争优势，企业一再压缩生产成本，压缩工资成本，进而压缩着员工业余空间。

"以前8小时加工6 000个零件就可以拿基本工资，现在要做到9 000个才行。"在深圳一家日资电子企业打工的李燕说，厂里跟着"最低标准"调工资，调一次，我们的任务量就增加更多。

拼命加班直接造成员工的高流动性。深圳市工会副主席王同信介绍说，深圳富士康45万名员工中，工作5年的员工只有2万人左右，而工作不到半年的员工高达22万人，每年员工流失率达35%以上，这意味着富士康几乎每3年就要完全换一批人。

"代工"，就是为跨国大企业打工，按人家的设计，用人家的技术制造产品，然后贴上人家的品牌。由于跨国公司控制着产业链条的关键环节，代工者能赚取的就只有人力成本差。富士康，浓缩了代工者的酸甜苦辣和成败得失。

中国改革开放以来，以外向型为主导的劳动密集型代工企业一路"高歌猛进"，扮演着主力军和突击队的角色，对解决数亿人的就业和扩大出口等发挥了重要作用。这毋庸置疑。

"但历史上的贡献，并不能掩盖其自身存在的缺陷。"曾业松说，经济的总量与日俱增，但一味倚重劳动力成本的发展方式却依然如初。"规模经常世界第一、利润总是薄得像纸"，成为转型时期代工企业面临的尴尬处境。

纵然竭力缩减员工成本，代工者的利润仍呈下降趋势。财报显示，富士康国际的整体产品毛利率2007年为9.2%，2008年为6.9%，2009年仅为5.9%，一路下滑。

"如果企业的业绩始终建立在员工超负荷且丧失尊严的劳

动上，企业的生命力和竞争力将贬损殆尽，发展将不可持续。"清华大学教授孙立平说。

富士康宣布，6月1日起，员工的薪资水平整体提升30％。这无疑是一个积极的信号。

"现在，是动员全社会的力量为'中国制造'赋予尊严的时候了。"深圳市社科院研究员吴奕新如是说。

"中国早晚要走出廉价劳动力时代，但由于人口众多等因素，劳动密集型时代还将长期存在。"瑞典斯德哥尔摩大学传媒学教授鲍威尔认为，这里存在一个两难的选择——工资过高会削弱企业的成本优势，工资太低则与体面劳动尊严生活的方向相悖，而找到两者平衡点，堪称一个"可比肩诺贝尔奖水平的难题"。

一边是融入城市的渴求，一边是被疏离的窘困
——新生代农民工诉求不容忽视

新生代农民工更看重个人的成长与发展

在我国，以农民工为主体的劳动力市场结构正在发生一次历史性的变化，劳动力已经基本完成了一次代际替换，"80后"员工成为主体，"90后"员工大规模涌入。这一变化在

富士康得到了充分印证，新生代农民工构成了富士康财富创造的主体。

和他们的父辈相比，新生代农民工心怀梦想，希望通过劳动获得更多报酬，希望尽快在城市立足，得到城市社会的认同。

令人扼腕痛心的是，"富士康事件"中的自杀者，全部是这一群体中的成员。

悲剧，让我们不得不重新审视新生代农民工。

"从到这里的第一天开始，我就下定决心要把根留在城市。"在深圳富士康，来自江苏宿迁的农民工李光斌的表白，在很大程度上代表着新生代农民工的心声。

南京师范大学在最近的一项调查中发现，82.7％的受访者将"拥有自己的公司"作为"实现自我价值"的首选项。

显然，新一代农民工不是因为"生存理由"而进城，而是将进城看作改变生活方式的机会，把个人的成长与发展看得比"饭碗"更重要。"他们属于发展型农民工。"中国人民大学农业与农村发展学院教授朱信凯认为。

精神特点上，第一代农民工为了养家糊口，吃苦耐劳，逆来顺受；而第二代农民工为了寻求发展的机会，追求平等，崇尚个性。

产业分布上，第一代农民工主要集中在建筑业、纺织业等劳动强度较高的产业；第二代农民工则分布在制造业、电子业等技术性行业。

就业结构上，第一代农民工的突出特点是亦工亦农，进城能打工，回乡能种地；而第二代农民工则把所有的希望都寄托在城市。

然而，当他们怀揣梦想投身城市化工业化大潮后，理想与现实的反差，又使他们的心中升起重重矛盾与困惑。

——他们发现，除了每天在机器旁边劳动外，城市，其实并没有给他们留下更多的位置。

"我们不停地加班、再加班。"在东莞一家日资企业打工的 19 岁农民工这样陈述她的感受，"城市想要的只是我们的劳动，并不是我们这个人。"

从乡村田园牧歌式的生活，一下子投入半军事化的企业中，随着原有人际关系被割裂，孤独、无助和焦虑成为他们的生存常态。

——他们发现，低微的工资只能维持简单的物质生活，与城市人相比，自己的精神生活十分贫乏。

"涨潮般来到工厂，又退潮般地离开。除了很快卖出去的产品，这个企业，连同这座城市，没有留下他们的多少痕迹。"社会学家沈原对新生代农民工这样描述。

——他们发现，为脱离"农门"跳入"城门"，几乎什么都付出了，但面前仍然是一道道难以逾越的门槛。

"户口、教育、社保、医疗、住房……看似距我们一步之遥，但不知被什么力量操控着，我们怎么努力也难以达到。"农民工如是说。

——他们发现，一遇到合同、扣薪、伤残等问题，公平维权难之又难。

新生代农民工的"城市梦"变得有些模糊。

既不愿重新返回农村，又无法享受和城里人同等的待遇。这个缺乏归属感的新生代农民工群体，成为一个疏离于城市和乡村的"夹心层"。

"但事实上，城市的建设和运转早已离不开这群人。"北京市农民工法律援助中心主任佟丽华说，我们再不能漠视这个群体的人生诉求了。

中国目前拥有近 1 亿新生代农民工，他们是工业化和城市化的重要推动者。

"但从认识、制度到措施，我们都还没有做好接纳他们的准备。"中央农村工作领导小组办公室主任陈锡文说。

尽管为解决农民工问题，国家已出台大量政策措施，但一些突出矛盾和障碍并没有从根本上得到解决。

"现在需要的是，以更强有力的手段破解矛盾，消除障碍。"北京大学王锡锌教授说。

每一个人尊严和幸福的获得，除了有赖社会的公平调节与人文关怀，也取决于自身的奋斗。

28岁的周俊2001年到富士康工作，2004年从普工晋升为线长，2005年升为组长，2007年升为课长，在深圳安了家，把父母也接了过来。为了掌握数控加工的知识，他上班之余买回很多书籍自学，晚上经常读到深夜。

"这个杯子我看一眼，就能把它做出来。"周俊指着面前的一杯橙汁对记者说，"我觉得，只要脚踏实地努力，就有机会和上升的空间。我还年轻，会继续努力！"

"必须让年青一代懂得，任何成功都需要付出艰辛的努力，只有更多地提升自己的劳动技能和综合素质，更多地融入社会，才能得到社会的认同。"北京教育科学研究院研究员谢春风说。

在努力为新生代农民工争取城市文明一席之地的同时，还要对他们的心理健康和人格健全培养给予更多关注。中华全国总工会近日发出通知，强调要加强对青年职工特别是新生代农民工的心理疏导。

一边是对"尊严生活"的渴望，一边是精神归属的失落
——加快社会建设不容迟滞

这是一个渴望尊严的群体：

与物质生活相比，新一代农民工在幸福感、归属感等精神生活上有着更加强烈的需求。前不久的一份抽样调查显示，在杭州的440名外来农民工中，有66%的人把家庭生活、朋友交流、文化娱乐列在了"精神生活清单"的最前列。

这是一个几乎和社会隔离的世界：

以富士康为代表的一批劳动密集型代工企业，崛起于城市边缘的废墟上，又往往成为城市的"城中城"：大墙一围，自成系统，外人想进去十分困难，仿佛是一个"独立王国"。

巨大的反差折射，在这些"巨无霸"企业中，社会建设和管理还存在明显的"短板"。

"社会上的一切都离我们很遥远，我们好像被社会遗忘了！"一位富士康员工感慨。

中国社会正处于矛盾凸显期和利益调整期。审视处于漩涡中的富士康，社会建设和管理凸显滞后和缺失。

党团群众组织存在"覆盖盲点"——

在 2.3 平方公里、45 万人的富士康，"最熟悉的陌生人"是对员工关系的贴切描述。富士康今年 5 月中旬举行的一场励志交流大会上设立了一个游戏，谁能说全同一个寝室的室友名字，可以拿到 1 000 元奖金。遗憾的是，没有人拿走这份奖金。

直到 2007 年底，富士康才成立工会，仅有的 15 名专职人员未能有效发挥维权职能。绝大多数员工游离在党团组织之外，得不到关怀和帮助。在深圳市总工会的问卷调查中，党团、工会组织被富士康员工列为"最少求助"的对象。

政府公共职能暴露薄弱环节——

改革开放之初，以富士康为代表的外资企业前来投资办厂，需要大量劳动力，而当时的社会提供不了这些劳动力的公共服务，渐渐形成了包吃包住的"企业小社会"模式。加之保税区等政策背景，政府基本不插手企业围墙内的事情，很多问题因此得不到及时解决，遇到矛盾难以有效处置。

"在社会建设和管理方面，我们确实存在跟不上、不适应和需要改进的薄弱环节。"深圳市政府这样反思。

社会服务"跟进不力"——

企业已具城市规模，却没有城市功能；企业拥有一些公共设施，却无法满足员工的多样需求。

"富士康事件"发生后，深圳市政府派出1 000多名社会工作者进驻企业与员工交流，疏导员工情绪。投诉渠道不畅、情感问题、家庭问题……这些长期困扰于员工心中的问题被集中倾诉出来，一些员工感慨："终于有人来听听我们的心声了。"

"在一个封闭的企业型社会里，员工压力随处可见，精神需求无法满足，迫切需要建立社工组织、心理咨询等一系列社会服务体系，增加人文关怀。"中国心理卫生协会危机干预专业委员会主任委员肖水源说。

发展中的一系列新情况、新问题，对社会成员各方的角色定位提出一系列新的要求。

"富士康事件是一个标本，表明政府和企业在职能上还没有完全厘清。围墙之内，企业的员工实际上成了企业中的社会人，8小时内外的事企业都要管，但又管不好。"国家行政学院教授朱国仁提出，当务之急，是政府和企业合力，尽快补上"短板"。

记者注意到，"富士康事件"后，深圳市公安、劳动、文化、卫生等多个部门进入厂区，有针对性地提出强化、改进和弥补措施。

但在很大程度上，这还是临时性的治标之举。要使社会建设不留盲区和死角，还需要在治本上下大力气，花大工夫。

——加快推进公共服务一体化、均衡化，重点加大对基础薄弱和问题突出领域的投入力度；

——加大工会维权力度，切实保障全体劳动者尤其是社会弱势群体的合法权益；

——加快培养社会工作人才，健全社会工作组织；

…… ……

社会建设是一项庞大的复杂的系统工程。"我们正处在发展转型的关键点上，不同群体利益诉求多元化等矛盾更为剧烈，更加频繁，管理和协调难度更大。"孙立平指出，但这是一道绕不过的难题。

"富士康事件"的一个重要警示作用在于，转变发展方式不仅是经济层面，也同样包括社会层面、人文层面。只有通过进一步落实"以人为本"的价值理念，加快推进社会建设，让劳动者实现体面劳动和尊严生活，我们的社会才能更加和谐。

一个社会记忆功能的强弱，直接影响这个社会的进步。

人们期望，"富士康事件"能铭刻在社会的记忆里，为我们的科学发展提供永恒启迪。

富士康决策层的痛心与反思

🎙 张连起点评

历史的细节有时也许会渐渐模糊，但其对社会的深刻影响往往历久弥坚。

"富士康事件"是一个多棱镜，既折射了新型城镇化进程中农民工"融不进城市，回不去乡村"的苍凉感，也反映出破解劳资关系难题攸关经济能否持续健康发展，攸关民生福祉的保障，而社会建设之所以在"五大理念"总体布局中占有重要地位，其意义不言自明。

解剖"标本"事件 关注公民权益
——《让劳动者体面劳动有尊严地生活》案例分析

（原载 2010 年 7 月 12 日第 27 期《新闻业务》）

2010 年的"富士康事件"，注定将作为中国经济社会转型期的一个标志性事件铭刻在人们的记忆里。

如何记录这一事件、深度剖析转型期的一系列深层矛盾，如何在复杂、敏感事件中发出权威声音，是对新华社报道的考验。

6 月 6 日晚，当何平总编辑在《让劳动者体面劳动有尊严地生活》一稿上签署"请即核发"的意见后，我们非常感动，所有的辛劳已不足挂齿。因为，在这一历史性事件中，新华社没有失语，而且发出了直面矛盾、理性思辨、充满人文关怀、负责任的建设性声音；因为，此刻我们更深切地体会到了这"请即核发"背后的执著与追求、责任与担当。

这篇 6 000 余字的稿件被 90 多家媒体采用，得到媒体和公众的广泛褒扬："新华社在富士康事件上再次展示了国家通讯社的思想和情怀、责任与担当""这是一篇从现实出发，从全局着眼，深刻体察新生代农民工命运以及社会深层次矛盾的典范之作""新华社记者是站在劳动者立场上写这篇文章的，彰显了诚挚的人文关怀"。

挑战难题

从今年 1 月 23 日至 5 月 26 日，短短四个月时间，富士康 12 名员工坠楼，10 死 2 重伤。坠楼者均为"80 后"和"90 后"，最小年龄只有 18 岁，最大的也不过 24 岁；他们进厂工作的时间最长一年半，最短的只有 28 天；他们大多来自河南、湖北等省的农村。

网上灵堂，点燃蜡烛，赫然写着四个大字：生命尊严。

当一个又一个鲜活的生命瞬间离去时，除了震惊、惋惜、困惑之外，作为新华社记者再不能无动于衷、保持沉默了。

然而，事件的情况极其复杂：坠楼真相扑朔迷离，背后原因众说纷纭，且事态迟迟得不到有效遏制；富士康是全球 500 强、全球最大的代工企业，解决了大陆 80 万人的就业，其现代化设施和环境并非传统的"血汗工厂"；国内有专家认为，跳楼报道有"示范效应"，据此提出不宜再跟踪采访报道；一波未平，本田罢工事件又起……

何平总编辑坦言：这是多年来遇到的最难处理、最难把握的问题之一，特别是公开报道面临三难：一是如何避免产生"维特效应"；二是如何避免引起罢工的连锁反应；三是如何避免人们对"中国发展模式"产生质疑。

面对复杂难题，初期介入时，我们确实产生过畏难情绪，甚至想放弃，但是社领导十分坚定。无论有多难、多复杂，在事关人民群众切身利益的重大问题上，新华社都必须忠实履行职责，适时发出揭示事实真相之声、多视角观察之声、理性思辨之声和建设性之声。

5 月 28 日，社领导召集国内部有关领导会议，专题研讨在复杂、敏感的环境下新华社如何发声的问题。与会同志从经济学、社会学、心理学、哲学等角度分析了富士康事件的深层次矛盾，确定由"新华视点"组织一篇综述，将"富士康事件"作为社会转型大背景下的一个"标本"予以解剖。

把准基调

"没有不能报道的新闻，只有不能播发的稿件"。在复杂、敏感事件中能否发声，取决于能否准确把握基调。事实上，越是就事论事的稿子越难发。比如，纠缠于富士康事件中每一跳的具体原因，渲染××跳，看似在追寻真相，却有引发"示范效应"的风险，专家的"叫停"意见有其道理。但这一事件又太具典型意义了，我们把它放到社会转型的大背景下去解剖，直面效率与公平、机器与人、企业与劳动者、新生代诉求与社会现实等矛盾，引导人们去思考更深层次的经济、社会问题，就有了积极的建设性意义。

准确把握基调，源自对问题的深刻认识。这篇稿件的采写过程，实际上是一个不断深化对转型期矛盾认知的过程。

任务下达的前四天，社领导三次与记者面对面研讨报道主题，分析各方面矛盾：

——坠楼事件后，舆论几乎一边倒地谴责企业，有的甚至与"中国模式"相联系。但客观地看，两头在外的代工模式不都是问题，它发挥了中国劳动力低廉的比较优势，对经济发展有历史作用。而随着发展方式、管理模式、劳动者诉求的变化，中国走出廉价劳动力时代已面临"拐点"时期。

——从企业环境和员工待遇看，不能简单地将富士康归入传统意义上的"血汗工厂"。它的问题在于一方面追求高效率、精细化、半军事化管理，另一方面人在机器面前被异化，员工不断被迫超时加班劳动，没有人文关怀，缺少亲情温暖，无处沟通宣泄。

——依富士康的现有条件，一代农民工可以接受，但二代农民工却受不了，新生代农民工与他们的父辈有了明显不同的诉求。

——在工业化、城市化、市场化、全球化背景下，社会建设如何破题成为新的课题，改善员工管理方式，构建和谐劳动关系，企业责任不容推卸，工会作用亟待加强，突破"围墙式管理"，政府和社会也有一份应尽的义务。

——核心思想是要让劳动者体面劳动有尊严地生活……

着眼于提高认识的三次高层次指导、研讨，奠定了整个稿件的思想高度。最终在集纳大量事实、细节、数据、专家分析的基础上，凝练出三个有对比、有评述的小标题：

"一边是被压得过低的员工成本，一边是超时加班地劳动——让劳动者体面地劳动不容回避"；

"一边是融入城市的渴求，一边是被疏离的窘困——新生代农民工诉求不容忽视"；

"一边是对'尊严生活'的渴望，一边是精神归属的失落——加快社会建设不容迟滞"。

对比式、多视角的观察，简洁、明快的概括，客观、深刻的分析，使得我们的报道站到了整个媒体聚焦富士康报道的制高点上。

整合突破

毋庸讳言，用一周时间完成一篇有如此厚度的调查性述评，仅靠两三名记者几乎是不可能的。

全方位整合资源，是这次报道成功的一个重要因素。

从某种意义上讲，深度报道的高度取决于权威信息的获取。在中央新闻采访中心主任张宿堂的指挥调度下，谢登科攻下了孙立平等权威专家的采访，并担当了领衔执笔的任务；

杜宇跟随中央调查组赴深圳，及时提供了权威信息。

遇有重大突发事件报道，总社编辑部到现场指挥，已成新华社的基本工作方式，这一方式对重大热点疑难问题的深度报道同样十分必要。此次报道陈芸和陈芳到富士康，虽然只有一天多时间，但高密度的采访、沟通，解决了几个关键性问题：一是对企业情况以及事态处置有了直观认识和判断；二是对哪些是最该挖掘的新闻点心中有数了，这对成稿时有效素材的提取和深化起了重要作用；三是编辑部意图与一线记者有效对接，调动整合了所有一线记者的资源。

在广东分社社长的主持下，两位编辑到达深圳当晚就召开了一线记者的情况交流会，8位记者、分社支社领导将他们先期采访富士康的积累和看法和盘托出，这个"神仙会"一直开到深夜2点半，极大丰富了报道的素材，特别是"雪藏"在记者脑子里的一些宝贵资源不到一线是难以整合到的。

与此同时，"新华视点"全室人员上阵，采访了多位专家，组织了在京务工的农民工座谈会。

特别值得一提的是，在富士康报道紧锣密鼓的进行中，社领导及时启动专题调研小分队，系统了解代工式劳动密集型企业如何应对维稳和社会转型中面临的新问题。这批调研成果出手很快，也成为我们这篇报道拓宽视野的有力支撑。

事实上，到底有多少记者为这篇稿件贡献了力量，我们真的无法数清，尽管参与记者的名单长长地列了一串，仍难免挂一漏万。

正如目光敏锐的媒体所言："这篇调查评论不仅从参与记者的人数和稿件的篇幅上，更是从稿件众多的数据、细节、专家采访和分析上，让人看出了新华社厚积薄发做这篇报道的用心之处"，"也只有新华社能调动这些数据、实例、专家的资源来针砭时弊，并造成如此大的社会影响力。由于新华社的报道是全国记者通力合作、群体集智的结果，所以调查更为深入全面，更有说服力，自然也更出彩"。

在现代媒体竞争激烈、比拼时效的形势下，完全靠单兵作战已很难胜出。因而充分发挥新华社人力、权威资源优势，巧用各方力量，高效整合，不失为快速推出有影响力深度报道的一条捷径。

时代课题

富士康事件的"标本"意义还在于，它使一个重要课题凸显在世人面前：在大发展、大变革、大调整的时代背景下，如何让社会和谐起来？我们的社会建设如何破题？

这将是我们报道面临的时代课题。

经济转轨、社会转型，人们的思想多元、多样、多变，世界范围内的交流、交融、交锋频繁，矛盾凸显期已成不争的现实。近年来，热点问题、突发公共事件大多集中在公民权益与诉求、社会保障、公平正义等问题上，公民社会已向我们走来。

坦率地讲，社会建设如何破题，是一个我们还没有想透认清的问题，这也是《让劳动者体面劳动有尊严地生活》一稿第三部分略显薄弱的原因。

但是，党的十七大已经指明了坚持以人为本的科学发展观，加快推进社会建设的大方向。为此，我们今后的报道需要更多地分析研究矛盾，以化解社会矛盾为出发点、切入点，更加关注民生，更加关注公民的权益，着力维护公平正义。从这一意义上讲，富士康报道只是开了一个头，让社会和谐起来，使命神圣，任重而道远。

2014 年 5 月 10 日

形象工程，树起了什么形象？

新华社北京 5 月 10 日电　当前，在中央倡导求真务实，强调科学发展观的新时期，一个无法回避的事实是，千姿百态的形象工程依然泛滥。这些遍及农村城市，渗透各行各业的形象工程，到底在百姓心中树起了什么形象？

形象工程面面观

求真务实的表现形式和本质大都是一样的，而错误政绩观驱使下的形象工程和形式主义做法却各有各的不同：某著名养羊县花钱建起了被群众称为"豪华羊宅"的养羊示范园区，这些羊宅平日里不养羊，只有上级领导检查时，当地有关部门才花钱将村民们自家养的羊租来"赶场子"，领导一走，这些羊再各回各家。"连小小羊儿也疲于走穴，都是形象工程惹的祸。"一位村民说。

在黑龙江省某城市的一条景观大道上，每天晚上都有一群环卫人员拎着水桶，用抹布精心擦拭马路两旁的护边石，一干就是几个小时。与这条景观大道形成鲜明对比的是，城市里很多街道坑洼不平，车辆难以通行，有些道路一遇雨天，人们连出行都成了问题。无独有偶。在江西省，与步行街的流光溢彩、大型休闲广场的火树银花形成鲜明对比，一些县市的城区居民小巷却黑灯瞎火，无人问津，仅省会南昌就有 200 条小巷未亮灯，闹得过往的行人只能借着沿路居民家的灯光摸索前行。

面对群众的意见，有关部门说出一大堆"苦衷"：缺少资金，人力不足等。一些市民愤愤不平地质问：这里苦衷多多，为什么要建设景观大道？政府的道路、灯光工程到底为谁而建？

作为河南省综合经济实力倒数第一的卢氏县，前任县委书记杜保乾在任期间倾全县之力建造的一个个"万亩核桃基地""百里食用菌长廊""万头猪厂"等工程，使各个乡镇背负上沉重的债务包袱，将该县本来薄弱的经济拖至崩溃边缘。杜保乾虽因受贿罪被判处有期徒刑14年，但这些形象工程带来的遗祸和创伤，至今难以抚平。

303国道从吉林省梅河口市进化镇谢家村通过，路边每户农家的院内都矗立着统一规格、尺寸的铁制玉米仓，远远望去蔚为壮观，可一进村子就变成了普通的木制玉米仓。村民们反映，自打这些玉米仓建成后，谢家村就成了镇里的典型，前前后后来了不知道多少拨参观考察的。一农民气愤地说："就是图好看，遮住的是贫困的实情，削弱的是党和政府在人民群众心目中的形象。"

形象工程——透支了经济，扰乱了政风

《现代汉语规范词典》对"形象工程"一词的基本解释是"为树立良好形象而修建的建筑工程"。为官一任，总得作出一些事情，干出一点成绩。从这个意义上理解，建设一些形象工程推动工作，似乎并没有什么不对。问题的关键在于用什么样的政绩杠杆来衡量。

河南省驻马店市委书记宋璇涛认为，一段时间以来，一些地方和单位习惯于做表面文章，热衷于搞形象工程，究其原因，在于对名利的追逐和对政绩的渴求。有人认为，政绩就是看得见、摸得着的显性政绩，而那些看不见、摸不着的隐性政绩搞得再好，也是白干。豫西灵宝县豫灵镇从1994年开始借款开发，不顾自身实际，盲目地上大项目、建大公司、建高档宾馆及城镇配套设施，架子越扎越大，债台越筑越高，几年下来债务高达1亿多元。据该镇政府测算，目前，镇里每年只能挤出100万元还债，还清债务至少要100年。

北京大学一位教授指出，在一些地方，领导干部的调查研究乐于徘徊在一个又一个"闪光点"之间，上级领导来视察工作的所经之处，都是经过认真选择而精心安排的所谓"好典型"，说白了就是形象工程。这些貌似"闪光"的东西一级引荐给一级领导观赏，一方面夸大了成绩，隐瞒了缺点，掩盖了错误，失去了调查研究的意义，一方面造成追逐形象工程之风越来越勇。广西恭城县搞了个桃花节，大喜日子已经排定，领导和明星也都邀妥，然而偏偏这时桃花"不解春风"，连个花骨朵也不钻出来。当地领导"急中生智"，给一株株桃树穿上了衣服，并在地里点起火来，期望熊熊的火焰能燃烧开桃花的芳心，早点开出花来。

　　应该看到，有些干部之所以热衷于表面文章，主要还是对政绩的冲动和欲望在作祟。伴随一个个形象工程的崛起，可能是一个个干部的升迁。东北一位副县级领导无奈地说，自己亲眼看到一些形象工程背了上亿元的债务，而一些弱势群体却在等饭吃；亲眼看到跑官买官、吃喝送请的社交怪圈，使正常的事情蒙上了庸俗的阴影。无奈之下，他多次向组织上提出辞职。"只要你能搞出政绩，就算你能，能上，关键不是让老百姓看到政绩，要让领导看到政绩。"这就是安徽省大贪官王怀忠的政绩观。

　　人民群众是领导干部政绩的最好检验者和最高裁决者。曾引起不小轰动的豪华公厕已被北京市市政管理委员会正式叫停。北京市市政管委承认，一些地区的确存在着追求表面形式、超标建设的现象，影响了北京正常的公厕建设工作。人们纷纷为此举叫好，一位市民说，"形象工程离求真务实其实就在一念之差，只有一步之遥。"

用经济手段叫停形象工程

　　投资行为能否实施，应该由市场说了算。形象工程之所以屡见不鲜，屡禁不止，原因在于在一些地方，政府掌握了相当多的资金和资源，而且支配这些资金和资源几乎不受约束。

位于苏北的盐城市去年各大酒店接待游客仅数十万人次，却于近日宣布，将在市区升级、新建 5 座五星级酒店。据透露，此项工程总投资高达十多亿元。苏州市每年接待 2 000 多万国内外游客，只有 3 家五星级酒店。

国家权威部门测算，我国钢铁行业生产能力已远远超出市场预期需求。在这一背景下，一个设计能力 840 万吨、概算总投资 105.9 亿元人民币的大型钢铁联合项目江苏铁本钢铁公司依然越过一道道关卡，在常州市上马。

如此规模、如此冲动的建设态势，是政绩工程、盲目投资，还是科学发展、市场行为，不言而喻。

今年以来，中国经济持续高位运行，但投资增长过快，特别是一些行业和地区盲目投资和低水平重复建设问题日益显现，成为经济运行中的突出问题。今年一季度我国固定资产投资额 8 799 亿元，同比增长了 43％，增长速度令人吃惊。经济学家吴敬琏说，目前在宏观经济方面最为突出的问题，是行政主导的投资过热，即地方各级政府运用手中的权力，调动财政、银行甚至企业的资金，投入一些效率低下的形象工程，从而引发的投资过热现象，遏制形象工程根本出路在于改革。看来，形象工程的危害不仅仅是局部的，而且已经危害到了国家经济的安全运行。

我国正处于经济增长的上升阶段，党中央、国务院已经对重复投资和低水平重复建设给予了高度重视。但愿近期陆续曝光的一些土地违法和盲目投资案例，能够给形象工程热衷者以警醒。

国务院发展研究中心专家指出，要从根本上遏制形象工程，除了要求领导干部树立正确的政绩观外，必须善于用经济杠杆实施调控。当前，最重要的手段就是管好信贷和土地两个市场，从源头上切断形象工程和低水平重复建设的后路。

🎙️ 张连起点评

形象工程，到头来注定自毁形象。

形象工程之所以在我们这片土地上"野火烧不尽，春风吹又生"，重要的是领导干部恰当的激励和约束机制缺失。因此，首先要把激励机制搞对，把约束机制搞准，如此才会激发正确的政绩观。

2014 年我国中部某县县城正在建设的县委大院会议中心

2001 年 12 月 5 日

一个腐败分子的最后疯狂

——平顶山市原政法委书记李长河雇凶杀人案的警示

新华社北京 12 月 5 日电 今天上午，随着几声正义的枪响，雇凶杀害上访干部的河南省平顶山市委常委、政法委书记李长河及两名凶手在安阳市伏法。至此，这起备受社会各界关注的领导干部雇凶杀人案画上了句号。

基层干部为坚持正义，不惜血染上访之路；腐败分子为保官保位，竟不择手段雇凶杀人。李长河涉嫌雇凶杀人案是全国近年来发生的同类案件中较为突出的一起，令人震惊，发人深省。

一些法学界专家认为，极少数党员干部之所以采取如此极端方法，报复上访控告自己的干部，是由于他们为保住官场利益的愿望超过了一切，而且在实施这一行为时还自以为他们用权钱织就的关系网能够摆平一切。无奈"机关算尽太聪明"，在国家法制日益健全的今天，终究逃脱不了法律的惩罚。

被刺者大难不死　　幕后人原形毕露

1999 年 6 月 18 日是端午节。当晚 11 时 50 分左右，河南省舞钢市八台镇党委副书记、常务副镇长吕净一在家中正准备休息，两个陌生人忽然踹门入室，手持两把尖刀朝他劈头砍来。其中一人说："还叫你猖狂，去告领导的状！"在求生本能的支持下，吕净一和妻子钟松琴忙乱之中一起与歹徒搏斗，但二人均被歹徒连砍数刀倒在血泊之中。吕净一挣扎着爬到窗边，记下了歹徒的车号。邻居们听到呼喊拨打 110 报警，吕净一被刺 8 刀，身负重伤，其妻钟松琴因伤势过重，抢救无效死亡。

04/成长的烦恼——改革沉浮录

351

公安部门根据吕净一提供的线索，经过5个昼夜的侦查，相继抓获了持刀入室杀人的凶手刘国兴和依志宏，以及当晚带领他们行凶的舞钢市棉纺织厂供销科干部田兴民。

经查，刘国兴、依志宏二人均为劳改释放犯，分别因抢劫罪和盗窃罪被判刑7年和13年，后被保外就医。田兴民、刘国兴供认，他们这次杀害吕净一的行动是受平顶山市天使集团董事长兼总经理鲁耀民雇用的。鲁耀民被刑事拘留后供认，是平顶山市委常委、政法委书记李长河让其找人干的。

案情很快惊动了河南省委和中央领导。中央领导批示要求，这个案子性质十分严重，不管涉及谁，有什么样的背景，都要依法查个水落石出。河南省委先后召开书记办公会和常委会，对依法查处此案作出部署。河南省有关部门成立联合调查组，迅速前往舞钢市现场办案。李长河、鲁耀民及3名杀人凶手被依法逮捕。根据吕净一等人举报的情况，河南省人民检察院同时对李长河涉嫌受贿问题立案侦查。

河南省组成的专案组查明，李长河之所以要刺杀吕净一，是因为吕净一近年来一直向上级反映李长河的违法违纪和腐败行为，从而惹怒了李长河。李长河雇凶杀人案的暴露，在舞钢市引起强烈反响，当地干部群众纷纷通过不同方式为上访干部吕净一的遭遇鸣不平，要求严惩杀人凶手。

抵制错误遭免职　反映问题陷囹圄

现年35岁的吕净一曾先后任舞钢市民政局办公室主任、尚店镇党委副书记，1995年3月调任八台镇党委副书记兼常务副镇长。同年底，舞钢市委及八台镇党委主要领导安排吕净一负责向群众摊派收取"种烟违约金"，吕净一认为，政府既然没有与农民签订种植合同，农民就不存在违约；而且临近春节，应该让农民攒点钱过一个舒心年，坚决不同意征收这项加重农民负担的收费。与此同时，舞钢市为修建市区湖滨大道和钢城大道，决定向全市干部群众集资，同样遭到吕净一的抵制。由此引起当时任舞钢市市委书记的李长河的不满，便提议将吕免职调离。1996 年 1 月 10 日，吕净一突然接到镇党委书记的通知说："你已经被市委免职调离，明天不要来上班了。"此后，吕净一一直在家等待上级为他重新安排工作。

此后，李长河要求各乡镇组成工作队进村，到农户家征收集资款，引起当地群众的强烈不满。当年四五月间，八台镇群众因农民负担问题多次发生大规模集体上访事件。一些村干部找到闲居在家的吕净一，希望他帮助群众说说话。吕净一以一个普通党员的身份向这些群众代表讲解了国家的有关政策，并代表群众到河南省减轻农民负担办公室反映了这一问题，引起领导重视，有关部门派出调查组到舞钢市展开调查。

这引起市委书记李长河的极大恐慌。得知情况后的李长河认为吕净一是故意让他难堪，群众上访也是吕背后指使的，便指示舞钢市人民检察院反贪局将吕净一抓起来。检察机关感到十分为难，李长河则对有关领导说："先编个理由把他扔进去，墙倒众人推，马上就会有人检举揭发他，啥证据都有了。"1996 年 6 月 18 日，检察院便以"涉嫌挪用公款"对吕净一立案侦查，后予以逮捕。

1997 年 1 月 24 日，舞钢市人民法院开庭审理此案。因缺乏被指控罪名的最基本证据，经过长达 4 个月的休庭，舞钢市人民法院于 4 月 17 日以"贪污 3 000 元公款"为名，不公开判决吕净一有期徒刑一年。吕净一不服判决，提出上诉，被平顶山市中级法院裁定驳回，维持原判。

上访坚持到底　迫害步步升级

1997 年 6 月 18 日吕净一刑满释放后，继续向河南省高级人民法院提出申诉，省高级人民法院指示平顶山市中级人民法院对案件进行复查。经过长达一年的复查，平顶山市中级人民法院于 1998 年 7 月 28 日再次驳回申诉，维持原判。吕净一坚持不服判决，再次向省高级人民法院提出申诉，河南省高级人民法院按照审判监督程序，进行认真审理复查后，于 1999 年 5 月 12 日下达终审判决书，认定"吕净一没有贪污公款，不构成犯罪"；"原判定性量刑不当，应予纠正"，并判决"撤销一、二审判决，宣告吕净一无罪"。至此，吕净一历经数百个日日夜夜的上访申诉，在蒙受了长达 3 年的冤屈后，终于为自己讨回了公道。

吕净一被免职并受到迫害后，在举债申冤的同时，连年以"党群声""一个共产党员"等名义向上级纪检、组织、检察等部门反映李长河大肆受贿、卖官鬻爵、腐化堕落并导致舞钢市经济连年下滑等问题。其间，李长河先后多次亲自或托人找吕净一谈话，在警告他"不要四处告状""要识相"的同时，许诺"只要不提过去的事，就重新为他安排工作"，但均被吕净一严词拒绝。

有一次，李长河把吕净一叫到办公室，奉劝他说："《红楼梦》上讲'柔弱是立身之本，刚强是惹祸之胎'；《孟子》也讲过，要'趋利避害'，干什么事，要首先考虑对你自己有没有好处，要是对你没有好处，你就不要再干了。"吕净一毫不客气地回答："《红楼梦》里还有一句话你也应当记得：'舍得一身剐，敢把皇帝拉下马'。"

李长河反问："把'皇帝'拉下马，对你有什么好处呢?"

吕净一坚定地说："对我个人有没有好处没有关系，只要对舞钢市 32 万人民有好处，我就要干到底!"

1998 年初，上级组织部门把李长河确定为提拔对象。在上级组织部门派人前往舞钢市对李长河进行考察期间，吕净一不顾李长河的再三警告和恐吓，坚持向上级反映李长河的各种腐败问题。同年 6 月，在平顶山市第五次党代会前夕，李长河被提拔任命为中共平顶山市委常委、政法委书记。此后，虽然李长河多次对吕净一进行步步升级的威逼利诱，吕净一仍然坚持要上访。李长河恼怒万分，在直接干预舞钢市委于1999年2月开除吕净一的党籍后，开始策划"收拾"吕净一。

1999年5月中旬，李长河得知吕净一被省高级法院撤案后，怀疑吕不会罢休。他再次打电话告诉吕净一的妻子，让吕净一到平顶山他的办公室去一趟，见面谈谈。吕净一不仅没有去，而且给李长河写了一封长信，信中郑重表明了自己要求公道和正义的立场。于是，李长河把平顶山市天使集团有限公司董事长兼总经理鲁耀民叫到办公室，策划报复吕净一，并商定由鲁耀民找人"收拾"吕净一。此后，李、鲁二人多次策划此事。

同年5月30日和6月12日，鲁耀民先后两次把田兴民叫到办公室，安排雇人"收拾"吕净一，并给田5 000元现金。田兴民用解决工作、请吃饭、买衣服、买BP机等手段，收买拉拢了外地无业游民刘国兴和依志宏。田兴民出钱让二人买两把刀，指使二人狠狠"收拾"吕净一。在田兴民查找吕净一家庭住址的过程中，李长河通过鲁耀民将吕净一的家庭住址转告给了田兴民。6月15日至17日，田兴民、刘国兴、依志宏3次前往吕家，因吕家无人而行凶未成。

6月18日晚，田兴民、刘国兴、依志宏乘坐一辆出租车，经过预谋踩点后，于22时许窜到吕净一所住的家属院。鲁耀民在电话中催促田兴民说："要狠狠收拾他，把活做得利落一点。"田兴民即催促刘国兴和依志宏："要弄快点弄"、"下手重了就重了"。23时许，刘国兴、依志宏上楼踹门闯入吕净一家中，行凶后与田兴民乘坐那辆出租车逃离现场。

任尔机关算尽　难逃恢恢法网

记者在舞钢市采访时，一些熟知内情的干部群众告诉记者，吕净一多年来一直坚持揭发李长河的违法违纪问题，李长河也一直在威逼利诱吕净一，这在舞钢市早已公开化。吕净一夫妇一遭不幸，舞钢很多人就十分肯定地说，幕后真正的凶手一定是李长河。但他们难以想象的是，李长河作为一名市级党员领导干部，还是政法委书记，竟会如此心狠手辣地报复杀人。

一位 70 多岁的老党员气愤地说："李长河自身不廉，为官不正，舞钢市要告他的不仅仅是吕净一一个人。只因为吕净一不怕他，始终坚持向上级揭发他的问题，他竟目无党纪国法，干出杀人灭口的事情来，这哪里像是共产党的领导干部？"

据了解，今年 46 岁的李长河是河南省济源市人，大学毕业后，先后在洛阳市委和三门峡市委任秘书工作，后调到平顶山市委，历任平顶山市委办公室副主任、市委副秘书长兼市委办公室主任。1993 年至案发前，历任平顶山市所属舞钢市市委书记、平顶山市委常委、政法委书记。

公安机关查明，李长河对吕净一带头接连不断告他的状一直怀恨在心，在其从舞钢市委书记升任平顶山市委常委期间，念念不忘要抓紧铲除这个"心腹之患"。从 1998 年 5 月 22 日起，李长河就开始安排人"收拾"吕净一。李长河在舞钢市与人密谋过多次，计划采取制造车祸、投毒、雇人刺杀等多种方案，将吕净一"狠狠收拾"，并明确指示由鲁耀民、田兴民负责寻找机会，具体实施这些报复行动。这期间李长河一边托人威逼利诱吕净一，一边与鲁耀民密谋，先后实施了 4 次报复行动，但均被吕净一侥幸躲过。

2000 年 3 月 14 日至 17 日，河南安阳市中级人民法院对此案进行了公开审理。法院审理查明了李长河雇凶杀人的犯罪事实。另查明李在担任舞钢市委书记期间，利用职务之便，非法收受他人贿赂款共计 13.8 万元。法院以故意伤害罪，判处李长河死刑，剥夺政治权利终身；以受贿罪，判处其有期徒刑10年，决定执行死刑，剥夺政治权利终身。

同案犯刘国兴、依志宏均以故意伤害罪，被判处死刑，剥夺政治权利终身。鲁耀民、田兴民以故意伤害罪被判处死刑，缓期二年执行，剥夺政治权利终身。一审判决后，李长河提出上诉。河南省高级人民法院终审裁定，依法维持原判。

2000年3月河南安阳市中级人民法院李长河案庭审现场

🎙 张连起点评

敬畏法律，是领导干部的"必修课"。

习近平总书记指出：全面依法治国必须抓住领导干部这个"关键少数"。领导干部是践行法治的"风向标"，领导干部是捍卫法治的"守护神"。一个领导干部，必须时时刻刻在法律范围内思考怎么用权、什么事能干、什么事不能干。

描绘重大突发事件的"动态全景"
——"李长河雇凶伤害上访干部事件"报道体会

（原载 2002 年 5 月 20 日第 18 期《新闻业务周刊》）

前不久，随着一声正义的枪响，雇凶伤害上访干部的原河南省舞钢市委书记，后任平顶山市委常委、政法委书记的李长河在河南省安阳市伏法。至此，这起震惊全国的领导干部雇凶杀人案件历时两年之久终于结束。

1999 年 6 月 18 日，原舞钢市八台镇党委副书记、常务副镇长吕净一，因坚持向上级反映李长河对自己打击陷害和其经济问题及腐败行为，惨遭李长河雇用的杀手刺杀身负重伤，其妻被刺身亡。这起恶性事件是近年来全国发生的同类事件中比较突出的一起。

作为新华社记者，我不仅在第一时间最先投入对这一重大突发性事件的报道，而且在两年多来坚持进行连续追踪报道，不仅使这一事件的发生和处理引起中央领导同志的高度重视，而且成为社会各界关注和讨论的热点，体现了新华社报道的权威性和影响力。

在这一突发性事件发生和发展的过程中，我们先后采发各类内参、公开报道稿件 10 多篇，及时准确地报道了事件发生、查处、审理、判决的"动态全景"。这些报道为领导决策提供了重要参考，直接推动和促进了案件的查处，并积极有效地影响了社会舆论。

对突发性重大事件的报道，要抢占先机，深入调查，牢牢把握报道主动权

1999 年 6 月 28 日下午，我从不同的渠道获悉了一条内容大致相同的线索：舞钢市一位乡镇干部因为一直坚持向上级反映某领导干部的问题，几天前在家中被人刺杀，造成一死一伤的严重后果；当地很多人传说，是舞钢市原来的市委书记，现平顶山市委常委、政法委书记李长河雇人干的，案件正在追查中。

当时，我头脑中第一个反应是：如果情况属实，那就是一个极其典型的严重事件，具有重大新闻价值。作为新华社记者，我们有责任尽快弄清事件的真相，及时向中央进行反映。我们立即将初步了解到的情况向分社赵德润社长做了汇报，并谈了我的看法。赵德润同志指示：抓紧了解、核实具体情况，要到事发当地进行现场采访，务必搞准事实真相，同时要根据情况慎重行事。

一种强烈的责任感驱使我们迅速投入采访。29 日一大早，我们赶到平顶山后，考虑到案情复杂，我们决定顺着两条主线进行外围秘密采访，一是设法弄清这起凶杀事件发生的起因、后果，二是设法搞清李长河的个人情况和他在舞钢市的工作背景以及他与案件到底有怎样的幕后联系。我们明白，一起"单纯、偶然的凶杀案件"和一起"政法委书记雇凶报复杀人案"，显然具有不同的性质。

我们首先设法与平顶山市公安部门取得了联系，但公安局主要领导一听说是采访此事，立即警觉起来，推托说"案件目前正在侦查过程中，不便透露具体情况"。

接下来在市委书记那里又碰壁，使我们在平顶山市的采访不得不公开化。无人敢接触我们，更不可能有人向我们透露任何信息。

我们佯装不再采访，打道回府，然后悄然直奔案发地舞钢市，设法寻找事件中的受害者，采访知情干部群众。打听到受害者原来在八台镇工作，我们驱车一路颠簸奔赴八台，在这里我们被告知：受害者名叫吕净一，在八台镇任副书记兼常务副镇长，因抵制当时的市委书记李长河被免职，近年来一直在上访，现在，舞钢市很多人都知道吕净一被刺杀的消息，吕净一怀疑是李长河派人报复他。从这几位干部口中得知，在这次事件中，吕妻被刺身亡，他本人身受重伤，但幸免于难，目前仍在舞钢市人民医院住院救治。

　　当在住院病房寻找到身缠绷带的吕净一时，已是晚上9点多。当时公安部门已派人对其进行监护。记者亮明身份后，吕净一坐在病床上介绍了惨案发生的惊人一幕。

　　他说："事情一发生，我就明白是有人向我报复，这个人肯定是李长河。"接着，他把自己如何抵制李长河加重农民负担的错误、如何被李长河免职、如何被判刑入狱、如何向上级法院为自己申诉并被省高级法院平反、如何坚持反映李长河的违法违纪问题、如何认定是李长河找人报复杀害自己的证据线索等情况，一五一十全说了出来，他还把已写好放在手头的部分资料交给了我们。

　　然而，采访刚进行了1个多小时，便有值勤民警进来干预，说刚刚接到领导指示，不能让记者继续采访。我们离开病房后，又连夜采访了吕净一的亲友和部分市民群众，他们虽然对吕的遭遇表示同情，但都心存顾虑，不敢多说李长河的事。经过耐心解释和做思想工作，我们后来赢得了他们的信任，有人向记者提供了吕净一和其他群众过去举报揭发李长河违法违纪问题的部分证据材料。

　　6月30日一早，舞钢市政法委和市公安局的领导闻讯找到记者的住宿地，希望记者暂不要发稿。记者借机向他们追问案情和前期破案经过，他们透露：犯罪嫌疑人已交代是受人指使的；目前案卷已被平顶山公安局调走，正在进一步追查中。为慎重起见，我们再次与平顶山市有关部门电话联系，追问案情。知情朋友告知，经两级公安部门初查和犯罪嫌疑人交代，此案与李长河有关。

听到这一消息，我们感到，一个包含着非同寻常价值的重大新闻已经露出"冰山一角"，必须把调查了解到的情况尽快如实向中央反映。经请示分社领导同意后，我们根据采访内容迅速写成第一篇内参稿件《平顶山市政法委书记李长河雇人刺杀上访干部》。事后发现，我们的内参比河南省委、省政法委向中央正式上报材料早3天，而且经后来反复查实，证明我们最初的调查正确无误。正是由于我们主动提前介入，通过现场采访，最先掌握了第一手材料，因而从一开始就赢得了报道的主动权，为进一步展开深层次报道奠定了基础。

对看准的重大新闻事件，要坚持不懈地追踪到底，客观、完整地报道事件发生和发展的全过程

第一篇内参发出后，很快引起中央和河南省委的高度重视。尉健行、罗干批示，要求彻查严办。河南省委专门召开常委会，对依法查处此案做了部署。省纪委、省委组织部、省检察院、省公安厅等部门组成联合调查组，到舞钢市现场办案。中纪委、中组部、中政委也陆续派人到河南，督办此案。

在此后数月时间里，我们又三下舞钢市和平顶山市采访，并设法与专案部门保持联系，对查处此案的重大进展情况以及所涉及的一些深层次问题，展开了进一步深入调查和核实，先后发出了《群众要求彻底查处李长河违法违纪问题》《李长河雇凶杀人案基本查清》《李长河雇凶杀人案被提起公诉》等内参系列稿件，对李长河的经济问题、与李长河经济问题有关人员的问题等进展情况，及时作了跟踪连续报道，不断为中央提供高质量的决策参考，有力指导和促进了这起恶性案

件的深入查处。

2000 年 3 月 14 日至 17 日，李长河涉嫌雇凶伤害（致人死亡）、受贿案在安阳市中级人民法院开庭审理。我们自始至终参加了法庭旁听和现场采访，进一步核实了案件发生发展的全过程、探究了李长河等人的犯罪动机，以及李长河的受贿犯罪问题。法庭查证的结果表明，我们在系列内参报道中所反映的内容真实，事实准确。根据多方核实过的情况，我们适时在《内参选编》上推出了长篇深度报道专稿《腐败分子的最后疯狂》，全面、完整地披露了这一恶性案件的全过程，受到广大党员干部的极大关注。他们称，揭露李长河这类腐败分子的丑恶嘴脸，对广大党员干部具有特别重要的警示和教育意义，对这类穷凶极恶、置党纪国法于不顾的腐败分子应依法严惩不贷。

这篇深度报道不但产生了一定的社会影响，而且引起了高层的进一步关注。据河南省政法委提供的情况，已先后三次对此案作出批示的罗干同志又对这篇深度报道作出批示。中央有关部门和河南省委、省政法委也进一步加大了对案件的督办力度。5 月 23 日，安阳市中级人民法院对此案作出一审判决，以故意伤害罪、受贿罪两罪并罚，判处李长河死刑，剥夺政治权利终身。其他几名罪犯也分别被判处死刑或死缓。新华社按规定的发稿程序，及时公开播发了这一消息。

此后，案件再次进入二审的秘密审查、复核阶段，但我们没有忘记对案件最终审理结果的密切关注。2001 年 12 月 5 日，我们准确获悉，李长河案经河南省高级人民法院二审终结，并报经最高人民法院依法核准，李长河及两名凶手被依法执行死刑。当天我们在第一时间播发了"李长河伏法"的消息，并推出了事先准备好的长篇通讯《一个腐败分子的最后疯狂——平顶山市原政法委书记李长河雇凶杀人案的警示》，这两篇稿件均被各地媒体广泛采用，各大网站也予以转载，产生了极大社会反响。至此，这起备受关注的领导干部雇凶杀人案画上了句号，我们的报道也告结束。

对重大恶性突发事件的报道，
既要把握大局，又要坚持实事求是

在媒体竞相追逐李长河案件，形成社会各界关注的热点之时，我们更加冷静地思考了一些深层问题，后续报道中既没有"煽风"，也不去"跟风"，更没有进行任何炒作和渲染。

我们以极其严肃的态度，对各级组织、纪检、信访、公安、检察、法院等部门进行了认真采访，广泛听取了他们对于案件的整体看法，也如实地了解了李长河、吕净一矛盾双方的全面情况。接受采访的干部群众普遍认为，李长河作为领导干部，为保官保权，利令智昏，以极端手段报复杀害上访干部，利用职权收受贿赂，理应受到法律严惩。而吕净一近年一直坚持上访控告李长河，也是事出有因，并非某些媒体所描绘的是"反腐斗士"，算不上是"反腐败的杰出典型"。

因此，我们始终以实事求是的态度，有分寸、有节制地客观报道这一事件，既不夸大李长河的犯罪事实，也不拔高吕净一的人物形象，避免了产生矫枉过正的负面影响。

在此案得到党政领导和政法部门重视，进入法律程序后，我们严格按照法律严肃性和程序严谨性要求，坚持以大局为重，注重与当地党政领导机关和政法部门保持联系，加强沟通，使我们现场采访了解到的情况能够与政法机关查明的情况彼此相互印证，以确保事实的准确无误。同时，我们还注意广泛地听取专家们对于此案的研究分析意见，以更好地把握问题的实质所在，更好地把握报道的大局。

我们认为，新华社记者在地方突发性重大新闻事件中坚持履行职责，反映问题，客观报道，根本目的是为了解决问题，反思教训，给人警示，防微杜渐；是为了促进当地党政部门和司法机关的工作。

综观我们对于李长河事件的整个报道过程，我们的报道也许算不上十分丰富和完满，但在较大程度上对案件的查处起到了积极的促进作用，产生了较大的社会影响。从这个意义上说，我们忠实地履行了新华社记者的神圣职责，得到了实际的锻炼，交上了一份合格的答卷。

记者在河南省舞钢市走访群众

山西 "9·8" 特别重大尾矿库溃坝事故真相追踪

新华社太原 9 月 16 日电 山西省临汾市襄汾县新塔矿业有限公司尾矿库 "9·8" 特别重大溃坝事故，造成重大人员伤亡，在社会上造成了特别恶劣的影响。目前，国务院事故调查组正在对事故作进一步深入调查，彻底查清违法行为，依法认定相关单位和人员责任。

从最初公布的遇难 1 人到遇难 254 人，伤亡人数的每一次攀升都令人揪心。那么，这次特别重大责任事故到底导致了多少人伤亡？事故发生的背后原因到底是什么？在事故发生的现场，新华社记者进行了追踪采访。

溃坝到底吞没了多少人

位于山西省临汾市襄汾县陶寺乡的新塔矿业有限公司塔山铁矿尾矿库，总库容约 30 万立方米，坝高约 50 米。9 月 8 日 8 时许，该尾矿库突然发生溃坝，尾砂流失量约 20 万立方米，沿途带出大量泥沙，流经长度达 2 公里，最大扇面宽度约 300 米，过泥面积 30.2 公顷。

事故的伤亡人数在 7 天之内 9 次更新，已经从最初的 "1 死 1 伤" 攀升到 9 月 14 日 18 时的 "254 死 34 伤"，那么，在这 30.2 公顷的面积上，到底有多少人遇难？

在 30.2 公顷的过泥面积内，有一个集贸市场，矿区办公楼房，还有部分民宅。

事故发生后的紧张搜救已经告一段落，转入事故调查阶段，但在事故现场，每天还有群众在焦急等待亲人的归来。

事故发生的 9 月 8 日早上，正好是塔山矿区的集市，按照当地惯例，附近村庄和矿山的群众都要前来赶集，有的矿工则会在上完夜班后直接来到集镇上。"我早上把孩子送到幼儿园后，和妹妹一起去集镇上卖菜时，大坝冲了下来，整个市场转眼之间就淹没了。"从灾难中逃生的陈克香告诉记者。

"虽然溃坝发生在8点左右，但当时市场上的人已经不少了，因为集镇上的固定摊位少，有很多做买卖的群众一般都会在六七点钟赶来占位置。"陶寺乡一位干部介绍说。

集贸市场附近有一座三层高的新塔矿业公司办公楼，溃坝后被冲走了十多米远。"办公楼内当天准备发工资，不少职工都在楼里。"来自湖北十堰的打工人员张健告诉记者。

记者看到，有一座饭店也被完全冲毁。一位受伤群众反映说，这座楼的人也有不少。

9月8日中午，即事故发生4个小时之后，山西省安监局调度中心和襄汾县委、县政府提供的伤亡数据均为"1死1伤"。这一数字对外公布后，幸存者和现场目击者立即提出了强烈质疑，他们说，当时现场已发现的遇难人数绝不止这么些。

10日晚，临汾市领导在向有关方面汇报遇难者人数为128人时，当场受到安监总局负责人的质疑。"根据我们所掌握的情况，远不止这么多。"这位负责人指出。

到14日18时，已确认的遇难人数为254人。究竟一共有多少人遇难？也许要等到最终调查结果出来才有答案。

9月15日，搜救人员正在对重点区域进行排查。

当日，山西省襄汾尾矿库溃坝事故搜救工作从大规模的翻掘转入对重点区域的二次排查阶段。在部分失踪者家属的提示和指导下，搜救人员对已经搜寻过一遍的过泥面积进行重点区域第二次排查。

51名遇难者为何一度未列入"死亡名单"？

事故遇难人员从 12 日 17 时的 178 死，到 14 日零时 40 分对外公布的 254 死，31 小时内新增死亡人数 76 人。抢险指挥部解释说，其中，有 51 人不是这一时间段新增的死亡人数。也就是说，12 日 17 时以前，这 51 名遇难人员已经被发现，但没有被统计到对外发布的遇难者名单中。

那么，这 51 名遇难者都是谁？遗体到哪里去了？

在现场负责遇难者身份核查工作的临汾市公安局局长安占功解释说，有 51 具遇难者的遗体没有经过法医组的程序直接被家属领走了，所以造成这 51 人没有被统计到遇难者人数之中。他说，这一情况是指挥部在 12 日晚核实被认领遗体的人数时发现的。

在事故现场，遇难者遗体的处理要经过"现场搜救组—法医组—善后处理组"三道程序把关。安占功说，在发现问题后，指挥部开始追查，结果发现，有 57 具遗体未在法医组履行清洗、拍照、DNA 取样等程序，就在现场由家属直接认领回家。后来，其中 6 名遇难者的家属担心领走遗体影响赔偿金的发放，又陆续把遗体送回了殡仪馆。

51 具遇难者遗体，没有经过法医组处理而直接经善后组由家属领走，是工作疏漏，还是另有隐情？

临汾市一位领导说，出现如此大的统计数字出入，原因可能有多种，其中不能排除转运人员与交接人员的工作衔接存在漏洞，也不排除是某些部门或个人故意瞒报、漏报死难者人数。

据了解，山西省委接到抢险指挥部的报告后，省委主要领导批示要求严肃认真，实事求是，绝不包庇。

14 日晚，记者从襄汾县有关部门了解到，襄汾县政协一位副主席、县公安局一位副局长和事故发生地的陶寺乡一位领导等 3 人因涉及这一问题，已经被有关部门审查。

"暴雨引发泥石流"的说法和气象资料不符

对于溃坝事故发生的原因，国务院事故调查组正在进行深入细致的调查。但是，当地对事故原因说法上的前后矛盾和疑点，已经引起了从当地群众到国务院调查组的注意。

9 月 8 日上午溃坝事故发生后，记者立即向山西省安监局调度中心进行核实，记者得到的答复为，根据临汾市报上来的情况，8 日 8 时左右，襄汾县陶寺乡塔山矿区因暴雨发生泥石流，塔山矿区一座废弃尾矿库被冲垮，有群众被困。

"暴雨引发泥石流"的消息公布后，当地一些群众认为这个说法根本不符合实际情况，"纯粹胡说"。

记者在事发地采访时，当地村民说，事故发生前几天还很旱，没有下过雨，也就是 9 月 8 日那天早晨下了一点点小雨，"不知道哪里来的暴雨"。

陶寺乡一位农民说，8 日 7 点多，他和妻子从陶寺村开着三轮车上山，去市场卖衣服，这时候下了一小阵毛毛细雨，一切正常。

当时到底下雨没有？下了多大的雨？记者采访了临汾市气象局。

据襄汾县气象局提供的资料，9 月份以来，襄汾县只有 7 日至 8 日的一次降水，从 7 日 20 时至 8 日 8 时降水量为 1.5 毫米。据监测，从 7 日 8 时至 8 日 8 时矿区周围 4 个县的 24 小时降水量分别为襄汾 1.5 毫米、浮山 1.1 毫米、翼城 2.8 毫米、曲沃 0.9 毫米。

"两天之内出现这样的降水量，可能连地面都湿不了，根本不可能说成暴雨。"中国气象局专业人士 15 日说。

针对暴雨引发泥石流的说法，国土资源部门领导和专家专程到现场予以勘查，并立即否认了这一说法。

"凡是到过事故现场的人，谁也不相信这会是一起自然灾害，或者是地质灾害。"当地一位专业人士认为。

2008 年 9 月 17 日
哀伤的塔儿山

新华社太原 9 月 17 日电 东出襄汾县城 13 公里，就到了山西 "9·8" 特别重大尾矿库溃坝事故的发生地——塔儿山。中秋时节的塔儿山，静静地耸立。除了山间的野花和虫鸟的鸣叫，几乎无声无息。

原本翠绿覆盖的塔儿山，因长年开采，一些山体已经受到明显破坏。一片片裸露在外的山石，似乎在向人们诉说着塔儿山的哀伤。

9 月 8 日一大早，位于塔儿山脚下的集市正在开张，周围的村民们正准备开始一天的生活。这天，还是塔儿山铁矿发工资的日子，来自四面八方的矿工们正陆续赶到办公楼里领取工资……对于生活在这里的人们来说，这本是又一个充满希望的早晨。

但是，谁也没有想到，一场灭顶之灾正悄悄逼近他们，约 8 时许，在人们没有任何防备的情况下，位于塔儿山半山腰的襄汾县新塔矿业有限公司塔儿山铁矿尾矿库，突然之间发生溃坝，高约 50 米、总库容约 30 万立方米的尾砂，如同疯狂的野马脱缰狂奔，沿途挟裹大量泥沙飞流而下，一瞬间吞噬了长达 2 公里、最大扇面宽度约 300 米的 30.2 公顷土地……

这是飞来的横祸，更是一场噩梦。截至 9 月 16 日 18 时，溃坝已确认夺去了 258 条鲜活的生命。

站在塔儿山的溃坝点上，周围死一般的寂静。就在几天前，这里还是一个机声轰鸣的喧嚣矿区，此时已人去楼空。"老板已经被逮捕了！" 望着空旷的厂区，市里的人们语气沉重。

塔儿山铁矿原是太钢集团临汾钢铁公司在襄汾县境内的一个比较大的矿区，多年来的开采，使这里的资源已近枯竭，地质灾害严重，安全隐患多，事故时有发生，当地群众反响十分强烈。但是，2005 年 10 月，在一片非议和反对声中，本应停产关闭的塔儿山铁矿，依然通过了有关部门的批准，被整体拍卖给个人继续开采。早应该闭库或炸毁的尾矿库，被接替者继续拼命使用。

"塔儿山上有丰富的矿藏，尤其是铁矿。"同行的当地人告诉我们。然而，正是这丰富的矿藏引来了疯狂、无度、掠夺性的开采，最终遭到大自然严厉的报复和惩罚。

国土资源部门的专家解释说，垮塌的尾矿库坝基建立在原来废弃的尾矿库之上，选矿企业为了节省成本，违规渗漏排水，使尾矿库经常处于水饱和状态，事故发生前，违规向库内注水达 7 000 多立方米，最终导致了溃坝。

无辜的人们成为违法违纪者的牺牲品，令人痛心。眺望眼前的塔儿山，除了满目疮痍的废墟上停放着几台挖掘机，几乎无法想象几天前这里还曾经人头攒动。塔儿山上，一名头缠白纱的中学生说："我是来找我姥爷的，他被冲走了。"

山西"9·8"溃坝事故发生后，一位领导人说，出现这样监管不到位、影响恶劣的恶性事故，如不作出严厉的处理，无法向遇难者家属交代，无法向人民群众交代！

离开塔儿山时，远处传来一阵鞭炮声。当地人告诉我们，这是办葬礼的声音。不知道，这些遇难者付出的生命代价能否使更多的人真正警醒！

🎙 张连起点评

不能说的秘密，含糊隐瞒的"真相"，其实是挑战了人民群众的智商。随着互联网的迅猛发展，新型传播方式不断涌现，政府的施政环境发生深刻变化，舆情事件频发多发，加强政务信息公开、做好政务舆情回应日益成为政府提升治理能力的迫切要求。

山西襄汾溃坝特别重大事故处置现场

🎤 采访札记

紧急情况下的紧急考验
——追踪山西襄汾"9·8"溃坝事故真相

（原载 2008 年 9 月 28 日第 38 期《新闻业务》）

2008 年 9 月 8 日早 7 时 50 分许，在山西省襄汾县城以东约 13 公里的塔儿山脚下，襄汾县新塔矿业公司塔儿山铁矿尾矿库在顷刻之间发生坍塌，溃坝产生的巨大泥流把没有丝毫防备的人们无情吞没，造成了令人震惊的巨大灾难……

遇难失踪的人数在持续攀升，各种疑点和问题在不断暴露，形势紧迫，情况危急。

中秋节的当天，我受社总编室和中央新闻采访中心领导的指派，紧急飞赴事故发生现场，和山西分社记者一起深入一线，追踪真相，采写了《（新华视点）山西"9·8"特别重大尾矿库溃坝事故真相追踪》《哀伤的塔儿山》和参考报道等多篇稿件。至今，回忆那去伪存真、去粗存精、惊心动魄的日日夜夜，依然让我们难忘，使我们深思。

残酷的灾难

9月8日一大早，位于塔儿山脚下的集市正在开张，周围的村民们正准备开始一天的生活。这天，还是塔儿山铁矿发工资的日子，来自四面八方的矿工们正陆续赶到办公楼里领取工资……对于生活在这里的人们来说，这本是又一个充满希望的早晨。

但是，谁也没有想到，一场灭顶之灾正悄悄逼近他们，约8时许，在人们没有任何防备的情况下，位于塔儿山半山腰的襄汾县新塔矿业有限公司塔儿山铁矿尾矿库，突然之间发生溃坝，高约50米、总库容约30万立方米的尾砂，如同疯狂的野马脱缰狂奔，沿途挟裹大量泥沙飞流而下，一瞬间吞噬了长达2公里、最大扇面宽度约300米的30.2公顷土地……

这是飞来的横祸，更是一场噩梦。截至9月19日的统计，溃坝已确认夺去了至少270条生命。

我们了解到，塔儿山铁矿原是太钢集团临汾钢铁公司在襄汾县境内的一个比较大的矿区，多年来的开采，使这里的资源已近枯竭，地质灾害严重，安全隐患多，事故时有发生，当地群众反响十分强烈。但是，2005年10月，在一片非议和反对声中，本应停产关闭的塔儿山铁矿，依然通过了有关部门的批准，被整体拍卖给个人继续开采。早应该闭库或炸毁的尾矿库，被接替者继续拼命使用。

塔儿山上有丰富的矿藏，尤其是铁矿。然而，正是这丰富的矿藏引来了疯狂、无度、掠夺性的开采，而无辜的人们成为违法违纪者的牺牲品。

越是局面复杂越要保持清醒

"9·8"溃坝事故是多年来未曾出现过的一起恶性非煤矿

山安全生产事故，伤亡惨重，影响恶劣。从事件发生的原因，到遇难和失踪人数，以及当地群众和党委政府的反应，都出现空前错综复杂的局面，引起社会广泛关注，是这些年来突发性事件报道所少见的。我们感到，越是局面复杂，越需要我们保持十分清醒的头脑，从纷乱的表象中抓住要害，追踪真相。

事故发生后，当地公布的事故原因是暴雨引发泥石流，伤亡人数是 1 死 1 伤。从这个情况看，这并不是一起严重的事故，也没有引起很多人的关注。

然而，接下来的两三天的时间内，死亡人数从 20 多人、50 多人、70 多人、100 多人，直到 270 人，呈跳跃式攀升，同时，"暴雨"的说法也不再出现。

再往后，"重大责任事故"的新提法开始出现。胡锦涛、温家宝等中央领导相继作出批示，国务院秘书长马凯率队赶赴现场指挥抢险搜救。

任何一起重特大事故，因为牵涉有关干部的乌纱帽和许多老板的生财路，采访报道中都会遇到不少阻力和困难。但这一次，我们的感觉更为突出。从事发当天试图改变事故性质、压低死亡人数的低劣做法中，我们明显感到，事故背后说不清、道不明的问题很多。

作为记者，我们没有调查组的权威和权力，无法正面接触当事人寻求突破，能做的只有采取迂回战术，外围切入，由表及里，由浅及深，抓住重点，透视本质，努力使人民群众了解事实的真相，并为事故的调查处理提供帮助和推动。

对于事故而言，最为关键的就是事故的原因和伤亡人数，这两个因素中的任何一个如果被做了手脚，都可以被认为是出现了性质恶劣的瞒报。

事故的具体技术层面原因需要时间查证，但是是天灾还是人祸还是比较容易查明的；事故的死亡人数虽然通常会节节上升，但从 1 个到 200 多个的跳跃式增长是异常的。于是，我们在采访报道的过程中，牢牢抓住死亡人数和事故原因的前后异常变化不放，始终围绕这两个点展开工作。

在国务院调查组和地方政府对其中的内幕没有提供具体情况、也没有得出最后判断的情况下，我们首先将采访得到，或者早已公开的数字和说法，进行认真细致的梳理，前后加以对比，从中发现矛盾点，并用相关的事实情况进行佐证，做到既合乎逻辑，又真实可信，让读者看了以后自己就会得出"事故背后大有猫腻"的看法。这也是在事故调查结论正式公布之前，我们发挥自身力量，正确引导舆论的最为稳妥和有效的做法。

掌握一手权威素材才能去伪存真

事故报道，涉及逝者的生命和亲属的感情，涉及事件的定性和干部的责任处理，是各种利益和矛盾的交汇点，稍有不慎，就会造成强烈的反弹。只有扎实采访，同时掌控权威渠道的消息来源，才能做到去伪存真，保证报道站得住脚，经得住考验。

我们始终把握这样一条原则，不管地方领导向你介绍什么，不管你手上有了怎样的文字材料，必须要亲自前往现场采访，深入当地百姓和遇难者家属的家里，直接面对现场抢险搜救人员。

中秋时节的塔儿山，静静地耸立。除了山间的野花和虫鸟的鸣叫，几乎无声无息。站在塔儿山的溃坝点上，眺眼望去，原本被翠绿覆盖的塔儿山，因长年开采，一些山体已经受到明显破坏。一片片裸露在外的山石，似乎在向人们诉说着塔儿山的哀伤。

当我们来到半山腰上崩溃的数百米宽的尾矿库坝，当我们发现尾矿坝上巨大的蓄水池，当我们眼前出现2公里长、如洪水猛兽般的过泥区，当我们知道下面被吞没的就是昨天还人头攒动的集贸市场和企业办公楼时，我们的脑海立即出现了这样一个最为基本的判断：遇难和受伤人员的情况，绝对不止先前公布的情况，失踪人员只字不提，肯定是有问题的。

当我们来到伤亡最为惨重的乱石滩村村民的家中，当我们和遇难者家属坐下来长谈，当我们和满脸疲惫的抢险搜救人员面对面，我们本能地意识到，这分明是一起人祸，哪会是天灾？

为了弄清死亡人数，我们一遍遍地询问当地群众和现场抢险人员：事故发生时现场有多少人，平时这个时候一般会有多少人，你见到多少具尸体，你听说挖出多少具尸体，尸体挖出来以后是怎样处理的……

为了搞清楚事发当时的天气情况，我们获得了当地以及临近地方当日的降水量——1.5毫米。为了让读者对这个降水量有更直观的理解，让"暴雨"说不攻自破，我们马上通过总社跑口记者联系到中国气象局专业人员，从气象专家的口中说出了"连地面都湿不了"的形象说法。

种种说法很难成立，种种疑点暴露出来，可以说，报道的思路已基本形成。

但是，作为国家通讯社的记者，在这些敏感的问题上完全依靠自行采访和分析，就播发出这样对有关部门公开质疑的稿件，还会存在一定的风险，甚至会招致纠缠。于是，我们又发挥中央新闻采访的自身优势，马上联系正在当地的国务院事故调查组的一位负责同志，与他进行深入交谈，并从和他的交谈中，对报道的思路进行判断和把握。稿件成稿后，我们又专程前往调查组驻地，请他对稿件的事实和表述进行核实，特别是关于"51具遗体为何一度未列入死亡名单"等会对事故定性产生直接影响的细节进行求证，当得到了调查组的肯定后，我们连夜把稿件发回总社编辑部。

只有对事实负责才能对人民群众负责

在如此复杂的局面下进行"9·8"溃坝事故的报道，要想使报道收到好效果，打出影响力，就必须以一丝不苟的态度坚决对事实负责。只有做到了对事实负责，才可以做到对人民群众负责。

为避免授人以柄，我们在写作过程中特别注意文字的表述，从一言一行着眼，于一字一句落笔，字斟句酌，力求准确。因此，在新华社的报道引起了强烈震动后，广大读者才说"新华社讲了真话"。

通过事实说话，用事实的"矛"攻说法的"盾"，而不是自己站出来讲话，是我们一直坚持的报道策略。因为是否瞒报的定性关系万千，是需要经过一定程序才可以下结论的，而不是记者通过自己的调查和分析就能公布出去的。即便当时的情况已倾向于瞒报的认定，即使日后也有把握把事件定性为瞒报，但按照调查纪律和报道规律，在调查组没有公布结论和事情经过以前，也不能贸然使用"瞒报"这样的定性词语。我们报道的最佳境界和效果，就是"此时无声胜有声"，让读者在报道的字里行间感悟出我们所期望传递的信息。

例如，我们直观罗列出事故死亡人数在7天之内的9次更新，从最初的1死1伤攀升到9月14日的254死，不夹杂任何评论；再如，把随国务院领导听取地方汇报时这一特殊途径的所见所闻恰当自然融入报道，以临汾市领导汇报死亡128人时受到安监总局负责人"远不止这么多"的质疑来传递"瞒报"的信息；又如，用临汾市市长自己说的话，"不排除是某些部门或个人故意瞒报、漏报死难者人数"，来透露"瞒报"的可能。

通过事实说话，并不意味着报道没有观点没有倾向。在一些关键问题上，我们的报道通过发出疑问，或者用一些意味深长的词语来表达态度。

《（新华视点）山西"9·8"特别重大尾矿库溃坝事故真相追踪》标题中的"真相"一词就是最好的例子。"真相"这个词是总编辑何平同志在审稿时添加的，这个词的添加引来我们的一致叫好，因为它不仅加重了分量，而且非常明确地表达了这样一个观点：这起事故还有许多情况不明，离真相可能还有距离，甚至有黑幕。再如，关于"溃坝到底吞没了多少人"的疑问，表达了死亡人数可能不止当时公布的254人这一观点。

在表达观点和倾向时，还应注意留有余地。例如，在质疑死亡人数、认为死亡人数肯定不止254人之后，社领导在审稿时又加上了"究竟一共有多少人遇难？也许要等到最终调查结果出来才有答案"这样短短的一句话，让我们深受启发。

2007 年 11 月 10 日

"人祸"导致的事故，必须有人负责
——石宗源问责安全生产

新华社贵阳 11 月 10 日电 "一有煤矿出事故，接着便有汇报上来说，这个煤矿是'五证一照'齐全的。现在我要反问的是，既然'五证一照'齐全，为什么还会出事？'五证一照'自然包含安全生产合格证，究竟是哪个部门、哪个人核发的证照，必须查清楚！"

9 日下午，贵州省委书记石宗源在中共贵州省委十届二次全体（扩大）会议上，联系该省的一起煤矿安全生产事故对全省的安全生产进行严厉问责。

11 月 8 日 13 时 44 分，贵州省纳雍县群力煤矿发生特大煤与瓦斯突出事故，目前已造成 32 人死亡，另有 3 人下落不明。有关部门反馈，该矿证照齐全，于 2005 年 3 月取得安全生产许可证。

"煤矿出了事，上面一追问下来，结果都是煤矿手续齐全，是合法的。我要问大家的是，这合法的手续，它究竟合不合理？合不合天理？"石宗源的厉声质问震动了整个会场。

"刚到贵州工作时，我每看到有矿工伤亡的信息，内心都很沉重，很愧疚、很不安，总要提笔批上几句，或者予以过问。"石宗源说："后来，随着我对贵州省情的逐步了解，方知这类造成人员伤亡的煤炭安全事故是经常发生的，更让人吃惊的是，有的人甚至已经对一起接一起事故的发生变得麻木不仁。"

有关部门统计显示，目前发生的重大安全事故，多为"人祸"所致，出了"人祸"导致的事故，必须要有人负责任。石宗源指出："煤矿出了事，煤矿老板自然是要依法受到追究和处理的。但在我看来，仅仅处理煤矿老板是远远不够的，是谁发出去的证，谁必须负这个责。"

"看来，安全生产工作要搞好，仅仅依靠安全生产部门一家是不行的。必须实行多部门参与、多环节联动的监督和问责，让纪检、检察部门全线介入。不管哪里出了事，都一查到底。属于履职不到位或者渎职的绝不放过，如果查出背后有官商勾结、权钱交易的问题，更要依纪依法从严惩处。"

近年来，改革开放使贵州经济实现平稳较快发展，人民生活水平不断提高，但贵州仍是我国目前人均 GDP 最低的省份。"必须看到，有一部分人在发祖先留下的资源财。当我们对巨大成就欢欣鼓舞时，不应该忽视或忘怀那些生命的消失。中央要求各级党委和政府必须做到权为民所用，情为民所系，利为民所谋。我们绝对不能允许财富的积累过程染上矿工的鲜血。"石宗源说。

2006 年贵州省产煤超过 1 亿吨，但产自完全有安全保障的矿井的煤炭还不到其中的一半，全省安全生产形势依然十分严峻。8 日夜晚，根据石宗源的要求，各地、州、市分管安全生产的领导赶到纳雍县，在"11·8"事故现场接受安全生产警示教育，落实安全责任制……

2004 年 6 月 27 日

"绝不能用死伤人员的多少来衡量工作的好坏"
——一位市委书记的安全生产观

新华社郑州 6 月 27 日电 日前，河南省驻马店市骏马化工集团有限公司氨合成车间在安装新合成系统试压过程中，氨分离器到冷交换的弯头破裂，氮氢气泄漏发生爆炸，造成一死一伤。从后果看，这本是一起普通的安全生产事故，但事故发生后驻马店市委书记宋璇涛"小题大做"的处理方式在当地干部中引起强烈震动。

"死一个、伤一个，与死 100 个、伤 100 个，在性质上是一样的，同样暴露了我们工作的失误和隐患。我们绝对不能用死伤人员的多少来衡量工作的好坏，更不能因为死了 1 个人而侥幸或麻木不仁。"宋璇涛说。

据介绍，事发时，宋璇涛正在农村搞调研，接到事故报告后他当即中断了调研，在第一时间赶赴现场处理，慰问死者家属和伤员。当晚 9 时，他连夜主持召开全市安全生产工作紧急会议，通报事故情况，总结和吸取教训。主管安全生产的副市长霍好胜告诉记者，那天晚上，宋书记没吃晚饭，让我从外面给他带两个烧饼到办公室。他对我说，"我在反思，我们对安全生产几乎是天天布置，天天要求，却依然发生事故，我们的工作究竟在哪里错了位？"

在紧急会议上，宋璇涛质问企业负责人，"按照'海恩法则'，每一起严重事故的背后，必然有 29 次轻微事故和 300 起未遂先兆，以及 1 000 起事故隐患。那么，导致这起事故的隐患到底在哪里？为什么事先没有发现？"

按照宋璇涛的要求，由市领导牵头，安全生产、技术监督等多部门负责同志参加的调查组当即组织人员进驻企业，全面查找这起事故发生的"征兆"和"苗头"。

"保障每一个生命的安全，是实现统筹发展和社会进步的最底线，是全面建设小康社会的最基本要求。"宋璇涛说，"只要认真分析便不难发现，我们在对待事故处理上往往存在着习惯性失误：只善于事后'大轰大嗡'式的大检查，而忽视对'事故征兆'和'事故苗头'进行排查；一个地方出了恶性事故，各方面纷纷关注，批示指示一大堆，而对于小事故却鲜有问津；事故发生时痛心疾首，过不了几天，便把惨痛教训抛在九霄云外。"

在责成公司领导层向市委、市政府作出深刻检查后，宋璇涛告诫企业负责人，惨痛的事实告诉我们，任何一起安全事故的发生往往不是无章可循，而是有章不循的恶果。对待安全生产，应时刻如履薄冰。

"当我们对取得的成就欢欣鼓舞时，不应该忘却那些无辜生命的消失。中央强调要求真务实。假若我们能够因失误的减少而止住无辜生命离去的脚步，对老百姓而言就是最大的求真务实。"宋璇涛要求，依法依纪依规严肃处理，既要追究直接责任人的责任，又要追究主管部门、主管领导的责任。目前，调查处理工作正在紧张进行。

"很多人都以为死了一个人的事故一晃就过去了，没什么了不起的，没想到书记的动静这么大！如果各级领导都以这样的态度抓安全生产，我们的生产肯定可以变得安全起来。"驻马店市安全生产监督管理局负责人感慨。

🎤 张连起点评

《弟子规》中说："执虚器，如执盈"。意思是手里拿着空的容器，要像容器里盛满水一样，谨慎稳妥，器皿才不容易摔坏或碰伤。对待安全生产，也需要时刻保持一颗"执虚如盈"的敬畏之心，不能有半点马虎。世间万物，生命最宝贵。百业兴旺，安全最重要。要以铁的决心、铁的标准、铁的手腕抓好安全生产，切实做到安全管理"零距离"，隐患排查

"零盲区"，安全生产"零隐患"，从而守住"零事故"的底线，为群众安居乐业撑起一片安全的天空。

🎤 周鸿铎点评

虽然谢登科"时代之殇"中的作品前后跨越了15年，但是所触及的问题都是人命关天的大事，无论安全生产，还是社会管理，都在以不同方式向人们发出警示：在中国经济飞速发展的同时，我们绝不能让"脆弱、敏感的末梢神经"成为社会的短板。

从管理学理论看，产生问题的原因往往集中在四个方面，即管理体制问题、政策问题、利益问题和管理能力问题。以《让劳动者体面劳动有尊严地生活——富士康员工坠楼事件透视》为例，报道里揭示的富士康靠员工无休止加班牟利，最后导致员工跳楼抗争的事实，看似简单个案，其实暴露的是社会的痛点，即管理者对权益、尊严乃至生命的漠视，这不仅仅是公司管理者能力低下的表现，更是政府乃至整个社会需要深刻反思的重大命题。

人民群众是社会历史的主体，每个人都在不同程度上参与了历史的创造；人民群众是社会物质财富的创造者，是推动社会历史发展的决定力量；人民群众是社会精神财富的创造者，人民群众直接创造了丰硕的社会精神财富；人民群众是社会变革的决定力量，人民群众在任何时期都是社会变革的主力军。这是"时代之殇"里，谢登科着力传递的最有价值、最有分量的信息！

第十一章　表象背后

从表面现象透视幕后玄机，由偶发事件探寻内在动因……对经济问题的敏锐捕捉和深度分析，构成了谢登科记者生涯的一个鲜明特点。

他对"可口可乐收购汇源果汁"的动议产生质疑半年后，中国商务部宣布，根据《反垄断法》禁止这一收购；

他对洛阳财政包机的"尴尬"进行报道一年后，洛阳市政府悄然从"旋涡"里退出；

……　……

"收购案例"考量的是政府的决断能力，"财政包机"拷问的是政府的角色配位，无论先声夺人还是后发制人，都凸显了一位优秀观察者的政策功底和宏观驾驭。

今天，在全面推进依法治国，政府狠抓简政放权的时代背景下，重温这些经典案例，别有意味。

作者（右一）在河北邢台某钢铁企业中央控制室采访

2008 年 9 月 16 日

可口可乐并购汇源果汁的台前幕后

图为位于北京市顺义区北小营镇的汇源集团总部（2008 年摄）

新华社北京 9 月 16 日电 一个是家喻户晓的中国果汁行业的龙头老大，缘何突然"变现离场"？一个是风靡全球的国际饮料生产巨头，为何斥资天价下单收购？一起震动全球的并购交易能否通过反垄断审查，最终成交……

自 9 月 3 日可口可乐和汇源公司高调宣布双方实施要约并购的消息后，从资本市场到企业界，从消费者到专家学者，人们对这起事件的关注或争论，几乎一刻也没有停止过。

百度一下，输入"可口可乐＋汇源"，用时 0.001 秒可查到的相关网页约为 112 万篇。目前，关于可口可乐并购汇源的讨论仍在继续。不知这一切是否超出了当事双方的预期。

国际饮料巨头能否"吃掉"中国行业老大

9 月 3 日上午，香港联交所发布的一则公告，吸引了人们的眼球：可口可乐旗下的荷银亚洲将代表可口可乐全资附属公司大西洋公司，就收购汇源果汁全部股份、全部未行使可换股债券并注销汇源全部未行使购股权，提出自愿有条件现金收购建议。

按照公告，这单涉及金额 24 亿美元，约合 179.2 亿港元的天价交易若能完成，将成为迄今为止中国食品和饮料行业最大的一笔收购案。

作为全球最大的饮料公司，可口可乐也许对每个人都不陌生。每天，包括中国在内的 200 多个国家的消费者，要享用超过 13 亿杯可口可乐饮料。

汇源果汁，17 年前从沂蒙山区一个小罐头厂起步，经过艰苦创业，发展成为国内最大的果汁饮料生产集团，并于 2007 年 2 月以每股 6 港元的价格在香港联交所主板挂牌上市。

一个是国际饮料的生产巨头，一个是中国果汁行业的市场霸主，二者的强强联合，对中国乃至世界饮料的未来格局将产生什么影响，其意义和分量不言而喻。

受可口可乐并购汇源果汁这一重大利好题材的影响，汇源果汁股价在复牌的当日即大涨 164%，每股报收于 10.94 港元。汇源权证更是涨幅惊人。不仅如此，这一并购还引发了香港果汁类上市公司股价的全面上扬。

2007 年，汇源果汁销售 79 万吨，营业额 26.56 亿元，占据国内果汁市场的领导地位。根据可口可乐公司公开披露的数据，可口可乐在中国的销售额早在 2005 年时就已超过了 100 亿元。

根据规定，如果外资企业并购香港上市的内地企业，满足以下两个条件之一即达到申请商务部反垄断审查的标准：双方上一年在全球范围内的营业额合计超过 100 亿元人民币，并且双方当年在中国境内的营业额均超过 4 亿元人民币；或者双方上一年在中国境内的营业额合计超过 20 亿元人民币，并且双方当年在中国境内的营业额均超过 4 亿元人民币。

很显然，可口可乐对汇源果汁的收购行为，已经达到并且远远超过了上述规定所要求的标准。能不能通过反垄断审查，事实上已成为这起天价收购案最终成交与否的决定性因素。

"只有找到可口可乐这样的大树，才不会被撼动，不会被刮倒"

上市仅仅一年，汇源果汁便闪电般整体出售，其背后有怎样的故事？新华社记者多次造访位于北京顺义区的汇源集团总部，追寻汇源决策者的真实心态。

现年 56 岁的董事长兼总裁朱新礼，1992 年从山东省沂源县外经委副主任岗位上辞职下海，致力于汇源果汁的发展。目前，汇源在全国建有 32 家工厂，拥有员工 1.2 万人。

"汇源的摊子越大，战线越长，风险也越大，担心也越多。品牌小的时候拎在手上，大了就得背在肩上，现在是顶在头上。"面对一些人的不解，朱新礼说，"我都快 60 岁的人了，还能顶多久？如果有一天真的顶不住了，既对不起股东，也对不起员工。现在可口可乐愿出 24 亿美元的高价收购，机会难得，此时不出手更待何时？"

作为一位民营企业家，来自内外的各种压力让朱新礼不堪忍受。汇源创业 17 年，朱新礼说，他没有休过一个休息日。创业之初、上市之前，面临的最大困难是资金；上市之后，资金问题解决了，接着面临的是股市风险和各种各样的矛盾。"人累，心也累，感到身心俱疲。而只有找到可口可乐这样的大树，才不会被撼动，不会被刮倒。"

他认为，将汇源卖给可口可乐，既是为了规避企业的风险，也是为汇源员工今后的发展所作的明智选择。汇源果汁被并购后，中层管理者的期权、股权都会一次性兑现，普通员工还可以在这家全球 500 强企业里得到锻炼和发展。

到 2007 年，汇源百分百果汁及中浓度果蔬汁销售量分别占国内市场总额的 42.6％和 39.6％。"虽为行业龙头老大，但汇源果汁近年来的销售额一直徘徊不前。发展中国的果汁行业，更多地造福中国果农，光靠汇源是远远不够的。"朱新礼说，把汇源果汁出售给可口可乐公司，是给汇源果汁找到了最好的下家，中国的浓缩果汁和果浆可以直接进入可口可乐的全球采购系统，将带动中国果品的销售和促进果品加工业的发展，最终受益的是中国果农。

其实，5 年前朱新礼就开始考虑汇源果汁的退路。2007 年，百事可乐收购俄罗斯最大的果汁公司后，可口可乐也欲大举进军中国果汁市场。"于是，我们抓住了这一千载难逢的时机，将汇源果汁高价出售。"朱新礼说。

"汇源果汁"会从市场上消失吗

汇源果汁的品牌现在由汇源香港上市公司所拥有，它包含了汇源果汁的所有罐装成品业务。

面对汇源果汁，可口可乐不惜开出每股 12.20 港元的高价，该价格比 8 月 29 日汇源在联交所的每股收市价 4.14 港元溢价约 195％，也是汇源自 2007 年 2 月 23 日在香港主板上市以来的最高股价。

"制定每股 12.20 港元的价格，很重要的一点，就是代表可口可乐对中国市场的承诺和信心。"可口可乐公司表示，24 亿美元的收购总成本，经过了严格的预算。可口可乐需要的不仅是净资产，还有汇源的品牌价值、市场潜力、市场开发、营销网络等。"我们认为，对汇源果汁的收购价格物有所值。"

"此次收购目前已获得可口可乐公司总部的批准。"可口可乐公司首席执行官及总裁穆泰康说，汇源在中国是一个发展已久及成功的果汁品牌，对可口可乐中国业务有相辅相成的作用。

那么，一旦被可口可乐收购，汇源果汁，这个被中国消费者广泛认同的品牌，会从此在市场上消失吗？

可口可乐公司在发给新华社记者的复函中称，可口可乐建议收购汇源，其中的一个承诺就是保留汇源品牌，同时，充分利用可口可乐的国际市场营销、产品研发等资源，使汇源品牌继续发展壮大。而中国的消费者将会享用到更多来自汇源的优质产品。

目前，可口可乐已经向汇源股份发出要约，并取得三个股东签署接受不可撤销的承诺。"如果收购成功，汇源品牌及其业务模式将在现有基础上继续发展，并为汇源的员工提供更佳的机会。"穆泰康说。

另据了解，汇源香港上市公司的近 60％ 股权由达能集团、境外公众股东和另一家美国的私人投资基金拥有。"因此，这次收购行为，也可以理解为汇源品牌是从一家外国控股公司的手中转移到了另一家外国公司的手中，不存在品牌消失的问题。"可口可乐公司认为。

是品牌保护，还是反应过度

可口可乐并购汇源的消息公布后，引发了关于"民族品牌保护"的激烈争论。

在汇源集团总部所在的北京顺义区，从企业员工到当地领导，人们更是对这起突然而至的并购事件给予了强烈关注。

"真是毫无任何思想准备。"一位副区长对记者说，任何一个企业品牌的成长都有其特定的背景和发展环境，顺义区对汇源果汁的发展提供了那么多支持，卖了都不告诉一声，怎么也说不过去。

"从可口可乐的举动来看，其进一步控制中国饮料市场的企图十分明显。""巨额暴赚的背后，牺牲的是民族品牌。"不少网民公开发表看法，反对可口可乐对汇源果汁的收购。甚至有网站统计，八成的被调查者明确反对这起并购。

"其实，我们完全不必对可口可乐收购汇源反应过度。站在国际化视野和市场化行为的高度，理性看待跨国并购，才是应有的态度。"中国公共经济研究会副秘书长、国家行政学院教授张孝德说，在全球经济一体化的背景下，需要更多关注的是企业在哪里，而不是企业从哪里来。

"我们永远倡导企业做大做强自己的品牌，但是，如果以一种狭隘的、情绪化的方式强调所谓的品牌保护，可能于事无补。"有经济专家指出，中国的企业要强大，必须要融入世界。

商务部外资司司长李志群表示，跨国投资是大势所趋，外资并购不应被视为威胁，而应看作发展的机遇。

"我们无法知道公司领导和可口可乐的真实心态，但是，不管谁来收购汇源，工作总要有人做。"面对记者，汇源集团一名中层女员工坦言："我们现在能做的就是尽早做好一切准备，随时适应并购后发生的变化，提高工作能力和质量，努力成为被企业留住的员工，而不是被淘汰。"

天价并购案考量中国反垄断

面对舆论的交锋，有关主管部门关于可口可乐并购汇源的反垄断审查会不会在自由裁量的空间内变得更加严格和谨慎？成为各方瞩目的焦点。

今年8月1日起颁布施行的《中华人民共和国反垄断法》，旨在预防和制止垄断行为，保护市场公平竞争。作为负责企业并购反垄断审查的专门机构，商务部反垄断局也于当月挂牌成立。

可口可乐对汇源果汁的收购，成为反垄断法正式施行以来遇到的首起最引人注目的跨国并购案。

记者从商务部有关方面得到证实，在双方签署的并购意向公告前，可口可乐公司和汇源公司曾就有关事项专门向反垄断部门进行咨询。收购意向协议签订后，可口可乐中国区副总裁李小筠即公开表示，双方正在整理各类申报资料，准备向有关部门申请报批，其中包括商务部反垄断局。

"如果并购所需的先决条件不能达成，股份收购的建议可能不会提出。"面对反垄断审查，可口可乐和汇源均作出这样的表态。这意味着两家公司对收购行为的成功充满自信。

北京大成律师事务所律师郭耀黎接受记者采访时说，在法律程序上，可口可乐公司如果提出申报，至少可以表明以下三点：一，可口可乐与汇源的并购法律协议已经签署，具体并购方案已经确定。二，两公司经审计的上一会计年度财务会计报告已提交相关部门审查。三，两公司具体实施并购的日期已经确定。

进行反垄断调查，是全世界通行的规则。不管企业性质，不分产业领域，无论内资外资，只要达到反垄断审查的门槛，就必须接受审查。

"反垄断的核心不在于限制外资并购，也不在于保护民族品牌，而是在于保护市场竞争，反对单一企业对于某类产品或者服务的绝对定价权，说到底，是对消费者的利益负责。"郭耀黎说。

这起并购案能否最终获批？商务部反垄断局负责人10日表示，从法律意义上讲，在经过反垄断审查并被批准之前，并购协议是无效的。这些风险因素，在企业发布的公告里应有清晰表述。在收到申报、依法展开调查并作出最终决定以前，谁也无法预知结果。

根据上市规则，可口可乐如果成功收购了超过90％的汇源股份，那么，汇源果汁在香港联交所的上市地位将被撤销。

看来，对投资者和消费者而言，无论是这起并购案本身的结果，还是汇源果汁的未来命运，都值得共同期待。

2009 年 3 月 19 日，中国商务部依法禁止了可口可乐收购汇源

🎙 张连起点评

从经济学的角度看，能够事后监管的就不必事前禁止，事前管制由于政府的天然局限和利益取向很容易变成过度管制，而过度管制的结果很可能没有防止垄断而是限制了竞争，不是维护了市场而是阻碍了发展。当前国际上的反垄断发展趋势越来越倾向于放前管后，并且不以所谓的市场绝对份额和市场支配地位论，而是以行为后果论，即是否滥用市场支配地位限制了竞争，并造成了相应后果。

假如可口可乐收购汇源果汁成功，最大可能不是垄断市场，而是会导致更为激烈的市场竞争，引发新一轮的行业整合，会有部分企业因为资金、技术、产品、品牌等实力不足而被淘汰出局，但也会产生更具竞争力的企业和品牌，对于行业水平的跃升和消费者的权益都是双重利好。近期有一个网约车的收购案例，与之相似，后续结果值得观察。

2005 年 5 月 29 日

政府埋单的航空市场能够"飞"多远?

——河南省洛阳市财政包机追踪

作者在河南洛阳市采访

新华社郑州 5 月 29 日电　面对长期萧条、陷于瘫痪的本地航空市场,河南洛阳市政府年初决定,财政斥资包租两架波音 737 飞机,恢复开通 5 条洛阳航线,每年预算在 2 亿元以上,引起了社会各界的广泛质疑。

3 个多月过去了,洛阳市政府包机究竟运行状况如何?近日,记者前往洛阳进行了实地探访。

三个多月财政补贴将近千万元

根据洛阳市政府与海南航空公司和中国东方航空云南公司达成的协议:两家航空公司分别拿出主力机型波音 737 执飞洛阳航线,洛阳市政府负责经营业务。洛阳市政府口岸办测算,按目前每天飞行 10 个小时计算,无论航班盈亏,洛阳市政府每天均需向航空公司支付运营成本费 54 万元。

2005 年 1 月 29 日，海南航空公司的首班飞机飞抵洛阳机场；2 月 4 日，东航云南公司的航班在洛阳起飞。

三个多月来，财政已经补贴了将近 1 000 万元。

据洛阳市最新公布的消息，洛阳机场 5 条国内航线运行 3 个多月来，航班平均上座率已由复航时的 40.5％ 上升至目前的 63.5％，接近全国平均水平。洛阳市口岸办负责人认为，财政补贴换来了不错的运营业绩。

洛阳市口岸办还向记者透露，在已开通洛阳至北京、上海、广州、深圳、昆明、海口等航线的基础上，将于近期再开通洛阳往返成都和厦门的航班，并正在积极研究运用同样的模式开通洛阳到香港、韩国和日本的航线。

洛阳市政府口岸办公室主任姚学亮说，修一公里高速公路需要 3 000 万元左右，洛阳市相当于拿出修 10 公里高速公路的资金，架起了 5 条数千公里的"空中高速公路"，这是一项合算的买卖。

不过，也有人质疑，且不说 1 000 万元如何收回，单就上座率提高而言，洛阳牡丹花会和"五一"黄金周是重要的助推因素。今后是否能够保持下去，值得怀疑。

根据国际经验，一个机场的年吞吐量达到 200 万人左右，才基本具备赢利的可能，这对于整个城区人口尚不足 200 万人的洛阳市而言简直是个天文数字。"客流量不可能在短时间内激增，政府用财政资金向航空公司支付巨额补贴，会使政府背上包袱。"洛阳市政府的一位干部说。

与洛阳相邻的三门峡市的一位副市长对洛阳的做法提出质疑："像洛阳这样的小型支线机场，很难靠政府的补贴实现赢利，财政补贴什么时候是个头？吃紧的财政是否吃得消？如果一直亏损，是否一直要补贴下去？"

河南省人大常委会的李学义还提出，"财政公共支出应该于法有据，如此大的财政支出计划潜存风险，应该通过人大审议，不能由领导拍脑袋决定。将来如果无力支撑，责任到底谁来承担?"

两份"红头文件"遭遇尴尬

航空运输业寄托了洛阳求振兴、求发展的梦想。洛阳决策层认为，航空运输业是衡量一个城市开放程度、城市品位和综合实力的重要标志，是洛阳实现工业强市、旅游强市的重要条件，无论付出多大的代价也要坚持下去。

为了尽可能减少财政的支出压力，洛阳市政府动用权力竭力为航班"揽生意"。

2月6日，洛阳市政府出台《关于做好洛阳航线航班运营工作的通知》，要求："因公出行提倡乘坐洛阳机场航班，机票全额报销。今后，我市各级财政供应的行政、事业单位因公出行的，不论职务级别，都可以乘坐飞机。各大中型企业、科研院所、大专院校等单位出行时也要根据目的地情况，尽可能乘坐洛阳机场航班。"

3月23日，洛阳市政府再次以红头文件的方式出台了《关于繁荣洛阳市旅游航线市场的意见》，规定对组织来洛的旅游包机（不少于100人），奖励组团的旅行社1万元人民币。对于乘坐飞机来洛阳、从洛阳乘坐飞机外出和乘坐飞机往返的旅游团队，分别按照每位游客30元、20元和50元不等奖励组团社。凡乘坐洛阳航班的客人，凭当日机票，3日内享受市域内景区门票6折优惠；在全市星级饭店、定点宾馆（餐馆）住宿、餐饮，房价享受6折优惠。

记者在采访中了解到，"红头文件"中有关公务员乘坐洛阳航班出差并全额报销的规定并未真正落到实处。洛阳市有关方面对客流构成的统计分析也显示，乘坐飞机的群体中，公务员并没有明显上升，其根本原因在于，依靠财政供给的机关、事业单位多数财务吃紧，根本无法兑现这一规定。由于奖金的来源没有落实，目前还没有一家包机组团的旅行社得到过奖励。

关于乘飞机来洛的游客凭当日机票享受星级饭店六折优惠的规定甚至遭到酒店餐馆业的抵制，有的酒店员工说："简直是笑话。现在是什么年代了，还有上边要求我们打几折的？房间紧张时期不可能打折，即便是淡季，打几折也是我们自己说了算。"

郑州大学教授刘德法说，包括要求饭店景点打折等，是政府对市场的直接干预，会为投资环境带来负面影响。

财政包机能撑多久？

"若问古今兴废事，请君只看洛阳城"。洛阳是一座千年古都，也是一座充满潜力的工业城市。虽然地方生产总值已逼近千亿元，但财政并不富裕。目前一般预算收入 40 多亿元，基本属于吃饭财政。眼前的支出，无疑是一个包袱。更令人担忧的是，财政包机到何时为止，并没有一个明确的时间表。

中央党校政研室赵杰博士指出，洛阳市政府的做法出于良好的初衷，未必会得到期望的结果。转了一圈，洛阳市政府实际上变成了一家专事运营业务的航空公司，直接从幕后走到前台，从裁判员变成了运动员。

运行三个多月，赢利尚未看到前景，但财政包机的弊端已经显露出来。

按照"洛阳模式"，执飞洛阳航班的两家航空公司只负责载客，不必关心航线的盈亏，包括机票打折、航线分配、价格制定、广告促销等在内的本属于航空企业的事情，都落在了洛阳市政府的头上。打折座位如何分配，销售策略怎样实施，怎样拓展客源，成为市政府口岸办每天要干的主要工作。

"我们已经由市领导亲自带队前往周边地市开展了促销业务，分别从三门峡和济源市吸引了几百名旅客到洛阳乘坐飞机。下一步，我们将进一步加大力度。"洛阳市口岸办介绍说。很显然，这些本不应该是政府的职责，更非政府的强项。

靠财政埋单的市场，必然远离竞争带来的生机与活力。财政包机把航空公司的经营风险转嫁给政府，却会滋生航空公司的惰性。

洛阳机场运行之初，依靠小型支线飞机尚能勉强维持，但随着郑州新郑国际机场的投入运营，在同业竞争中一路下滑。难以为继的中小型机场，并非只有洛阳机场一家。统计资料显示，在目前全国数百个支线机场中，80％以上因吞吐量不足处在亏损的窘境。

"前些年，不少地方政府将建机场作为政绩，如今机场亏损、航班亏损，成为地方发展的包袱。面对困境，财政包机未必是一副良药，很可能使包袱更加沉重。"国家行政学院教授朱国仁说。

2012 年 10 月洛阳至哈尔滨航线开通，图为洛阳机场

谢登科对洛阳财政包机现象的报道，今天仍具有启示意义。

如何破解财政补贴的"唐僧肉"现象？财政资金要帮助一些成长中的新兴企业完成转型升级，实现"造血"而不能依赖"输血"。对于那些没有实质性经营能力的企业和产能过剩的行业，就应当通过市场竞争优胜劣汰，促进产业升级，优化资金配置。同时，增加财政补贴评审的透明度，防止暗箱操作和寻租现象；对资金使用进行全程跟踪监管，及时评价补贴资金的使用效果。

对于那种"反正钱是从财政那里来的，不花白不花"的博弈，只有通过深化财政管理和预算体制改革，让补贴和评审结合起来，才能确保财政补贴不"打水漂"，把好钢用在刀刃上。

🎤 **采访札记**

"厚积薄发"才能"后发制人"
——《政府埋单的航空市场能够"飞"多远?》采访记

（原载 2005 年 7 月 4 日第 25 期《新闻业务》）

社内的新闻专家们说，一是先声夺人，再是后发制人。今年以来，河南洛阳财政斥资两亿多元包租飞机的事件，一直在我们关注的视野，几次欲动手又总感到时机不成熟。5月底，当采访财政包机追踪的选题被国内部和河南分社批准后，我心里却又打起鼓来。当地媒体已经报过多次的新闻事件，再做"新华视点"稿还能做出一朵花来吗？真能后发制人吗？

担心不是没有缘由的。面对本地航空业的低迷，洛阳市从今年初开始，以财政包机的形式开通 5 条国内航班，这一做法引起社会各界的广泛关注和质疑。作为洛阳市委机关报的《洛阳日报》，隔三差五就有洛阳航线的消息，其中《洛阳的航班是这样飞起来的》洋洋洒洒 3 000 多字，为其叫好。省会郑州的媒体也多有报道。有关洛阳航班的服务新闻，新华社也都及时给予了报道。包机执飞也就 3 个多月，有多少新东西可写、有多少深思想可挖掘？

超越，只有超越才能取胜。"新华视点"稿《政府埋单的航空市场能够"飞"多远？——河南洛阳财政包机追踪》5 月 29 日新华社通稿播发后，被《人民日报》等 46 家平面媒体采用，居当日播发通稿采用第 11 名；当日网上搜索，刊登有此稿件的页面多达 94 页。社总编室值班领导和国内部领导对这篇稿件也给予了较高的评价。

回顾这一变化过程，我们有许多真切的体会。要想稿件后发制人，记者必须厚积薄发，没有平时的用心积累，很难超越自己，超越别人。

政策理论积累为文章主题定准了基调

应该说，洛阳的财政包机力挺当地航空市场，是一个地域性比较强的新闻，这种被他们自称为培育航空市场的做法，在其他地方也曾经有过。

党的十六大和十六届三中全会确立政府职能为"经济调节、市场监管、社会管理、公共服务"，在市场经济条件下，政府的职能如何定位？政府站在前台直接插手航空市场，是否符合政府职能的要求？我们分析认为，洛阳通过财政包机和下发红头文件干预航空市场的做法，有悖政府的本职工作，有越位之嫌。市场的事情应该由市场竞争去解决，政府要做自己职责范围内的事。

从 2003 年开始，新一届党中央领导集体提出了科学的发展观和正确的政绩观的要求，发展和政绩本身无可厚非，但我们的发展需要科学的发展，追求正确的政绩。一个靠吃财政饭的地方政府斥巨资搞财政包租飞机，一个靠主要领导"洛阳不能没有大飞机"的强硬表态，就可以违背市场规律，力图做未来几届政府才能做好的事，虽然不能说有政绩工程之嫌，但当地许多干部群众对这一追求政绩的方式颇有微词却也是不争的事实。

有了宏观理论和政策方面的一些积累，我们深入采访了解这一事件后，在众说纷纭中有了自己的主心骨。我们从一个地级市的财政包机情况微观切入，揭示了目前各地普遍存在、又深感困惑的市场经济条件下政府职能如何定位的问题。

采访过程的积累为精心写作奠定了基础

我们这次集中采访只有 3 天时间，但围绕这次报道的外围采访却长达一周。我们感到，采访本身就是一个积累的过程，其中包括素材的积累、采访对象的选择、采访关系的积累、采访资料的筛选提炼、采访经历的佐证等等。

由于社会对洛阳市财政包机的做法认识不一，批评指责之声不断，当地许多官员对财政包机之事一直讳莫如深，联系采访比较困难。我们动用了各种关系，约定与洛阳市主管副市长见面，然后由这位副市长再召集相关负责人座谈。等到采访当日，主管副市长变卦了，他先是一早就关闭手机，经无数次拨打后他又推说不知道此事，而且在外地出差。但他还是安排了市政府口岸办主任接受采访，而这位主任九点半还要在市北郊出席一个货场奠基仪式。我们当机立断，约好在一个必经路口见面，挤进一辆车，在他参加活动期间，我们一直在现场等待，在回单位的途中聊了许多，得到了许多关键权威的材料。

为感受航班服务，我们在北京机场亲身体验了财政包机支撑下的航空公司的霸气和惰性。我们还遍访多位专家、学者、相邻地市的政府官员、人大官员以及洛阳市的宾馆管理人员，力求全面客观地把握这一事件。

权威地解读，丰富的素材，亲身的经历，缜密的思考，为我们做好这篇文章打下了坚实的基础。

我们在把握洛阳财政包机这一现象时，坚持去粗存精，去伪存真，用辩证唯物主义观指导新闻报道，把握适度，报道得当，受到各方好评。

我们通过分析发现，此前一些舆论要么浅尝辄止，要么盲目横加指责，一方面引起当事方的抵触和反感，另一方面也没有给读者全面认识、深入思考这一现象留下足够的空间。我们在认真研究的基础上，没有将地方政府致力于发展经济、营造良好环境的初衷一棍子打死，而是站在公正、客观的立场报道这一做法，全面展示新闻原委，广泛探讨是非曲直，力求让当事者、旁观者等各方的观点都有充分表述的机会，但在表述过程中又观点鲜明，坚持用经济内在规律和科学发展观予以引导。

🎤 周鸿铎点评

透过现象看本质，热点背后探究竟，是新闻记者的神圣使命，也是这个行业的独特魅力。

可口可乐对汇源果汁的并购，曾极大地牵动国人的心，初闻此案的人们，往往会不由自主地想到"可口可乐的巨额暴赚"，想到"外资进入的无可厚非"，想到"反垄断法的适用"，但很少有人会从西方国家"不战而胜的攻防战略"考量这起天价并购对我国传统品牌行业带来的灾难性后果。"一定要有警觉地参与国际市场竞争"——这是谢登科的独到审视。

《政府埋单的航空市场能够"飞"多远？——河南省洛阳市政府包机追踪》则以一条包机航线的飞行轨迹审视政府部门的行为方式，透视的是市场行为与政府行为的边界划分和相互博弈。"有形之手和无形之手一定要各司其职，各显其能"——这是谢登科的深邃观察。

　　时代在发展，社会在进步。作为一名新闻记者，只有具备执着不变的好奇心、无处不在的发现力、高人一筹的研判力、更进一步的进取心，才能勇立时代潮头，走在社会前列，我想，这才是谢登科对记者之路的最特别注解！

05/凝聚时代最大公约数
——评论"点睛"

恩格斯说，"没有哪一次巨大的历史灾难，不是以历史的进步为补偿的"。

中华民族五千年文明史，也是一部与自然灾害作抗争的历史。像 2008 年四川汶川地震那样，发生在我们国家的一系列重特大自然灾害警示我们，忧患意识必须贯穿始终。

我们既不能做自然的奴隶，也不要做自然的主人，应该是自然的朋友。我们必须走出一条人与自然和谐相处的发展之路。

比自然灾害更让人忧伤的是对人的灾害！

教育的"全民焦虑"，已成为当今中国的一个明显标志，弥漫于社会各个阶层、各类人群。当政策的减负目标像西西弗斯的巨石那样年年推进、又每每回到原点的时候，损害的已不仅仅是青少年的身心健康，更是中华民族的美好未来。

当一个个年少便体态臃肿的孩子，并不为身体素质的糟糕而忧虑，只会因考试成绩的不尽如人意而沮丧时，显然已经是教育观的倒置与错位。它不仅压弯了孩子的身躯，更扭曲了孩子的精神。

过重的负担，毫无疑问已成为不容忽视的中国教育之弊、中华民族之痛。

社会诚信，是人类社会几千年来一个老生常谈的话题，也是近年来曝光率最高的热词之一。当前我国正处于社会急剧转型时期，由于种种因素的相互影响与挑战，整个社会的诚信意识正受到前所未有的冲击和挑战，它同环境问题、腐败问题一起，并称为中国社会的三大污染。如影随形、无处不在的互联网时代，更加剧了这一污染的扩散与发酵。

信誉是一种无形资产，是政治、经济、文化等各项事业赖以生存发展的重要基石。"诚，五常之本，百行之源。"当前，诚信失范不仅在经济领域十分严重，而且已经蔓延到政治、文化等领域，成为一个全民性、全局性问题。在以德治国、依法治国的新时期，加强社会诚信建设，显然已成为迫在眉睫的当务之急！

"住有所居"，是每个人普通而实在的梦想。保持房地产健康平稳发展，更是一个大国实现腾飞的重要引擎。

然而，必须正视的是，中国经济近十年来一直困扰于楼市的波动。中国的房地产市场，从未像今天这样引人关注，也从未像今天这样处在两难之境。一方面，一二线城市房价飙升一路高歌，而三四线城市则库存严重仍处寒冬；另一方面，房价逢调必涨，调控政策进退失据。

房价上涨过快，一方面推高了市场运行风险，特别是资产价格的波动对金融体系的稳健运行带来了较大隐忧，另一方面进一步催升了房屋产品的金融属性，对实体经济发展、居民生活成本都带来压力。

"房子是用来住的，不是用来炒的。"中央响亮喊出的这句"大白话"不仅道出了当前房地产矛盾的本质，也引发广大人民群众的强烈共鸣，更指出了未来房地产健康发展的明确方向。

要管好房，首先得管好地。土地的闸门能不能管得住、关得紧，不仅事关中国房地产市场的长远发展，更关乎经济发展和民生改善；要管好地，必须统筹战略资源的综合保护与开发利用。13亿人口的一个大国，必须下决心调整发展战略，扭转宏观经济对资源的过度依赖，让经济社会真正实现协调发展。

灾难。机遇。教育。诚信。住房。土地。资源。

…… ……

这些看起来似乎并无逻辑关系的词组，却你中有我、我中有你，它们每一个都是中华民族伟大复兴征途上不可或缺、必须面对的要素！把它们转化为巨大的正能量并凝聚起来，就是我们取之不竭的物质和精神财富！

在舆论引导的过程中，评论往往具有阐释治国理政方针、维护公平正义、引领社会风尚的独特功能，担负着监督员、守望者和风向标的职责。

在谢登科的新闻生涯里，应时而作、缘事而发的评论点缀其中，往往成为画龙点睛的生动一笔。

或引导舆论，或鼓舞士气，或明理正法，或增强信心——在重大事件和重要节点上，他总能"发先声，不谬言，讲真话，动人心"，发人深省，给人启迪——

第十二章　情撼天下

"每临大事有静气，不信今时无古贤。"越是遇到惊天动地之事，越能心静如水，沉着应对，这是一种态度，也是一种能力。

无论北京奥运，还是汶川地震，都不可谓"不够大"：一个是轰轰烈烈的大舞台，一个是九州同悲的大灾难。发生在2008年里的这两件惊天动地的大事，冰火交融，悲喜交加，考验着我们这个国家，也考验着我们每一个人。

面对一场盛会与面对一场灾难，作为一名记者，要同样能胸怀静气——追求一种平衡，营造一种和谐，传递一种力量，彰显一种境界。做到这一点，实属不易，难能可贵。

多一点静气，给自己一片晴朗的天空！

多一点静气，给世界一抹鲜艳的色彩！

2012年11月，作者赴黔西南布依族苗族自治州贫困农户家中采访

（奥运新华时评）中国的机会 世界的机会

新华社北京 8 月 9 日电 给中国一个机会，还世界一个惊喜。五彩斑斓的夜空，流光溢彩的"鸟巢"，精彩绝伦的演出……拥有两千多年历史的奥林匹克乐章在中国演绎出新境界，出席北京奥运会开幕式的贵宾和国外媒体纷纷用"震撼""神奇""非凡"等词汇评价这场开幕式。

开幕式的成功，预示着北京奥运会的成功，也证明了世界选择中国的成功。正如中国国家主席胡锦涛所说，北京奥运会不仅是中国的机会，也是世界的机会。

人类的发展史就是不同民族、不同文明相互学习、相互借鉴、相互融合的历史。中华民族在几千年的发展中，不断汲取着其他民族文明的养料；改革开放 30 年来，中国更是紧紧抓住重要战略机遇期，在经济全球化浪潮中不断地扩大开放，不断地学习和探索。

奥运会是一场运动会，但又不仅仅是一场运动会，也是承办国综合实力的展示台。承办奥运会的过程本身，就是一次全方位学习、提高的过程。通过申办、承办奥运会，中国进一步拓展了世界眼光，从世界各国的优秀文化中汲取了丰富的营养；中国人将变得更加自信，更加包容，更具有科学和人文精神，中华民族和古老的东方文明将以更矫健的姿态融入世界大舞台。

北京奥运会值得全世界共同珍惜，因为这是世界多元文化在新层次上的一次和谐对话。深厚的文化底蕴，独特的文化视角，为北京奥运会弘扬奥运精神、丰富奥运内涵提供了历史契机。"绿色奥运、科技奥运、人文奥运"的理念，把维护生态平衡、保护生存环境的全人类共同目标以及加强人文关怀、促进人类进步、创造美好未来的共同理想，与中国以人为本、科学发展、构建和谐社会的发展理念有机统一起来，使奥林匹克精神的内涵更加丰富，更具时代特征。

当今世界既面临着前所未有的发展机遇，也面临着前所未有的严峻挑战。当204个国家和地区的人们跨越地域、民族、宗教以及政治制度的界限相聚北京时，人们不仅能近距离地感受中华民族悠久的历史文化，感受到一个热情、开放、真实的中国，而且更能体会到我们生活的世界从来没有像今天这样需要相互理解、相互包容、相互合作。抓住北京奥运会这个增进了解的机会，加深世界各国人民的友谊，是奥林匹克精神的核心，也是中国和世界的共同需要。

无与伦比的2008年北京奥运会开幕式现场

🎤 张连起点评

正如国际奥委会评估团对北京的考察报告所指出的，"北京举办奥运会将为中国和世界体育留下独一无二的遗产"。北京奥运迅速提升了城市建设管理和生态环境水平，大大加快了建设现代化国际大都市的步伐；全面拉动了投资、消费和进出口增长，激发了经济发展的旺盛活力；有力推动了产业结构调整和创新驱动的进程，有效提高了国民整体素质和国家对外开放水平。一句话，北京奥运使世界站在高处看到了中华民族伟大复兴的光明前景。从这个意义上看，这是中国的机会，也是世界的机会。

2008 年 5 月 18 日

（新华时评） 毅力超越灾难　信念创造奇迹

新华社北京 5 月 18 日电　17 日 18 时 10 分，卞刚芬在被埋 124 个小时后被救出；23 时 06 分，张晓平在被困 129 个小时后被救出；18 日 9 时 15 分，救援人员从北川县医院的废墟中救出唐雄，此时，他被困已达 139 个小时……

虽然"黄金救援 72 小时"早已过去，虽然谁也不知道废墟下究竟还有多少人活着，但是，在最顽强的毅力和最坚定的信念支撑下，党和政府在坚持，部队官兵在坚持，救援队伍在坚持，志愿者在坚持，全国人民在坚持……

正在废墟瓦砾下顽强坚持的生命，请不要向黑暗和孤独屈服。32 年前的唐山大地震中，开滦煤矿的 5 名矿工在 900 米深处挖出生命通道，创造了被困 13 天后生还的生命奇迹。

正在废墟瓦砾下坚持的生命，请一定要相信党和政府的坚强指挥和科学施救能力。来自四面八方的十多万救援队伍，正分秒必争地手握生命探测仪、千斤顶、食品，艰难行走在断垣残壁中，生命的大营救仍在继续。仅 5 月 16 日一天，救援部队就在震中的映秀镇成功搜救出 10 名幸存者。

被困的生命需要坚持，正日夜奋战的救援大军更需要坚持。目前，抗震救灾已进入关键的时刻，救援的毅力和信念正在接受着来自体力、心理等的严峻挑战。从灾难降临后的第一时间到现在，各类参战人员已经在极端困难的情况下奋战了 7 个昼夜。在徒步挺进，甚至徒手作业的条件下，持续高强度的救援行动已使救援者的体力和精力付出接近极限。

在抗震救灾的关键时刻，我们每一个牵挂灾区的人们都需要坚持，需要以最顽强的毅力和最坚定的信念给前方救援以坚定的支持。在这场突如其来的重大灾难面前，我们这个伟大的民族所表现出的惊人毅力和顽强凝聚力已经让整个世界为之震撼。在抗震救灾的最危急时刻，让我们用信念迎战不幸，用坚强拭去泪水，以最顽强的毅力和最坚定的信念再次创造抗击自然灾害的奇迹。

2008 年 5 月 21 日

（新华时评）慷慨解囊之后，我们要做的事情还有很多

新华社北京 5 月 21 日电 面对地震中失去家园、失去双亲的孩子，连日来，社会各界为他们捐款、捐物的爱潮喷涌，令人感动。但是，一个孩子的健康成长是一个漫长的过程。在这一过程中，他需要的是持续不断、切实负起责任的关爱。面对孤儿，我们在慷慨解囊之后，要做的事情还有很多。

对一个孩子而言，失去父母的打击可能比大地震来得更可怕，更长久，今后十几年、几十年的生活、上学、就业等将可能面临一系列困难和问题。因而，让孤儿们健康成长，不是一个随便说出的口号，更不是一时一地的权宜之举。其责任之大，任务之重，可能比在震后的废墟上重建高楼大厦更为复杂，更加艰难。

在震后灾区，一个三岁的孤儿逢人就叫"爸爸妈妈"，场景令人为之动容。没有了亲生父母的呵护，孤儿们更加需要全社会的呵护。"这些孩子已经失去了母亲，但绝不能让他们失去母爱！"这是一位母亲发出的呼吁。无情的大地震使本来生活在父母怀抱里的孩子一时间孤苦伶仃，无依无靠，他们的成长需要金钱，需要物质上的满足，同样需要精神上的爱，来自社会不同方面、不同角度的爱，绵延不断、发自内心的爱。

到目前为止，这场大地震到底会导致多少孤儿，还是一个未知数，把这些孤儿培养到 18 周岁到底需要多少费用，更是一个未知数。一家企业在抗震救灾一线宣布，为了让所有在此次地震中失去父母的孤儿健康成长，该企业将全面承担这些孩子成长至 18 周岁的相关费用。这是一个承诺，是一种奉献，更是一种强烈的社会责任感。

做父母的没有不关爱自己孩子成长的。孤儿和我们自己

05／凝聚时代最大公约数——评论「点睛」

的孩子一样，既要学知识，又要学做人，既要身体健康，又要心理健康。灾难过后，孤儿们无论被国家集中抚养，还是被社会人士领养，形式可能不同，但为他们创造温暖的成长环境，向他们倾注爱心却同样重要。当我们面对他们时，在慷慨解囊之后，我们能否真正做到视同己出，从日常生活抓起，从点滴小事做起，生活上无微不至地关心，学习上认真负责地管教，用爱心托起孤儿的未来，这是他们能否健康成长的关键，更是对我们爱心的一种巨大考验。

面对地震灾难中失去双亲的孤儿，在慷慨解囊之后，我们需要做的事情还有很多……

大灾面前，13亿中国人众志成城

第十三章　剑指人心

新闻记者很难像社会学家那样作出深刻的预言，也不及艺术家那样给人以美的享受。但是，在扶正祛邪，激浊扬清，呼唤和推动社会公平正义方面，新闻的力量却不可或缺，无可替代。

从小学生"沉重的书包"，到商家"温柔的陷阱"、干部"扭曲的政绩观"，这些看似"风马牛不相及"的话题却个个鞭辟入里，针砭时弊，剑指人心。

谢登科始终坚信不疑的是，凡实事求是的新闻一定能穿越历史的厚重，经受叫间的检验，并随着社会的进程从不同侧面显示出其独特的魅力。

作者（前排中）在贵阳市区学校调研

2006 年 11 月 8 日

（新华快评）小学生为何拖着"拉杆书包"去上学

新华社北京 11 月 8 日电 记者清晨在北京一所小学校门口见到这样一幕：赶来上学的许多小学生拉着形如行李箱的"拉杆书包"，匆匆走进校门。"我称了称，孩子每天要带的书重达 7 公斤多，不拉着走不行了。"一位家长无奈地对记者说。

"拉杆书包"是如今小学生课业负担过重的一个形象写照。目前，我国在校中小学生的学习负担普遍沉重，考试压力大。北京市"十五"教育科研课题一项研究发现，目前我国新的小学教材普遍存在内容多、难度大、作业量大等问题，有超过半数的学生感受到学习时间紧张，学习负担重，每天回家写作业至少需要一两个小时甚至更多。

北京教育科学研究院德育研究中心主任谢春风在对中国、加拿大、美国儿童学习问题的比较研究中发现：中国儿童的学习负担相比最重，自信心指数和被肯定指数相比最低。"我经常有许多家庭作业需要完成"的调查显示，中、加、美被调查儿童回答"是"的百分比分别为 39％、25％、7％。"自己经常得到老师表扬的百分比"上，美国、加拿大儿童明显高于中国学生，美国儿童为 70％，加拿大儿童为 43％，中国儿童仅为 29％。

喊了这么多年减轻学生负担，说了这么多加强素质教育的话，实际的情况是，中小学生的书包纷纷换成了"拉杆箱"，这难道不是中小学教育的一大误区吗？在如此重压之下，少年儿童的身心健康会受到怎样的影响呢？

少年儿童接受教育，必然面临一定的学习任务和学习压力，接受必要的考核，这是教育的要求，也是学生健康成长的需要。但教育传授知识，应重在提高孩子们的思维能力和创新意识，培育他们发现问题、独立解决问题的能力。孩子们的学业负担应适度，应以不损害他们的身心健康和学习兴趣为前提，应着眼于少年儿童的长远发展。

温家宝总理不久前在北京市黄城根小学听课时，嘱咐教师们要给孩子们更多的时间接触世界，接触事物，接触生活，学习更多的知识，做更多的事，思考更多的问题。

愿我们的中小学教育再不要把孩子们的身心闭锁在狭小而又沉重的"拉杆书包"里，还孩子们一个天真烂漫、健康成长的童年。

北京西城区某小学门口

2014 年 10 月 7 日

黄金周需要诚信的消费环境

    新华社北京 10 月 7 日电　又一个丰富多彩的长假在带给人们轻松愉快享受的同时，来自旅游、交通等诸多领域的一个个叫人防不胜防的消费陷阱也让人无法忘却。业内人士指出，要想使假日经济走向成熟，政府管理部门和商家还得多下功夫打造假日消费领域的诚信意识。

    历年的黄金周，几乎都给各路商家尤其是旅游行业带来了丰厚的利润，今年也不例外。这秋高气爽的七天，又将会在多个方面诞生我国黄金周的新纪录。但是，消费量的大幅度增长似乎无法抹去质量瑕疵带来的遗憾，"萝卜快了不洗泥"的短期捞金行为成为每个黄金周过后的一致反思。在一些热点旅游景区，酒店为了拉客故意将住宿价格降低，然后再从吃上拼命捞回来。南方某省的一些旅行社打出"全程空调旅游客车"的字样，却将游客骗上安全性能差、车内空间狭小的破车。

    在涌动的消费大潮里，一个个温柔、热情的陷阱令顾客感到头痛。2 日，来自湖南的游客彭书在北京西客站前，被一个又一个拉客住宿的"托儿"们折腾纠缠了 40 分钟没能脱身，"北京人的'热情'实在让人享受不起，有关部门应该对这类问题寻找根治的良策。"类似的现象在首都国际机场屡见不鲜。旅客到达后，几乎无一幸免地会被一沓沓生拉硬拽递上来的机票广告单淹没，有的直接插到你包里，让你躲之不及，然而，照单打电话过去，广告上承诺的机票折扣多是子虚乌有的诱饵。在不少地方的景区，饭店的拉客者甚至让你"寸步难行"。

    在门票方面，各地旅游景区的门口，大都赫然标识着对军人和学生的减免费规定，但在执行中却是你弹你的曲，我唱我的调。在河北秦皇岛一大型游乐场所，连对军人免费的政策也被取消；对学生的优惠则必须带有学生证，哪怕是小学生。一位家长质问："国家实行9年制义务教育，一个十多岁的孩子哪有不上学的？"一些地方的景区虽然承诺门票免费，但景区内的众多小景区收费则更多。"国家在公共服务领域出台的对特殊和弱势群体的优惠政策，虽然数额不大，却在很大范围内体现了一种社会关爱机制，这是社会文明与进步的标志。我们不应该让这种社会关爱被淘金的黄金周'淘'去。"北京教育科学研究院一位研究员说。

记者在京沈高速公路一个服务区看到，本来每公斤2元多的瓜果被抬到了每公斤近20元，2元一包的饼干卖到了6元一包。面对顾客的质疑，店家理直气壮："高速公路的服务区，价格就是高。"不少地方的导游受利益驱动，在游客身上"拼命割肉"，不仅要到定点餐馆、定点酒店消费，还千方百计压缩游览时间，增加购物安排。一些旅游购物商店给游客的折扣看似很多，其实折后价格远高于实际价格。

中国社会科学院一位经济学家指出，诚信缺失给市场带来的伤害不是一时半会儿能够恢复的，坑蒙拐骗者或许能一时尝到甜头，但从长远来说却得不偿失。从这个意义上说，真正受损失的，不仅仅是顾客。黄金周，呼唤诚信的消费环境，以使假日的经济能量能得到更好、更充分的释放。

2005 年 3 月 22 日

（新华时评） 关键是要树立正确的政绩观

新华社北京 3 月 22 日电 树立和落实科学发展观，是摆在当前各级领导干部面前的一项重要政治任务。而要全面贯彻科学发展观，关键是要树立正确的政绩观。

科学发展观是我们党对社会主义经济社会发展规律认识上的一次升华，也是我们党执政理念的一次飞跃。领导干部能否全面把握其内涵，并树立与之相适应的政绩观，关系到党的执政兴国事业能否兴旺发达，关系到中国经济未来的发展走向。经验早已证明，政治路线确定之后，干部就是决定的因素。

一个时期以来，在"以经济数据和经济指标论英雄"的引导和驱使下，一些地方开始脱离实际，为追求一时的增长速度盲目上项目、办企业、引投资，大搞"形象工程"，给地方发展造成了长期的包袱和隐患。许多事实证明，无论是圈地成风、招商泛滥，还是投资过热、结构失调，都能从一些地方政府的政绩驱动那里找到根源。

在东部地区采访时，一些地方干部坦言，"以 GDP 为唯一的发展倾向后患无穷。而要引导干部树立正确的政绩观，不能只依靠教育和引导，更有赖于制度的保证，必须要改革干部的政绩考核指标体系。"

大家反映，当前的干部政绩考核体系指标设计过于偏重经济发展的内容。考核内容比较随意。在一些地方，对下级官员的政绩考核缺乏科学依据，往往是上级领导一句话，就把某项工作作为干部考核的内容。

如何建立全新的政绩观和科学的评价机制，东部地区已在先行探索。深圳、宁波、湖州、绍兴等地在干部政绩考核中率先取消"GDP 挂帅"，在促进经济增长的基础上，更多地关注社会指标、人文指标、资源指标、环境指标。苏州引入绿色GDP概念后提出，在考核衡量发展成绩时，不能单看生产总值、财政税收、进出口总额等经济增长指标的提高，还应包括民主法制的健全，社会事业的繁荣，人民生活的殷实，生态环境的改善，文明程度的提高等。

随着对科学发展观认识的深化，广大干部的政绩观也在更新。东部地区从片面追求GDP增长向实现经济、社会、环境协调发展转变，其间蕴涵着干部执政理念深刻变化的力量，从中可以看到，许多领导干部的观念产生了一个质的飞跃，政绩观正在走向端正。大家不约而同地领会了一个道理：抓政绩不能不抓GDP，但单单只盯着这一指标就错了。在许多地方，急功近利的事确实做得少了，讲求经济社会协调发展的事明显多了起来。

落实科学发展观和树立正确的政绩观，还有很长的路要走。"金杯银杯不如老百姓的口碑，金奖银奖不如老百姓的夸奖。"群众拥护不拥护、赞成不赞成、高兴不高兴、答应不答应，这是衡量政绩的最终标准，也应成为我们衡量干部的最终标准。

作者在新疆戈壁滩采访

第十四章 社稷之忧

房价高企的背后，是名目繁多的"跑马圈地"；开发建设的背后，是逼近极限的"耕地红线"；高速增长的背后，是频频告急的"资源透支"……对事关国家安危、人民福祉的基本国策持续发声、坚定捍卫，体现的不只是洞察力，更是责任感！

"乐以天下，忧以天下"。一个优秀的新闻记者，需要为民请命、为国分忧，需要胸怀大局、不辱使命。

当国计民生遭遇挑战，当大政方针面临威胁，当加快发展出现"瓶颈"，当目标任务受到冲击，一篇篇承载现实呼唤、时代要求和人民期望的评论作品，就是有的放矢的最好回答。

作者（左四）在贵州调研

2004 年 4 月 15 日

（新华时评）再不能随便打耕地的主意了

新华社北京 4 月 15 日电 日前召开的国务院常务会议重申，要严格土地管理，深入开展土地市场治理整顿。联系到去年国家宣布实行最严格的耕地保护制度以来的一系列举措不难发现，从今往后不论搞什么样的开发建设，都不能再随便打耕地的主意了。

近年来，我国人口年均增加 1 000 万人，而耕地年均净减少 1 000 多万亩，人口与耕地逆向发展带来的耕地承载力日趋加重，在很大程度上成为全面建设小康社会的限制因素。据国土资源部统计，仅去年一年，我国耕地就减少了 253 万公顷，按照这种速度，我国的耕地将在 50 年内被消耗殆尽。

国土资源部去年以来查处的十多万起土地违法案件，案情虽然复杂多样，但一个共同的特点是都在打农民耕地的主意。天津空港物流加工区土地案涉及的新增 3 000 多亩建设用地，绝大部分占用的是耕地；青岛市崂山区高科技工业园非法征用土地 6 200 多亩，耕地占一半以上；山东省齐河县非法占用土地案涉及 2 800 多亩耕地，多数还是基本农田。

无论政府非法批地还是企业非法占地，归根结底是与农民争利，侵害农民的合法权益。而农民一旦失去土地，生存问题便随之而来，演化为严重的社会问题。2003 年国土资源部受理的 8 000 多件次群众上访中，涉及非法占地和征地补偿安置的占六成以上。统计显示，遍布各地的 6 000 多个开发区所规划占用的 3.54 万平方公里土地，有 43% 闲置，而这些占地绝大部分是来自农民手中的可耕地。

更加值得警惕的是，在我国沿海部分省份，人均耕地面积已低于国际公认的警戒线，但是，随意从农民手中取地的做法依然存在。

土地既是一种资源，又是一种资产。城镇化、工业化的

05/ 凝聚时代最大公约数 —— 评论「点睛」

421

过程难免占用土地。从世界各国的发展历程看，工业化、城镇化加快发展的时期也往往是耕地减少最快的时期。但不管科学多么发达，经济如何发展，土地都是人类最基本的生存条件，不可缺失。保护农民对耕地的权利，不仅是对农民权益最直接、最具体、最实在的保护，也是对我们所有人生存环境的保护。对于我们这样一个农村人口占大多数的发展中大国而言，这一点尤为重要。

目前，我们对土地违法问题的调查手段已比较先进，"天上在看，地上在查，网上在管"，但发现容易查处难，"从地方经济发展大局出发"经常成为违法违纪活动冠冕堂皇的借口，从而造成对土地违法行为的处理失之于宽，失之于软，在客观上放纵了土地违法行为，导致土地违法行为屡禁不止。

社会主义市场经济是法治经济，保护土地资源、规范土地市场的关键还是要依法行政。当前，各地在完善党政干部政绩考核制度，运用行政手段避免政府和部门出现土地违法行为的同时，必须重视发挥经济和法律手段的作用，依靠市场和法治来解决土地资源面临的矛盾。只有这样，农民手中的耕地才可能有长期、安全的保障。

我国西部地区土地整理后的梯田

2004 年 8 月 16 日

继续加强信贷调控和土地管理

新华社北京 8 月 16 日电　当前，随着我国经济进入下半年运行区间，能否继续抑制投资过快增长，进一步优化投资结构，为各界所关注，同时也成为事关今年经济发展全局的大事。从这个意义上看，如果对信贷和土地这两道闸门稍有放松，就可能出现反复，功亏一篑。

信贷投放和土地供给两道闸门一起管，是本次宏观调控的一大鲜明特色。

为从源头上控制投资规模，防止信贷增长过快，从去年下半年开始，中国人民银行先后两次调整存款准备金率，并对部分金融机构实行差别准备金率。国家发展改革委、中国人民银行、中国银监会还联合下发通知，进一步加强产业政策和信贷政策协调配合，促进信贷结构优化，有效控制信贷风险。银监会要求各商业银行对那些不符合国家产业政策、盲目投资低水平扩张、没有按规定程序审批的项目，停发新的贷款。眼下，调控效果虽已显现，但必须看到，新开工项目很多，新的投资规模依然居高不下，一些地方以投资求发展的冲动和欲望依然强烈，预计下一阶段固定资产投资仍可能保持比较快的增长速度，我们绝不能掉以轻心。

在采用货币政策的同时，这次宏观调控手段首次从金融领域向土地、资源节约等领域拓展。运用土地政策参与宏观调控，坚决把住土地供给闸门，有力提高了调控的科学性和有效性。

近年来，各地开发区的建设和审批政出多门，一些地方盲目追求速度，滥建开发区、工业园以及各类形象工程。如果任其发展下去，势必加剧经济结构不合理的矛盾，使资源和环境问题更加突出。去年开始的以开发区清理整顿为重点的全国土地市场治理整顿，是根据我国宏观经济运行实际而采取的加强宏观调控的重大措施。

一年来的集中行动，使一些地区盲目设立开发区、乱占滥用土地的热潮逐渐降温。管住土地，在很大程度上管住了一些地方的短期行为。

实践已经表明，牢牢守住货币信贷和土地管理"两道闸门"，对于控制投资规模过快增长起到了釜底抽薪的作用，对优化投资结构起到有效促进的作用。

国务院领导同志近日指出，要抓紧做好固定资产投资项目清理及后续工作。合理控制货币信贷总量，着力优化信贷结构，及时对有市场、有效益、有利于增加就业的企业提供正常流动资金贷款。继续严格控制建设用地，抓紧研究制定加强土地管理的新办法，建立抑制盲目滥占耕地的有效机制。为此，各地区各部门都要统一思想认识，增强全局观念，充分认识宏观调控的艰巨性和复杂性，严格按照中央要求，毫不动摇地继续管好信贷和土地供给，确保宏观调控有力有效，使中国经济持续、健康、较快、平稳运行。

按照适度从紧的稳健货币政策取向，各金融机构要积极配合，切实加强和改进信贷管理，优化信贷投向，高度重视宏观部门的行业风险提示，严格控制对过度投资行业和国家限制行业的贷款。对不符合市场准入条件的项目一律不予贷款，严禁将流动资金贷款用于固定资产投资，清理并严格控制城市建设等各类打捆贷款。同时增加短期流动资金贷款。

土地市场存在的问题不是在一天两天内形成的，其治理整顿具有长期性和复杂性。现在不少地方盲目扩大城市规模和上建设项目，盲目批占土地的冲动依然强劲。当前，各地区各部门要严格按照中央通知要求，毫不松懈地深入开展土地市场治理整顿，重点是在建拟建项目的用地情况和占而未用的用地情况，坚决纠正违法批地和非法占地。

对各类开发区的清理与撤并，一部分要彻底摘牌，一部分则要清理整顿，并收回闲置未用的土地。坚决杜绝靠低价出让土地甚至搞"零地价"招商引资的行为，杜绝越权审批、违规滥占耕地现象。

2004 年 5 月 7 日

（新华时评）资源国情要警钟长鸣

新华社北京 5 月 7 日电 国务院近日对江苏铁本钢铁项目违规建设、非法圈地的顶风违纪行为实施严厉查处，进一步显示了党中央、国务院实施国土资源宏观调控，保持经济健康、平稳运行的坚定决心。此举提醒各地，在发展经济的同时，人多地少、资源压力巨大的基本国情要牢记心头，永不能忘。

近年来，我国资源供应频频告急，一些主要原材料、能源、水、土地纷纷告缺，经济建设与资源的矛盾从未像今天这样严重，经济社会可持续发展所受到的资源瓶颈制约日见凸显。据统计，今年一季度我国经济增长达到了 9.7%，煤炭价格继续上扬，山西、山东等煤炭价格涨幅在每吨 10 元到 30 元之间；石油价格再次上涨，涨幅达 8%。在经济高速增长的同时，各类资源的供求关系仍然绷得很紧。钢铁、水泥、电解铝三大行业在国家叫停后，投资继续以惊人的速度增长，资源紧张状况丝毫不见缓解。

我国有 960 万平方公里国土面积，名列世界第三，煤炭、钢铁、水泥产量多年雄居世界之冠。然而今天资源紧张的状况再次告诉我们，相对于庞大的人口和快速发展的需求，我国的资源国情不容忽视。令人忧虑的是，尽管资源供需已经亮起红灯，许多人并没有记住资源相对不足的国情，为片面追求经济增长而大手大脚浪费资源的现象仍然相当突出。当前，重温资源国情、树立资源忧患意识、节约资源意识，很有必要。

众多的人口和巨大的需求，使我们已很难背负"地大物博"的称号。我国 85% 的食物由耕地提供，95% 以上的肉、蛋、奶由耕地提供的产品转化而来，耕地直接或间接为农民提供了 40%～60% 的经济收入和 60% 以上的生活必需品。我

05/ 凝聚时代最大公约数——评论「点睛」

国耕地资源的特点十分突出，人均耕地少，优质耕地少，污染和退化严重，后备资源严重不足。

从1996年到2003年的7年间，全国减少耕地1亿亩，占全国耕地总量的5％以上。与此同时，我国矿产人均资源量仅为世界水平的58％，矿种虽然比较齐全，但部分矿种供需失衡，在大宗支柱性矿产中，大型矿床和容易选冶的矿产地少；在查明的资源中，可直接开发利用的少。

沉甸甸的数字提示我们，中国的资源利用状况是紧张的，我们奢侈不起、浪费不起。而遗憾的是，中国的资源国情在一些人的头脑里仍然淡漠，粗放型的增长方式至今还有很大市场，经济增长在相当大的程度上是靠拼资源换来的。2003年，我国GDP总值比上一年增长9.1％，但支撑这个结果的是消费了更高比例的资源。据估算，目前中国终端资源支出占GDP的13％，比美国高出1倍；万元GDP资源消耗是日本的9.7倍，是世界平均水平的3.4倍；33种主要产品的单位资源消耗比国际平均水平高出46％。我国虽然消耗了大量的资源，但创造的GDP不到世界总量的4％。

从现在起到2020年，是我国全面建设小康社会的关键时期，也是我国资源约束经济建设最为严峻的时期。在发展经济的过程中，我们只有牢记资源国情，时刻保持警钟长鸣，才能实现既定的战略目标。

2004年4月22日

（新华时评）珍惜资源才能持续发展

新华社北京 4 月 22 日电 今天是第 35 个"世界地球日"，"善待地球——科学发展"是我国政府确定的活动主题。摒弃片面追求物质丰富的发展观，努力建设资源节约型社会，是我们在日趋严重的资源环境危机面前无法回避的战略抉择。

资源和环境是人类赖以生存的基本条件。然而，人类几千年文明史，由于忽视资源、环境的平衡与和谐，以巨大的环境和资源代价换来了经济的增长和社会的进步。整个 20 世纪，人类消耗了 1 420 亿吨石油、2 650 亿吨煤、380 亿吨铁、7.6 亿吨铝、4.8 亿吨铜。目前，人口资源环境危机已经使人类经济社会的持续发展受到严重制约。

在资源被大量消耗的同时，人类采矿和建筑活动极大地改变了地表的面貌，每年迁移的物质重量约高出河川径流中搬运泥沙总量的 17 倍，造成大量人为地质灾害。人类对水资源的需求在 20 世纪中增长 38 倍，人类活动每年释放到环境中的化学物质已达到地球作用释放的 10 到 100 倍，大量生物的灭绝变异和人类 80％以上的疾病都与环境污染有关。

在我国，人与自然的矛盾从未像今天这样严重，经济社会的持续发展开始越来越面临资源瓶颈和环境容量的严重制约。20 世纪的后 10 年，我国石油消费量增长 100％，天然气增长 92％，钢增长 143％，铜增长 189％，铝增长 380％。我国单位产值的矿产资源与能源消耗是世界平均值的 3 倍，单位面积的污水负荷量是世界平均数的 16 倍多。

导致我国人口资源环境问题突出的一个重要原因是发展观的偏误。片面追求 GDP 的增长，大大降低了我们对资源环境危机应有的敏感。不少地方不顾资源与环境的压力，一味追求经济增长的规模和速度，加剧了人口资源环境之间的矛盾。我国现有的资源再也难以支撑粗放经济的持续增长，生

05／凝聚时代最大公约数——评论『点睛』

存环境再不能支撑高污染、高消耗、低效益生产方式的持续扩张。

要在本世纪前 20 年全面建成小康社会，要保持我国经济社会可持续发展，我们必须树立科学的发展观，抓好资源的节约利用，大力发展循环经济，在经济建设中坚持增产与节约并举，把节约使用资源放在优先位置。必须切实转变经济增长方式，坚决遏止盲目投资、低水平重复建设，杜绝浪费，降低消耗，提高资源利用效率，形成有利于节约资源的生产模式和消费方式，建设资源节约型社会。要加大环境治理力度，着力解决生态环境保护中的突出问题。

科学的发展观，追求的是人与自然的最大和谐。唯有提高全民族的资源和环境忧患意识，增强公众节约资源、保护环境的自觉性和紧迫感，并以实际行动节约使用每一种地球资源，才能培育出一个人与自然和谐相处的文明社会。在理智和醒悟中选择的科学发展道路，将使我们的未来更加美好。

🎤 张连起点评

一般来说，典型的市场经济国家宏观调控无外乎两种手段：货币政策和财政政策。瞄准"银根"，很少瞄准"地根"。在我国，运用土地政策参与宏观调控是中国特殊阶段、特殊国情下的特殊选择。

一来是基于中国土地国情的自觉选择。随着现代化进程的加快，土地资源对经济增长的约束力越来越强劲。作为重要的生产要素，土地的供应能力直接决定着经济增长的规模、结构和速度。

二来是中国转型时期经济调控的客观要求。应该清醒地认识到中国社会转型期的特殊性，完全依靠成熟的市场经济国家实施宏观调控的做法，难以完成现阶段宏观调控的任务，难以实现现阶段宏观调控的目标。因此，在完善货币政策，财政政策调控功能的同时，积极运用产业政策、土地政策参与宏观调控，也就成为中国社会转型期经济调控的客观要求。

三是中国的土地制度为土地政策参与宏观调控提供了可能。政府对土地供应有较强的调控能力，可以通过主动调节土地供应总量、安排不同土地用途来有效引导投资和消费的方向和强度，实现经济运行调控目标。

四是土地政策作为宏观调控的政策工具之一，不能取代其他宏观调控政策的作用，必须与货币政策、财政政策、产业政策综合运用，才能真正取得实效。

惜地如金地生"金"。我国人多地少，耕地资源稀缺，当前又处于工业化、城镇化快速发展时期，建设用地供需矛盾十分突出，切实保护耕地，大力推进节约集约用地，走出一条建设占地少、利用效率高、符合我国国情的土地利用新路子，是关系民族生存根基和国家长远发展的大计。

2005 年 3 月 20 日

（新华时评） 当好新表率　实现新跨越

新华社北京 3 月 20 日电　在中国的四大经济板块中，东部沿海地区经济发展速度最快，最具活力、潜力和创造力。这里曾贡献了具有鲜明时代特色的"东部速度"，在国家提出以科学发展观统领经济和社会发展全局的背景下，如今又踏上实现新跨越的征程。

东部地区经济的高速增长为全国的经济建设作出巨大贡献。但是，进入新世纪新阶段，东部地区正普遍面临能源、水资源消耗严重，土地资源紧缺、发展空间狭窄，环境容量透支等一系列问题。在落实科学发展观的实践中，如何实现包括长三角、珠三角以及京津冀在内的东部地区的新跨越，从而更好地支持中西部地区发展，成为新形势下摆在东部地区面前的重大课题和首要任务。

目前，东部地区各个省市正在结合当地实际进一步审视发展道路，在落实科学发展观实践中，积极主动地探索一条从"速度东部"到"效益东部"的发展模式。可以说，东部沿海地区有责任、有条件在贯彻落实科学发展观的伟大实践中，继续为全国其他地区作出先锋表率，实现经济和社会发展新的历史性跨越。

加快东部地区发展是我国现代化建设总体战略的重要组成部分，科学发展观是全面建设小康社会和实现现代化的重要战略指导思想。经过 20 多年的率先改革和发展，东部地区的财力和经济实力迅速壮大，经济发展的水平远远高于其他地区。2004 年，我国经济总量超万亿元的广东、江苏、山东和浙江四省，全部集中在东部沿海地区，成为支撑中国经济大厦的半壁江山。从 GDP 等经济指标看，东部有的省市已经达到了相当高的水平。从这个意义上说，东部地区已经有条件、有能力解决过去想办而没有办成的事情，补上高速度带来的欠账。

实现从"速度东部"到"效益东部"的跨越，加快建设"效益东部"，是东部地区所承担历史使命的必然要求。在我国改革开放的道路上，东部沿海地区得国家政策和先天地理位置之先，走在了全国其他地区的前头。在贯彻科学发展观、实现历史新跨越的今天，东部地区应责无旁贷地承担起创新发展模式的历史使命。这是中央对东部地区的要求，是全国对东部地区的期望，也应成为东部地区的更高追求。

现在，在东部地区，人们明显感到在科学发展观指引下发生的新变化，越来越多的地方在强调GDP指标的同时，把环境、资源、生态等摆在更加突出的位置，同时，大幅度增加了科技、公共卫生等领域的社会发展投入等。这些变化表明：以人为本、全面协调可持续的科学发展观正在成为东部地区的共识。

在新的历史条件下，加快东部地区从速度到质量效益的转变，实现又快又好的发展，有利于全国的发展，有利于经济社会和谐发展，也是对中西部地区的巨大支持，可以说关系全局，意义重大。与此同时，实现发展模式上的转变，是一个长期、艰难的过程，不可能一蹴而就，需要各方协力，作出不懈的探索和努力。东部沿海地区要坚持按照科学发展观和"五个统筹"的要求，围绕率先实现全面建成小康社会、率先基本实现现代化的目标，推进改革开放，切实转变经济增长方式，实现经济社会全面协调持续发展，为全国作出表率。

🎤 张连起点评

理念是行动的先导，问题是时代的声音。十八届五中全会明确提出牢固树立创新、协调、绿色、开放、共享的发展理念，构成了全面建成小康社会决胜阶段的主线，是引领

"十三五"乃至更长时期的主导发展理念，标志着党对经济社会发展规律的认识达到了新的高度，是我国经济社会发展必须长期坚持的重要遵循。

面对新的发展实践，有些东西过去有效，现在未必有效；有些过去不合时宜，现在却势在必行；有些过去不可逾越，现在则需要突破。因此，树立与时代和实践发展相适应的新的发展理念和思维方式，打破那些片面追求GDP、拼资源拼投入、重城市轻农村、先污染后治理、重效率轻公平等陈旧发展模式，就成为东部地区让新发展理念落地生根的新要求。

🎙 周鸿铎点评

社会动员、凝聚共识是新闻媒体担负的重要功能。从"凝聚时代最大公约数"里谢登科的多篇报道看，无论是管理者的"政绩观"、国家的"土地资源"等大问题，还是"黄金周"的社会诚信、校园里的"学生减负"等小切口，这些方方面面的话题，从表面上看貌似个个独立，仔细审视却不难发现都是相互关联、密不可分的。这些问题之间的内在关联性决定了问题解决战略的体系性。可见，新闻记者不仅仅是信息的传播者，更是国家宏观战略体系创建的参与者、国家智库的研究者、贡献者。

不难看出，高端站位，低处着手；大局思考，小处切入，是谢登科在面对热点话题发声时所秉持的一贯态度。作为一名优秀的新闻记者，要举重若轻而不能退避三舍，要举轻若重而不能眼高手低，这是职业操守之必须，更是走向成功之关键。

06 激情燃烧的岁月
——贵州样本

贫困，是最大的民生之痛；反贫困，是最暖的民生承诺，也是最为艰难的新长征。

在"四个全面"战略布局中，首当其冲的是全面建成小康社会。全面小康，最突出的短板是脱贫，最大的难点也在脱贫。

小康路上不让一个人掉队，这是一个庄严的承诺，更是一种深情的牵挂。改革开放以来，我国有7亿多人口摆脱贫困；十八大之后的4年来，中国贫困人口减少近6 000万，平均每两秒消减1人。联合国2015年《千年发展目标报告》显示，中国对全球减贫的贡献率超过70%。

作为人口最多的发展中国家，中国摆脱贫困取得的成果之辉煌，足以载入人类史册；而脱贫规模之广、脱贫难度之大，更是绝无仅有。

"行百里者半九十"。脱贫越往后越难，越往后减贫成本越高，脱贫难度越大。全国最后5 630万建档立卡贫困人口的背后，是各类难题交织的"问题视野"：从大山深处"1年最多吃3顿肉"的极贫角落，到石漠化地区"跑土、跑水、跑肥"的贫瘠土地，再到偏僻农村孩子"输在起跑线上"的现实无奈，无不急切地告诉我们，新起点上脱贫攻坚，无异于珠峰登顶，每前进一分，难度就可能增添十分。

没有比人更高的山，没有比脚更长的路。

非常目标当有非常之雄心——

2015年，中西部22个省份党政主要负责人向中央签署脱贫攻坚责任书，立下"十二五"脱贫军令状。

攻坚之战须有攻坚之勇气——

五年投入6 000亿。全国新一轮易地扶贫搬迁工程誓把1 000万生活在交通不便、生态脆弱地区的贫困群众搬出困境。

关键一步必有关键之举措——

"但愿苍生俱饱暖，不辞辛苦出山林。"全国有12.8万个贫困村，就有12.8万支驻村工作队和12.8万名"第一书记"沉在基层，扎根群众。

时不我待，只争朝夕，苦干实干，久久为功。在以习近平同志为核心的党中央坚强领导下，中国正向着贫困的"堡垒"发起最后冲锋！

位于中国西南腹地的贵州，山地丘陵面积占全省国土总面积90%以上，山高谷深，石漠化严重，493万贫困群众困居深山区、石山区，是"贫困中的贫困，短板中的短板"。让我们走进贵州，实地感受巍峨群山带来的回响与感动。

2015 年，作者（右三）在贵州省黔西南苗族布依族自治州普安县农村采访

　　2011 年 9 月，谢登科遵组织选派到贵州工作。5 年间，他经历了人生中激情澎湃、刻骨铭心的岁月；5 年间，他经受锤炼、得到感悟、收获成长。

　　在贵州日报社任职后，谢登科把目光、脚步和笔触专注于黔贵高原的山山水水、草草木木，孤独中坚守，彷徨中前行，记录下这宏大交响中一个个跳跃的音符——

第十五章　高原放歌

激情的高原，与春天一起歌唱！

矫健的身姿，与时代一起奔跑！

一个曾经在全国垫底的省份，在改革开放、跨越转型的大潮中完成华丽的转身。

贵州，是一个样本，浓缩着中国经济不断革故鼎新、脱胎换骨的艰辛历程。

贵州，更是一个启示——

只有让民族精神和时代精神同频共振，才能协力奏响转型跨越的时代华章。这是贵州发展之要，也是中国发展之要！

作者在贵州铜仁采访农村远程教育开展情况

激情燃烧托起贵州之变

——奋进在同步全面小康征程上的贵州跨越发展报告

贵州在变。

穿越 600 年时空，孕育历史性转折。贵州历经变迁。

"十二五"的列车在黔中大地一路疾行，贵州以新一轮脱胎换骨的变化引发外界瞩目——

贵州变"快"了：经济增速 2011 年 15％，全国第三；2012 年 13.6％，全国第二；今年上半年 12.5 ％，全国第一。

贵州变"好"了：今年上半年，民营经济增加值占 GDP 的比重接近一半，服务业对税收的贡献度达 60％，关停落后产能 645 万吨。

贵州变"活"了：今年上半年，市场主体注册资金突破 1 万亿元，企业存、贷款余额超过和接近 1 万亿元，实际利用外资增长 30％。

惊诧于贵州之变，外界疑惑："贵州好像突然张开了起飞的双翼，轰足了赶超的油门。"

感慨于贵州之变，舆论聚焦："贵州似乎在一夜之间完成了华丽转身！"

也许，他们并不知道——

加速发展的步伐，升腾于贵州对摆脱贫困、洼地崛起的迫切渴望；

加快转型的决心，彰显了贵州科学发展、矢志创新的理性考量；

推动跨越的道路，记载了贵州筚路蓝缕、攻坚克难的心路历程。

贵州梦想，贵州速度，穿越时空，日夜兼程，书写奔向同步小康的辉煌篇章。

追赶——这是迎着希望的奔跑，这是追求梦想的起跳。一步步加速，一次次飞跃，贵州奋力拉近与全国的距离

2016 年底杭瑞高速北盘江大桥建成通车

2013 年 8 月 30 日 24：00。贵州铜仁。

"滴……"随着一声汽笛，汽车风一样掠过苗王坡隧道，消失在夜幕下的梵净山——

苗王坡，99 道弯。昔日，翻越这凶险的山道，汽车要盘旋 1 个多小时。如今，7 公里的隧道，3 分钟的穿越，新开通的杭瑞高速划出一道梦幻般的轨迹，把苍茫起伏的苗王坡淹没在历史厚重的尘埃里。

在崇山峻岭间展翅腾飞，以与全国同样的步伐奔向现代化，奔向全面小康，这在贵州人的心中，是一个美好而坚定的梦想。

"播州（今遵义）非人所居……愿以柳易播，虽重得罪，死不恨。"1 200 年前，被贬为柳州刺史的柳宗元得知好友刘禹锡被贬往贵州，流泪向朝廷请求，为了禹锡平安，他愿拿柳州换播州。文坛巨匠的侠肝义胆道出了贵州之远，贵州之难，贵州之穷。

与贫困抗争，成为一代又一代贵州人艰巨的使命。

时光穿越千年。贵州依然是贫困问题最突出的省份。新中国成立后，尤其是改革开放和国家实施西部大开发以来，历届贵州省委省政府在党中央、国务院的坚强领导下，带领全省人民团结奋进，经济社会发展和人民生活水平不断掀开新篇章。

比之自身，贵州的发展站上了新的高度。

放眼全国，即将跨进"十二五"的贵州依然是处境尴尬的经济洼地：全面小康指标落后全国平均水平 10 年、落后西部平均水平 5 年，工业化程度落后全国 15 年，城镇化率与全国水平相差 16.6 个百分点⋯⋯

多难叠加。触目惊心。

贵州，能否搞得快些，再快些？这是人民的期待！

贵州，应该搞得快些，再快些！这是中央的嘱托！

新的节点，新的要求，新的使命，考验着贵州决策层，考验着每一个贵州人。

迎难而上。深谋远虑。

着眼"十二五"的发展，贵州追赶的机遇在哪里，动力在哪里？从时任贵州省委书记栗战书、时任贵州省省长赵克志，到贵州的干部群众，大家在谋划，在求索。

看世界。全球经济的深度洗牌正在为后发经济体的跨越发展提供更多可能。

看中国。区域和产业结构的调整转型正在使西部地区的腾飞成为大势所趋。

看贵州。后发优势和发展潜力的释放正当其时。

机遇，稍纵即逝；追赶，时不我待。

2010 年 8 月，距"十二五"开局只剩不到半年，贵州的"十二五"规划建议还在艰难的孕育中。

多少事、从来急，天地转、光阴迫。

"为拿出一个切合实际的好规划，书记、省长的足迹遍及市（州）县乡村，12个听取规划建议的座谈会夜以继日召开。"时任省委副秘书长刘奇凡回忆道。

思路，在调研中清晰。

规划，在讨论中成型。

这是彰显信心、彰显胆略的谋划——以工业强省和城镇化带动为抓手，加速发展，加快转型，推动跨越。

这是积极的、强势头的追赶——"十二五"，贵州经济发展的速度要明显高于以往时期、高于西部地区、高于全国水平。生产总值、财政收入、固定资产投资、城乡居民收入比2011年翻一番以上。

这是紧盯全国、着眼未来的目标——到"十二五"末，全面建设小康社会实现程度提高到80％以上；到2020年，以县为单位人均生产总值达到5 000美元以上，城镇居民人均可支配收入达到3 000美元，农民人均纯收入达到1 000美元。建成一个不含水分、群众得实惠、社会广泛认可的全面小康社会。

机遇，稍纵即逝；追赶，时不我待。

在签约现场，在会场内外，在考察的路途中，在行进的列车上，栗战书、赵克志马不停蹄，行色匆匆——

2010年12月，赴北京与108户中央企业集中签约；

2011年5月，赴香港举办"贵州·香港投资贸易活动周"；

2011年7月，赴广东、四川、上海考察招商；

2011年12月，全国民营企业助推贵州发展大会在贵州召开……

这是新风扑面的行动。

这是推动发展的接力。

在园区工地，在生产车间，在开工现场，在观摩一线，省委书记赵克志、省长陈敏尔聚精会神，步履坚定——

2012 年 12 月，实地推进贵安新区加快建设；

2013 年 4 月，现场推动白酒产业持续快速健康发展；

2013 年 6 月，主持第三批重大工程项目集中开工；

2013 年 7 月，率队进行项目建设现场观摩……

"忘记了从何时开始，省委办公大楼的灯光常常一亮就是到深夜。"这一悄然变化，让家住省委附近的贵州机场集团董事长申振东感慨不已。"这个阵势就是催着人跑，让你坐不住。"他说。

机遇，稍纵即逝；追赶，时不我待。

大项目带小项目，主体项目带配套项目，上游项目带下游项目——发展的主战场，各地争先恐后。

100 个产业园，100 个农业示范园，100 个品牌景区，100 个示范小城镇，100 个城市综合体——比拼的新擂台，大家奋力出击。

增比。进位。突破。

全省 9 个市州，88 个县（市、区）实施加压驱动，动态排名，结果全部晒在阳光下。

2011 年 12 月，省委省政府与 10 个排名挂末的后进县逐一"把脉问诊"。

"这无疑是一剂猛药。"面对 44 个位次的急速滑落，凤冈县委书记覃儒方一脸严峻。

深刻反思，凤冈绝地反击，打响"三大攻坚战"。

一年后，包括凤冈在内的 7 个县甩掉了后进县的帽子。

今年 6 月，"名落孙山"的 3 个县，加上 2012 年的 10 个后进县又被省委、省政府约谈，定下突围时间表。

追赶，不仅是拉近与别人的距离，更难的是对自身的超越。

为了激活竞争的态势，2011 年以来，省委省政府分两批从浙江、江苏等 5 省引进 10 名县委书记。然而，在贵州这样一个欠发达省份，每一点改变，每一步追赶都注定充满艰辛，充满困难，充满挑战。

尹恒斌就是在关注和期待的注视中从江苏赴任绥阳县委书记的。当时，绥阳在全省排倒数第五。

"经济落后的背后是观念落后。发展，要从改变观念做起。"尹恒斌直击要害。

县里提出，必须颠覆传统农业县的工作思路，把精力和重点投入工业和开发区建设上——周围，有人观望。

县委要求，必须用工业化和城镇化的成果来衡量发展成效——下面，有人质疑。

实践是最好的教科书。一年下来，绥阳在全省的排名跃升20位，实现逆境突围。绥阳赢得掌声，尹恒斌赢得自信。

追赶，既依靠自力更生，也需要外部给力！

2012年初的北京街头，樱花含苞，玉兰绽放。《国务院关于进一步促进贵州经济社会又好又快发展的若干意见》（"国发2号文件"），就在那一个早来的春天应运而生了。

10项规划，13项试点，15项示范，119项政策，176项工程。

53次"加快"，41次"加大"，65次"加强"。

稳中求快、快中保好、能快则快、又好又快。党中央国务院为贵州量身打造一系列"拔穷根"的政策支撑。

内外给力，后发赶超。贵州聚拢起越来越多推动发展的正能量。

中国电信云计算中心项目落户，中科院贵州科技创新园项目开工，第四代富士康在贵州起航……青山绿水间，一大批重大项目生根发芽、开花结果；

第九届泛珠三角区域合作与发展论坛暨经贸洽谈会，中国（贵州）国际酒类博览会，中国国内旅游交易会……黔中大地上，一系列重要会展汇聚人气、催人奋进。

奔跑，迎着希望；起跳，追逐梦想。中国西南版图上，一个开放奋进的新贵州跃动而出。

转型——这是发展理念的飞跃，这是着眼长远的登攀。
一次次冲击，一次次发力，"又好又快"
的贵州新格局呼之欲出

瑞士。贵州。一个全球领跑，一个中国后发。

贵州。瑞士。一个贫困低谷，一个发达之巅。

2013 年夏天，生态文明贵阳国际论坛，震撼人心的对比赚足了世界的眼球。

"贵州地处中国西部，地理和自然条件同瑞士相似。希望双方在生态文明建设和山地经济方面加强交流合作，实现更好、更快发展。"习近平主席的要求和嘱托高瞻远瞩、发人深省。

跨越时空的牵手，透出了贵州对转型发展的孜孜以求！

冲击强烈的对话，彰显了贵州对生态文明的坚定决心！

兼顾"赶"和"转"，妥处"好"与"快"，是急行在全面小康征程上的贵州无法回避的挑战，也是贵州省委省政府面对深刻变化的世情国情，审视自身发展而凝聚起的科学发展共识。

这是困扰贵州的老问题——

发展滞后，增长粗放，基础设施薄弱，工业支撑不力，产业层次低下……

这是贵州面临的新挑战——

民营经济薄弱，市场化发育不足，科技驱动力差，改革任务重，开放程度低……

差距在转型，潜力在转型，希望更在转型。

在赶超中转型。省委省政府审时度势，"六个进一步"指向明确——

进一步扩大投资，让经济又好又快；

进一步调整结构，让发展更加科学；

进一步统筹城乡，城镇化稳步推进；

进一步改善民生，让社会和谐安宁；

进一步改革开放，让体制机制更顺；

进一步保护生态，让环境更加美好。

在转型中赶超。"五年行动计划"掷地有声，"六大调整"目标清晰——

调投资，质量效益明显提升；

调经济，工业比重提高到44％；

调所有制，民营比重提高到55％；

调城乡，城镇化比重提高到46％；

调区域，县域比重提高到71％；

调农业，粮经作物比例调整到40：60。

目标明确，路径清晰，贵州，开始吹响转型发展冲锋号。

这是绝处逢生的转型之路——

万山，一个"没落汞都"的突围，生动折射了贵州转型发展的强大生命力。

万山汞的产量一度占全国一半以上。随着资源枯竭和汞价低迷，万山陷入生死存亡的困境。

置之死地而后生。2009年3月，万山在国家政策的支持下奋力开启转型之路：

由卖资源向卖技术转变；

由"老笨粗"向新材料转变；

由"一条腿"走路向多业并举转变；

由分散发展向园区集群转变……

转型转出新天地。今天的万山转型区，新入驻企业69户，去年生产总值比5年前翻了两番。

这是两翼齐飞的转型之路——

一边是城镇化明显不足，一边是"城市病"集中出现。矛盾交织，给发展带来新命题。

一边是"龙头"带动不强，一边是"龙尾"挥舞乏力。多难互现，让转型遭遇新挑战。

横空出世的贵安新区，彰显转型新思维——

推动城镇化进程；

带动结构调整；

引领产业转移。

强力起飞的贵安新区，挥动转型大手笔——

不贪大。不求洋。力求特。

高起点规划。高标准设计。高质量建设。高效率开发。

16个专项编制、16条路网框架、50亿实物投入、170亿战略融资……

筑起新高地，打造新引擎，形成增长极。1 560平方公里的贵安新区，寄托跨越新期待，承载转型新梦想。

威宁：工业富县转出"威宁模式"；

丹寨：项目建设转出"丹寨腾飞"；

毕节：资源转化转出"新型毕节"；

……　……

工业化与城镇化良性互动，城市和园区协调发展。贵州，正通过这条两翼齐飞的道路引领转型发展。

这是壮士断腕的转型之路——

把时针拨回2012年12月11日，或许很少有人记得这样一个瞬间：

贵阳，细雨霏霏，寒意袭人。当天下午，位于白云区一条背街小巷里的银星化工厂在创造了13年辉煌后正式关停。

银星，投资额近亿元，年纳税千万元以上，但是，企业生产对水环境的影响挥之难去。两难之中，贵阳市委市政府和企业联手上演"壮士断腕"。

"我们不能把升级的机会给了别人，却把消耗和污染留给自己。"公司董事长赵应黔坦然以对。

现在，一条引领当今环保最新潮流的编织袋生产线正在银星筹备上马！

高耗能，转！

新技术，上！

高污染，转！

新产业，上！

质疑声中，坐落于贵阳高新区的皓天科技勇敢担当起中国LED产业升级的重任，承载起挑战欧美技术强人的梦想。

LED，蕴藏了太多无奈。

我国有LED企业3 000多家，却无一家产值过10亿。一边是散小的低端生产，一边是缺失的核心竞争力；一边是脱节的产学研链条，一边是无情的欧美垄断。作为国家重点扶持的战略性新兴产业，2015年，LED产业应用产品产值将达到1 800亿元。

应运而生，因时而动。迎着国际寡头的"围堵"，面对前景广阔的市场，总投资22亿元的皓天科技从问世之日起，就直指LED外延片这一产业链上游最"难啃"的领域。

挑战高端，战胜高端。让高新技术和贵州资源嫁接，促核心专利与高端人才携手，皓天科技正朝着LED的最高端领域顽强奋进。到今年底，皓天一期1 000万片生产能力将正式形成。

面对新一轮世界科技革命带来的机遇，越来越多的贵州企业承担起新型工业化的光荣使命。"十二五"的贵州，一个传统优势产业和战略性新兴产业协调发展的新格局呼之欲出。

以总量拉动发展，贵州有后劲！

自2011年以来，项目投资对贵州经济增长的贡献率均达70%左右，直接拉动经济增长约10个百分点。强投入带动、大项目支撑，使经济起飞拥有强劲动力。

以增量推进转型，贵州有潜力！

今年以来，"5个100工程"引领转型导向，投资保持两位数以上高增长；落后产能、楼堂馆所建设则频频闪亮红灯。有保有压、有取有舍，为经济转型腾挪足够空间。

但转型发展绝非坦途，尤其是肩负"赶"与"转"的双重任务，贵州干的是一件难上加难的事。

贵州的决策者对此有着清醒的认识和坚定的决心：

"推进转型发展不是在公园里散步，而是在大山上攀登。"省委书记赵克志指出。

"别人走，我们要跑；别人跑，我们必须跑得更快。"省长陈敏尔说。

坚定的决心，坚实的行动，贵州转型跨越的美好明天更加令人期待。

这是 2 年后的贵州新图景——到 2015 年，基础设施建设突破性进展；工业化、城镇化带动作用显著增强；石漠化扩展势头初步扭转；全面建设小康社会接近西部平均水平……

这是 6 年后的贵州新高度——到 2020 年，现代综合交通运输体系基本建成；现代产业体系基本形成；森林覆盖率达到 50％；实现全面建设小康社会奋斗目标……

跨越——这是经济洼地的崛起，这是精神高地的构筑。
一路执着，一路奋进，奔向充满希望的明天

8 月 2 日。息烽集中营纪念馆。

开展党的群众路线教育实践活动第二次集中学习的省委常委们神情庄重，对照革命先烈"照镜子"，查得失。"用干部的辛苦指数提高群众的幸福指数，一切为了人民，一切依靠人民。"赵克志说。

转变干部作风，构筑精神高地，为后发赶超，推动跨越凝聚起强大动力。

这是时任省委书记栗战书 2011 年 6 月 29 日至 7 月 1 日到黔东南州、黔南州的一趟考察行程：

3 天时间，2 州 10 县；800 公里奔波，16 小时会议。

"30 日的午饭下午 4 点吃，晚饭夜里 9 点吃，10 分钟后，会议继续。"随行记者记忆犹新。

干。苦干。实干。率先垂范激发推动发展的正能量。

这是省委书记赵克志 2013 年 6 月 21 日至 24 日对威宁迤那镇中海村的一次蹲点调研：

深夜 23 点出发，次日早 8 点抵达；走访 26 家农户，召开 6 次座谈会，2 天食宿全在村民家。

这是省长陈敏尔最近对重大发展工程的推动步伐：

现场考察贵安新区进度，研究推进黔中经济区发展，主持"5 个 100 工程"专题会议，与富士康集团共谋战略合作……

一条心，一个调，一股劲。苦干作表率。

不扰曲，不跑调，不折腾。实干聚共识。

——把思想统一到发展上，把心思集中到发展上，把力量凝聚到发展上。团结奋进的贵州，万众一心，众志成城！

"当初提工业强省和城镇化带动时，不少人吓了一跳：贵州的资源、环境优势会不会破坏？有观望，有担心，也有质疑。"省委领导同志回忆说。

一切让结果说话，一切让实践检验。不争论，埋头干——省委省政府斩钉截铁。

三年过去，工业化城镇化万马奔腾，增长排位激动人心，环境质量不降反升。

"不干，不实干，不苦干，一切规划都是'瞎话'，一切蓝图都是'乱涂'。"发展，是解决所有问题的关键。

"不干，不实干，不苦干，资源优势、环境优势，永远也成不了优势。"变化，成了最好的回答。

"千人同心，则得千人之力；万人异心，则无一人之用。"2011 年以来，"四帮四促"、"处长下基层"、"万名干部下基层"，实现重点企业、重点园区、重点项目、一类贫困村、街道社区全覆盖。一级做给一级看，一级带着一级干，"数着星星回家，看着月亮上班"，成了贵州人"痛并快乐"的生活。

——把思想统一到发展上，把心思集中到发展上，把力量凝聚到发展上。开放创新的贵州，风气日开，智慧日出！

这是思南县委书记胡洪成最近三年招商引资的奔跑：

长三角 4 次，珠三角 5 次，京津 7 次，港澳 2 次。

这是黔南州委书记龙长春最近三年签约投资的记录：

2011 年 16 次，2012 年 29 次，今年以来 20 次。

这是贵州省最近三年引进省外到位资金的成果：

2011 年 2 500 亿元，2012 年 3 857 亿元，今年上半年 3 860 亿元。

走出去、请进来。开放创新的精神，贯穿着"十二五"以来贵州四面出击的"征战"：

武陵山经济协作，黔川渝区域联动，泛珠三角合作……贵州融入全国大格局越来越快；

中国东盟自由贸易区、大湄公河次区域、东南亚区域合作……贵州参与国际互动越来越多。

找机会、找位置。开放创新的精神，成为引领发展的巨大引擎：

"贵州·香港投资贸易活动周"、生态文明贵阳国际论坛、第十五届中国科协年会……贵州以宏大的气魄捕捉机遇；

引资金、引技术、引管理、引人才……贵州用宽广的胸怀赢得主动。

开放创新的洪流，冲刷着观念，孕育出蜕变，迸发出活力。

这是记忆深刻的沉重一幕——

2010 年，一家外资企业来贵州办理注册，相关部门竟不知程序，无从应对。

这是富有冲击的精彩升华——

在贵定县岩下乡，改良的养殖技术引来了大鲵养殖公司，村民的观念变了：以前种玉米，现在养大鲵。

在遵义县龙坑镇，镇长带队从深圳招来的项目改变着大山里的世界：生来是农民，现在当工人。

"如果大家三十年前错过了广东、浙江，今天千万不能再错过贵州。"来贵州参加项目推介的阿里巴巴首席执行官马云惊呼。

——把思想统一到发展上，把心思集中到发展上，把力量凝聚到发展上。攻坚克难的贵州，不屈不挠，勇往直前！

穿越一个个改变时空的隧道，仰头是横跨在半山腰的坝陵河大桥。蓝天下，火红的坝陵河大桥犹如一道彩虹，腾空在峰峦叠嶂间。

贵州难，难在山高路险，难在人与自然的较量。坝陵河大桥为这一攻坚克难提供了生动的注解。

知难而上！迎难而上！克难而上！近2万人挑战极限，4年多日夜鏖战。

不向困难低头！不向挑战示弱！不向挫折妥协！国内首座跨千米钢桁加劲梁悬索桥、世界首次在高山峡谷间架设、世界最大隧道锚施工……多项行业"之最"，记录艰辛历程。

千峰万仞，处处是需要跨越的藩篱；

千磨万击，处处是奋力登攀的身影。

贵州苦，苦在发展路上多磨难，苦在创业路上障碍多。

怀揣超越的梦想，平塘县水淹村的卢德勇第一个在村子里尝试种植西瓜。

丰收了，梦想却随之破灭：马驮人挑，怎么也走不出一望无际的大山，望着渐渐烂在家里的西瓜，他欲哭无泪……

知难而上！迎难而上！克难而上！

连片特困山区覆盖了全省65个县80.3%的国土面积。2012年，贵州启动有史以来以来规模最大的扶贫生态移民工程：让200万贫困群众搬出石漠化深山。

2012年，卢德勇终于迎来梦想开花的日子：在平塘县掌布乡生态移民安置点，他流转20亩土地继续种西瓜，当年收入4万元。

这一年，贵州减贫140万人，5个重点县125个贫困乡

06/激情燃烧的岁月——贵州样本

"减贫摘帽"。

这是自强不息的精神高地。

这是巍然屹立的精神丰碑。

山有多高，葡萄就种多高。独路盘旋的三都县交梨乡，满山沉甸甸的葡萄诉说着贵州人不畏艰苦的毅力。

10万个矿泉水瓶，600亩金银花。旱魔肆虐的兴义市冷洞村，"滴灌"浇开的金银花传递着贵州人永不退缩的坚韧。

翻山越岭，风雨无阻。陡峭崎岖的长顺县敦操乡，小小的"红背篼"背出了贵州人挺起的铮铮脊梁。

······ ······

这是经济洼地的崛起，这是精神高地的构筑。

水利突破，让高原不再干涸！

——大规模、高强度，骨干水源工程星罗棋布。

交通突破，为梦想插上双翅！

——打通省际"断头路"内外提速，建设"黄金新水道"贯通南北，"干支互动"新空港振翅腾飞。

······ ······

黔中大地上，凝聚起推动跨越正能量，释放出改善民生好声音：

在全国率先实现村卫生室全覆盖，全民医保制度框架基本形成；

在全国率先全面实施农村危房改造工程，192.48万户农村危房改造提前2年完工；

实施教育"9＋3"计划，教育经费远超国家规定标准；

······ ······

巍巍娄山抒伟志，乌蒙磅礴鉴雄心。

每一步跨越，都凝聚智慧心血；每一步跨越，都令人荡气回肠。

奋力跨越的历程，定格的是一双双渴望的眼睛，炽热的注视下，同步小康的贵州"中国梦"令人心潮澎湃。

奋力跨越的历程，定格的是一双双艰难而扎实的脚印，为追逐心中那个美好的梦想，贵州一步步艰辛而执着地走着，梦想在脚下延伸。

奋力跨越的历程，定格的是一支支耀眼的火炬，燃烧着发奋自强的贵州精神，燃烧着起飞的梦想，在黔中大地坚定地传递着，经久不息。

…… ……

"江南千条水，云贵万重山；五百年后看，云贵胜江南。"

一路奋进，一路执著，一路逐梦。梦想点燃希望，梦想成就未来，梦想激发着4 000万贵州人民，继续披荆斩棘，开拓奋进，奔向充满希望的明天……

"变"与"不变"看茅台

——经济新常态下的茅台转型新跨越

作者在茅台集团调研时与记者商讨采访思路

东经 106°22′、北纬 27°51′，海拔 423 米，这是孕育神奇的空间坐标；

30 道工序、165 个环节、1 825天存贮，这是传承千年的独特工艺；

"1＋N组合"、"133 战略"、200 款新品，这是常变常新的改革思维；

销售 418 亿元、利润 225 亿元、税金 150 亿元，这是跃动而出的最新数据——

看似无关的数字组合，浓缩进一个耳熟能详的名字：茅台！

作为民族品牌的践行者，她一马当先一路奋进。

作为白酒行业的领军者，她首当其冲遭遇"寒流"。

在行业调整暴风骤雨的 2015 年，身处经济新常态下的茅台，命运更加牵动人心：

茅台经济怎么看，茅台集团怎么干？

解析茅台这个样本，实际上就是回答新常态下贵州国企怎么干，贵州经济怎么办，进而实现新发展、新跨越。

变局——审时度势，居安思危，扛起领航发展新使命

12月20日，茅台镇茅台集团。一年一度的茅台经销商大会正在总部厂区举行。

"欢迎大家回家！"以董事长袁仁国为代表的茅台集团高管们集体起身，前所未有地向所有参会者敬礼。

其实，每年收官之际，茅台都会面向经销商评选"风雨同舟奖"。而今，这个奖项却有着非同寻常的含义——生死相依、荣辱与共。

"这是最好的时代，也是最坏的时代。"英国文豪狄更斯的一句名言，折射出当前中国白酒行业真实的写照。

全球经济复苏持续低迷、国内经济下行压力重重、行业政策较大调整、消费市场变化加速；

白酒行业企业多、分散严重、产能过剩、竞争过度、广告过滥；

2012年底开始，一股前所未有的"寒流"悄然席卷整个白酒行业。中国白酒10年高速增长行情戛然而止。

作为行业老大，冷意最早挑动茅台供货商的神经。

昆明市斑铜厂有限公司30年前就是茅台年份酒的酒杯配套供应者。2012年底，公司总经理助理杨斌锋敏锐地发现，茅台要求的酒杯供货量开始下降，高端配套"五十年份茅台"的酒杯供应减少更明显。

冷意迅速层层传导。

越来越多的经销商发现，原来依赖的消费路径受阻，团购"拉"不动了。

市场一再触底，原来每瓶2 000多元的茅台市场价格持续滑落。

"以茅台为例，赢利空间从原来的 100%～200% 下降到现在的 5%～10%，有些地方甚至出现倒挂。"杭州宏强酒业有限公司经理潘文祥说。

全行业的日子更是雪上加霜：全国 18 000 多家酒企中，近 1/3 因销量锐减向衰退或倒闭边缘滑落。

今年一季度出炉的近 180 多份上市公司年报显示：酒企是下滑幅度最大的群体。

茅台，民族品牌，国家符号，中国白酒行业真正意义的"天花板"，她的一举一动都被视为行业的风向标。

茅台，时代先锋，贵州名片，全省经济当之无愧的"顶梁柱"，她的阴晴冷暖从来都是贵州省委、省政府关心的头等大事。

把握大势方能争取主动。

细心的人们注意到，贵州省委决策者早就把茅台放在国际国内政治和经济格局深度调整的大局中深入考量。

"未来 10 年中国白酒看贵州，把茅台酒打造成'世界蒸馏酒第一品牌'，把茅台镇打造成为'中国国酒之心'，把仁怀市打造成为'中国国酒文化之都'，推动贵州白酒产业跨越式发展。"——2011 年 4 月，时任省委书记栗战书提出"一看三打造"，鲜明传递了茅台集团必须加快转型的信号，明确赋予茅台转型升级的重大使命。

围绕发展思路、营销战略和管理模式转型，实现公务消费向商务消费、高端客户向普通客户、专卖渠道向直销渠道、被动营销向主动营销、国内市场向国外市场的转变——2013 年 4 月，时任省委书记赵克志、省长陈敏尔为茅台如何应对新挑战指明方向。

2015 年 11 月，省委书记陈敏尔把十八届五中全会后调研的第一站选在茅台。他深刻指出，"打破"才有生机，创新才有前途。茅台集团要深入学习贯彻十八届五中全会精神，将创新发展理念内化于心、外化于行，以强烈的担当意识和使命意识，正确处理好产量规模与质量效益，传统工艺与现代经营管理、深耕主业和拓展其他产业、厂区建设和周边城镇建设、品牌文化价值提升和生态环境保护、企业发展与人的发展六大关系，全力以赴推动企业创新发展，带动全省白酒产业转型升级。

殷切的希望，清晰的指向——

大企业要有大担当，新常态要有新发展。茅台集团在全省经济发展大局中贡献突出、作用很大、地位重要、意义非凡。茅台这个百年品牌，必须做强、做优、做大、做久。

茅台人冷静审视遇到的一系列新情况、新问题——

当暴利走下"神坛"，茅台人发现：供求关系需要重构，营销模式需要再造；消费群体碎片化，产品亟须多元化；国际竞争短板明显，加快转型压力重重。

当从"癫"峰中醒过来，茅台人缓过神来：原来面向公务团体的采购是论箱卖，现在面向一个个消费者是论瓶卖，以前客户找我，现在我找客户；原有的市场消失了，新的市场在哪里？

"市场在哪里？""市场在哪里？""市场在哪里？"

一声声急切的追问中，茅台清醒意识到，在围绕市场展开的较量中，自己已经走到了无法绕开的"卡夫丁峡谷"。

卡夫丁峡谷，凝固了2 300多年前一个沉重的瞬间。在这里，古罗马军队被萨姆尼特人击败，然后被迫从峡谷中用长矛架起的"牛轭"下通过……从此，"卡夫丁峡谷"成为一种奋起的警示——要谋求新的发展进步，就必须直面痛苦和烦恼，跨越困难和挑战。舍此，别无选择。

新局——危中寻机，化危为机，开启调整转型新征程

年终岁尾，茅台厂区里人人行色匆匆。

已熬了两个通宵筹备经销商大会的公司副总兼销售公司

经理王崇琳一直忙到了下午 1 点，才抽出身来到厂区一隅吃了一碗面。1 点半，他还要向董事长汇报下一步市场应对策略——

"经济新常态下，白酒行业仍然保持'四个没有变'，一是白酒作为中国人情感交流的载体没有变，二是白酒作为中华民族的文化标识之一没有变，三是白酒作为中国人的偏爱消费品没有变，四是中国人消费白酒的风俗习惯和文化习惯没有变。"袁仁国分析道。

"生产是一线，市场是火线。茅台的销售情况现在实行日报，每天要放到每一位集团高层的办公桌上。"王崇琳说。

2015 年，王崇琳在外面跑市场的时间至少有半年以上。"以往，这些时间可能大多是在应付各种批酒的条子。"他坦言。

承受转型阵痛，通过理性消费实现市场增长，这是王崇琳眼中茅台市场属性的理性回归，也是必须适应的新常态。

"这种回归，对茅台的产品、管理、服务能否更加契合市场，能否更加迎合消费者，绝对是全方位考验。"

一个真正意义的自主民族品牌，唯有不断转型创新，才能赢得经久不衰的生命力。

一百年前，还在小作坊酿制的茅台先辈们，正是靠着这种对"求变"的渴望和实践，一步一步让茅台走出山谷丘壑，走向转型升级。而每一次升级，都是茅台的一次自我调整，自我革新，自我求变。

"变，就是要跳出茅台看茅台，跳出茅台想茅台。转，就是要依托创新，突破制约发展的一个个瓶颈。"茅台集团党委书记李保芳说。

从"坐商"到"行商"，茅台的营销战略变了——

融入"互联网＋"，强化"智慧营销"，让扁平化、智能化销售成为茅台新常态。

从"单品独大"到"1＋N组合"，茅台的产品结构转了——

做好"酒内文章"。3年来，茅台开发个性化产品近200款，试水文化酒、纪念酒、收藏酒市场，培育新的增长点。

拓展"酒外天地"。探索白酒期货、白酒银行新业态，筹建多彩财险、华贵人寿等公司，打造金融板块，加快实现产融互动。

从"名酒"到"民酒"，茅台的市场理念变了——

注重普通人、年轻人等消费群体培育，通过一批子品牌充分释放商务消费、大众消费的潜力，公务消费占比从原来的30%下降到1%。

借"金奖百年"等盛大庆典深耕海外市场，开展"个性营销""事件营销"，推进茅台在东南亚、东欧、台湾等海外市场风生水起。

从"单赢"到"多赢"，茅台的管理模式转了——

推动内部智库建设，探索建立白酒价格指数和价值指数，建立行业标准引领白酒产业健康发展，实现战略管理突破。

实施品牌战略，促进资本向品牌集中，技术向品牌集成，人才向品牌集合，资源向品牌集聚。

从"综合使用"到"循环利用"，茅台的发展方式变了——

在中国白酒行业，茅台独家首创生态循环经济产业示范园，将酒糟变废为宝，循环利用，既创造了经济效益，又实现了生态保护。

转中求新。茅台从市场逆境中最早脱困，最早得益。

随着市场的全方位打开，茅台销售不降反升。今年以来，公司主导产品的销售量、利税总额、利润、税金、人均创利税、人均上缴税金、股票总市值、品牌价值等高居中国白酒行业榜首，公司资产总额首次突破1 000亿元大关。据1至8月的统计，在贵州省国资委19户独资和控股企业中，茅台集团利润占96%，税收占60%，对全省经济的支撑作用进一步增强。

变中求新。茅台应对市场的能力更强，自信心更足。

站在"十三五"的门槛上，茅台决策层近期高调亮出自己的目标：到 2020 年，白酒产量达到 12 万吨，销售收入 1 000 亿元，海外市场销量实现 10％～15％ 的年均增长率。

"依靠创新适应新趋势，依靠创新把握新常态，依靠创新实现新跨越。"袁仁国信心十足。

带着光荣和梦想，带着辛酸与伤痛，踏上转变之路的茅台在一个全球资源、全球市场、全球规则的世界里一路向前奔跑。

大局——坚守品质，创新引领，创造民族品牌新辉煌

品牌的力量在于创新，也在于坚守。千百年来，支撑茅台这个优秀民族品牌持续前行的，是与大自然相互渗透融合而成的天人合一的生产方式、工艺流程和身后朴实的企业文化。

善于创新，精于传承，精准拿捏好"变"与"不变"的尺度，是茅台经久不衰的重要法则。新形势下，更需清醒谨慎。

始于秦汉，熟于唐宋，精于明清，盛于当代。国酒茅台，是中华民族在漫长历史长河中积淀下来的智慧结晶，是源远流长的中华文化的一种物化符号。

"茅台神秘的工艺吸引着我，使得自己能在茅台一干就是 50 年。"有"茅台教父"之称的季克良一语道出了茅台的生存之本：茅台要做"久"，必须忠诚依赖对传统工艺的传承和对质量的坚守。

质量是茅台的生命线，茅台人的精神就是牢牢守住了质量的底线。

产量服从质量、成本服从质量、效益服从质量、速度服

从质量——茅台繁多的规章制度中，有关质量保障体系的条款最多、内容最细、要求最苛刻。

暮色苍茫看劲松，乱云飞渡仍从容。

无论形势如何变化，对产品质量的忠贞不渝、始终如一，使得茅台成为亚洲成长最快的企业之一。

12月20日。茅台公司制曲二车间过磅房。

质检员张晓锋正在对原材料的色泽、千粒重、水分、农残等逐一查看，检测程序涵盖21项品质指标和135项食品安全指标，这是他每天工作的唯一内容。仅今年11～12两月，茅台就向供应商退回不合格高粱1.2万吨。

一瓶酒从投料到出厂，30道工序、165个环节环环紧扣，严丝合缝。

"从茅台酒厂成立至今，只有假茅台鱼目混珠遭查处，从未有过真茅台因质量被投诉。"袁仁国说。

流水潺潺，穿行于崇山峻岭间的赤水河孕育了灿烂的中华酒文明。

平均海拔880米，年平均气温16.3℃，年日照时数1 400小时，无霜期311天，年降雨量800至1 000毫米……偏离了这些数字中的一个，便不再是茅台。

为了这个不可复制的生态环境，茅台做足了自己的"加法"和"减法"——

加：连续10年每年出资5 000万保护赤水河；

减：200多家造纸厂和手工小作坊相继关闭；

加：投资上亿元升级排污系统；

减：厂内及周边868户居民迁出；

…… ……

"为捍卫品质所做的一切付出，都是值得的。"袁仁国说。

如果说品质赋予了茅台生命，文化则赋予了茅台灵魂。精神信仰，孜孜不倦，是保住国酒这块招牌的最高防线。

"每一瓶酒都装满真实，盛满责任。"这是茅台对诚信文化最生动的诠释。

贮足陈酿，不卖新酒；

不降品质，不降价格；

不改初衷，不忘初心。

1999年起，茅台率先在白酒行业提出"文化酒"概念，推崇中西文化的包容、兼容、相容，让国酒茅台散发出愈来愈强烈的文化张力。

刚刚过去的11月，美国旧金山市决定把每年的11月12日定为旧金山的"茅台日"。这是对茅台品牌的推崇，更是对茅台文化的敬重。在坚守中传承品质，在创新中引领时代。

无论岁月怎样更迭，茅台的灵魂深处，始终搏动着更高飞跃的渴望。从上世纪50年代的工业化改造，到90年代晚期的市场化改革，再到本世纪初的股份制运作，以及今天面向世界一流企业锻造民族精品的孜孜以求，茅台一天天、一步步从贵州走向全国，从中国走向世界，展示的是绵长深厚的酒文化魅力，高扬的是中国民族工业屹立于世界之林的光荣和梦想。

鼓角声声，风雨兼程。

茅台，在人们关注的目光中成长、校正，无论忧思还是希望，她都深深镌刻进经济社会前行的脚步里。

茅台，是一个比我们的生命更古老也更年轻的话题，它是正在发生的、鲜活的、变化着的故事。

茅台，是一个样本，浓缩着传统企业不断革故鼎新的艰辛历程。

茅台，更是一个启示——

适应和引领经济发展新常态，唯有坚定不移地推进结构性改革。这是企业发展之要，是贵州发展之要，也是中国经济发展之要！

第十六章　大山风骨

　　九曲回肠的陡峭山路，留下"背篼干部"的清晰足印；高耸入云的贵州屋脊，回荡"驻村干部"的铮铮誓言；古老静谧的山乡村寨，闪耀改革创新的希望之光……

　　贵州之美，美在丰富的内涵；贵州之美，美在动人的品质。

　　大山风骨，挺立潮头；德行高原，催生力量。让我们走近谢登科笔下一个个有血有肉的人物，感受大山和高原的别样风采与感动。

作者在乌蒙山区一小学采访

贵州屋脊上的"第一书记"

——记六盘水市钟山区大湾镇海嘎村驻村干部杨波

作者（左三）在海拔 2 900 米的"贵州屋脊"海嘎村采访

韭菜坪，乌蒙巅，贵州屋脊，海拔 2 900.6 米。

海嘎，贵州海拔最高的自然村，坐落在韭菜坪半山腰，一个"藏在"石旮旯中的彝族村寨。

花开花落，云卷云舒。

在这与贵州蓝天最接近的地方，一个瘦小的身影，六年来不知疲倦地奔波在山山岭岭、家家户户，把青春和汗水挥洒在驻村工作里。

驻村干部两年一届，不少地方一届一换茬，可他却选择了默默坚守，已连任三届。他说，做了就要留下价值，走了也要留下脚印，海嘎还有未竟的事业。

他，就是六盘水市钟山区大湾镇海嘎村"第一书记"杨波。

一

杨波的笔记本电脑屏幕上，是一张他和女儿在游乐园的合影，父女俩笑容灿烂。

这是杨波与女儿不多的合影之一，从孩子蹒跚学步时来到海嘎村，六载春秋，孩子马上就要上小学二年级——

他错过了女儿的第一次叫爸爸；

他错过了女儿的第一次奔跑；

他错过了女儿的第一次家长会；

……　……

可他却没有错过海嘎"旧貌换新颜"的每一个节点。

"坡脚喊来坡上听，走路走得脚抽筋；吃的都是洋芋饭，穿的全是布巾巾。"

流传已久的当地山歌，是海嘎昔日的写照。

1998 年才通路通电，村民住的是茅草房，吃的是望天水，贫瘠土地上只能种点包谷、洋芋和苦荞。

2010 年，海嘎村人均收入仅 1 600 多元。

这一年，28 岁的杨波第一次来到海嘎驻村，任"第一书记"。

临上海嘎前，杨波在背包上郑重写下了"贵州第一村海嘎"的字样，这位血气方刚的年轻人发誓：要让海嘎成为真正的"贵州高度"。

可理想与现实之间总是存在差距。雄心勃勃的杨波刚到村里，就碰到了好几起让他"灰心"的事——

整个村子几乎找不到一个水冲厕所，镇里提出每家补助400 元修建厕所时，大多数村民不配合："才 400？除非1 000块钱还差不多。"

进家入户宣传新型农村养老保险，皮鞋都崴坏了，还是没有多少人同意，有的村民说："要我参加，除非你们垫钱。"

卫生系统开展治理地氟病工作，国家采取补贴的方式，让村民出 10.5 元购买一套品牌电磁炉，依然没有人响应："要钱啊？除非免费还差不多。"

…… ……

"除非"！

这个词反复冲击着杨波的内心："海嘎缺少的到底是什么？"

杨波没有气馁，他开始一家家走访，一户户交流，365 户人家，他一口气走了个遍。

当杨波踏着泥泞小道走进海嘎村一组董家院子时，村民对于修路的迫切愿望，让他看到了自己突破的方向。

董家院子有 13 户 57 人，距离通村路只有 700 余米，可就是这 700 米"断头路"，让老百姓多年来吃尽苦头，每到下雨天气，道路狭窄泥泞，出行相当不方便。

在与杨波的交流中，村民说："杨书记，如果你能帮忙从上面争取钱来修通这条路，就给我们做了件大好事了。"

带着村民的愿望，怀揣干事的激情，杨波马不停蹄找到了"娘家"——钟山区民宗局，申请到了 2 万元启动资金。

面对资金缺口，杨波和包组干部一家家做工作，又凑了1.8 万元，村民自发投工投劳，一条宽 2 米的崭新水泥路修通，彻底解决了董家院子的出行问题。

大山里的人，交朋友都是以心换心。700 米的硬化路让杨波在海嘎第一次有了点名声。

每当谈及这段经历，他都心生感慨："只要真心为老百姓做好事，哪怕一点点，老百姓心里头都会记一辈子。"

二

2013 年，钟山区第二批同步小康驻村工作开始，已经期满的杨波主动申请继续留在海嘎。

为什么选择继续？

杨波的回答真实而质朴："不甘心。"

两年任期，他觉得自己给海嘎做得太少。杨波告诉记者，其实那段时间，他多少个夜晚辗转反侧、彻夜难眠，最后才想明白：自己还是用城里人的眼光来看海嘎，所以许多工作得不到当地村民的理解和支持。

再次背上行囊，曾经的豪言壮语不变，只不过被他深深地放进了心底。

二上海嘎，杨波多了一份从容——

给村民宣传国家的优惠政策，连续三次都"碰钉子"，他默默地走出门外，望望绵绵群山，深吸一口气，再次转身走进村民家中；

有年纪大的未婚青年来找茬："你们扶贫能不能扶一个媳妇？"杨波同样笑脸相迎："我可以帮你留意一下。不过，如果你不好好干活挣钱，哪里有人愿意嫁给你？"

二上海嘎，杨波少了一份娇气——

看见村民割草，他二话不说，卷起裤脚，跳下田坎，一边劳作，一边和村民"瞎侃"，把自己一些想法不经意地灌输到他们的脑海中；

镇政府给他配的摩托车也被好好地利用了起来，顺路捎带村民、到镇里帮大家买东西，杨波成为了海嘎人人皆知的义务驾驶员和快递员。

二上海嘎，杨波更脚踏实地——

参与制定《海嘎经济社会总体发展规划》《海嘎旅游发展规划》和《海嘎绿色食品发展规划》，建立了《海嘎小康台账》，勾画了海嘎的未来发展蓝图；

争取200余万元，建起9个种植养殖基地，成立"海嘎四季青种植农民合作社"，为海嘎的土特产洋芋、苦荞注册了"黔之脊"绿色食品商标；

争取"少数民族发展资金"等近300万元，给村里建起了文化广场，成立了海嘎民族文艺表演队；

······ ······

"二上海嘎，苦吗？"记者问。

"苦！"杨波说。

苦的是孤独。贵州海拔最高的地方，每到晚上安静得可怕，一个人在房间里，只能听到自己的呼吸声和敲击键盘的声音。很长时间，杨波唯一的娱乐活动是"俄罗斯方块"游戏。

苦的是无奈。因为基站变压器故障，从 2012 年下半年到今年 3 月 20 日，海嘎村一直没有手机信号，每次想要打电话，都只能爬到高处，借着远处山上的基站信号，通话质量不好，断断续续的，"与世隔绝"是他当时最大的感受。

"二上海嘎，有过甜吗？"记者又问。

"有！"杨波说。

一件事情一件事情落实下来，看在眼里，甜在心头。

憨厚的杨波告诉记者，让他最终坚持下来的，是驻村工作输送给他的极大满足感。

"村民热情地拉着我进家烤洋芋吃，拎着鸡蛋送到寝室来给我，一支接一支的给我'装烟'。这时，心里特别幸福。"杨波坦言。

海嘎村村主任杨金成曾经不经意地和他说了一句话："你就是我们海嘎人。"这句话，让杨波心里滚烫了好久。

三

让杨波心里滚烫的不只是群众的认可。

2013 年，韭菜坪升级为国家 4A 级风景区，景区的大开发让他再也无法平静。他心里清楚，这是海嘎发展最好的机遇，不能错过。

整整一年，他几乎没有好好休息过一天。

3月，韭菜坪旅游公路扩建，需要搬迁二组村民黄流桥家一座祖坟。村干部多次上门做工作均无功而返，眼看施工就要被迫停止，杨波和村干部们再次来到了黄流桥家。

这一次，面对杨波的除了76岁的黄流桥，还有他的三个儿子及亲家，谈判中，对方一直不肯让步，气氛一度紧张得让人窒息。

正在这时，杨波突然看到黄家的小孩子在屋里串来串去，他像看到自己的孩子一样，下意识地从随身挎包中拿出了原本当午餐的卤鸡蛋和火腿肠，"来，叔叔这里有好东西哟！"

三个小孩接过卤鸡蛋和火腿肠大口吃起来。原本紧张的气氛瞬间打破。

真诚换真心。黄流桥出人意料地来了个180度大转弯，同意迁坟了。

3月22日，迁坟当天，黄流桥老人端了满满一杯酒敬杨波："我们这么拼命，也是为了家里的孩子。以前家里穷，从来都没有给孩子们买过零食，那天你给的卤鸡蛋和火腿肠，他们还是第一次吃到。"

端起碗，杨波一饮而尽。

这一刻，他明白了："群众工作没有做不到的，关键是自己有没有真心真意和群众交流。"

随着韭菜坪景区的开发，海嘎的"四在农家·美丽乡村"建设也进入了快车道。夜晚的海嘎气温低，"穿三双袜子都抵不住。"可杨波几乎天天都"钉在"建设现场直到凌晨。

村民黄兴华家庭院硬化时，因为施工方疏忽，有块"三角地"没有硬化好，来不及重新找工人，杨波挽起袖子，弯下腰就动手将剩余的"三角地"抹平。

村民晏勇重建房子下基础，刚好碰上的杨波二话不说，挑起装满灰浆的水桶就忙活开来。

…… ……

有人说，这些不是你的分内事，干吗如此拼呢？杨波回答："我遇到了就绕不开。"

韭菜坪景区建设期间，他厚着脸皮"泡"在项目指挥部，硬是争取到了边沟开挖、土石方清运等活路，为300余名海嘎村民争取了就近务工的机会，当年村民务工总收入超过400万元。

景区人气渐旺，杨波又领着村民用韭菜坪自产的高山洋芋，"摆"烙锅摊，卖柴火洋芋，搞农家乐，让村民的收入芝麻开花节节高。

在杨波和村干部的共同努力下，短短几年时间，海嘎就变了个样——过去遍地茅草房，如今家家住洋房。更令人欣喜的是，村里喝酒打牌的陋习减少了，咨询政策、琢磨路子的人增多了。申请项目资金、搞特种养殖、开办农家乐……曾经习惯于"等靠要"的海嘎人终于"主动"起来。

四

在杨波的日记本上，记录了这么一段：2014年4月26日至6月22日。又是两个月没有回家了，回到家时，没有想象中孩子冲出门来"爸爸、爸爸"的热情迎接，而是童真般的疑问："你是不是找新妈妈，不要我和妈妈了？"

提及这件事，杨波哽咽了。他用手捂住脸，任由泪水从粗糙的手指间滑落。

"我配不上媳妇，对不起女儿。"

在海嘎无论碰到什么困难都不言苦的杨波，每次回到家，却带着满满一筐的歉意——妻子杨晓英在私立学校打工，每天奔波劳苦，既当爹又当妈，一个人撑起一个家；女儿杨妍凌每天都会扳起指头数日子，盼望爸爸归来。

幸福因稀少而珍贵。一年到头没有多少时间在家的杨波，把对家人的爱和愧疚一点一滴都体现在细节之中，每次回家，他都不让妻子再下厨；每次回家，他都抢着到学校接女儿；

每次回家，他都会一手牵着妻子，一手拉着女儿在公园里漫步，有时甚至忘记了时间。

这一年，杨波经历了人生的第一次离别。

12月12日，一向身体健康的父亲突然不告而别，没有任何预兆。

接到消息时，杨波还在海嘎，他几乎是一路哭着回到六枝老家见父亲最后一面。

听闻这个消息，海嘎村20多名村民自发奔波上百公里来到六枝，陪伴杨波，送老人最后一程。

"经历了这么大的事情，他会选择离开吗？"看见杨波悲痛的神情，村民们除了安慰，也有担心。

比村民们更纠结的是杨波，为人子、为人夫、为人父，他都不称职。母亲的年纪也大了，他不愿意再经历同样的痛。而海嘎，特色民族村落建设、饮水工程、民族民间文化挖掘等好多事情也"紧紧地拽着他"。

走还是留？这是一道几乎让他无法回答的选择题。

善良的妻子最懂丈夫："我当然希望他天天在家陪着我，可真要他现在离开海嘎，离开他付出了青春和汗水的地方，他肯定会受不了。"

"你放心去工作，千万不要给自己留遗憾，家里的事情有我。"面对妻子杨晓英的理解和支持，杨波撕碎了向单位请求换人的申请，再次回到海嘎，回到这个他熟悉得不能再熟悉的地方。

"杨书记回来了，杨兄弟回来了。"村民们奔走相告，整个村里的人都纷纷来到他的寝室，看见杨波，大家心里踏实了。

"被人信任的感觉真好。"杨波感慨万千，一个人悄悄爬上韭菜坪，迎着风，抹干眼泪。

"我一定要让海嘎村同步实现小康。"站在贵州之巅，他大声地释放着内心的情绪。

五

春天，百花争妍，花香四溢；

夏天，晴空万里，绿草如茵；

秋天，韭菜花海，壮哉美哉；

冬天，雾凇晶莹，玉树琼花。

雁去雁归雁不散，潮起潮落潮无眠。

2015 年，杨波选择再次留下，成为驻村干部中少有的"老三届"。

他说："去年 6 830 元的人均年收入，距离全面小康还有差距，我愿意接着再干一届，让海嘎村真正与全省和全国同步实现小康。"

铮铮誓言背后，是杨波与海嘎割舍不了的情缘。其实，杨波自己心里知道，他早已离不开海嘎了。

在这里，他能听懂大山的声音；在这里，他能读懂草木的枯荣；在这里，他找到了自己的价值。

直面冷朝刚

作者在贵州省思南县塘头镇采访

人物档案：

冷朝刚，1963 年 5 月 24 日生，全国劳动模范，贵州省思南县塘头镇青杠坝村党支部书记。

　　在他的带领下，一个淹没在山旮旯里的贫瘠村寨激情奏响发展"三部曲"，因地制宜调整产业结构，从无到有壮大集体经济，群策群力建设幸福家园……一个远近闻名的"小康村"脱颖而出。

在青杠坝这个名字叫响之前，冷朝刚对媒体的采访可谓心存渴望。青杠坝出了名之后，他跟媒体之间反而平添了几分距离。

山村的夜晚，简朴的平房，我们和冷朝刚之间的对话在一个没有生火的回风炉边展开。没有回避，没有波澜，坚毅和力量都深埋在他那饱含沧桑的笑声里。

看了网民的帖子，他最感欣慰的是外界对青杠坝的关注在日益增加。

面对村民的期待，他想得最多的是怎样让青杠坝走得更快，走得更远，走得更精彩。

"如果能把获得的荣誉转换成发展的资源，又何尝不是一件好事"

新闻背景：

从人均年收入不到 700 元到如今过万元，青杠坝走了 12 年——

问：这段时间你好像特别忙，一直在鲜花掌声簇拥中。是不是有些累？会不会担心迷失？

冷：实话实说，很多时候我是忘了累。五一前到北京参加全国劳模表彰，我觉得，这是青杠坝最庄严的时刻。回到贵阳，省委书记对我说："你要好好搞，我明年继续来看望你们。"我觉得，这是对青杠坝的期待。

一个连省委书记、省长都关注到的人，要说心里没有一点压力那绝对是假的。但我又在想，如果能把获得的政治荣誉转换成发展的动力和资源，又何尝不是一件好事呢？比如说，我这个村支书干得还不错，想见领导可能就方便些，提的意见和建议也更容易受到重视。前一段，我们想办一家劳务公司，县里知道了就很支持。但是，如果你穷得叮当响，灰头土脸，又有谁愿意见你呢？

问：青杠坝发展到今天，最核心的东西是什么？

冷：一是有规划；二是调结构；三是集体经济；四是民主管理。没有这四点，我们不会变成今天这个样子。

集体经济是大家最感兴趣的话题。现在 80% 以上的村是

"空壳村"，他们没有体会，集体经济的壮大能带来多么大的能量。集体经济壮大了，村干部才有话语权、决策权。手里没有钱，你拿什么搞基础设施？老百姓一看，你不搞摊派就能把事办好，怎么不拥护你？

问：你觉得，青杠坝的模式可以被复制吗？

冷：要说模式，每个地方情况不同，走的路子也千差万别。就青杠坝而言，其实是三次转型把我们推到了三个高度上。

第一次转型，是从种植传统作物到种植大蒜、西瓜等经济作物，使青杠坝走出了贫穷；第二次转型，是从种植业到养殖业，使青杠坝走向富裕。现在正在搞第三次转型，从种养业到企业模式，将使青杠坝实现腾飞。

我们正上马一个食品加工厂，虽然只投了200万元，但这可不是一件小事。"老干妈"不就是靠加工辣椒成了百亿级大企业？她陶华碧（贵阳南明老干妈风味食品公司董事长——记者注）不也是个凡人？引人才，抓技术，搞管理，做营销，我们也想这么做。

我们不刻意创造模式，只能让实践、让群众、让历史对我们作出评判。

"山旮旯里的青杠坝没有资源，要是再没有点精气神，怎么可能发展"

新闻背景：

从省委书记到父老乡亲，青杠坝承载的期待跨越千山——

问：发展中有没有碰到过阻力？

冷：当然有。

比如，我们建村级公墓区的探索，没要国家一分钱投入，我们自己完成征地、基建和运转，然后适当收取一些费用。

有关部门就认为这不符合政策。

省委书记知道后为我们撑腰。他说，这是改革的成果，我们要支持他们；这是首创的精神，我们要关心他们。这对我们是最大的鼓励。

问：有人说，上面的资金支撑着青杠坝？

冷：我从不习惯向上面要钱。

我跟我们的县委书记说，一个村向你要5万块，你很轻松，可全县528个村都向你要5万块，你就得承担2 000多万，你拿得了吗？前两天，市财政局和县财政局的领导到青杠坝调研，他们对我讲，你们和我们财政部门的沟通太少了。

自己不去造血，老想让别人"包养"你，小康了也不光荣，最后还会死掉。所以，青杠坝精神就是"不等不靠、克难攻坚、团结和谐、始终如一"。你想想，山旮旯里的青杠坝，没有资源，要是再没有点精气神，怎么可能发展起来？

问：这算不算一点个人英雄主义呢？（笑）

冷：你想这么理解也行。青杠坝的发展过程里，没有招过商，引过资。其他老板能做的事，我为什么不能自己做?!

我们发展经果林，村民的土地流转给集体，集体安排本村的能人带种。每亩三四百的租金，村民得了；再让村民套种些花生、辣椒什么的矮秆作物，集体又有一笔收入。就业的是村民，分红的也是村民。

当然，我们不是搞"闭关锁国"，而是最大限度地开掘自身潜力。

"青杠坝的贫困太深了，如果再没有一个好的班子，这里的百姓就太无辜了"

新闻背景：

从每早6：30起床到每晚10：00回家，冷朝刚的脚步未曾停歇——

问：再往前走，会不会比较难了？

冷：现在的情况，全村耕地 510 亩，种植的空间已经不大。养殖现在有两个小区，最多还能再发展两个。

青杠坝的发展，受土地制约，受水的制约厉害，必须走出青杠坝发展青杠坝。

下一步，我们要到其他村去办企业，到其他地方去搞开发，真正实现青杠坝"突围"。

问：你自己富起来没有？

冷：要看这个账怎么算。

我 1992 年就开了小卖部，每天拉 50 包肥料，当天卖完，还兼卖百货，兼做粮食收购，收猪。我想说的是，20 年前我能致富，今天想搞好我自己家这点事，应该不算难事。

但是，如果全村都贫困，你自己再有钱，晚上能睡好觉吗？

我们青杠坝，过去贫困太深了。这里的生存条件十分不好，土地贫瘠，又没水。我总在想，如果再没有一个好的村级班子，没有一个好的支部书记，生活在这里的老百姓就太无辜了。

问：作为村支书，你担心青杠坝落入"一时绚烂终归于平淡"的怪圈吗？

冷：一些地方的小康村、明星村，有昙花一现、星光陨落的教训。说实话，"盛名之下，其实难副"的忐忑我也有。

青杠坝不能一天冷一天热，要保持天天有温度，天天有光照，作为带头人就必须过得硬。有文化，但处事不公平、不公开，不行；有头脑，但没奉献、没担当，也不行；有魄力，但不讲法、不懂政策，更不行。

我常想，全国只要有 20% 的村支书是真正为了这个大家庭去谋事，我们的农村就可能发展得更快。拿思南而言，全县 528 个村，不说 20% 了，如果有 5%，就会有 30 个村成为新型的发展主体。

🎙 周鸿铎点评

　　无论高潮还是低谷，无论喧嚣还是寂静，作为一位优秀的新闻记者，应保持不变的激情，坚守不变的信念，遵循不变的尺度，即，应拥有一颗不变的心。

　　"激情燃烧的岁月"选取的是谢登科在贵州挂职和任职期间采写的发表在《贵州日报》的几篇报道，不难看出，从北京到贵州，从国家通讯社到一家地方省报，虽然地域变了，平台变了，身份变了，但谢登科作为一位新闻记者的心没有变，他依然昂扬奋进，依然激情燃烧，依然始终如一，这是令人感动的，也是难能可贵的。

　　穿越大街小巷，走遍山山水水，谢登科以极富感染力的笔触报告了奋进在同步全面小康征程上的贵州新跨越，其实，也是在报告他自己对人生的崭新理解与感悟，这是一道没有最好、只有更好，永无止境、常答常新的人生命题！谢登科在用自己的才识、灵性、恒心与勤奋铸就一条奋进之路、逐梦之路，永不停歇，一路向前！

观察大国开放发展的一扇窗

戴秉国

　　一个民族之所以伟大，往往源于其拥抱变化的智慧、勇气和决心。

　　过去近四十年，中国的变化前所未有，成就世所瞩目。而这些变化的催化剂，便是改革开放——从经济的发展、制度的完善到观念的更新、行为的改变，从国家的面貌到乡村城市、街头巷尾的状态，无不打上改革开放的烙印。

　　谢登科是幸运的，他不仅亲历这些伟大变化，还能以记者的身份记录这些变化，特别是以他敏锐的眼光和智慧的头脑观察和思考这些变化。《变与革——另一扇窗看中国经济》中的作品，是值得品读和推介的：这里，有一个文明古国毅然转型的艰辛与奋起，有融入世界的困惑与坚定，更有挺立潮头的豪迈与感慨；还有作者作为一个中国人、一个好的历史观察者和时代记录者对百姓安危、民族复兴、执政党治理、中西部奋起的深切关心。

　　当今世界，正处于政治经济格局调整重塑的关键时期；当下中国，正处于走近世界舞台中央的伟大时点。国际上一些逆全球化的思潮和行动，不仅考验着我们进一步深化改革、扩大开放的决心和意识，更倒逼我们加快提升开放的能力和水平。

鉴往而知来。在朝着"两个百年"目标奋进的伟大征程上，以习近平同志为核心的党中央正承载着十三亿八千万人民的信心和期待，不忘初心，继续前行，带领改革开放的中国谱写崭新华章，造福于中国和世界。

让我们打开这扇不一般的窗，一起收获改革、开放、发展的中国启示。

我对经济问题知之甚少，本无资格写什么寄语，但因作者所想表达的内核远非只是经济，且我为他的激情、眼光和胸怀所感动，加之我们也算是半个"贵州老乡"，我反复权衡、鼓足勇气写下了以上这些心里话。

2017 年 3 月

（作者曾任中华人民共和国国务委员、中央外事工作领导小组办公室主任、中央国家安全工作领导小组办公室主任等职）

聆听不变的时代呼声

龙永图

这是一个突飞猛进、翻天覆地的时代；

这是一个激情迸发、梦想成真的时代；

这是一个变革与重构交织、海水与火焰交融的时代。

站在历史的新起点上看中国，中华民族面临的历史机遇前所未有！中华民族伟大复兴的中国梦从未如此接近！改革开放，则是一切之动因！

历史中有属于未来的东西，找到了，思想就永恒。《变与革——另一扇窗看中国经济》，反映的是风雷激荡伟大变革的20年，是波澜壮阔面朝大海的20年。从这段历史里，我们触摸到了怎样的永恒？

将谢登科笔下聚焦的这不同寻常的20年，放在中国发展的历史长卷和"天下大势"中加以审视，我们又不难发现——

纵向看，这是百年中国干扰最少、发展最快、实惠最多的20年；

横向看，这是"中国道路"为世界发展模式树立样板、贡献智慧的20年。

从资本市场风云，到金融领域变革；从中国经济大势，到社会热点动态；从理性深度思考，到时代激情讴歌，谢登科笔下的中国经济 20 年，既充满希望，也包含曲折；既遭遇过激流，也掀起过波澜。

无论经济体制深刻变革，还是社会结构深刻变动，无论利益格局深刻调整，还是思想观念深刻变化，谢登科笔下持续传递了这样的信息：

身处"千年未有之变局"的中国，始终以改革开放的姿态面对一切，一以贯之。"改革开放"，已成为广泛的社会共识和坚定的国家信念。

如果我们善于从历史中汲取智慧，于变局中探寻变革的力量，在更大的视野里认识总结，进而学习继承开拓奋进的精神，那么，我们就会在实现梦想的道路上拥有更大的信心和力量。我想，这应是谢登科此著的最大意义！

改革开放的进程，是国家生命力迸发的过程，也是个人生存空间得以扩展、个体权利观念得以舒张、个人创造能力极大激发的过程。谢登科笔下的"中国活力"，体现在"笑傲全球"的经济发展上，更体现在点点滴滴的社会生活中——

回望 20 年，留在作者记忆里的，不只是节节攀升的数字，恢宏壮观的篇章，更有写满梦想、饱含温度的时代故事；

回望 20 年，作者虽从多方面、用多视角观察思考，但站在普通人层面抒发的情感往往是最动人、最深刻的篇章。

当"以人为本"成为社会的核心价值和国家理念，这才是中国真正充满希望、真正活跃起来的最靓丽风景。

历史的发展从来不会是一条直线。改革开放的成就有目共睹，但同时也难免留下困难、问题和遗憾：

金融危机肆虐、下行压力加大、资本市场动荡、风险挑战不断……在一系列重要的历史关口，伟大的中国共产党人以对历史负责、对人民负责的大智慧大勇气，全力推进改革开放的航船破浪前行，以自己的奋斗铸就国家和民族的未来。对此，谢登科给予了贯穿始终、浓墨重彩的展示，构成作品之魂！

社会诚信、社会管理、品牌意识缺失，安全生产存在隐患，腐败不同程度地存在着……面对一个个"痛点"，谢登科不仅没有刻意回避，而且给予了足够的关注，甚至激烈的拷问，正因为此，《变与革——另一扇窗看中国经济》才如此真实、如此饱满、如此富有吸引力！

历史是现在与过去之间永无止境的问答交流。人们只有借助过去才能理解现在，也只有借助现在才能瞭望未来。

改革未有穷期，中国还在路上！

2017 年 3 月

（作者为中国复关及加入世界贸易组织谈判首席谈判代表，曾任国家外经贸部副部长，现任全球 CEO 发展大会联合主席）

作者致谢

我们每个人的人生，说到底都是一段心路历程。

《变与革——另一扇窗看中国经济》编辑出版的过程，也是我潜心思考、思想升华的过程。我仿佛又回到了那段激情四射、勇于登攀、无所畏惧的记者生涯。

怀着一颗感恩的心，我诚挚感谢我尊敬的各位老首长和老领导们，没有你们的谆谆教诲和恳切勉励，此著无法完成。我永远铭记！

怀着一颗感恩的心，我诚挚感谢我尊敬的恩师赵德润、刘宗明，曾经的同事陈二厚、韩洁，没有你们的鼎力支持和心血付出，此著无法完成。我永远铭记！

怀着一颗感恩的心，我诚挚感谢曾与我并肩作战的郑晓舟、赵晓辉、顾立林、江时强、李光茹、陈芳、郑晓奕、程红根、陈芸，以及王邻、王璐瑶、孙晓蓉、范朝权、陈诗宗等同事，没有你们的热忱参与和共同努力，此著无法完成。我永远铭记！

怀着一颗感恩的心，我诚挚感谢张连起、董少鹏和周鸿铎三位专家，没有你们的悉心指导和精彩阅评，此著无法完成。我永远铭记！

我还要感谢更多给予我真诚帮助与大力支持、在此无法一一列举的朋友们！

尽管此著并不完美，我却会用自己的一生去珍藏！

2017 年 3 月

图书在版编目（CIP）数据

变与革：另一扇窗看中国经济/谢登科著．—北京：中国人民大学
出版社，2017.7
ISBN 978-7-300-24386-3

Ⅰ.①变… Ⅱ.①谢… Ⅲ.①中国经济-研究 Ⅳ.①F12

中国版本图书馆 CIP 数据核字（2017）第 109148 号

变与革
另一扇窗看中国经济
谢登科　著
Bian yu Ge

出版发行	中国人民大学出版社	
社　　址	北京中关村大街 31 号	**邮政编码**　100080
电　　话	010 - 62511242（总编室）	010 - 62511770（质管部）
	010 - 82501766（邮购部）	010 - 62514148（门市部）
	010 - 62515195（发行公司）	010 - 62515275（盗版举报）
网　　址	http://www.crup.com.cn	
	http://www.ttrnet.com（人大教研网）	
经　　销	新华书店	
印　　刷	涿州市星河印刷有限公司	
规　　格	148 mm×210 mm　32 开本	**版　次**　2017 年 7 月第 1 版
印　　张	15.875 插页 2	**印　次**　2017 年 7 月第 1 次印刷
字　　数	386 000	**定　价**　50.00 元